L'AFRIQUE OCCIDENTALE

LA NATURE ET L'HOMME NOIR

I

TYPOGRAPHIE FIRMIN-DIDOT. — MESNIL (EURE).

SÉNÉGAMBIE ET GUINÉE. — LA RÉGION GABONAISE

L'AFRIQUE OCCIDENTALE

LA NATURE ET L'HOMME NOIR

PAR

Le Dr Paul BARRET

MÉDECIN DE LA MARINE

AVEC 2 CARTES

TOME PREMIER

PARIS

CHALLAMEL ET CIE, ÉDITEURS

LIBRAIRIE COLONIALE

5, RUE JACOB, ET RUE FURSTENBERG, 2

1888

A LA MÉMOIRE

DE

J.-B. FONSSAGRIVES

Je dédie cette étude, comme un témoignage reconnaissant des tendres soins, de la sollicitude, dont il a entouré mes premières années, en souvenir du passé cher et regretté.

P. BARRET.

AVANT-PROPOS.

Je me suis proposé de raconter les impressions d'un séjour de près de deux années au Gabon, de plusieurs voyages à la côte occidentale d'Afrique. Ce récit, je l'offre maintenant au bienveillant examen du lecteur; mais, en relisant les premières pages, au moment de les lui présenter, je voudrais que le temps me fût donné de les développer. Les supprimer cependant, c'eût été priver notre étude d'un prologue nécessaire, d'un de ces exposés rapides où l'intérêt quelquefois s'éveille aux premiers aperçus de hâtifs souvenirs, pour s'attacher ensuite et mieux se soutenir, à mesure que le sujet s'élargit aux horizons nouvellement agrandis d'une terre inconnue hier, à présent remuée dans sa torpeur, tout agitée bientôt au vent des idées et des choses européennes. En un mot, c'eût été rompre l'unité de cette région semblable, que notre nouveau domaine équatorial continue par delà la limite de cet hémisphère.

Et pour des yeux européens, au premier aspect, n'apparaît-elle pas comme fondue dans une commune ressemblance, cette longue ligne littorale que nous voyons comprise entre les confins du premier fleuve noir et le cours de ce LIVINGSTONE, traçant à travers l'Afrique la voie facile d'un progrès longtemps cherché? Au-dessus de ce rivage, ramassé sur lui-même par une sorte de jeu de la nature, pour converger vers la rotondité équinoxiale, pèse la même influence, lourde, étouffante. Le sol, les eaux, la vie surtout, baignée sans relâche dans la chaude atmosphère que le soleil fait autour d'elle, tout ce qui est animé ou inerte s'en est profondément ressenti. L'équateur a commencé bien en deçà de sa limite. La terre a revêtu un cachet spécial, en s'uniformisant dans l'impression du « milieu ». Les races humaines qui l'habitent, sœurs d'origine sans doute, mieux rapprochées encore par la modification séculaire d'un climat sans variations, ont eu partage une égale misère et attendent... ou du moins nous voyons tantôt poindre pour leur relèvement cette lueur d'espérance, destinée à toutes, qu'une autre race vient leur porter. La civilisation, qui peine à son travail de fourmis, à la fois sur tant de points du globe, ne veut refuser à aucune ses efforts; si elle les sait obscures et déshéritées, davantage elle les recherche.

Les impressions des premières pages de cet ouvrage éclaircissent et complètent celles qui doivent ensuite plus longtemps nous retenir; elles dégagent et laissent déjà pressentir l'idée qui est comme le fond du sujet et le lien des deux parties. Cette chronique, qui parcourt à vol d'oiseau l'Afrique occidentale, du Sénégal à l'entrée du Gabon, est celle des nombreuses escales à l'abri desquelles le paquebot se pose un moment. Elle a saisi de la mer le profil des rivages, à mesure que le navire avance et qu'ils se déroulent devant lui; elle a crayonné, en passant, le plus de choses qu'elle a pu. Elle n'est, pour être exact, que l'arrangement de notes et de croquis jetés à la hâte sur des feuilles volantes, et plus tard coordonnés.

Quant à la deuxième partie, elle a pour objet de montrer ce

qu'est le Centre-Afrique contigu à notre établissement équatorial, de retracer les divers aspects de sa nature et de ses habitants. Assez longtemps mêlé à leur vie, le narrateur a pu mieux en saisir les nuances, élargir et fixer son cadre, que la rapidité de ses premiers souvenirs ne le lui avait permis. Mais personne ne voudra s'y méprendre, ce n'est pas un explorateur décrivant des pays nouveaux, c'est simplement un habitant de passage, qui philosophe sur les gens et raisonne les choses dont il a été entouré, leur opposant les souvenirs de la patrie lointaine. Son étude donnera donc tout ce qu'il a pu voir et entendre, après l'avoir contrôlé sur les lieux qu'il décrit; ainsi soumise, au moment même, à l'épreuve de la couleur locale et du milieu, elle sera assurée d'en avoir moins faussé la vraisemblance. A cette matière d'observations originales et personnelles sont venus s'ajouter les témoignages épars dans plusieurs revues et publications importantes, que l'absence m'a trop souvent mesurées. Les noms de ceux de mes collègues de la marine qui m'ont précédé et suivi dans cette région perdue de l'Afrique s'y retrouvent fréquemment; et le lecteur désireux de recourir aux textes, qu'en plusieurs endroits j'ai seulement commentés, serait certainement frappé de l'attrait sérieux qui découle d'une rigoureuse exposition des faits, lorsque ceux-ci s'éclairent naturellement de la recherche du vrai. Pour moi, à l'occasion les ayant pris à témoin, je suis heureux de leur offrir ici ma gratitude, en réparation de l'aide inconsciente qu'ils m'ont prêtée.

Leur soin d'être avant tout sincère a été ma constante préoccupation. A leur exemple, j'ai fait de mon mieux pour dégager le vraisemblable de la fiction et rester naturel en racontant un ordre singulier, inouï parfois; et, seulement après l'avoir essayé, j'ai éprouvé ce qu'a de difficile et de périlleux une exploration ainsi exposée aux hasards d'un inconnu peu disposé à se livrer.

Sur ce terrain hérissé, tout est bien en effet contre vous : le climat, la nature, ses habitants, mais par-dessus tout le climat.

Il est, ce que nous apprendrons à le connaître, débilitant et meurtrier, du fait d'un inexorable soleil, qui ne pardonne pas qu'on le regarde longtemps en face, et de la terre chauffée à blanc, que douze heures du jour ses rayons de feu s'essaient à volatiliser. Au milieu de la dépendance à laquelle il plie l'organisation humaine, l'étranger se sent étreint dans les mille entraves d'une vie de veille et de précautions incessantes. Ce climat dispose en tyran de vos moments, de la meilleure part de votre activité, de vos facultés; il vous retient à chaque élan, avec une rigueur inflexible il pèse à toute heure et sur tous. Il va s'imposer plus encore à celui dont la mission est, en ces pays, de s'occuper surtout d'autrui. Le médecin s'y trouve vraiment dans son milieu professionnel, milieu de santé toujours chancelante, et cette lutte impersonnelle absorbera ses soins et sa propre santé, au détriment d'une curiosité excitée par tant de choses nouvelles, avant tout autre intérêt.

La nature, admirable et féconde, dérobe si bien ses merveilles qu'elle semble le faire à dessein. Dans le champ immense à parcourir qu'elle développe, sa découverte est lente, de pas incertains, elle ne peut être que l'œuvre du temps et des chercheurs. Encore faudrait-il qu'elle fût menée par des hommes techniques, uniquement occupés de leur sujet, sûrs d'eux-mêmes et d'éviter l'erreur des créations fantaisistes surprises à la bonne foi du voyageur de passage, c'est-à-dire armés de cette connaissance solide, qu'un simple trait éclaire et sans hésitation conduit à la vérité. Hors cela, l'on tâtonne et l'on tente ce à quoi beaucoup et moi-même ont été réduits, à jalonner la voie, à limiter sa description aux types signalés, dont la fidélité puisse être garantie.

Ce voile, presque impénétrable à force d'empêchements, qui couvre toutes choses en ce pays, qui aide vraiment l'Européen à le lever? Est-ce l'apathique habitant de cette nature écrasante? Depuis l'obscurité du passé, il vit courbé sous l'ombre éternelle de la forêt, il sillonne somnolent ces eaux endormies, il voit, mais à peine regarde, et, n'ayant rien appris, au carcan de ses routinières habitudes, il emprunte à l'abondance de ce riche milieu juste ce qui doit suffire à ses besoins journaliers.

Le noir « ne sait pas »! Il ignore ce qui l'entoure, il s'ignore lui-même. Y mît-il même bonne grâce, il nous servirait mal. Pour nous civilisés, sa vie propre, ses mœurs, ses usages sont difficiles à percer. D'abord, parce que, séparés de toute la distance d'une inégalité de conditions si radicale, empêchés de nous mêler à ses habitudes par notre ignorance d'un idiome mobile et changeant à chaque coude de rivière, à chaque bouquet de bois, nous n'allons saisir qu'à la volée ce que le hasard voudra bien nous offrir. Puis, s'il nous ouvre certaines portes, il en est plus encore que l'indigène tient fermées. Mystérieux par tempérament et par raison, coutumier du soupçon, pratique d'une dissimulation très avancée, à laquelle le dispose son propre caractère et le déterminent tout à fait le sentiment paralysant de sa faiblesse vis-à-vis du blanc et les traitements puniques dont celui-ci, usant quelquefois de représailles, n'a pas toujours été ménager à son endroit, pour ces raisons et suivant le degré plus ou moins policé de son éducation, le noir nous considère au moins comme des étrangers dont il a d'instinct méfiance, ou des ennemis riches dont il regarde avec une arrière-pensée de colère peureuse les personnes et les biens qu'il n'a pas. Dans son état sauvage, misérable et envieux, privé seulement par la crainte, il n'estime notre voisinage qu'au taux des marchandises ou des cadeaux qu'il lui rapporte, et sa confiance, coûteuse à acquérir, vaut un prix inestimable, car elle n'est jamais entière. Ailleurs, civilisé d'un jour, ayant à notre école laissé tomber son premier lange de chrysalide, il ne se livrera pas beaucoup mieux. Il a appris seulement à « faire comme le blanc », au moins de ce qui lui a plu dans son précepteur. Il a, forçant son image, outré l'afféterie de la réserve, et sa vanité native, s'étant aussi perfectionnée, le montre peu soucieux de divulguer les curiosités d'une origine dont il est si proche, à laquelle il n'a d'ailleurs pas dit tout à fait adieu, faisant preuve quelquefois qu'il pourra bien, l'occasion aidant, y retourner sur son vieil âge.

Et ceci expliquera pourquoi ce récit ne peut être qu'une esquisse plus ou moins avancée. Il s'est seulement efforcé de conserver la couleur qui ressort naturellement du sujet, en écartant le merveilleux auquel il se prêterait si bien. Il ambitionnerait surtout, dans sa simplicité, d'être pris au sérieux de cette épigraphe d'un penseur illustre : « C'est icy un livre de bonne foy. » Peut-être, bénéficiant d'un moment d'actualité que des explorations récentes font ressortir, présente-t-il l'intérêt de conserver quelques traits d'un état social, — ce mot étrange, rapporté à ce que l'on voit là-bas, en l'écrivant, frémit sous la plume, — négation de l'homme qui sera bientôt, il faut l'espérer, relevé, lorsqu'il aura passé au généreux creuset de cette civilisation que notre siècle porte à pas de géant. Qu'on ne s'étonne pas trop des contradictions apparentes de cette chronique, de ses contrastes tranchés, dont le rapprochement fréquent pourrait paraître un jeu d'antithèses complaisamment cherchées. Le pays qu'elle raconte est fait d'ombres et de clartés; le beau de la nature y côtoie la misère de l'homme, du climat qui l'a moulé à son cadre. Ce pays laisse l'esprit tour à tour ravi et désenchanté. Mais il est fait de drames plutôt que d'idylles, et, s'il se présente parfois chargé des teintes d'un ciel d'hivernage, il faut se rappeler que la bande étendue à l'occident de l'Afrique, cette terre « noire parmi les noirs », expose un des états les plus affligeants que l'humanité puisse présenter, la description ne saurait l'assombrir plus que la réalité. L'intérêt s'y attache aux hommes plus encore qu'aux choses. Et ici la curiosité, qui stimule seulement l'esprit, serait vaine sans la pitié, cette « pitié », fille de notre race, dont les anciens eux-mêmes avaient fait une divinité tutélaire; et c'est vraiment elle, en émouvant le monde, qui pousse en avant l'idée de civilisation, ranime incessamment sa marche saignante et brisée, et la fera grandir dans le lointain sur une terre ingrate où elle est tout entière à établir.

Brest, août 1884.

PREMIÈRE PARTIE.

SÉNÉGAMBIE ET GUINÉE.

PREMIÈRE PARTIE.

SÉNÉGAMBIE ET GUINÉE.

CHAPITRE PREMIER.

DU CAP VERT A SIERRA-LEONE (*).

I.

LA ROUTE DU GABON.

Le Cap Vert, — Gorée, — Dakar.

Dans le courant du mois d'avril 1876, le consul de France à Liverpool nous remettait des « tickets » de passage à bord de l'*Ethiopia*, un de ces navires à vapeur de la compagnie *African-steam-navigation* qui font une sorte de cabotage de l'Afrique occidentale, du CAP VERT aux possessions portugaises de LOANDA, et mènent en trente ou quarante jours, suivant le nombre des relâches, à notre établissement du Gabon.

(*) Suivre, pour l'intelligence du tracé de la côte de Sénégambie et du littoral occidental :

1° La carte générale de l'Afrique (n° 58-59 de l'*Atlas manuel de géographie moderne*, 1883).

La carte n° 61 du même atlas.

2° La carte de Von Peterman (*Senegambien und Guinea*) du *Stieler's hand-atlas*.

3° Le croquis destiné à servir à l'intelligence des intérêts européens sur la côte occidentale d'Afrique, du cap Blanc à l'équateur, par le commandant Brossard de Corbigny. (*Revue maritime et coloniale*, 1861.)

J'étais désigné pour embarquer, à titre de médecin-major, sur le ponton-hôpital la *Cordelière*, stationné dans les eaux du Komo, et j'avais la bonne fortune de ne pas m'y rendre seul. Deux officiers affectés à la même destination, MM. Plivard et Minier, devaient partager par la suite les bons comme les mauvais jours d'un exil momentané, dont leur affectueuse camaraderie contribua à abréger la lenteur. A la nuit tombante, au milieu des hourras prodigues des visiteurs anglais saluant l'appareillage du paquebot, nous faisions route vers la première étape obligée dans les mers africaines, la baie de Dakar.

C'était passer, presque sans transition, des deux centres qui sont la tête de la civilisation du monde, le dirigent et le dominent de leur grandeur morale et matérielle, de Paris et de Londres, à la terre abandonnée qui à peine bégaie les premiers éléments de cette civilisation. Un changement aussi brusque n'est pas sans émouvoir, et la bizarrerie du contraste en des genres si tranchés saisit par son côté violent et trouble le sentiment de l'Européen pour la première fois soumis à pareille épreuve. Il heurte, il ébranle en quelque sorte cet équilibre que l'homme raisonnable s'est ménagé, pour sa « tranquillité », entre le moi et le milieu; il va lui falloir un moment pour se retrouver soi-même dans l'aspect dissemblable de ce qui l'entoure, où, ne reconnaissant rien de son image, de ses propres sentiments, il s'essaie péniblement à les accorder. Mais cet imprévu est le lot ordinaire du navigateur, que la rapidité des communications modernes transporte en quelques jours à de lointaines distances; il lui faut s'y briser et, à l'école des vicissitudes, il s'acclimate.

La fraîche brise de N.-N.-E., qui du cap Finistère nous mena rapidement au premier archipel africain, allait se continuer sans interruption avec les alizés qui soufflent en cette saison sur l'Atlantique septentrional et nous conduire vivement au cap Vert. Nous touchâmes à peine à Madère, perpétuellement reverdie, même au fort de l'été, par les rosées de la nuit, et riante de sa nature accidentée qu'ont adoucie les cultures de l'homme. Vers le sud, au milieu du groupe des Canaries, l'île de Ténériffe, baignée de soleil, la tête couronnée de neige, perçant les nuages, projette son pic à 3,715 mètres au-dessus du niveau des eaux, droit et si roide dans sa stature de géant que le regard perd la notion de ses proportions réelles. Le navire est encore bien loin, qu'il semble toucher la terre, quand la longue-vue ne rapproche pour ainsi dire pas la distance ni la grandeur des objets. A peine la végétation des âpres pentes couvre la base du Teyde de taches un peu plus sombres; les villages blancs semés au pied du cône immense semblent faits par la main d'enfants, les vallées tracent des ombres sans profondeur et les élevures du sol paraissent les rugosités d'une pelure d'orange.

Ce parage marque la limite au delà de laquelle le voyageur qui rentre en hiver d'un séjour prolongé sous l'équateur retrouve l'impression du froid, dont il s'était désaccoutumé. J'en tiens note pour le moment du retour du Gabon.

Les îles Canaries doublées, on entre donc bientôt dans les brises chaudes du tropique. A l'approche de la terre africaine, des hirondelles du cap Manuel, des bengalis gris-perle à bec rose, des insectes ailés viennent assez loin se jeter à bord. L'aspect du rivage sénégalais se montre bien différent suivant l'époque de l'année. La saison sèche embrume ses contours noyés dans une atmosphère nébuleuse; les plages de sable, plus resplendissantes sous un soleil sans eau, festonnent les falaises jaunies. Mais viennent les pluies d'hivernage, la nature se réveille de son sommeil, les baobabs se hâtent de faire éclater leurs bourgeons, un tapis velouté couvre partout les rocs arides, pour peu qu'il trouve un peu de terre végétale où germer. Sans doute les premiers qui reconnurent le « cap

Vert » (an 1365) (*) le nommèrent ainsi, le voyant revêtu du manteau de cette dernière saison.

A l'avancée du cap se dressent deux monts jumeaux, « les Mamelles », avec leur phare à éclats; la presqu'île dessine ses lignes dénudées sur les eaux bleues. A la pointe des îles Madeleine, le paquebot a passé un entassement de roches tourmentées comme les scories sortant de la forge; Gorée (par 14° 39′ 55″ de lat. N. et 19° 45′ 0″ de long. O.) plaque la mer d'une tache sombre, grandit et s'éclaire. On entre dans la baie de Dakar.

Au moment où nous jetâmes l'ancre, l'hivernage tombait par torrents (fin d'août), la terre était voilée par la brume des pluies pulvérisées. Le ciel s'éclaircissant vers les midi, un soleil ardent eut bientôt dissipé la masse de vapeurs dont l'air était chargé; le paysage de la baie, rafraîchi par l'ondée récente, déroula peu à peu ses falaises basses transformées en prairies, la ligne de sable qui l'estompe d'un trait d'argent, ses ficus et ses baobabs solitaires.

A l'abri du cap Manuel et de la pointe de Bel-Air, couverte en partie par l'îlot de Gorée, la rade de Dakar, avec ses eaux profondes, est une des plus sûres de la côte occidentale. Point perdu de l'immense baie, dont l'arc régulier se déroule jusqu'au delà de Rufisque, le flot du large se brise avant d'y arriver, et les seuls ouragans qui s'y abattent, les tornades, durent trop peu de temps pour troubler sérieusement sa nappe tranquille. Trois phares et des feux secondaires éclairent ses atterrissages. Au pied de la ville, plusieurs jetées parallèles servent de rempart à la houle levée par les vents régnants, et font une sorte de havre où se remisent les bâtiments de moyenne grandeur.

(*) Position géographique du cap Vert (méridien de Paris) : lat. N. 14° 43′ 30″, — long. O. 19° 51′ 20″. — D'après M. Ch. Philippe de Kerhallet, *Manuel de la navigation à la côte occidentale d'Afrique*, 1851.

A l'entrée de cette rade, *Gorée* émerge son massif de basalte rougeâtre, strié de cannelures verticales, que couronne une vieille citadelle hollandaise, récemment armée à nouveau ; la mer écume autour de l'écueil, comme pour le dépasser, quand plus loin ses flots paisibles sommeillent sous un soleil torride. A l'extrémité opposée de la courbe gracieuse que dessine la baie sablonneuse, à six lieues de là, *Rufisque,* la ville des arachides et des caravanes, apparaît comme un point, et, devant le mouillage, *Dakar* groupe sur la falaise ses établissements européens et ses villages nègres.

A peine arrivés, des pirogues accourent à force de pagaies. Une d'elles porte un noir d'importance, bien connu des navires en relâche, qu'il approvisionne de vivres frais et de légumes d'Europe cultivés à grands soins. J'avais déjà, dans un précédent voyage, pratiqué les gens de sa trempe, qui savent à merveille l'air dont il faut user avec l'Européen pour le duper en conscience, en l'assurant qu'ils y sont de leur reste. Celui-ci était de ces demi-marabouts, comme on en voit beaucoup au Sénégal, gonflés de leur insuffisance et de la considération que les simples Ouolof donnent à leur richesse. Il avait souvent le nom de *Jalla* (Dieu) à la bouche, et la sentence précieuse ; il signait de droite à gauche, en caractères hiéroglyphiques qui pouvaient passer pour de l'arabe, et son sérail, pour témoigner de sa vaniteuse personne, ne la quittait pas d'une semelle. Mais il ne s'était pas mis outre mesure en frais de le vêtir, ce à quoi suppléait heureusement le chaud soleil.

Les misérables qui entouraient à ce moment le paquebot représentaient piteusement la belle et forte race du Sénégal. Ce sont de pauvres gens privés du nécessaire ; ils viennent pour un « petit sou », qu'ils vont chercher au fond de la rade. Leur habileté à plonger, leurs luttes de vitesse sous l'eau sont vraiment remarquables. Dès l'enfance la mer leur est familière, et le requin aussi, paraît-il ; car, si on leur en parle, ils montrent d'un air assuré l'amulette suspendue à leur cou, le *gri-gri*, qui écarte d'eux les divers accidents de la vie. Ils en ont fait l'emplette à l'étalage du marabout en vogue, pour lequel cette industrie, montée sur la crédulité populaire, est toujours d'un excellent profit.

Quelquefois, il est vrai, le requin fuit leur tapage, ou, n'ayant plus faim, n'a pas la tentation de la satisfaire aux dépens des plongeurs. La rade de Dakar est poissonneuse au possible, et dans les baies ainsi peuplées les squales féroces sont moins dangereux, sans qu'il soit prudent de s'y confier.

Le calme et la tiédeur des eaux, la nature des fonds, la multiplication des organismes inférieurs, et, sans doute, d'autres conditions favorables, retiennent dans cette baie des variétés de poissons en nombre infini. La mer est noire par places de leurs bandes, dont les mouvements à la surface, quand vient le soir, accidentent les jeux de la phosphorescence. Dans les pêches de nuit, les filets sont remplis à se rompre de poissons excellents et de ces énormes raies pastenagues, pourvues d'un aiguillon caudal dangereux. Il y a là une ressource précieuse qu'on pourrait utiliser mieux. Les noirs vont sur la plage jeter au moment de leurs besoins un petit épervier; de plus industrieux font d'une pêche fructueuse l'objet de quelque commerce à l'intérieur. Mais l'échelle de cette industrie est encore bien élémentaire.

En 1874, Gorée avait une réelle importance, à la fois comme centre commercial et siège de la deuxième circonscription administrative du Sénégal, récemment transféré à Dakar. Son « ventre » de basalte, suivant une expression indigène (*berr*, en ouolof), surgit au-dessus de l'eau, grossi par le Castel, tandis qu'à ses pieds s'allonge une étroite langue de terre couverte de maisons blanches, arrêtée vers la mer par un fort circulaire teint à l'ocre. Ce groupement pittoresque, le va-et-vient animé des embarcations à voile circulant soir et matin entre la grande terre et l'île, ce tableau semi-oriental sous le soleil africain attire les regards dès l'entrée et paraît mériter une visite.

Trois appontements de bois, établis pour faciliter le débarquement dans une découpure du rivage ouverte à l'est, conduisent directement sur une place en terrasse où deux monuments pour le pays, l'hôtel du commandant et l'hôpital militaire, ouvrent leurs arcades mauresques à la brise du large. Lieu d'échanges et voisine du port, cette place est à certaines heures le point mouvementé de l'île. La population noire se remue; elle s'agite autour de négresses accroupies à l'ombre de tristes palmiers; celles-ci offrent avec beaucoup d'instances leurs maigres poules, des galettes, de la farine de millet par petits tas, propre à apprêter le *couscouss,* des tamarins et des feuilles émollientes du baobab, les fruits farineux de ce géant, appelés « pains de singe », des piments rouges... en somme, rien de très appétissant. Les marchandes crient à pleine gorge, sans faire tourner la tête aux chalands; les acheteurs, n'ayant pas d'argent, passent dédaigneusement drapés dans leur *boubou* de couleur, cotonnade ou pièce de soie sans manches, dont les amples plis tombent autour du *toubé,* sorte de caleçon à coulisse, et plus souvent couvrent imparfaitement des jambes nues, faute de toubé.

Le moindre pouce de terrain a été parcimonieusement utilisé sur cette île en miniature. La population, dense, à l'étroit, dépasse 3,000 âmes (dont une centaine de blancs et six à sept cents mulâtres), sur une superficie de 36 hectares. Les rues resserrées et propres, lorsqu'il n'y pleut pas, sont fermées au soleil, ce dont les habitants européens se réjouissent. Les maisons, en pierre et à véranda, sont assez fraîches; le badigeon à la chaux sauve l'apparence et leur donne quelquefois un air de propreté civilisée que la campagne française, en certains lieux, devrait envier. A leur pied, des citernes recueillent la pluie tombant du ciel, pour suppléer à l'aridité du terrain.

Gorée n'a, au point de vue des mœurs locales, rien de bien singulier; îlot créole, les habitudes européennes, modifiées par la latitude, y ont absorbé le cachet indigène. Le noir, qui parle français et ouolof, s'y fait blanc autant qu'il peut. Sur ce terrain resserré, la propagande des missions a été active; les musulmans sont maintenant réduits à quelques centaines, et encore très adoucis. Tout mouvement est suspendu aux heures chaudes du jour; la ville, qui fait alors la sieste avec le blanc, ne reprend son animation que le matin et le soir.

A ce moment, le visiteur qui n'est pas blasé sur les spectacles de la côte d'Afrique peut trouver quelque saveur à ce qu'il rencontre sur son chemin.

Des négrillons comme passés au noir de fumée, la tête rasée et couverts, en fait de vêtement, du seul manteau du ciel, gambadent et se roulent dans la poussière; des buveurs et aussi, il faut le dire à leur honte, des buveuses de *sangara* (eau-de-vie) se chamaillent à la porte des échoppes; les femmes dodinent nonchalamment, en marchant, leur poupon noir, enveloppé derrière le dos dans un pli du pagne; ailleurs, une mère exerce sa petite fille à danser *bamboula,* tirant du battement de ses deux mains des sons plus cadencés que mélodieux; la mulâtresse, toute fière du sang blanc qui coule dans ses veines, passe d'un port de reine, exhibant avec ostentation son chapelet, son livre de prières et sa vanité qui gonfle sous le madras bariolé. Gorée est, dit-on, à la mauvaise saison, le lieu de plaisance de belles quarteronnes, qu'on appelle « signares »; mais le soleil, qui gâterait leur teint, les retient au logis.

Les jeunes négresses sentent aussi leur prix et savent qu'elles font aisément tourner le cœur des guerriers du Kayor. Les vierges d'entre elles marquent leur innocence à l'enseigne de deux mèches de cheveux tordus retombant vers le front. Avec un mépris de la souffrance, méritoire s'il n'était pour plaire, le reste de la chevelure des femmes, jeunes ou vieilles, est séparé du chaos d'une masse de laine en un grand nombre de fines tresses. Des yeux fauves, qui brillent sous cette toison de brindilles flottant à chaque mouvement, leurs dents souriantes et si blanches, des traits fins et quelque peu brouillés, leurs formes délicates et pures à leur courte saison d'adolescence, cet ensemble n'en fait pas des beautés assurément, mais arrête par je ne sais quel charme exotique. Le vêtement bariolé relève de son éclat la couleur éteinte d'un visage trop foncé. Ce sont des pagnes voyants, des verroteries multicolores et de ces grigri traditionnels, que les marabouts savent accommoder à la coquetterie de leurs pénitentes. Le nègre aime ce qui est faux or et clinquant.

Gorée possède des magasins bien approvisionnés, où trouvent à se ravitailler d'une façon très convenable les nombreux navires qui fréquentent la rade. Dans ces sortes de bazars, qui réunissent les divers objets manufacturés ou non de l'industrie européenne, destinés à être répandus par toute la Sénégambie, le voyageur peut à son gré se vêtir, se chausser, se nourrir, se droguer même; les factories de la côte n'ont pas de spécialité. Cette petite île est en même temps le point de ralliement et l'entrepôt de l'exportation indigène, qui va suivre les courants principaux de la France et des États-Unis. Vers la fin de l'hivernage, bon nombre de Goréens émigrent pour leur commerce jusqu'aux rivières avoisinant Sierra-Leone; les femmes vont assez loin acheter du mil. Ce sont autant d'agents de diffusion de la civilisation française.

Parmi les plus connus des produits naturels de notre grande colonie, on cite (*) : l'arachide, abondante à Rufisque; la gomme du pays des Maures; le millet de deux variétés, gros

---

(*) Voici, du reste, à titre de curiosité, quelques renseignements statistiques sur

et petit, qu'on met quelquefois à fermenter pour en faire une bière de *sorgho;* le café des Rivières-du-Sud; le riz; le sésame; les graines d'une sorte de pastèque qu'on appelle *béref;* le beurre végétal, etc.; les plumes d'autruche, de plus en

les *Produits du cru de la colonie,* exportés pendant l'année 1884 (d'après les dernières mercuriales et l'*Annuaire du Sénégal et dépendances,* Saint-Louis, 1885):

NATURE DES PRODUITS.	QUANTITÉS OU VALEURS DES PRODUITS EXPORTÉS.	PRIX D'ACHAT AUX MARCHÉS OU COMPTOIRS DE LA COLONIE.
Ânes....................	»	60 à 80 fr. (la pièce)
Chevaux { toucouleur..........	»	400 à 600 fr. (la pièce)
bambara............	»	600 à 800 fr. (la pièce)
maures.............	»	800 à 2,000 fr. (la pièce)
Bœufs..................	325 têtes.	60 à 100 fr. (la pièce)
Veaux..................	»	15 à 30 fr. (la pièce)
Chèvres et moutons......	321 têtes.	4 à 7 fr. (la pièce)
Porcs..................	2,375 têtes.	»
Volailles...............	»	0 fr. 50 (la pièce)
Beurre.................	201 kil.	»
Miel...................	276 kil.	»
Café des Rio-Nuñez et Rio-Pongo........	3,984 kil.	230 fr. (les 100 kil.)
Gingembre..............	49 kil.	»
Piment.................	197 kil.	»
Confitures..............	15 kil.	»
Mil.....................	276,128 kil.	14 à 20 fr. (les 100 kil., suivant la qualité)
Riz de Casamance { en paille........	285,030 kil.	15 fr. (les 100 kil.)
en grains........	1,280 kil.	»
Maïs...................	»	12 fr. (les 100 kil.)
Pain de singe (fruit du baobab)........	5,512 kil.	»
Beurre végétal..........	152 fr.	»
Arachides { en coques..........	36,790,331 kil.	14 à 20 fr. (les 100 kil.)
décortiquées......	3,090 kil.	»
Tourteaux d'arachides.....	21,755 kil.	»
Huile de palme.........	60,178 kil.	80 fr. (les 100 kil.)
Amandes de palme......	2,117,126 kil.	20 fr. (les 100 kil.)
Graines { de sésame.......	112,666 kil.	30 fr. (les 100 kil.)
de pourghère.....	500 kil.	»
de ricin..........	60 kil.	»
autres...........	327 kil.	»
Goureaux *dits* kola........	2,553 kil.	»
Noix de Touloukouna......	44,356 kil.	»
Gommes { bas du fleuve.....	2,933,878 kil.	
Galam............	1,184,357 kil.	80 à 100 fr. (les 100 kil.)
friables ou avariées......	23,763 kil.	

plus rares; les peaux de léopard; un peu d'ivoire; l'or fin, lavé des sables alluviaux ou quartzeux de certains terrains, qui se vend sous forme de petits croissants, au poids de quelques grammes. Le moins intéressant pour l'étranger n'est certainement pas le marché de ces charmantes variétés d'oiseaux, dits « mange-mil », que les bâtiments de commerce exportent par milliers en France.

Le coton (courte soie), qu'on rencontre à l'état sauvage vers

NATURE DES PRODUITS.	QUANTITÉS OU VALEURS DES PRODUITS EXPORTÉS.	PRIX D'ACHAT AUX MARCHÉS OU COMPTOIRS DE LA COLONIE.
Bacaques et poussière de gomme	4,868 kil.	»
Gomme copale	228,302 fr.	»
Caoutchouc	315,407 fr.	1 fr. à 2 fr. 50 (le kil., suivant la qualité)
Cire { brute	451 kil.	
Cire { mi-nette	5,290 kil.	225 à 300 fr. (les 100 kil.)
Cire { nette	1,438 kil.	
Indigo en feuilles	673 kil.	»
Acide citrique	2,658 fr.	»
Béref	»	10 fr. (les 100 kil.)
Coton brut	50 kil.	15 fr. (les 100 kil.)
Tissus de coton	10,835 fr.	»
Dents d'éléphant	1,236 kil.	400 à 1,100 fr. (les 100 kil.)
Pelleteries	377 fr.	»
Peaux de bœuf	314,740 kil.	30 à 100 fr. (les 100 kil.)
Cornes et os de bétail	1,010 kil.	»
Vessies natatoires de poisson	989 fr.	»
Oiseaux { vivants	27,450 fr.	0 fr. 25 à 0 fr. 75 (la pièce)
Oiseaux { empaillés	94,046 fr.	0 fr. 75 à 1 fr. 25 (la pièce, suivant la qualité).
Plumes de parure	40,057 fr.	»
Plumes d'autruche	»	500 à 1,500 fr. (le kil., suiv. la teinte et la qualité)
Or (de Galam, du Bambouk et du Bouré)	8,244 gr.	3 fr. (le gram.)
Bois d'ébénisterie	100 fr.	»
Bois à construire	51 st.	»
Bois à brûler	763 st.	»
Charbon de bois	15,548 kil.	»
Calebasses vides	1,092 fr.	»
Nattes	10,359 fr.	»
Vannerie	425 fr.	»
Objets de collection	18,652 fr.	»

l'intérieur, avait quelque temps donné les plus grandes espérances; les essais de culture confiés à la mission de *Joal*, dans le Sin, étaient même sur une bonne voie de prospérité, lorsqu'un redoutable ennemi faillit les mettre à néant. Ce sont les innombrables passées de ces criquets dévorants (*Acridium peregrinum et devastator*) connus sous le nom de « sauterelles voyageuses ». Le nuage qu'elles font dans l'air est épais au point qu'il obscurcit le jour, et si interminable qu'on le voit défiler pendant une journée entière, couvrant un espace de plusieurs kilomètres. Lorsqu'il s'abat sur une plantation, il y fait rapidement le désert; les jeunes arbres sont dépouillés de leur écorce et l'aubier mis à nu. Le feu seul, si le vent est propice, arrête ces migrations étonnantes et, les empêchant de déposer leurs œufs dans la terre, préserve la contrée où elles sont descendues de la calamité de les voir bientôt se reproduire.

Ces renseignements étaient donnés, il y a quelques années, dans un rapport du supérieur de la mission au gouverneur. Je ne sais si de nouvelles invasions de sauterelles venues de l'intérieur ont achevé de décourager les premières tentatives; mais le coton ne paraît pas comme produit courant sur les marchés du Sénégal.

La situation de l'île, séparée de la terre ferme par un chenal de 2 kil. et demi de largeur; le manque d'eau potable, lorsque les citernes où s'est accumulée l'eau des pluies se tarissent, la saison sèche venue; sa surface restreinte, qui ne laisse plus place à un nouveau développement; enfin, l'importance d'une colonie grandissante justifie pleinement le déplacement des courants d'activité du côté de DAKAR, « le port de Saint-Louis ».

Cet embryon de ville, à 263 kil. du chef-lieu des établissements français de la Sénégambie (tracé de la voie ferrée projetée), sur la presqu'île du cap Vert, a devant lui beaucoup d'avenir (*). Tout paraît l'y destiner, et surtout la situation de sa belle rade, que dix jours seulement de traversée séparent de la France, et sur le rivage de laquelle doit aboutir la tête de ligne de ce double tronçon ferré qui, d'une part, — de Dakar à Saint-Louis, — permettra de tourner la barre difficile et changeante du fleuve, de l'autre, — de Médine au Niger supérieur, — suppléera à la navigation impraticable du Sénégal sur la première partie de son parcours (**). Dakar sera donc bientôt le centre d'attraction du commerce de la Sénégambie tout entière et peut-être d'une partie des régions du Soudan occidental. Dès maintenant, trois lignes de paquebots, dont une anglaise, y touchent régulièrement; l'importante compagnie des messageries de Bordeaux, sur la route de l'Amérique du Sud, y a établi son escale déplacée de Saint-Vincent des Iles. A terre, l'établissement français, avec ses vastes dépendances; les communautés mixtes de religieux européens et indigènes, les factories, desservies par 30 ou 40

(*) Dakar, que je viens de visiter récemment (janvier 1885), a bien grandi en quelques années. Désormais un câble télégraphique, passant par Ténériffe et Cadix, relie notre colonie à la métropole; vers la fin de l'année, un deuxième câble sous-marin, suivant la voie de l'archipel du Cap-Vert et de Lisbonne, aboutira à Dakar et fera communiquer plus tard avec le Sénégal nos possessions du Rio-Nuñez, de Grand-Bassam, de Porto-Novo et du Gabon. La voie ferrée, déjà en partie exploitée, et qui sera dès cette année ininterrompue entre Dakar et Saint-Louis, est accueillie avec enthousiasme par la population commerçante indigène; devant supplanter bientôt les lentes caravanes, elle facilitera beaucoup les échanges. La place seule manque à l'extension de la ville nouvelle, gênée par le développement considérable de la bourgade noire, qu'éloignent peu à peu, il est vrai, des expropriations à l'amiable. Tout s'y est amélioré, les habitations, les cultures, le bétail, l'esprit des gens. Cette position superbe est destinée à absorber bientôt les marchés les plus importants de la Sénégambie, Saint-Louis même dans l'avenir.

(**) Ce projet de « chemin de fer du haut fleuve », qui a tant ému l'opinion ces derniers temps, avait pour objet de remédier à l'innavigabilité du Sénégal sur la partie supérieure de son cours.

La voie ferrée de Saint-Louis à Dakar, en tournant la barre de l'embouchure, met le fleuve en communication avec une rade sûre du littoral. En amont du chef-lieu de la colonie, jusqu'à Kayes, pendant la saison des bonnes eaux, le cours

blancs, représentent seulement les tendances de la civilisation à côté de ces agglomérations nègres qui n'ont jusqu'à ce jour voulu rien lui emprunter et sont restées elles-mêmes dans leur sordidité.

La ville noire dissémine ses villages jusqu'au pied des Mamelles. Les cases qui les composent ne brillent pas par une construction soignée ni élégante. Ce sont des sortes de niches à parois de paille entrelacée, sans cheminée ni fenêtres, couvertes d'une toiture de chaume. Elles sont réunies en certain nombre, par tribu, dans un enclos de lianes où le chef de famille est « roi », comme au temps des patriarches, sous un autre roi, réduit depuis 1857 au rôle de simple maire, responsable vis-à-vis de l'autorité française de la police locale.

du Sénégal offre une navigabilité suffisante; de ce point de départ, le tronçon projeté menait jusqu'à Bafoulabé, au confluent du Bafing et du Bakoï, les deux sources du Sénégal.

Il eût été question ensuite de prolonger la voie ferrée à travers la région comprise entre ce confluent et un point du Niger descendant vers Tombouktou, libre de chutes, le plus près possible de Ségou, par exemple.

Malheureusement, l'étude préliminaire et l'ébauche du tronçon commencé de Kayes à Bafoulabé coûtèrent de telles dépenses (30 millions pour la pose de 17 kil. de rails et l'achèvement du tracé jusqu'au 70° kil., d'après Le Brun-Renaud) qu'un vote du Parlement força brusquement à interrompre une entreprise difficile et prématurée.

Renoncer à exécuter ce premier tronçon, c'était abandonner pour un temps indéfini le projet de relier le Sénégal au Niger, et bien davantage, l'espérance, grandiose à l'excès pour notre temps, de réunir l'Algérie à la Sénégambie par un transsaharien.

Il est certainement douteux que le trafic dans ces régions, même activé par le transport facile des objets d'échange, eût immédiatement couvert les frais d'une telle entreprise. Mais la France a maintenant pris position sur le Niger. Les explorations ou expéditions entreprises dans ces dernières années (Paul Soleillet, 1878, — capitaine Galliéni, 1879-1881, — docteur Bayol, 1881-1883, — colonel Borgnis-Desbordes, 1881-1884, — et d'autres campagnes fort intéressantes) ont imposé notre amitié aux divers tyrans de ces régions et rétabli entre eux et nous une paix relative. Une bonne route présentement, un chemin Decauville dans un avenir rapproché, suffiront à maintenir les communications avec nos postes fortifiés de Kita et de Bamakou sur le Niger, à assurer l'entretien d'un vapeur léger circulant librement sur le fleuve, aussi loin que possible. Sans s'avancer plus que les ressources coloniales ne le permettent, il est raisonnable, en vue de l'avenir, de ne pas perdre pied, de ne pas abandonner un résultat si coûteusement acquis.

Cette charge honorifique, toute de tempérament, rémunérée, du reste, par des cadeaux annuels, demande quelquefois du bon sens et de la finesse; les gens de Dakar étaient réputés récemment pour leur humeur farouche et leur goût d'indépendance. A mi-côte, la place du marché est le centre de la vie publique, et la teneur des édits s'y cloue au tronc d'un baobab séculaire.

Au moment où les ruches s'agitent au lever du jour, on entend un bourdonnement confus, qui peu à peu devient un bruit sourd, cadencé, répété dans toutes les directions. En approchant, j'en vis la cause : les femmes, avec une patience inaltérable, élevaient et laissaient retomber dans des vases faits d'un bois du fromager de longs et massifs pilons. C'était pour écraser le millet ou le riz, dont la farine, mélangée d'un peu de graisse de mouton, constitue ce mets national d'origine arabe, le *couscoussou*. D'autres revenaient des champs, chargées de lourds faix de sorgho, ou portant en équilibre sur leur tête la calebasse pleine d'eau puisée à la fontaine voisine. A l'entrée des cases, pendant ce temps, les circoncis faisaient leurs ablutions dans la poussière ou récitaient leur salam devant les murs blancs de la mosquée. Les tisserands noirs, tissant de longues et étroites bandelettes qu'on raccorde ensuite à la couture en forme de pagnes, les tresseurs de cordes et de filets avaient commencé leur travail matinal.

Si pittoresque fût la couleur locale, j'avoue que sa misère seule me toucha. Ces villages paraissaient des modèles d'incurie sans pareille; les gens semblaient dire qu'ils portaient sur eux tout leur avoir, et les cases qu'elles brûleraient sans qu'on en eût souci, tant elles étaient pauvres et négligées. Plus tard je connus mieux les Sénégalais et les fortes qualités que cache cette laide apparence. Puisse la civilisation française les conduire, à son profit, près de son niveau.

La population noire de Dakar proprement dit est de 1,500 habitants environ, mêlés de quelques représentants des diverses races de la Sénégambie (*). Le grand nombre est de cette religion que la conquête a vigoureusement propagée sur une grande partie de l'Afrique. Au milieu de ces primitives populations l'œuvre de l'islamisme devait être durable, car il suivait avec elles leur vie terre à terre. Il transmettait aux noirs, avec ses traditions, ses habitudes merveilleusement adaptées au climat des mœurs faciles; il entretenait l'enthousiasme en leur montrant à l'extrême Orient, assez loin pour qu'elle fût légende, la cité des prophètes, d'où le pèlerin revient

---

(*) Cette grande région, vouée à notre influence présente ou à nos projets futurs, qu'on appelle la Sénégambie, a pour limite supérieure le cours du Sénégal, qui sépare la Mauritanie de ce qu'on appelait autrefois la Nigritie. Son littoral s'étend du nord de Saint-Louis (18,000 habitants), siège du gouvernement, jusqu'à Benty, sur la Mellakoré, résidence du lieutenant-gouverneur délégué à l'administration des « Rivières-du-Sud ». A l'intérieur, la Sénégambie embrasse le bassin du fleuve Sénégal, avec ses affluents, et le bassin du Niger supérieur.

L'*Annuaire du Sénégal et dépendances* (année 1885) inscrit, pour la population soumise, le chiffre de 197,644 habitants. Dans ce nombre, la proportion des sexes est représentée, pour 100, par 47,44 hommes et garçons, — 52,56 femmes et filles.

Le dénombrement de la population libre de cette vaste surface, composée de races différentes éparpillées, ne peut être évalué, même approximativement. Il serait probablement de plusieurs millions.

Sur la rive droite du Sénégal, jusqu'au désert, errent les *Maures* (Trarza, Brakna, Douaïch). La majorité de cette race présente les attributs physiques de la race blanche; mais le croisement avec des tribus différentes (arabes, berbères, nègres affranchis) y a introduit une certaine proportion de sang-mêlés. Ils sont pasteurs nomades, entremetteurs de la gomme, et d'un voisinage difficile.

La rive gauche du fleuve est la limite bien tranchée où commence la « terre noire », avec ses peuplades variées, nègres ou négroïdes :

Les *Ouolof*, grands, beaux, les plus noirs des noirs; intelligents, braves, sympathiques aux Européens. Ils sont musulmans et habitent le bas Sénégal et le littoral (Oualo, Kayor, Baol). Chez eux, l'ordre de succession au pouvoir se transmet en ligne collatérale, c'est-à-dire que le fils du Damel ne règne qu'à la mort de son dernier oncle. L'idiome ouolof est la langue courante la plus répandue en Sénégambie.

Les *Sérer*, renommés pour leur haute taille et leur couleur noire accentuée; laborieux, hospitaliers et fétichistes. Ils habitent le Sin et le Saloum.

Surtout cultivateurs et pêcheurs, les Ouolof et les Sérer sont, suivant la physiono-

inspiré d'en haut; il leur léguait enfin ces « marabouts », cadis et prêtres, gardiens fidèles et intéressés de sa foi, ennemis enragés de toute nouveauté, qui de notre temps fanatisent les masses au nom d'Allah et de la patrie sainte. Mais aussi sa personnalité tenace les immobilisait dans un état de médiocrité duquel il leur est plus difficile de sortir que s'ils avaient simplement gardé leur première condition.

Aussi notre civilisation passe au milieu des races musulmanes, pareille à un fleuve qui, rencontrant un rocher sur son cours, divise ses eaux de chaque côté pour le franchir,

---

mie que leur prête le général Faidherbe, « apathiques, doux, puérilement vains, crédules au delà de toute expression, imprévoyants et inconstants ». Ce portrait moral est, à quelques traits près, celui de tous les noirs de la région occidentale.

Les *Peul* ou *Poul*, de couleur brun-rougeâtre, au teint plutôt cuivré que noir, aux cheveux presque plats. Leurs traits, peut-être infusés de sang blanc, diffèrent singulièrement du type éthiopien ordinaire, et l'on a pu supposer sans invraisemblance qu'ils descendaient d'une émigration ancienne venue du nord de l'Afrique. Ils sont musulmans et pasteurs, avec un penchant prononcé au dol. Ils habitent le bassin du haut Sénégal et les revers du Fouta-Djalon.

Les *Toucouleur*, race mélangée de Peul et de divers sangs noirs. Ils sont musulmans fanatiques et habitent les bassins moyen et supérieur du fleuve Sénégal.

Conduits par un prophète toucouleur, le marabout El-Hadj-Omar, les Peul et les Toucouleur ont, il y a quelque trente ans, mis la Sénégambie à feu et à sang et, un moment, tenu en balance l'épée victorieuse du général Faidherbe. Le siège infructueux de Médine, défendue par le mulâtre Paul Holl, est resté parmi les souvenirs héroïques de nos faits d'armes au Sénégal (1856).

Les *Bambara*, conquérants descendus des rives du Diôli-Bâ vers celles du haut Sénégal. Peuplade dense et brave; type noir peu avantagé; guerriers, agriculteurs et commerçants. Ils sont restés fétichistes au milieu de la marée musulmane disposée à submerger leur race.

Les *Sarakolé* ou *Soninké*, disséminés par groupes dans l'intérieur. Leur type est négroïde plutôt que nègre; ils sont musulmans et s'adonnent au commerce.

Les *Manding* ou *Malinké*, descendus du Niger supérieur vers le littoral de l'Océan, jusque fort loin sur la côte. Beaux noirs, qui vivent de l'agriculture ou du commerce par caravanes et travaillent habilement l'or et le fer. Ils sont hospitaliers ou pillards, suivant l'occasion, et de profession musulmane.

D'autres peuplades s'échelonnent le long des Rivières-du-Sud (*Gambie, Casamance, Rio-Nunez, Rio-Pongo, Mellakoré*, etc.). Leur énumération allongerait sans intérêt cette note.

Consulter, pour plus de détails, le savant ouvrage du docteur Bérenger-Féraud : *les Peuplades de la Sénégambie*, 1879.

jusqu'au moment (espérons-le au moins) où la crue montant toujours l'enserre, l'embrasse et le submerge, entraînant ses débris mêlés à ses eaux. Le fétichisme a l'habitude moins rebelle, sa conquête sera moins laborieuse. Mais jusqu'ici ce n'est pas nous, sur la terre d'Afrique, c'est l'islamisme qui en fait sa proie, et chaque jour un peu plus la gagne à sa cause et à son intérêt.

A part l'herbe au temps des pluies et les plantations de millet, la végétation des falaises est rare et maigre, nous le disions tout à l'heure. Encore les blancs et les gens de bon conseil du pays ne paraissent-ils pas voir d'un œil favorable les herbages, ni surtout les champs de mil autour de Dakar, incriminant cette graminée de répandre la fièvre dans l'air. Ils ont même soin de tenir le sol bien sarclé autour de leurs habitations; et en ceci ils ont raison, la fermentation qui s'empare avec une grande rapidité, sous l'ardente chaleur, des herbes séchées, puis mouillées par une ondée, n'étant pas du tout innocente. Mais la futaie bien entretenue ne présente pas cet inconvénient; elle donne au moins de l'ombre sous un ciel qui n'est que soleil, et c'est l'avantage incontesté du joli jardin public dessiné par les disciplinaires.

L'aride terrain d'alentour rehausse assurément son gracieux aspect. L'hivernage fondant en déluge, on y entrait dans l'argile jusqu'aux chevilles. Mais bientôt le soleil commença à percer les nuages, étincelant à travers les gouttes de pluie perlant à chaque feuille, à chaque brindille; les légumineuses aux grappes de fleurs éclatantes, les mimosas reverdis ayant dégoutté leurs ondées, l'ombrage ne parut pas de trop contre les rayons naissants et déjà cuisants comme des langues de feu. Les graines de sablier, dont l'élasticité était tendue outre mesure par la chaleur, éclataient avec le bruit d'un pétard, projetant leurs côtes ligneuses et leurs semences vénéneuses. Les arbres fruitiers habituels aux tropiques sont clairsemés dans ce jardin, et les plantes potagères européennes de culture délicate ravagées par les *crabes-tourlourou*, qui creusent leurs galeries souterraines sous les bouquets de cocotiers.

On y remarque une singularité qui n'est pas rare en Sénégambie : c'est un baobab d'âge respectable, dont le tronc présente assez d'ampleur pour qu'on ait pu y creuser une sorte de hutte où les jardiniers, par temps de pluie, se tiennent à l'abri. La grosseur de ce végétal est quelquefois énorme, — j'en ai vu dépassant 20 mètres de circonférence, — et d'autant plus apparente qu'il est d'aspect court et trapu; ses fortes racines tracent au loin dans le sous-sol et atteignent un développement presque égal à celui des rameaux aériens. A la saison sèche, au moment où les branches sont nues de feuilles, on l'a comparé à un arbre retourné élevant dans le vide ses tortueuses racines.

La nature est prodigue de semblables effets. Je n'en veux citer dans ce genre qu'un exemple éloigné : le figuier-banian de Calédonie intéresse plus que l'*Adansonia* africain. Ce géant, au dôme velouté, s'implante par cent rejetons semblables aux béquilles du pandanus et, comme celles-ci, devenues ses soutiens à mesure qu'il vieillit. Puis, l'arbre continuant à croître, ses racines à cheminer dans le corail, ses piliers à se frayer de force un passage, les anfractuosités qu'il a commencées s'élargissent par effondrement, jusqu'à former des tracés souterrains et des grottes quelquefois considérables. On voit, à l'île des Pins un de ces banians, dont la base couvrait assez de terrain pour qu'on trouvât plus aisé de détourner une route, qu'il fermait, que de l'abattre.

En continuant à suivre la plage de sable qui borde à perte de vue l'arc de la baie, le promeneur atteint la plaine de *Hann* et son bois de palmiers, site embelli par la garnison de Dakar, qui y entretient une belle culture à proximité du marigot. Dans ce pays de soleil, la terre produit généreusement partout où il y a un peu d'eau pour l'humecter et des bras de bonne volonté.

La route est sèche et dure à la marche, la chaleur venant; et l'on s'épargne quelque fatigue en se faisant porter par un de ces bons petits chevaux sénégalais, dont l'allure est douce et l'agilité, par occasion, précieuse à opposer à la méfiance furieuse des bœufs demi-sauvages qui errent par bandes dans la campagne. La couleur blanche d'un Européen leur est désagréable, comme le rouge aux taureaux de nos pays.

De jeunes pasteurs nègres, aidés de leurs chiens *laobé*, jaunes, à l'œil sauvage, en menaient un lot au parc de réserve de la ville. Ce troupeau courait tantôt en masse serrée, tantôt s'égayant dans un pittoresque désordre, sous la conduite d'un vieux mâle, que les noirs appelaient « le père » avec une certaine complaisance superstitieuse. Il y avait là mêlés des bœufs nains qui, adultes, ne dépassent pas la taille d'un veau, des buffles au regard farouche et de ces zébus majestueux, aux cornes élancées, à l'œil placide, qui portent sur le dos une bosse volumineuse. Autant de variétés dont la souche fut peut-être ressemblante à l'origine, et qui témoignent combien sont profondes les modifications qu'impriment les traverses du « milieu ».

J'ajoute, pour en avoir fait l'expérience, que la chair de ces animaux venus de divers points de l'intérieur, est sèche, coriace, très peu savoureuse, même cette bosse de bison, mets de chefs, que Cooper, du reste, n'a pas célébrée en Afrique. Les climats torrides ne conviennent guère à l'élevage des bestiaux, et ceux-ci, surmenés par un long voyage, puis mis au repos quelques jours dans les maigres pacages de Hann, avaient passé par une série d'épreuves auxquelles les robustes seuls avaient résisté.

Aux haltes, on voit un spectacle curieux : des oiseaux de la grosseur d'un merle, au bec rose et de plumage jaune-verdâtre, arrivent s'appelant l'un l'autre de fort loin, et, des arbres d'alentour, s'abattent sur le troupeau. Si l'on en croyait la légende, ces prétendus vampires, qu'on nomme « becquerons » dans le pays, suceraient à merci le sang des ruminants épuisés; en réalité, les pique-bœufs viennent à la curée des tiques et des nuées d'insectes pullulant dans les plaies dont sont couvertes les malheureuses bêtes, et celles-ci paraissent plutôt soulagées par l'intervention bienfaisante de leurs familiers.

Passé les dunes de sable fin, on rejoint la ligne télégraphique de Dakar à Saint-Louis; ce premier signal de la civilisation rend songeur et fait désirer le temps prochain où le sifflet d'une locomotive fera retentir la plaine solitaire (*). Jusqu'à l'horizon, bordé par une petite chaîne de collines noyées dans une vapeur bleuâtre, le terrain coupé de monticules s'ondule et se couvre de cactus, de figuiers de Barbarie avec leurs fruits rouges hérissés d'aiguilles, de ces arbustes épineux qui croissent sur le sol le plus aride, d'herbages rôtis par une longue sécheresse, qui craquent froissés sous les pieds des chevaux. Des traînées de termitières, des passées de fourmis noires, soulèvent par endroits l'argile durcie. De distance en distance, un baobab nu étend sur la plaine ses branches que n'agite aucun souffle de brise; aux uns, la première sève de l'hivernage, qui va poindre tantôt, verdit quelques bourgeons; d'autres, tombés de vieillesse ou renversés sous l'ouragan d'une tornade, colosses brisés dans leur force, attendent couchés sur le sol la poussière des siècles. Une ombre de mélancolie erre sur ce paysage. A peine le silence est-il de temps à autre troublé par le cri d'un oiseau effarouché, le vol de cailles passagères, d'une compagnie de perdrix fauves partant avec la soudaineté bruyante d'un obus qui vole en éclats, le passage de noirs qui se rendent au marché de la ville et vous donnent

---

(*) Objet réalisé cette année (1885).

le bonjour d'un air souriant. Ailleurs, de grands moutons roux et maigres, aux hautes cornes enroulées, au poil ras, paissant par troupeaux les herbages clairsemés des dunes sablonneuses, ou le gramen levé entre les pieds de sorgho dont on vient de faire la récolte. De rares et pauvres villages, avec leurs huttes de paille typiques, n'offrent de charme que les magnifiques clôtures des lauriers-roses ombrageant les lavoirs. A couvert de cette parure flamboyante, de noires blanchisseuses répétaient, à beaucoup d'années de distance, les travaux de la blonde Nausicaa, et, peu fortunées, portaient aux oreilles des bijoux en pure filigrane d'or pâle.

Un marigot, réservoir stagnant des pluies et des eaux déversées de la colline, à chaque marée descendante reflue de proche en proche jusqu'à la barre de sable qui obstrue son embouchure à la mer. Ses bords vaseux, largement découverts à la saison sèche, sont peuplés d'oiseaux de rivière que guettent de petits aigles noirs aux ailes déchirées; plus loin, de belles aigrettes au plumage de cygne blanc de lait ou gris-perle, hautes sur pattes, s'envolent par nuées épaisses à la cime des baobabs, subitement revêtus d'une toison de neige, et fixent sur vous de leur œil jaune clair un regard stupide. La fièvre tremblote dans la vapeur étendue sur le marécage; il n'est pas prudent d'y séjourner tardivement.

Au retour vers la rade, la vue est superbe. Sur le lac bleu, perlé de l'écume que chassent les alizés, Gorée se détache au ras de l'horizon, baignée dans des flots de lumière que l'onde réfléchit à travers une atmosphère vacillante. L'ombre du soir descend; les parties claires et obscures, se faisant ressortir l'une l'autre, donnent une netteté plus vive aux accidents du panorama (mois d'avril).

Un mot des saisons au cap Vert (*).

(*) Cette question a été magistralement traitée dans un livre du docteur Borius, intitulé : *Recherches sur le climat du Sénégal*, 1875.

Rafraîchie par les alizés de N.-E., par le courant d'eau froide qui descend du nord le long du littoral africain, la températúre de la « saison sèche » (moyenne + 20°) est saine et agréable. Sa chaleur est supportable, même à l'heure de midi, hormis lorsque les vents soufflent de l'est, ayant passé sur la terre brûlante (*); à la tombée de la nuit, le thermomètre descend aux degrés + 17°, + 14°, rarement jusqu'à + 11°, et ce brusque abaissement fait trouver la soirée froide et non superflus les vêtements de laine. Pendant ces mois secs et frais, l'Européen se relève de l'anémie causée par le précédent hivernage et prend des forces pour lutter à nouveau, lorsque la mauvaise saison reviendra. Véritablement réparatrice pour le blanc, cette saison est critique à l'indigène, que « l'hiver sénégalais » va sérieusement éprouver ; d'où l'adage ouolof, qui court à Dakar : « La naissance des feuilles du baobab (*hivernage*) annonce la mort du blanc ; leur chute (*saison sèche*) est le présage de celle du noir. » La saison sèche est bonne un peu plus de six mois ; elle est comprise entre la fin de novembre et la mi-mai, et favorable surtout de la mi-décembre à la mi-avril.

Le reste de l'année coïncide à notre été ; c'est « l'hivernage », accusé par un air chaud, humide et tendu d'électricité.

Alors des pluies diluviennes tombent par torrents d'un ciel noir percé d'éclairs, les tornades se déchaînent sur la côte, portant dans leur tourbillon des légions de fourmis ailées et la malaria. Sitôt que la pluie cesse, le soleil se dégage du brouillard, l'humidité du sol se réduit en vapeurs, l'atmosphère se sature, et, comme la transpiration des téguments s'échange péniblement avec l'extérieur, la chaleur semble plus lourde et les sensations qu'on éprouve deviennent très désagréables. Par des temps semblables, où le thermomètre ne dépasse cependant pas + 27° (moyenne habituelle des températures de l'hivernage), le

---

(*) Dans ces conditions, l'oscillation du mercure accuse quelquefois un écart de + 20° entre le lever du soleil et la mi-journée.

malaise des Européens est général. Encore les nouveaux arrivés, qui apportent un sang jeune de la France qu'ils ont quittée récemment, supportent-ils assez facilement un premier hivernage; mais ceux qu'on appelle « acclimatés », par métaphore, déjà lentement minés par le climat et l'influence propre au sol, souffrent davantage de saison en saison. La poésie funèbre des noirs nous apprend qu'au bout d'un temps plus ou moins long ils ne survivent pas « à la pousse des feuilles ».

Néanmoins Gorée, véritable *sanitarium* maritime, et Dakar, tempéré par les brises de l'Océan, sont parmi les favorisés de l'Afrique occidentale. La côte nord de Sénégambie, grâce à la longue durée de sa saison réparatrice, jouit d'un climat bienfaisant, comparé à celui qui règne en descendant vers le sud, de Sierra-Leone au Gabon. Avec la Guinée qui commence, plus de saison qui relève; une étuve, dont l'impression étouffante se perpétue toute l'année.

Puis, comme si le Sénégal n'avait pas assez, avec la dysenterie et l'hépatite, de cet insaisissable protée multipliant ses aspects en un tableau pathologique presque infini dans ses variétés, « la grande endémie paludéenne », — de terribles épidémies ont visité notre colonie à diverses reprises. Ce fut, à la fin de 1868, le choléra importé à Saint-Louis et en Gambie par les caravanes des Maures Trarza, remontant ensuite le long de la côte, reparaissant en 1869. La fièvre jaune s'y est abattue plusieurs années successives (1830, 1837, 1859, 1866, 1878, 1881, etc.), faisant d'effroyables ravages parmi la population de Saint-Louis et de Gorée, et, comme ayant trouvé là un terrain à sa convenance, paraît s'y être implantée définitivement. Personne d'entre les médecins de la marine n'a oublié le douloureux souvenir du meurtrier hivernage de 1878, où dix-huit des nôtres payèrent un inexorable tribut au fléau. Un monument commémoratif, dans les deux villes éprouvées, consacre leur dévouement.

II.

LA MER DE SÉNÉGAMBIE.

Matakong.

Au-dessous du cap Vert, depuis le 12° degré de latitude nord, la côte africaine s'infléchit vers le S.-E. par une pente insensible et, prononçant davantage son arc vers l'est, à mesure que sa ligne générale descend à l'équateur, ouvre la courbe profonde de ce golfe de Guinée où, sous un ciel qu'on a appelé « implacable », la mer roule des eaux unies et calmes dont les molles ondulations viennent se briser aux barres de la terre.

Nous venons de quitter la région des solitudes mobiles soumises aux capricieuses violences de l'atmosphère. Les éléments s'y livrent sans obstacle des assauts de géants; de simples molécules incessamment s'élèvent en montagnes ou retombent en plaine sans limites. La surface des eaux est changeante comme les nuages qui courent au-dessus d'elles, tour à tour reposée avec le calme du ciel, agitée par ses tempêtes; le mouvement est partout dans cette immensité, qui au loin rejoint la nue, s'émeut ou s'apaise avec elle, et l'infinie variété du spectacle impose par une grandeur dont la vue n'est jamais rassasiée.

A l'approche de l'équateur, l'Océan va présenter un tableau différent; la bruyante respiration des mers s'est tue. Le calme s'est fait, un calme profond que le rude souffle des vents ne rompt qu'à de courts intervalles. Si parfois la tornade roule impétueuse, elle a la durée d'un éclair; la violence est dans l'air avec l'orage, l'égale sérénité des flots en est à peine troublée. Mais, pour muettes que paraissent les forces de la nature, leur activité sourde, latente, n'en est pas moins agissante ; la vie surtout, baignée dans un milieu constant de chaleur, de lumière, d'électricité, une vie prodigue abonde sous un climat dont elle est comme l'épanouissement. La mer de Sénégambie présente déjà cette physionomie équatoriale. Pour ternes, par leur continuité monotone, que soient d'ordinaire ses aspects, la solitude, venant à se peupler, va les rendre animés. L'air y est sans vent, le ciel lourd et pesant, l'eau presque immobile, et, de longs jours, la nature y paraîtrait morte, sans le témoignage de cette vie organisée qui s'épand à profusion dans un milieu toujours égal.

Des traits tracés çà et là, en observant ce qui vous entoure, suffiront-ils à donner un corps à ce paysage, à sa forme errante, indécise ?

Le ciel qui couvre cette mer est rarement limpide, voilé comme il est par une lumière éblouissante et par les vapeurs qu'aspire une atmosphère dilatée par la chaleur. Les alizés battent mollement une partie de son étendue ; ils y chassent des nuages pressés comme des montagnes de coton, que vient parfois à déchirer la brise fraîchissante, balayant dans l'espace de longues traînées si blanches qu'on les dirait jaillies de l'écume des vagues. Le soleil, s'il le rencontre dans sa course, est comme amorti par cet édredon d'un blanc mat ou d'un gris tendre ; il frange ses moelleux contours de mille rayons divergents, qui s'épanouissent en rejoignant à l'horizon la mer, rayée d'une bande au reflet d'or dont le foyer reste invisible. A l'extrême limite où n'atteignent plus les brises périodiques, sous la voûte de suie du « pot au noir », l'aspect est triste, lugubre ; des pluies torrentielles s'abattent, le tonnerre gronde et les zébrures de feu d'orages perpétuels percent le ciel jusqu'à la mer.

Le passage du jour à la nuit est brusque ; l'obscurité tombe presque sans crépuscule. Le disque éclatant du soleil, descendant lentement sous les eaux, disparaît dans une mer de feu sombre. Quelque temps ses dernières lueurs jouent au milieu d'une vapeur empourprée; puis, à mesure que l'ombre se fait, les teintes se fondent, l'or et la pourpre se changent en une panne violette qui s'étend et s'efface, et, si le ciel est pur, mille étoiles apparaissent pareilles à des perles suspendues à la voûte bleue. La lune, éblouissante d'une pâle lumière qui donne une seconde fois la clarté du jour, plus douce, mais presque aussi claire, se lève alors, argentant par places des flots d'indigo.

L'Océan, en beaucoup d'endroits, revêt la couleur du ciel. Sous les alizés de l'Atlantique boréal, il est d'un bleu profond, moutonné de courtes lames, régulières comme les flocons blancs qu'une brise égale chasse dans la nue. L'uniformité, dans ces régions, est son partage; nulle part il ne présente ces contrastes de teintes accidentées communes à la mer de corail, à l'enceinte de ses récifs, où des tons complémentaires, roses, violets, verts, rouges, rapprochés sans transition, se font ressortir les uns les autres de leur éclat différent, avec une vivacité telle qu'un peintre renoncerait à reproduire les nuances de pastel douces et brillantes à la fois qu'ils étendent à la surface.

Dépendant surtout des jeux de lumière et des reflets d'en haut, l'aspect des flots va quelquefois changer suivant la profondeur et la teinte des fonds, le voisinage de la côte, le mouvement des ondes et le passage de ces myriades d'animalcules et de plantes microscopiques qu'on rencontre suspendus à fleur d'eau.

Le nom de « mer blanche » conviendrait vraiment au golfe de Guinée. Sur ses flots ondoyants courent des reflets métalliques; l'étendue miroite comme un lac d'huile sous un dôme de plomb; elle dort d'un pesant sommeil, sauf quand le vent d'une tornade, secouant un moment cette torpeur, roule à sa surface, la plisse et, de même que l'orage abat un champ d'épis, fauche en passant les crêtes écumantes des petites vagues qu'il a soulevées. Parfois le grand courant, qui porte au sud et suit les contours du golfe, entraîne des débris flottants d'anciens naufrages, couverts d'algues et de coquillages, des épaves carbonisées, des amas de varechs flottants. C'est, avec la vie qui s'y meut, le seul incident de ces eaux rarement troublées et déployant avec une imposante régularité les ondulations mises en mouvement par des vents soufflant bien loin de là.

Il arrive dans ces parages que la mer prend tout d'un coup une coloration d'un vert troublé, analogue à celle des mares stagnantes. Le navire surpris par ce changement se croirait près de terre, si, comme cela se présenta pour nous, la sonde aussitôt jetée n'annonçait des profondeurs au-dessus des prévisions, qui dépassèrent une fois 285 mètres. L'air est en même temps calme et chargé d'un brouillard ténu, condensé par la fraîcheur du soir; sa senteur pénétrante donne l'impression de la grève à l'heure du déchale ou d'un marécage d'où s'élèveraient des effluves mêlés d'émanations salines. Après la chaleur du jour, l'on se sent mal à l'aise dans cette atmosphère tout imprégnée de serein et peut-être d'invisibles particules pestilentielles.

Une telle apparence, l'insalubrité qu'elle laisse prévoir, va devenir plus singulière près de l'équateur. Le calme s'est fait de la rencontre adverse des alizés des deux hémisphères, de leur force d'impulsion brisée au choc l'un de l'autre et comme neutralisée. Un cercle sombre s'étend sur l'Océan dans sa zone boréale, qu'il n'abandonne jamais (*); il se déplace plus ou moins suivant la saison, descend vers l'équateur ou re-

---

(*) Cette zone de calmes, avec son aspect typique, se prononce surtout entre le 1er et le 4e degré de lat. N., — entre le 20e et le 25e degré de long. O., au large de la côte de Guinée.

monte au septentrion, selon le flux et le reflux alternants des alizés du nord ou du sud ; le navigateur qui coupe « la ligne » est assuré de le rencontrer en quelque point. Là stagnent les flots et les nuées du ciel, et une vapeur comme palustre, apportée jusqu'à la limite des vents dans cette impasse, se condense et retombe au froid de la nuit. Les anciens marins, avant que les routes de la mer fussent bien reconnues, entraient avec épouvante dans cette zone meurtrière, où le calme les retenait de longs jours. Ils avaient trouvé, pour la nommer, cette image saisissante dans sa trivialité, le « pot au noir ».

Au nombre des spectacles que peut offrir la mer chaude des tropiques, il n'en est pas de plus merveilleux que sa *phosphorescence*. La nuit venue, le phénomène paraît dans toute sa beauté. Les eaux se couvrent d'une nappe de feu, éclatant en étincelles du conflit des molécules liquides pressées par la brise. Des globes lumineux sillonnent la surface; des gouttes pareilles au métal en fusion coulent du seau qu'on a rempli à la mer, et l'eau récemment puisée en est comme pointillée de poussière luisante. Une écume d'argent jaillit du flot séparé par l'étrave; et l'onde, bouillonnant sous l'hélice, s'ouvre en sillon de neige lumineuse, laissant une traînée brillante et douce qui s'éteint bien loin derrière le navire.

A ce tableau magique il serait sans doute imprudent de chercher une origine unique; l'analyse des phénomènes de la nature nous la montre souvent prodigue de causes pour un effet. La source de la phosphorescence paraît multiple. C'est, à la fois, — la tension électrique du milieu extérieur, habituelle dans ces parages et parfois développée à un degré surprenant; — l'électricité de la mer elle-même mise en branle, et par la multitude d'animaux petits et grands qui s'y meuvent, et par les vents qui font les vagues, et par les courants qui déplacent les eaux, et par le frottement intime et sans repos des molécules chargées de sels les unes sur les autres, peut-être aussi par la masse de fer du navire creusant son sillon ; — mais surtout la vie invisible et les décompositions de la vie éteinte, hâtées par une température constante.

Le mouvement et la vie, sources de la phosphorescence, l'hypothèse est séduisante. En voyant ces lueurs, ces globes de feu, cette poussière électrique, illuminant soudain la mer, on pense involontairement à l'agitation de ces infiniment petits qui vivent et meurent, plus abondants que les grains de sable du fond, dans un milieu éminemment favorable à leurs propriétés phosphorescentes. Et l'esprit est encore mieux satisfait, si l'hypothèse est appuyée sur des faits certains. C'est en foule innombrable que se meuvent à fleur d'eau de minuscules organismes, spontanément lumineux dans l'ombre. Placés aux derniers échelons des protozoaires, êtres infimes, des flagellates, des myriades d'infusoires portent en eux-mêmes une réserve de matière grasse qui s'oxyde, c'est-à-dire brûle, au contact de l'oxygène dissous dans la mer, devenant ainsi source de lumière. Et la lueur qu'ils émettent est d'autant plus vive que l'onde est plus agitée, parce qu'en même temps l'excitant de leur oxydation, l'air brassé avec la vague, rapidement renouvelé, vient fournir à ces lampes microscopiques l'aliment d'une activité aiguisée.

Cette vie étonnante par sa multiplication va nous retenir un instant. Elle recherche les eaux chaudes de la surface et se rapproche de la côte, où la moindre profondeur du lit favorise la reproduction et le développement des germes.

Alors que les oiseaux du nord vous ont quitté depuis longtemps, les alcyons au noir plumage suivent l'arrière du navire d'un vol persévérant. Ils passent avec vous la ligne torride ; ils sont de toutes les mers. Précurseurs de mauvais présage, si l'on en croit un vieil adage maritime, des coups de vent ou du calme, ils rasent en tournoyant la surface d'une aile rapide.

Les poissons volants émaillent l'égalité des alizés, dont les brises tièdes d'haleine ne forcent jamais la mer et font au navigateur de passage un climat sans réaction ni souffrance. C'est par bandes nombreuses et charmantes qu'ils viennent s'ébattre au soleil, baignés dans l'écume mousseuse de la mer bleue, à travers la poussière de diamants que le vent disperse. Pareils aux libellules des étangs, ils animent la solitude de ce vaste champ; leurs bonds sont de quelques mètres, et, dans ce court trajet, pressé entre deux ennemis, s'il prend son vol d'un moment pour échapper au poisson carnassier, l'*exocet* tombe sous le bec des rapaces de l'air, fuyant sans cesse et toujours poursuivi par ces ennemis qu'attire son écaille d'azur et d'argent, brillante d'eau et de soleil.

Des flottes gracieuses de galères, les vellèles ou physalies, tendant leur vessie aérienne comme une petite voile, voguent d'une impulsion passive au gré du courant ou de la brise. Nuancées de rose, de violet, de pourpre, elles ont la forme d'un casque au cimier festonné d'un liséré sombre.

De ces physalies prises dans une bande nombreuse, que j'examinai, ressemblaient pour la couleur et la forme à ces actinies variées, fleurs animales, que la marée basse laisse à découvert sur nos plages; leur pied, prolongé d'élégants tentacules violets, était surmonté d'une vessie en forme de pirogue deux fois aussi grande que le corps, appendice gonflé de gaz, qui crève avec un bruit sec lorsqu'on le presse, et rend en cet état l'acalèphe impuissant à remonter à la surface. Les physalies ont un appareil de défense et d'attaque efficace contre des animaux mieux armés qu'elles. Sitôt qu'on les touche sans précaution, elles émettent une humeur poisseuse âcre, et si pénétrante que la main de l'imprudent rougit, se couvre de petites cloches, et un engourdissement passager accompagne la brûlure, au moins aussi cuisante que celle de l'ortie.

C'est encore de paresseuses tortues flottant à la dérive; les oiseaux de mer, posés sur ces écueils vivants, piquent les mollusques attachés à l'écaille. Ailleurs des bancs serrés et remuants de sardines qui scintillent au soleil. A la curée de cette abondante pâture, rapide comme la flèche, un vol de mouettes blanches descendait à pic, et s'élevait pour retomber acharné sur la proie, tournoyant sans relâche comme un tourbillon de neige flottant sur les eaux.

Le souffleur et la baleine, émigrante des mers australes, fuyant peut-être les baleiniers, fréquentent à certaines saisons le golfe de Guinée; l'espadon livre à cette dernière des combats furieux. Les ébats de ces monstres ont quelque chose de grandiose, et leurs luttes comme leurs amours convulsionnent les mers.

Rarement, au milieu de l'abondance, la pêche à bord est praticable à cause de la vitesse de la marche. Parfois, dans les calmes, la fouine harponne une grande dorade venue folâtrer à l'arrière, prenant le navire pour un récif. La bonite, taillée pour la course, qui aime l'écume du taille-mer comme la truite celle du torrent, se laisse prendre au milieu des eaux bouillonnantes. Par accident encore, la ligne de traîne ramène des thons voraces, de ces monstrueux poissons qui atteignent un poids de 40 à 50 kilogr. et sont de taille en raison. Leur agonie, proportionnée à leur vitalité, est vraiment émouvante; ils se tordent sur le pont, frappent de la queue des coups furieux, rebondissent à la manière d'un arc qui se détend, jusqu'à ce que, leurs ouïes battant une écume sanglante, tout leur corps s'irise des couleurs changeantes d'une asphyxie lente à les terrasser.

A une distance modérée de la côte, j'avais eu, précédemment à cette traversée, la fortune d'assister à deux scènes que je ne puis renoncer à transcrire ici.

C'était à une soixantaine de lieues dans l'ouest de Dakar.

Étant monté sur le pont, je vis tout d'un coup la mer sillonnée de traînées sinueuses qui couraient à perte de vue, traçant de rouges ruisseaux à travers l'étendue mobile. Ils suivaient leur voie indépendante, sans se mêler aux eaux environnantes, et la surface qu'ils couvraient devait être immense, à en juger par la rapidité de notre marche, qui les traversa plus d'une heure durant.

Ayant fait puiser dans un de ces ruisseaux, l'eau ramena de petits acalèphes discoïdes, larges d'une pièce de deux francs. Leur forme était celle d'une ombrelle de champignon rosée et finement pointillée sur son pourtour, d'où descendaient, suspendus dans le liquide, des tentacules d'une délicatesse extrême. La substance en était diaphane et tremblotante comme de la gélatine.

Quant au nombre de ces petits êtres dans cette mer veinée de sang, il rappelait l'idée de l'infini.

Entre le cap Roxo et l'archipel des Bissagos, nous fûmes surpris par un de ces calmes éblouissants qu'on ne peut se figurer sur nos côtes, même aux jours les plus chauds de la Méditerranée. La mer réalisait cette apparence d'une cuve de mercure à peine ondulée, renvoyant en reflets métalliques les rayons d'en haut. A quelque distance, la surface immobile s'anima soudainement, et, à mesure qu'elle se rapprochait du navire allant vers elle, son agitation devint inouïe. Un monde de marsouins accourait en masse serrée, bondissant dans une fuite folle; lancés en l'air comme mus par un ressort, ils retombaient pour reprendre sur l'eau un point d'appui, cherchant de nouveau à se dépasser à la course. La mer en devint noire, et leur passage laissa un remous pareil au sillage d'une flotte. La vitesse effrénée de cette troupe d'animaux, sur ces flots transformés en plaine, rappelait à une certaine distance le galop furieux de chevaux emportés.

Un peu plus tard, de nombreux requins montrèrent à fleur

d'eau leur aileron noir; au repos d'une chasse fructueuse et d'un gras festin, ils se laissaient paresseusement bercer.

Rarement on rencontre autant de ces squales réunis en haute mer; la poursuite des marsouins expliquait leur échappée. Ceux-ci au contraire sont coutumiers du large. Leur robe est sombre et uniforme dans nos régions, aux deux couleurs blanche et noire vers l'hémisphère austral; par bandes, ils accompagnent fort loin le navire, bondissant sous sa quille et sur ses flancs, et faisant assaut d'une vitesse de plus de quinze milles à l'heure. Ici leur société, troublée par la présence des fauves, dépassait toute imagination.

Mais, si imposantes que soient ces scènes, on les admire sans trop s'en étonner, en pensant qu'elles marquent seulement un point imperceptible du prodigieux tableau que nous offre la création aux cieux, sur la terre et dans les eaux, et devant lequel notre intelligence se courbe, comme fatiguée de tant voir. Le souffle d'une vie exubérante, qui ne s'épuise ni ne s'amoindrit, a passé sur la mer que je parcourais et partout y laissait sa trace. Ces êtres innombrables, grands et petits, sont la pâture les uns des autres; ils vivent pour donner à d'autres, du petit au grand, l'aliment de leur vie. Chaque espèce a son ennemie. Et, au sein de cette destruction constante, destinée à entretenir de nouvelles existences, la postérité de chacun est assurée par une fécondité sans limites. La nature a veillé dès l'origine à la conservation des types créés, et l'équilibre des lois de la vie, quelle que soit la destruction, reste maintenu dans une harmonie admirable.

Cette traversée favorisée nous mena devant MATAKONG.

Cette petite île, située au sud des îles de Los, dépend, à proprement parler, de la côte de Sénégambie. Les Anglais cependant paraissent n'avoir pas été absolument dans leur tort lorsque tout récemment ils nous en revendiquèrent la possession (*), rappelant que la tradition commerciale a fait de cet endroit une « place » foncièrement britannique. Depuis une quarantaine d'années, en effet, un Israélite de Londres, devenu un gentleman fort riche, y a monté une maison de commerce considérable ; grâce à un « cadeau » annuel offert au chef le plus proche de la grande terre, il vit en bonne intelligence avec les indigènes, ce qui lui a permis de s'entourer d'une sorte de clientèle « native », et de procurer à ce pays d'adoption une civilisation matérielle qui durera autant que sa personnalité ou jusqu'à l'exploitation consommée des ressources du pays. Quoi qu'il en soit, l'Angleterre peut garder Matakong ; l'îlot ne vaudrait sûrement pas une querelle.

Les bancs, qui exhaussent assez loin le fond des eaux, rendent l'approche de la terre dangereuse et forcent les grands navires à mouiller à cinq ou six milles au large. A cette distance, les communications sont lentes et laborieuses ; et, n'ayant pas eu la bonne fortune de descendre à Matakong, j'eus au moins celle d'en retrouver, dans une relation que le souvenir de son auteur m'a rendue plus précieuse (**), la description inédite que je transcris ici.

« L'île est peut-être encore moins grande que Gorée (***), mais elle a de plus que cette dernière une luxuriante chevelure verte, qu'elle laisse traîner jusque dans l'eau. Je ne crois pas qu'on puisse trouver nulle part une plus splendide végétation ; elle a tout envahi jusqu'à la mer, et encore là, comme pour jeter un défi à cet obstacle, a-t-elle fait pousser sur l'extrême bord une foule d'arbres aux racines à moitié immergées, qui agitent leur panache d'ombre au-dessus de l'eau.

« Placée dans un enfoncement de la terre ferme, l'île de

(*) L'île de Matakong est inscrite comme « territoire contesté » sur la carte précédemment citée du commandant Brossard de Corbigny, 1861.
(**) J.-B. F., *Campagne de l'Eldorado* (1850-1851), manuscrit.
(***) L'île de Matakong mesure 28 kil. sur sa plus grande dimension.

Matakong voit se déployer devant elle la bordure verte et sombre du premier plan, montueuse et volcanique du second, qui appartient au continent, dont un canal à lit de vase de moins d'une lieue la sépare.

« La partie de la côte qui forme la baie où se trouve Matakong présente un singulier aspect de heurtements convulsifs ; les arêtes des montagnes, au lieu des courbes onduleuses qu'elles revêtent d'ordinaire, sont ici droites, bizarres, et des coupées perpendiculaires, que l'intensité de la lumière indique seule, sont autant de gorges par lesquelles les rivières de *Forekareah*, *Dimbia*, etc., débouchent pour aller se jeter dans la mer. Une autre particularité curieuse qu'offrent ces montagnes, c'est l'existence de plaques immenses où les roches volcaniques qui en constituent la masse n'ont pu se recouvrir de terre végétale ; tout autour la verdure est noire à force d'être profuse dans ces points elle est remplacée par des alternances singulières des couches grisâtres et d'un fond grenat.

« C'est surtout au coucher du soleil que, pendant les quinze jours que nous avons passés à Matakong, nous pûmes admirer ces singuliers effets de terrain. J'ai été frappé également d'une disposition très habituelle des nuages qui passent au-dessus de ces montagnes ; ils ont presque toujours des formes abruptes, des incisures verticales, des lignes droites que je ne me rappelle pas avoir vues aux autres ; on dirait que leurs robes vaporeuses se sont déchirées aux arêtes aiguës sur lesquelles elles passent, et que ce sont leurs lambeaux qui arrivent jusqu'à la mer. »

La population de l'île, qui n'a guère dû varier depuis cette époque en nombre ni en qualité, comptait en 1851 trois cents indigènes et des forgerons manding, vivant sous l'autorité patriarcale de M. Nathaniel. Des éclaircies et des sentiers ont été tracés à travers la masse touffue de la végétation, et une commode habitation de commerce élevée sur pilotis ; les arbres fruitiers des tropiques, les rizières, quelque bétail même, y ont prospéré.

Le steamer perdit, à cause de la distance, plus d'un jour à embarquer la cargaison qu'apportèrent, en plusieurs va-et-vient, deux petites goélettes et de grandes embarcations à voile : elle consistait en 250 tonnes d'huile de palme, quelques sacs de pistaches et de gomme grabelée, de la cire végétale, du caoutchouc, un peu d'ivoire et de poudre d'or.

50 à 60 milles marins (soit 100 kil., en moyenne) séparent Matakong de Freetown. La température était étouffante et le rivage noyé dans une vapeur indécise; néanmoins la sécheresse de l'atmosphère annonçait une salubrité relative (fin de novembre). Le climat ne doit pas varier beaucoup entre ce point et le centre de la colonie de Sierra-Leone.

CHAPITRE II.

LA COTE DE SIERRA-LEONE,

DES ILES DE LOS AU CAP DE MONTE.

LA PRESQU'ILE DE SIERRA-LEONE.

Freetown.

La ville anglaise de FREETOWN (lat. N. 8° 29′ 7″, — long. O. 15° 34′ 27″), détruite par le bombardement en 1794 et rétablie dix ans plus tard, s'élève sur le revers septentrional d'une presqu'île montagneuse, longue de 48 kil. sur une largeur de 18 à 20, qui se détache nettement du continent et se prolonge avant dans la mer.

L'ancienne légende des navigateurs portugais, qui crurent entendre, arrivant vers 1462 en vue de terre par temps d'orage, des lions rugir dans les montagnes, a fait école; car, depuis, bon nombre d'ouvrages de géographie recommandables rapportent sérieusement que la terre de Sierra-Leone, pour justifier son nom, présente la forme générale d'un lion couché, ou bien que ses montagnes sont infestées de fauves. La vérité est que le lion ne descend pas si près de la mer, ni peut-être si avant vers l'équateur; et, laissant de côté une étymologie fantaisiste, mieux vaut s'attacher à celle qu'ennoblit un passé récent, à ce mot d'une portée si haute, lorsqu'il parut sur une terre esclave, *Freetown*, « Ville-Libre », premier asile des noirs arrachés aux négriers, berceau d'une civilisation neuve.

La baie, dont le rivage du côté de la ville court du N.-E.

au S.-O., n'est qu'un point de l'ample estuaire qui reçoit les eaux de la rivière *Sales* ou *Rokelle,* descendues de la chaîne des Kong. La passe est franche de « barre », mais de dangereux accès par la présence à fleur d'eau d'une chaîne de récifs, *Rock Carpenter,* qu'un sinistre assez récent pour tenir en éveil, la perte corps et biens du paquebot anglais *Nigritia* a rendue mémorable dans la colonie. Un phare éclaire les approches.

Le paysage du littoral, rangé de près jusqu'à Freetown, est d'une grâce charmante. Des criques sinueuses s'enfoncent dans les terres, bordées d'une ligne de sable jaune d'or bien étroite, disputée qu'elle est par une végétation qui ne trouve jamais assez large la place où s'étendre. Mille essences percent le gros du feuillage : tiges droites et nues des palmiers au bouquet terminal hérissé de feuilles en sagaies, pins-parasols au sombre feuillage, fromagers géants, figuiers nerveux qui, pareils à nos ormes, étendent une ombre plantureuse. Du massif des arbustes veloutés s'échappent par endroits les villages de paille, entourés de plantations verdoyantes ; les avenues s'animent et les silhouettes noires des habitants tranchent sur la terre jaunie à l'ocre. Comme la nuit tombe, la baie se mouvemente; les légères pirogues, à une ou deux voiles en lames de ciseaux, rallient le port, rentrant de la pêche; le noir qui les monte pagaie en silence et semble faire corps avec sa frêle embarcation. Au loin, les feux déblayant les terrains pour la culture répandent une lueur rouge sur le paysage.

Puis la ville s'étage le long d'une pente ménagée qu'arrêtent, au bord de la rade, la jetée du port et la ligne des quais, avec sa rangée de docks assez ordinaires, si nous n'étions sur la côte occidentale d'Afrique, où tout se rehausse de la comparaison. Derrière la cité montent les plans successifs d'une chaîne de collines que couronnent des nuages abaissés. Contreforts de l'arête des Kong, ces hauteurs courent tout proche du rivage et viennent mourir à l'extrémité de la presqu'île, où leur sommet le plus élevé, le *Sugar-Loaf*, dépasse à peine 900 mètres d'altitude. L'aspect de Freetown, encadrée de ses montagnes, est riant et pittoresque. Les rues sont propres, régulièrement alignées, les places plantées de figuiers ombreux. Les maisons, en bois, à véranda la plupart, réjouissent la vue de leurs guirlandes de fleurs et de feuillage, qui cachent trop souvent les serpents noirs; plusieurs édifices sérieux en bonne pierre (universités, bibliothèque, hôpitaux, tribunal, chapelles réformées nombreuses comme les dissidences, mosquées, etc.), au-dessus desquels trône la cathédrale anglicane avec sa tour carrée, parée d'une horloge, rareté que nous n'admirerons plus de longtemps. A voir l'animation des rues, du marché, le luxe des boutiques bien achalandées, cette apparence écarte l'impression d'une décadence prochaine, dont on a menacé quelquefois Sierra-Leone.

L'administration anglaise, en sage gouvernante, s'est naturellement préoccupée d'abord de bien pourvoir ses fonctionnaires; ils ont les meilleurs hôtels. Le gouverneur en chef, un ancien médecin de l'armée, a sa résidence à 100 mètres d'altitude, au milieu d'un jardin dont les abords sont fortifiés; un plateau la domine, que couvrent les « barracks » de la garnison. Ces casernes, baignées de l'air pur de la hauteur et confortablement aménagées, retiennent dans de belles piscines l'eau fraîche de la montagne, qui manque à la ville. La responsabilité de cette dernière appréciation doit être laissée aux habitants d'en bas, lesquels regardent avec un secret désir le camp de la hauteur.

L'argile ferrugineuse abondamment répandue donne au paysage une teinte générale d'ocre, qu'adoucit heureusement le velours du feuillage. Les édifices sont bâtis avec une pierre dont la « sanguine » rappelle assez bien la couleur; les routes montent en tracés rouges, au milieu des bois, vers des espaces pelés où le sol à nu est « terre de Sienne brûlée » et parfois noir à reflets bleuâtres. Les habitants disent qu'on rencontre dans la montagne des pierres plates à résonnance métallique et des aimants naturels, — de ces roches mises sans doute, par les orages perpétuels de ces régions, dans un état magnétique particulier. Par endroits, le sol sonne creux sous les pieds; et ce n'est pas s'aventurer trop de supposer que la fonte volcanique, boursouflée pendant la crise du refroidissement, a laissé jadis dans le sous-sol des crevasses étendues, recouvertes d'une croûte solidifiée. La presqu'île de Sierra-Leone, qu'émeut parfois un tremblement de terre, a une origine plutonique évidente, et je remarque entre l'aspect général de ses roches, de ses criques découpées, de sa luxuriante végétation si harmonieusement disposée pour les regards, et les sites charmants de la baie de Sainte-Catherine au Brésil, un air de ressemblance qui m'a séduit dès l'abord. Seulement, à Sierra-Leone, l'humus descendu des hauteurs a laissé arides les sommets et fertilisé les vallons.

Comme j'étais à terre, vaguant au milieu de choses étrangères, un constable noir vint me saluer dans ma langue et me proposer de me conduire à la mission française, ce que j'acceptai avec une satisfaction évidente. La maison, dépendante du vicariat apostolique de Sierra-Leone, est petite et pauvre; mais elle possède deux écoles et une jolie église de pierre, que décore un tableau d'effet singulier, représentant un groupe de noirs aux pieds de la Vierge blanche. Trois missionnaires et de jeunes sœurs, témoins apparents des durs labeurs que le climat impose aux blanches en ces pays, se partagent l'éducation des indigènes des deux sexes et vont jeter dans l'intérieur, jusqu'au Rio-Pongo, quelques grains de la « bonne semence ». Le religieux qui m'entretenait ne paraissait pas trop en attendre de fruits immédiats. Il n'avait jamais vu, me disait-il, de noirs aussi inconstants que les gens de Freetown; il ajoutait : « La multiplicité des races brise nos efforts, la multiplicité des cultes trouble la conscience de ces pauvres noirs et les déroute ; nous avons ici des catholiques, des anglicans, des méthodistes, des baptistes, des musulmans et des fétichistes, qui changent de foi sans scrupule, sauf peut-être les inébranlables Manding. » Mais il ne se plaignait pas de l'administration anglaise. Sa balance est égale pour tous, tant que la loi reste respectée; son esprit est absolument pratique dans cet ordre d'idées, et, trouvant que les voies de la civilisation sont bonnes, de quelque part qu'elles viennent, la politique britannique accueille favorablement le prosélytisme catholique.

En prenant congé du supérieur de cette petite communauté, je me chargeai d'une lettre pour sa sœur, religieuse au Gabon; et quand, un an plus tard, j'eus la triste mission de l'assister à ses derniers moments, je me rappelai que son frère m'avait dit d'elle : « Je ne sais vraiment si nous nous reverrons. »

C'est ici, je crois, le moment d'expliquer le début de cet article, en disant quelques mots de l'essai vraiment humain tenté à Freetown pour initier la race noire à la civilisation européenne. En un point de la ville, une somptueuse université, où toutes les connaissances, depuis le latin et le grec jusqu'à l'hébreu même, eurent leurs élèves, témoigne que la chose avait été prise de haut.

Déjà, avant notre Révolution, l'émancipation des esclaves passionna nos philosophes, occasion détournée d'appeler l'attention sur le triste état des « nègres blancs » de leur propre pays. Si personnel qu'on juge quelquefois le peuple britannique, c'est seulement justice de reconnaître que nul mieux que ce peuple ne sait faire d'une idée une chose pratique et, une fois enflammé et décidé à agir, poursuivre ses desseins avec une persévérance mieux soutenue. De 1787 à 1792, des philanthropes de la société anglaise des « Amis des noirs », donnant un corps aux théories généreuses parties de France, choisirent la terre de Sierra-Leone comme centre d'une colonie d'affranchis : ce fut le premier fondement et l'occasion de l'extension de la ville de Freetown. Le début de ce siècle marqua un progrès extraordinaire : rompant avec des traditions si éloignées qu'on peut les supposer contemporaines des origines de l'homme, deux grands États unis, se posant en face du monde en justiciers décidés à poursuivre et à réprimer un attentat international, la France et l'Angleterre, proclamèrent infâme le trafic humain, et, lançant leurs croiseurs sur tous les points de cette côte occidentale où la traite des esclaves s'alimentait, ne s'arrêtèrent que lorsqu'il n'y eut plus de négriers à atteindre. L'Angleterre surtout mit au service de cette noble chasse l'âpre ténacité qu'elle a montrée dans toutes ses luttes ; et l'on peut apprécier la valeur immédiate du résultat acquis, si l'on estime, avec l'amiral Fleuriot de Langle, à 140,000 individus le nombre des captifs délivrés par ses bâtiments de guerre et aussitôt libérés. La colonie nouvelle, devenue le siège du tribunal mixte institué pour décider de la validité des prises de traite, donna asile à la plupart de ces pauvres gens qui n'auraient su retrouver leur patrie.

Cet accroissement de population considérable éveilla au plus haut point les espérances des philanthropes ; on vit dans l'extension de la nouvelle colonie de Sierra-Leone le point de départ d'une civilisation destinée à conquérir l'Afrique entière. Il faut lire les appréciations des premières années de ce siècle pour juger de l'enthousiasme avec lequel on accueillait ce progrès (*). C'était malheureusement compter sans un climat meurtrier, sans les difficultés, presque insurmontables sous

---

(*) Les premières années du *Bulletin de la Société de géographie de France* rapportent des renseignements intéressants sur ce sujet.

cette latitude, qu'offre le terrain : le massif des Kong s'élève comme une barrière qui ferme l'intérieur, et, avant d'arriver à leur source dans les montagnes relativement rapprochées du littoral, les rivières, telles que la Rokelle, sont coupées à une certaine distance de leur cours par des rapides qui en défendent l'accès.

A Freetown même, les espérances que promettait le début de la colonie se sont singulièrement refroidies à l'épreuve. Les émigrations successives, la misère fondant sur un peuple de malheureux déjà brisés par l'esclavage dont ils étaient récemment sortis, le temps aussi, ont éclairci ce gros chiffre de libérés que j'indiquais tout à l'heure. La population de la ville et des environs, mélange inégal de races diverses, comptait, en 1881, seulement 21,000 habitants noirs, chiffre qui représente plus de la moitié de la population totale de la presqu'île (*).

Maintenant Sierra-Leone ne paraît plus à personne devoir être la tête de ligne de la civilisation Centre-Afrique, elle reste simplement une escale importante sur la route de cette civilisation. Son passé d'efforts n'en est pas moins honorable, et l'histoire, dont se souviendra plus tard avec reconnaissance le peuple noir, dira que cette fondation fut, la première, une pro-

---

(*) En 1881, la population totale de la colonie de Sierra-Leone était de 60,546 hab., dont. 271 blancs. (Avalle, *Notices sur les colonies anglaises*, 1883.)

Celle de la presqu'île seule, répartie dans de gros villages (*Waterloo*, 6,000 h., — *Murray-Town*, 2,000 h., — *Wellington*, — *York*, — *Kent*, — *Hastings*, etc.), compte 88,936 h., soit 15 par kil. c. (Justus Perthes, *Almanach Gotha*, 1881.)

Cette population, mêlée de races diverses, comprend : des autochtones et des émigrés des peuplades environnantes, les *Bagou*, les *Boulom*, les *Korsor*, les *Timné*, etc.; les *Sousou* de la Mellakoré, sortes de francs-maçons africains ; les anciens esclaves saisis à bord des navires négriers (*Akou* du Niger, *Ouolof*, *Eboé*, et tant d'autres traînés de l'intérieur jusqu'à la côte, dont la souche ne peut être connue); les *Kroumen*, qui ont leur village séparé et trouvent peu de femmes qui les agréent; des colons amenés de l'Amérique septentrionale, des nègres marrons de la Jamaïque; des captifs de la Barbade, des soldats noirs retraités, etc., etc. Assemblage multicolore, qui devait donner la mesure des qualités perfectibles de la race noire, éprouvées sur un grand nombre de ses variétés.

testation et un refuge sur la terre même de l'esclavage. Dès à présent nous pouvons avancer ceci : malgré qu'un succès éclatant n'ait pas couronné une foi tenace, malgré que la tentative persévérante des philanthropes anglais n'ait pas immédiatement donné ce qu'ils en attendaient et ce que l'avenir réserve à d'autres sans aucun doute, celle-ci a laissé un exemple qui est à lui seul un résultat digne de respect : c'est la condition du noir relevé jusqu'à l'homme, reprenant sa place dans la communauté des races et montrant qu'il n'en est pas indigne; c'est l'égalité rétablie dans la grande famille humaine, et comme sa reconstitution.

A Freetown cependant l'essai a rapporté plus que des promesses. Tout le monde à peu près y sait lire et écrire; l'instruction est répandue avec zèle dans de nombreuses écoles gratuites. La propagande va sûrement son chemin, sans prendre garde à l'indifférence proverbiale des sujets qu'elle enseigne. Le séminaire anglican forme des ministres indigènes (*); de l'école supérieure de la *Wesleyan mission house* sortent des élèves qui seront médecins, avocats, etc. L'affranchi fait partie du jury, dirige la presse, est employé dans les administrations publiques, sous l'égide de fonctionnaires européens. Freetown, « Ville-Libre », est une leçon pratique d'humanité et une concluante leçon, celle-ci montrât-elle quand même que la modestie n'est pas toujours une vertu noire. Elle est aussi devenue vraiment anglaise, tout imprégnée des institutions, des mœurs, de la langue de ses éducateurs, sans avoir perdu cependant sa couleur africaine. « Nous sommes les maîtres au Sénégal, avance justement à ce propos le docteur Borius (**),

---

(*) Les indigènes ont facilement accepté les enseignements de la religion dominante. On ne compte à Freetown pas moins de 15,000 noirs ralliés aux divers cultes réformés, très variés, du reste (wesleyens en majorité, anglicans, méthodistes, etc.). La mission catholique, de son côté, catéchise un millier de fidèles.

(**) *Dictionnaire encyclopédique des sciences médicales*, 1881, art. *Sierra-Leone*.

mais la civilisation y est arabe; à Sierra-Leone, le noir est devenu un Anglais..... C'est, avec l'État indépendant de Liberia, le seul pays qui, à la côte occidentale d'Afrique, mérite le nom de colonie. »

Les réflexions humoristiques qui vont suivre paraîtraient peut-être une contradiction aux lignes précédentes, si je ne disais tout de suite qu'elles ne sont qu'un trait de mœurs pris sur le vif, une impression de surface, n'atteignant pas plus le fonds même du progrès acquis qu'un cadre de médiocre apparence ne dépare un tableau de maître. Le noir n'est parfait, non plus que le blanc, qui, du reste, malgré qu'il ait bonne conscience de sa valeur, ne croit pas à la perfectibilité idéale pour lui-même; le noir l'est assurément beaucoup moins, étant d'esprit plus jeune et trop récemment cultivé. Doué d'une imagination à emportement facile, ébloui par le peu qu'il sait, il n'est pas surprenant non plus qu'il se croie, comme la grenouille de la fable, devenu tout d'un coup aussi gros que le bœuf, et, les connaissant mal, qu'il n'estime les bienfaits de la civilisation a leur petit côté, à la forme extérieure et plaisante. Soyons patients pour lui, de grâce, et attendons que le temps opère son œuvre.

Une des prétentions les plus singulières du citoyen nègre de Freetown, c'est de vouloir paraître blanc; il imite sans transition notre mode et nos usages, et l'on ne peut voir sans sourire cette métamorphose subite, que le défaut d'habitude fait sembler peut-être plus flagrante. Une feuille publique de Sierra-Leone expose minutieusement les conditions nécessaires pour devenir un « parfait gentleman ». Si j'en juge d'après les élèves qu'elle forme, cela consiste trop à porter un lorgnon avec de bons yeux, un salako et une ombrelle, sans qu'une peau noire ait rien à redouter du soleil qui a réchauffé son premier âge, à changer de vêtements plusieurs fois le jour, à mettre encore une robe de chambre le soir, lorsqu'on étouffe de chaleur. A ces traits du costume, joignez un gros livre porté à demeure sous le bras, quelque peu de poudre de riz dans la chevelure, le *God save the Queen* siffloté entre les dents d'un air entendu, et vous aurez ce modèle du gentleman, que tout nègre élevé à l'Université cherche à atteindre. La contrefaçon, qui part en somme d'un bon sentiment, est à la rigueur supportable chez les hommes; mais que dire des falbalas, des rubans, des dentelles ébouriffantes dont se couvre une lady noire, et de ses airs de princesse? La simplicité et le madras aux vives couleurs siéent autrement bien aux négresses, — si elles le savaient.

A ce sujet, je ne puis me défendre d'un parallèle, qui ne prétend nullement d'ailleurs à préférer un demi-barbare au civilisé de Sierra-Leone.

Il y a côte à côte de la ville un important village de ces Manding ou Malinké voyageurs, dont le pays d'origine est situé sur le revers des monts de Kong, approximativement entre le 12° et le 15° degré de latitude nord. Ces noirs ont pour métier de travailler le fer, l'or, les cuirs, et s'en acquittent assez habilement. Leur maintien est majestueux, leur haute taille, harmonieusement drapée dans l'ample cotonnade passée à l'indigo ou au jaune kerkéto; leur visage réfléchi, qui ne se déride qu'à bon escient, contrairement à l'habitude un peu niaise d'autres naturels, reflète de sérieuses pensées. Ils sont musulmans, c'est-à-dire braves, fiers et fervents dans leur foi; ayant ce qu'ils appellent leur civilisation propre, ils n'empruntent rien à la nôtre, et, ne copiant personne, ils ne visent pas à la « respectabilité » des gentlemen, ce en quoi leur dignité n'a nullement à souffrir.

L'esprit de correcte équité, basée sur une bonne entente des intérêts, qui inspire en général la politique coloniale anglaise, est bien acceptée des indigènes. Suivant les traditions des pouvoirs sûrs d'eux-mêmes, le gouvernement est sans faiblesse dans la répression de tout manquement à la loi, mais il respecte étroitement la qualité des personnes et les institutions du pays conquis. Au moment où nous arrivions sur rade de Freetown, une canonnière chargée de troupes remontait la rivière Rokelle, allant réduire un village rebelle qui avait mis à mort ses constables. L'indigène n'est pas moins sévèrement protégé vis-à-vis du blanc, et lorsque des témoins peuvent affirmer qu'un Boulom, un Krouman, ou autre, a été maltraité, le délinquant est frappé d'une amende de 20 à 25 livres.

Cette façon toute britannique de peser une injure au poids de l'argent est sensible et suivie de bons effets; les blancs, qui l'ont éprouvée, trouvent le tarif exorbitant et ne s'y exposent plus. Mais, comme ils ont une haute idée de la supériorité de leur race, et, d'un autre côté, cette sorte de critique étant toujours bien reçue en pays exotique, ils se plaignent à loisir de l'omnipotence des témoins, des jurés et des fonctionnaires noirs. Certainement le gouvernement, qui en peuple ses administrations, ne trouve pas qu'ils remplissent si mal leur office, et autrement il n'y saurait guère pourvoir, la population blanche des environs ne dépassant pas le chiffre de 150 à 160 personnes, tant Anglais qu'étrangers.

La force publique est assez sérieuse. Elle se compose d'un corps de constables bien organisés, à peu près vêtus comme nos anciens mobiles, mais armés de cette masse traditionnelle sans laquelle ils ne seraient plus constables, et d'une garnison forte de quatre compagnies du 1er régiment noir des Indes occidentales. Ces troupes sont recrutées hors du pays, afin que rien ne les engage avec les indigènes; les cadres seuls sont européens. Leur uniforme de zouave blanc satisfait au goût inné du nègre pour cette couleur privilégiée et aux exigences de la température. La tenue des officiers, qui comporte le casque indien, est aussi appropriée au climat, leur logement confortable et leur mess avantageusement connu sur la côte.

Freetown, capitale de la colonie, est en même temps le quartier général d'une zone militaire qui s'étend jusqu'à *Cape-Coast-Castle*.

Il est habituel, à la côte occidentale d'Afrique, de juger du développement des possessions européennes plutôt par les prétentions indiquées sur la carte que par l'occupation effective du sol. La frontière maritime de la colonie de Sierra-Leone est cependant assez bien déterminée. Avec ses dépendances, les îles de Los et Cherbro, elle s'étend, au N.-O., un peu au delà de la rive droite de la Rokelle; au S.-E., elle dépasse le cap de Monte, confinant le territoire de Liberia, non sans protestation quelquefois des limitrophes. Quant à sa profondeur, en dehors de la presqu'île même, la limite est incertaine; passé quatre lieues environ vers l'intérieur, l'autorité anglaise n'est plus que nominale et passagère. Mais l'audace des traitants est autrement aventureuse que la légalité; elle se prive volontiers de la protection, lorsqu'elle le peut, et l'extension commerciale n'a d'autre mesure que les difficultés insurmontables du terrain et la pénurie des débouchés.

On dit (les intéressés peut-être ou les malintentionnés) que la prospérité décline dans cette colonie de fondation récente; les luttes intestines des tribus de l'intérieur, l'épuisement d'un sol abandonné de l'agriculture, le gaspillage des ressources naturelles, en seraient les causes principales. La traite des marchandises est concurremment exploitée par des agents européens et des affranchis; et ceux-ci, grâce à la spontanéité d'une mémoire qui leur rend facile l'usage des langues, et à cette intelligence vive et prime-sautière, propre à la race noire, qui leur a fait saisir rapidement l'esprit pratique du maître et ses leçons, sont arrivés à se faire une place sérieuse sur le marché. Plusieurs possèdent des factories en relation avec l'intétérieur et tiennent à Freetown des magasins à l'européenne.

Les Français ont, assure-t-on encore, entre les mains une bonne part du commerce; mais, les droits qui grèvent les transactions étrangères étant assez chargés, leurs bénéfices seraient peu considérables s'ils n'éludaient la douane anglaise en affrétant leurs navires de charge pour des comptoirs hors de Sierra-Leone, auxquels ils amènent les produits d'exportation sortis sous pavillon britannique.

On ajoute que les revenus de la colonie sont insuffisants à la faire vivre à l'aise, et je le crois sans peine. Néanmoins les recettes locales, en 1880, l'emportaient sur les dépenses. C'est aussi un succès d'équilibre que les importations n'excèdent les exportations que dans une proportion raisonnable. Voici le bilan de cette situation pour deux années éloignées :

1867.

Valeur des objets importés........ 7,117,276 fr.
Valeur des objets exportés......... 7,086,149 »
Valeur du mouvement commercial. 14,203,425 fr.

1880.

Valeur des importations.......... 445,358 liv. st.
Valeur des exportations.......... 375,986 »
Valeur du mouvement commercial. 821,344 liv. st. (en fr. : 20,533,600).

Freetown, qui ne possède pas moins de trois feuilles publiques et communique avec l'Angleterre (par Liverpool) au moyen de quatre courriers à vapeur réguliers mensuels, offre des ressources importantes aux navires de passage. Le port tient un dépôt de charbon, et une aiguade, établie dans une petite anse près de la ville, fournit de l'eau de bonne qualité. En outre de l'abondance des produits et objets manufacturés européens, le ravitaillement en moutons, cabris, porcs, volailles et fruits tropicaux est assez facile; les légumes des pays tempérés ne viennent à bien que grâce à des soins excessifs. La viande de bœuf qui nous fut servie était de qualité passable, mais par hasard, je suppose; car il ne paraît pas que, plus qu'au Gabon, le gros bétail puisse bien se comporter à Sierra-Leone. Les animaux domestiques du nord, les chameaux même, ne s'y acclimatent pas. Quant aux chevaux, on vit jadis un *turf* près de la ville; l'emplacement en est demeuré solitaire. Je tiens du commandant militaire de la région qu'après en avoir perdu plusieurs, devenus poussifs en quelques mois, il dut fermer ses écuries. Le lait naturel est aussi une rareté, et les petits enfants qui n'ont pas de nourrice sont réduits au lait de conserve, triste régime!

Ce climat, pernicieux aux espèces européennes, n'est pas moins fatal à l'homme étranger au sol.

Je passai à Freetown à deux époques différentes de l'année, où la saison n'est pas des plus mauvaises (dernière semaine d'avril et fin de novembre). Je ne l'eusse pas jugé ainsi, à ne consulter que mes propres sensations. A peine si une légère brise venant de la mer corrigeait l'âpreté mordante de la chaleur; au soir, un orage sans vent éclairait le ciel de traits de feu, sous une calotte gris-plombé s'abaissant lourdement sur les couches inférieures d'une atmosphère raréfiée d'oxygène, que l'ozone semble avoir en partie remplacé. Dans ce calme d'étuve, la tête se congestionne, de petites mouches lumineuses passent devant les yeux, si l'on vient à fixer le ciel, où cependant le soleil reste caché. Le jour, l'activité s'engourdit; la nuit, le sommeil vous fuit. On souffre; et pourtant la nature de ce pays est si belle quand le soleil, venant à paraître, la dore de ses rayons purs et brillants. Pourquoi tant de maux et tant de charmes, et pourquoi se défend-elle ainsi de l'Européen, pareille à ces mirages qui attirent, et se dérobent jusqu'à ce qu'ils aient lassé les forces et la vie?

Ce climat, privé de l'influence bienfaisante des alizés, qui viennent mourir à quelque distance de la côte de Sierra-Leone, est bien différent de celui du Sénégal; il n'a plus de saison réparatrice, il n'a même pas de saison tranchée. Un long hivernage pèse sur le pays de la mi-avril à la mi-décembre; la courte saison sèche elle-même est loin d'être régulière. C'est dire que les pluies tombent une grande partie de l'année, avec une abondance inégale seulement suivant les mois de leur fréquence, réglée par les saisons; les orages sont presque en permanence dans le ciel et parfois, roulant dans les montagnes, crèvent par ondées de grêlons; les fièvres sévissent en toute saison, avec une gravité accrue par la continuité et l'excès de la température humide. Cependant il y a des degrés dans le mal : janvier, février, mars et avril sont réputés moins rigoureux, si on les compare à l'insalubrité de juillet et d'août, aux funestes mois de juin et septembre.

La ville elle-même est particulièrement défavorisée par sa situation. Ceinte d'une couronne de hauteurs, qui brise l'accès purificateur des brises du large, elle est comme au fond d'un entonnoir où la température ardente se concentre pour y demeurer. D'épais brouillards y descendent avec une telle persistance à certains moments, que la chaleur du milieu du jour peut à peine les dissiper. Par surcroît, Freetown est directement sur le passage des vents de terre, qui viennent de courir sur les marécages avoisinants, apportant avec eux la fièvre.

La constance thermique est la caractéristique de ce climat. Sa température moyenne est de $+25°$ (*); le thermomètre oscille seulement dans l'année entre $+23°$ et $+32°$ (quelquefois $+37°$), termes extrêmes. Le manque de réaction, que provoque dans l'organisme un si faible écart, en est précisément le danger, et à peine avons-nous besoin de nous demander si notre race, trempée aux vicissitudes des régions septentrionales, pourra se maintenir longtemps intègre dans ce milieu de

---

(*) $+27°,3$, d'après Winterbottom.

serre chaude. Déjà l'étranger qui parcourt les rues de Freetown est frappé de l'air des gens qu'il rencontre sur son chemin; tous, surtout les femmes, portent le stigmate de l'impression débilitante sur leur visage étiolé, dans leur démarche défaillante. Il apprend ensuite que, s'il y peut vivre un temps, le blanc ne s'acclimate pas à Sierra-Leone; et je ne parle pas ici de sa descendance, car l'épreuve, sans être absolument jugée, paraît impraticable pour être trop sévère. Après quelque séjour, une sorte de sélection meurtrière a passé les faibles au crible du climat et, en épargnant les mieux doués, ne leur a pas évité l'impérieuse obligation de recourir un peu plus tard à la dernière ressource, au rapatriement. J'ai bien entendu dire, au pays même, que ce climat n'est pas aussi insalubre que sa réputation le voudrait faire croire; mais l'habitude est consolatrice, elle émousse peu à peu les sensations, elle les brise à se plier à des misères qui au fond n'ont pas changé; l'impression seulement devient moins vive à force d'être éprouvée. Cette appréciation trop bienveillante, également en honneur en d'autres lieux, fait en quelque sorte partie du crédit des maisons de commerce; les riches la propagent par charité pour les traitants pauvres, dont ils trompent ainsi l'exil forcé, et lui donnent un démenti de leur exemple, puisqu'ils ont grand soin de fuir les mois de la mauvaise saison.

Deux ou trois années passées à Freetown paraissent être la limite raisonnable de cette émigration nécessaire; pour ceux qui ne veulent pas aller jusqu'au bout de leurs forces, elle doit être encore rapprochée. Le gouvernement britannique, économe dans son propre intérêt de la santé de ses fonctionnaires, leur assure des immunités spéciales, telles que congés réguliers à passer en Europe, séjour de transition à Madère, et rapatriement, dès que l'autorité médicale estime que la prudence le commande.

L'idéal serait d'assurer aux convalescents le bénéfice du

changement de climat sur les lieux mêmes, sans les exposer à ces déplacements d'un pays à un autre, trop brusques pour que la santé n'en éprouve pas de secousse et trop onéreux pour être toujours praticables. Nous reviendrons plus loin sur l'importante question des « sanitaria ». Assurément un projet aussi séduisant existe depuis longtemps dans la pensée de gens pratiques, qui s'établissent à demeure et sérieusement partout où ils vont, qui ont, du reste, bien prouvé dans l'Inde qu'ils n'en sont pas à leur coup d'essai. Mais ici le climat, les difficultés matérielles de toute nature mettent autrement d'entraves à la fondation de ces « lieux de convalescence »; ce serait une création de toutes pièces, devant nécessiter des frais considérables, disproportionnés avec la faible importance de la colonie blanche. Les habitations qu'on voit assez haut sur la pente des collines et les « barracks » de la garnison, à 120 mètres d'altitude, montrent déjà un progrès sur les maisons étouffées de la ville; mais jusqu'à réalisation d'un véritable sanitarium établi à une hauteur convenable, il me semble que je préférerais une habitation exposée au vent du large, comme cette villa de plaisance, à l'usage du gouverneur, qu'on voit coquettement assise sur une pointe avancée de la baie. Autant vaut dire que le rivage de la mer, aussi loin que possible des embouchures fluviales, paraît encore, sous cette latitude, le meilleur site hygiénique.

La terre de Sierra-Leone est le point de départ d'épidémies de fièvre jaune qui irradient quelquefois assez loin de leur centre; les Français ont été cruellement frappés en 1859. On peut se demander si cette redoutable affection a son berceau originaire dans la colonie, ou si, importée d'abord par les relations commerciales, par la contamination des navires négriers venus du golfe du Mexique, qui paraissent avoir infecté successivement les escales de la Guinée, elle s'y est depuis établie en foyer permanent; mais ce n'est pas ici le lieu de poursuivre cette controverse. Les avantages multipliés de son climat ont valu à Sierra-Leone le renom imagé de « tombeau des blancs » (*white man's grave*), qu'il est juste de lui faire partager avec d'autres comptoirs de la Guinée, qui ne sont ni meilleurs ni pires.

CHAPITRE III.

LA COTE DES GRAINES,

DU CAP DE MONTE AU CAP DES PALMES.

I.

LA RÉPUBLIQUE DE LIBERIA.

Monrovia et Grand-Bassa.

En quittant Freetown, nous laissâmes une école de civilisation pour en visiter une autre d'un plus grand intérêt, s'il est possible. Nous allions faire escale, non plus au siège d'une colonie nègre dirigée par des blancs, mais à la modeste capitale d'une république de noirs qui se sont faits ce qu'ils sont, se gouvernent suivant des lois raisonnables, et sont arrivés à un état de stabilité et d'accroissement qui peut déjà servir d'exemple et laisser prévoir les destinées de cette race, à l'heure où, élevée tout entière au progrès, elle restera définitivement livrée à elle-même.

L'État indépendant de LIBERIA a pour limites, au N.-O., la frontière de la colonie de Sierra-Leone en deçà du cap de Monte, et, débordant dans le S.-E., le cap des Palmes, empiète sur la Côte d'Ivoire, où sa ligne de séparation indécise confine les derniers villages de la « Terre de Krou ». Son territoire occupe donc en entier l'étendue de cette section du littoral de la Guinée septentrionale qu'on a appelé *Côte des Graines, du Poivre* ou *de Malaguette*.

Aperçu de la mer et longé d'assez près, le profil de ce rivage a sa figure caractéristique. Si plus avant nous devons parcourir une longue chaîne de falaises arides, plus avant encore l'étendue des sables stériles, ici la forêt immense, ininterrompue, commence à s'élever, pareille à un rempart, de la bordure blanche du rivage. De loin en loin, des collines percent le feuillage, voilées de nuages gris ou noyées de claires vapeurs, selon la saison. Par les temps découverts qui succèdent aux pluies, le mirage mange la terre et suspend au-dessus de l'eau les pointes verdoyantes et l'assise de la forêt.

Le climat de cette région est, à l'égard des Européens, d'une insalubrité qu'il est presque oiseux de signaler; il faudrait le redire à chaque relâche. D'une manière générale, deux grandes saisons partagent l'année.

La « saison des pluies » dure du mois de mai à la fin de novembre; c'est l'époque des orages et des tornades, venues de l'orient et plus fréquentes en octobre et en novembre. Vers son déclin, un *harmatan* chargé de brumes règne de la pointe du jour à la mi-journée.

La « saison sèche » complète la série des douze mois de l'année. De minuit à midi, les brises soufflent de la terre; elles se renversent, venant du large le reste du jour.

A cette place, la *Case de l'Oncle Tom* inscrit le dénouement de son récit, de ce plaidoyer, le plus éloquent peut-être qui ait été jamais écrit pour affirmer le droit des noirs à la liberté commune. Ses acteurs, sur cette terre d'Afrique où leurs pères avaient été esclaves, viennent chercher refuge et liberté.

La première pensée de la fondation à Liberia d'un lieu d'asile pour ces déshérités remonte à ces grandes années du commencement du siècle qui marquèrent le consentement presque unanime de la terre civilisée à l'affranchissement de l'Afrique. Ici ce ne sont plus des Français ni des Anglais, mais des abolitionnistes américains qui en prennent l'initiative en faveur des esclaves libérés de leurs propres États. En décembre 1821, un premier établissement prend terre sur les bords de la rivière *Montserado*. Le climat, la misère, des luttes sanglantes avec les indigènes éclaircissent les rangs des nouveaux venus; mais les secours et les hommes arrivent d'Amérique et de Sierra-Leone. La colonie naissante s'adjoint de nouvelles terres, et dès 1827, faisant appel aux gens de couleur libres des États-Unis, elle pouvait leur écrire : « Nous avons établi une association dans le pays de nos ancêtres, où nous n'éprouvons rien de cette infériorité dégradante qui était attachée à notre couleur en Amérique... Nous avons secoué le fardeau de nos épaules : nous respirons et nous marchons librement (*). » Ce fier langage allait être entendu. Après vingt années, servies par le travail et une sagesse persévérante, le petit établissement de Montserado, considérablement accru en population et en territoire, se déclarait « république indépendante » et était aussitôt reconnu par l'Angleterre, la France et la Belgique (24 août 1847).

Aujourd'hui sa situation, modeste, il est vrai, est assise non seulement en Afrique, mais aussi, pour la part qui revient à sa jeunesse, dans le concert des nations. Visitée par les divers pavillons, Liberia entretient des relations de commerce et d'amitié avec plusieurs grandes puissances, contracte des emprunts, équilibre avec sagesse son budget. Son consul général pour la France, il y a peu de temps encore établi à Bordeaux, réside maintenant à Paris.

Exclusive comme toutes les races longtemps opprimées, la jeune république souffre les blancs avec jalousie et rend en taquineries à ceux qu'elle ne suppose pas ses amis une

---

(*) *Bulletin de la Société de géographie de France* (premières années).

faible part des anciennes injures. Ses lois n'admettent à la législature (sénat et chambre des représentants), à faire partie de la cour suprême de justice, que des citoyens noirs ou mulâtres; son président est de couleur et siège avec le cabinet à Monrovia. Calqué sur celui d'un État européen, ce gouvernement a pris plus spécialement pour modèle la formule américaine.

Le territoire de Liberia, parfois en certains points vivement contesté par les indigènes, suit la ligne, baignée par l'Océan, retracée plus haut. En profondeur, il a la prétention de s'étendre sur une surface de 100 milles, qui est, je pense, en partie vague ou couverte de forêts inaccessibles; la mesure pourrait, sans trouver d'opposants, être beaucoup élargie. Il est partagé en quatre comtés : *Montserado*, *Grand-Bassa*, *Sinou* et *Maryland*, — ce dernier mordant un notable morceau de la Côte d'Ivoire, — subdivisés eux-mêmes en cantons de plusieurs milles d'étendue. Cette région si vaste est relativement peu habitée; sa population est évaluée au nombre d'environ 700,000 noirs, dont quelques milliers d'origine américaine (*).

Les hommes de couleur, citoyens de la république, font partie du jury; de seize à cinquante ans, ils servent dans la milice, seule force militaire acceptée par la constitution. La marine de guerre n'est représentée que par une goélette de cinq canons; mais on rencontre fréquemment sur la côte les croiseurs de l'Union, qui, surtout depuis la guerre de sécession, couvre le nouvel État africain de son patronage.

L'anglais est la langue nationale, et le protestantisme, remarquable par la multiplicité de ses congrégations dissidentes, la religion officielle; l'observance du dimanche est de

---

(*) *Superficie* : 37,200 kil. c.
Population : nègres civilisés, 18,000.
Indigènes, 1,050,000. (Justus Perthes, *Almanach Gotha*, 1881.)

commandement administratif. De nombreuses écoles et un séminaire répandent l'instruction dans les comtés.

En parlant du commerce de Liberia, je ne ferais que rappeler ce que j'ai déjà dit à propos de Sierra-Leone; c'est l'échange de produits accoutumé. Le mouvement est faible, dit-on... La république, fondée de rien sur une terre inculte, n'a pas un demi-siècle d'existence reconnue.

Un phare blanc, dressé à la pointe d'une falaise touffue, nous annonce l'approche de Monrovia (lat. N. 6° 19′5″ — long. O. 13° 9′19′). Aussitôt que le canon de l'*Ethiopia* signale notre arrivée, le sémaphore hisse un pavillon semblable à celui de l'Union, sauf qu'il ne porte le signalement que d'un État, une seule étoile. La ville de bois se groupe au milieu des arbres, ses jetées sur pilotis courent au pied de la hauteur sur laquelle elle est assise. Des pirogues d'hommes nus nous entourent et de nombreuses embarcations destinées à l'échange des produits sortent des anses cachées sous la végétation. Des gentlemen noirs et mulâtres, dans le goût « yankee », prennent passage à notre bord, à destination de Grand-Bassa, du cap des Palmes et de Lagos, où ils vont faire le courtage. La présence à notre table de ces commis voyageurs exotiques est une nouveauté piquante. Il y a dans cette société mêlée deux genres assez tranchés : les parvenus de fraîche date, qui écrasent du regard leurs compatriotes plus humbles et, tout en ayant l'air de faire fi du modèle blanc qu'ils ont sous les yeux, mettront tous leurs soins à l'imiter du mieux possible; ceux que l'argent n'a pas encore déclassés attendent patiemment leur heure et acceptent jusque-là, avec une humilité souriante, les déboires qu'on ne leur ménage pas. A Monrovia, comme en terre raffinée, la lune de miel a son moment d'abandon : telle paraît être l'occasion du voyage d'un couple de jeunes mulâtres, dont la semi-distinction ne serait pas déplacée en Europe. La dame minaude à l'anglaise, a des vapeurs, se laisse hisser à bord dans un fauteuil. Le père de famille qui les accompagne est noir d'ébène, et, sentant même à Liberia l'infériorité de sa couleur vis-à-vis de ses enfants, garde une attitude résignée.

Les capitaines de paquebots ont des instructions qui leur recommandent d'éviter de froisser cette population susceptible; les passagers libres ne sont pas obligés à la même retenue. Ces fantaisies féminines, ce pavillon de l'Union flottant au vent, ces citoyens indépendants qui s'asseyent à la même table, forment un tableau « choquant et déplaisant » outre mesure, affirme un Anglais de distinction que nous avons pris à Freetown. Il exhale sa réprobation amère contre les républiques en général, ne négligeant pas d'y comprendre ses frères séparés des États-Unis. La police de la rade est d'une rigueur excessive, spécialement dirigée contre la marine de la Reine, la réglementation des moindres détails d'une minutie qui touche à la persécution; toute contravention commise par un étranger est tarifée une bonne somme de dollars; enfin le gouvernement de Liberia ose envoyer des ultimatums à Sierra-Leone, menaçant de saisir à l'avenir les steamers porteurs de contrebande de guerre, ce dont il serait à la vérité bien empêché.

Tout n'est certainement pas à retrancher dans ce réquisitoire. La république est ombrageuse et taquine, parce qu'elle est faible; elle a les travers des parvenus. Elle se méfie de ses voisins; elle les soupçonne d'entretenir l'hostilité des villages indépendants enclavés dans son territoire; elle incrimine la poudre et les fusils qu'on leur vend. Si, d'autre part, elle cherche à s'arrondir en s'occupant plutôt de sauver la légalité que le droit, il faut bien convenir que c'est là employer un des moyens ordinaires aux civilisations les plus avancées, et ses détracteurs blancs ne seraient pas avisés de lui en faire le reproche.

Une grosse rivière serpente au milieu des bocages et s'écoule dans le cirque de la baie enchanteresse, qui nourrit des caïmans et des fièvres. Son embouchure est obstruée par une « barre », amoncellement de vase, sable et cailloux roulés, qu'a réunis en un point l'impulsion alternante du flot montant de la marée et du courant descendant de la rivière. La houle brisant au rivage en défend l'entrée, sans la rendre jamais impraticable.

Monrovia a quelques milliers d'habitants (3,500 h., disent les statistiques). Son industrie, mise au service d'un sol fertile, produit de l'huile de palme, du riz, du millet, du gingembre, de l'arrow-root, du sucre, du cacao et d'excellent café à gros grains, spécial à cette région, dont la culture progressive est essayée avec succès sur d'autres points de la côte. On dit que les blés de l'Inde y réussissent; par « blés », il faut entendre le maïs et le gros mil, les céréales ne croissant plus qu'en herbages dans les contrées voisines de l'équateur.

Continuant en vue de terre notre cabotage de la Guinée, nous mouillâmes devant le siège du deuxième comté de la république, la bourgade de Grand-Bassa.

Ce lieu est un centre commercial important, le principal peut-être de Liberia; sa vaste baie est visitée régulièrement par les paquebots britanniques et par de nombreux navires, qui viennent y charger de l'huile de palme et des pistaches. La « place » est si bonne que nos passagers de Sierra-Leone la voudraient anglaise, parce qu'elle serait leur propriété, ou, à défaut, « native, » parce qu'ils auraient plus de commodité pour l'exploiter. Mais elle n'est ni l'une ni l'autre, et ils ne peuvent, en leur qualité de blancs, s'y établir sans permission expresse de l'autorité locale, ce dont ils ont beaucoup de regret et qu'ils n'osent enfreindre, l'État de Liberia étant garanti par une nation puissante d'outre-mer.

La terre est basse, et, dans le lointain, deux étages de collines bleuies par l'atmosphère étendent la perspective de la côte boisée. Sur le rivage, de nombreuses maisons, massives d'apparence, avec leurs toits de chaume et leurs petites ouvertures, ressemblent assez bien à de grosses fermes. L'éparpillement de ces habitations au milieu des figuiers à nervures saillantes et d'essences variées est pittoresque. Un aviso de guerre et un trois-mâts allemands, deux steamers anglais et plusieurs grandes goélettes américaines sont mouillés en rade ; mais le repos dominical interrompt toute transaction.

L'air est d'un calme de plomb vers le milieu du jour (journées de fin d'avril et de mi-novembre). Au coucher du soleil, le ciel devient gris-enfumé et le vent, qui commence à souffler de terre, pousse à bord une nuée de grosses mouches, dont l'aiguillon fait couler le sang comme une pointe de canif ; une panne noire s'étend sur la baie, et l'orage éclate avec une violence inusitée d'éclairs, de tonnerre et de torrents d'eau. Les orages et les tornades sont la monnaie courante de ces parages, particulièrement la nuit ; mais j'en ai vu peu dont la tension électrique fût si fatigante.

II.

LA TERRE DE KROU.

Grand-Sestre et Garroway (*).

Si la « terre de KROU » n'a pas encore perdu son nom, elle est destinée à en changer bientôt, étant comprise dans les limites du territoire de Liberia. Ce n'est pas assurément de ce

(*) Récemment placé sous la souveraineté de la France, avec d'autres villages de la côte de Krou : *Grand* et *Petit-Bereby*, etc. (*Bulletin officiel de la marine et des colonies,* année 1884.)

côté une annexion bien homogène; une hostilité sourde couve entre les deux races et éclate par crises violentes. L'une, toute sauvage qu'elle est, a, de temps immémorial, la légitime propriété du sol et regimbe à la céder; l'autre, nouvelle venue dans le pays, fière de sa supériorité récemment acquise, vise à l'unité et s'étend au nom du progrès. Celle-ci a pour elle la civilisation et ses ressources; la première est plongée dans la barbarie du premier âge et, si forts par le nombre que soient ses villages, la résistance est isolée, brisée par leurs propres divisions. Est-il surprenant que ce conflit disproportionné prenne un caractère de « jacquerie » entre hommes du même sang, égaux par la couleur, et pour le reste si différemment partagés. Nul plus que le *Krouman* n'a l'amour de son sol, de ses usages, de ses fétiches; il est d'humeur paisible, mais non malléable à l'excès; son caractère moral ne garde d'autre empreinte que celle que lui ont laissée les souvenirs de son berceau. Il restera réfractaire à l'influence étrangère, inculte en dépit de tout effort. Certainement, avec le temps, Liberia en viendra à l'accomplissement de ses desseins; mais, le moment des compromis expiré, la république noire devra choisir entre refouler les Kroumen, ou maintenir près d'elle des sujets domptés, non assimilés; et, comme leur race vivace et féconde ne se laissera pas aisément disperser, attendre patiemment l'usure de coutumes enracinées, au frottement de la civilisation, lorsqu'elle les pressera bientôt de toutes parts.

Nous continuâmes à naviguer près de terre au milieu des orages et des pluies torrentielles. Je ne me défends pas de la surprise qui commençait à me saisir en face de ce paysage d'une monotonie comme fatale. Partout une côte basse, avec sa ligne de sable, où plongent les racines de cette impénétrable forêt qui va finir on ne sait où. Les fauves habitent en nombre ses fourrés mystérieux, qu'aucun pied humain n'a jamais foulés. Nul aspect n'est propre à imposer davantage que ce désert de végétation qui ne bouge ni ne s'émeut, avec la solennité de son silence et de son invariabilité ; il est comme une image de l'état stationnaire où le Centre-Afrique demeure à travers les siècles.

Parfois l'incendie, allumé par l'indigène pour déblayer le terrain des plantations ou construire un nouveau village, ouvre une brèche dans l'insondable muraille ; la « brousse » seule est réduite en cendres, au bout de peu de temps les grands arbres calcinés redeviennent verdoyants, et la brèche se comble à nouveau. C'est une lutte constante entre l'homme sauvage et l'excès de vie d'une nature envahissante, dont il n'a pas appris à faire sa servante ; il aime, du reste, trop peu la peine pour dépasser ce qu'exige la nécessité de chaque jour.

De loin en loin, on voit de ces espaces ouverts sur la lisière de la forêt. Elle est l'ennemie du Krouman, il fuit son ombre mystérieuse ; il lui faut, à cet enfant de la nature, le clair soleil, la vue large de la mer, que ses pirogues sillonnent avec audace, et, autour de ses cases, des espaces dépouillés pour ses « tam-tam » et ses fêtes. Tout se modèle ici à la forme d'un moule primitif, qui retient dans la même immobilité l'homme et le sol qu'il occupe ; l'industrie de l'habitant n'est pas plus changeante que l'aspect du paysage. Qu'ils couvrent la bande de sable, qu'ils montent sur le penchant de la falaise, dans une échancrure de la brousse incendiée, les villages, agglomérations de huttes de paille, se ressemblent depuis le premier jusqu'au dernier.

L'ancienne habitude d'entretenir des feux, destinés à avertir les négriers que le marché d'esclaves était pourvu, existe encore sur la côte de Guinée et sert maintenant au recrutement des Kroumen. Ces noirs, d'une stature vigoureuse, quelquefois athlétique, d'une patience au travail à toute épreuve, sont les portefaix maritimes de l'Afrique occidentale. L'habitude de la mer, leur adresse à franchir les barres dangereuses, les font rechercher pour doubler les équipages et remplir le pénible service de va-et-vient entre les factories et les navires de charge. Se soumettant pour un temps à une sorte de servage volontaire, ils font aujourd'hui librement le travail auquel leurs pères esclaves étaient autrefois condamnés. J'aurai occasion d'en parler longuement sur le terrain où je les connus mieux.

Le jour nous trouva mouillés à l'abri d'un promontoire désolé, semé d'écueils. A peu de distance, la côte à peine infléchie redevenait verdoyante; les cases de GRAND-SESTRE apparaissaient groupées en un point, et, descendant quelques milles, celles de GARROWAY, plus avant dans les bois, où les navires en passant s'approvisionnent d'une eau réputée de bonne qualité. Ces grosses bourgades n'ont d'autre intérêt que l'importance de leur population, estimée à plusieurs milliers d'individus, et la facilité d'y recruter des émigrants. Elles fournissent quelques ressources en volailles, cabris et même bœufs de petite taille.

Le paquebot étant aperçu du rivage, la mer s'anime soudain et l'air retentit de rauques clameurs. Les pirogues accouraient à force de pagaies, faisant assaut de vitesse et s'entre-heurtant dans l'impatience d'arriver. Les Kroumen chantaient dans leur langue gutturale, et ces sons graves, répétés sans variation par cent voix, étaient d'une harmonie sombre et saisissante. L'accostage fut des plus bruyants, un chamaillis de pirogues et de corps nus, où l'on se menaçait à outrance sans jamais frapper, les gens de ces villages étant entre eux fort doux d'humeur. Lorsqu'ils eurent grimpé à bord avec l'agilité de singes, ils se groupèrent autour de leur « roi » et commencèrent à « palabrer ». Dans cette assemblée tumultueuse, de très difficile accord, paraissait-il, où chacun mettait à la fois son mot, l'accompagnant de gestes expressifs et traduisant vivement par le jeu de physionomies très mobiles ce que nous ne pouvions comprendre, le chef, instruit par l'expérience d'une longue politique, s'étudiait à une attitude calme et digne, et, tantôt caressant ou autoritaire, triomphait des répugnances de ceux qu'il avait à l'avance désignés pour le marché. Semés dans la foule, des gens d'âge, courtisans du pouvoir pour quelques-uns de ses reliefs ou anciens engagés qui connaissaient les Européens, pressaient rudement les récalcitrants.

La palabre se termina à la satisfaction générale de ceux qui devaient en tirer profit; une trentaine de Kroumen, la plupart des jeunes, presque des enfants, qui avaient consenti « librement », restaient à bord, à destination des factories lointaines. Le roi vida incontinent un grand verre de gin pour sceller le marché, et en toucha le prix en marchandises, — soit un « cadeau », mot heureux en usage sur cette côte, qui couvre le solde d'un service en tout genre et pas toujours des plus honnêtes; — puis il prit d'un grand air congé du capitaine.

Tout le temps que dura cette scène, j'avais regardé avec intérêt ce vieux coquin à laine grisonnante, qui portait son haut chapeau bosselé et son lambeau de cotonnade salie par l'usage avec la même fierté que s'il eût été revêtu de la pourpre et du diadème; une corne d'appel et de commandement descendait sur sa poitrine. Assurément il ne faisait rien que de très légal : devant nous, il n'avait usé ni de menaces ni de contrainte; à son point de vue, étant roi, c'était justice de tirer de son peuple la source de revenus qu'il en pouvait, et les usages de son pays n'y contredisaient pas; enfant, il avait vu faire pis sans s'en émouvoir, son père conduisant ses sujets garrottés, carcan au cou, aux marchands d'esclaves. Il était même dans le progrès de la civilisation, ayant pour lui l'apparence de la légalité; la perfidie remplaçait seulement la violence ouverte, et, si la négociation ne montrait plus les résultats exécrables qu'un passé récent pouvait raconter, vraiment le vieux chef n'en était cause ni ne s'en souciait.

Je m'approchai des misérables qui nous restaient. Ils formaient sur le pont, recueillis dans toutes les postures, un tableau mouvementé de « cour des miracles », que Callot n'eût jamais rêvé si pittoresque. Jamais non plus mendiants ne sont sortis fraîchement d'une telle couleur locale pour poser devant lui, avec des pagnes pour uniques vêtements et de ces coiffures étranges qui ont roulé à travers la vieille Europe avant d'aboutir à la côte d'Afrique. Nos passagers, les civilisés de Liberia, regardaient d'un air de méprisante pitié ces sauvages, ce qu'ils étaient hier. — Pauvres noirs!

CHAPITRE IV.

LA COTE D'IVOIRE,

DU CAP DES PALMES AU CAP DES TROIS-POINTES.

I.

ASPECT DE CETTE COTE.

Le Cap des Palmes.

C'est avec à-propos et intérêt qu'on retrouve sur les cartes modernes les désignations qu'avaient adoptées les premiers découvreurs et les premiers traitants pour distinguer les diverses parties de la côte occidentale nouvellement reconnues par eux. Pour ces hommes d'action, les termes n'avaient pas besoin d'être absolument techniques ni rigoureux ; il leur suffisait de graver un fait par une image, et l'image faisait fortune parmi leurs contemporains. Ces noms de « Côte des Graines ou du Poivre, — Côte de l'Ivoire ou des Dents, — Côte de l'Or, — Côte des Esclaves, » étaient autant d'appâts tendus à l'entreprise vers ces pays merveilleux où l'on venait pauvre pour s'en retourner riche ; ils racontent en un mot toute une odyssée de gains faciles, d'espérances inconsidérées, de séductions déçues, de deuils aussi et de lugubres épisodes. Les mots, en faisant la réputation des choses, ont une certaine influence sur la marche de la civilisation ; ceux-ci, marquant au début la trace d'un courant à suivre, ont empêché cette terre malheureuse de rester aussi ignorée qu'elle le fût demeurée sans cela. A ce point de vue, ils sont un fait historique, duquel la géographie devait conserver le souvenir. Maintenant il n'y a plus d'esclaves, les productions naturelles ne sont plus localisées dans le cercle étroit que paraissaient leur assigner les dénominations précédentes, le mobile qui attire vers l'Afrique n'est plus uniquement celui du lucre; mais le terme, conservé tel qu'ils l'employaient, rappelle la mémoire de ces hardis commerçants qui, servant leurs intérêts, ouvraient une voie qui n'a pas profité à eux seuls.

Bien différente d'aspect de la Côte d'Or, comme nous le verrons un peu plus loin, la CÔTE D'IVOIRE est remarquable par son rideau de forêts et de broussailles, sa solitude relative et la rareté des comptoirs européens sur un développement littoral de 500 kilomètres. Là commence véritablement la pente qui mène à la vaste et profonde échancrure du golfe de Guinée, et cette interminable barre de sable que les égales ondulations de la mer ont amoncelée. La barre s'étend tout le long du rivage jusqu'au fond du golfe, obstruant l'entrée des rivières, obstacle permanent contre lequel vient se briser avec une lente fureur la houle du large. Une ligne tirée de l'O. à l'E., du cap des Palmes à celui des Trois-Pointes, figure la corde de l'arc que décrit la Côte d'Ivoire elle-même, en dessinant mollement dans les terres une immense baie à peine infléchie vers le nord. Un système important de « lagunes », commun au pays des Jak-Jak et de Grand-Bassam d'une part, de l'autre à Assini et au pays d'Apollonia, reçoit les eaux de grandes rivières et facilite l'écoulement des productions du pays, consistant principalement en huile de palme et en ivoire.

Le climat de cette région, naturellement meurtrier, paraît avoir lassé la persévérance du commerce européen. Les observations de M. de Kerhallet (*), qui embrassent dans un même

---

(*) Ph. de Kerhallet et A. Le Gras, *Instructions nautiques sur la côte occidentale d'Afrique*, 1871.

tableau climatologique toute la ligne comprise entre le cap des Palmes et la rivière Voltas, c'est-à-dire l'ensemble des deux côtes de l'Ivoire et de l'Or, permettent d'apprécier la physionomie des saisons, comme il suit :

Vers la dernière quinzaine de décembre la belle saison ou « première saison sèche » commence, pour finir à la mi-mars ; elle est marquée par des brises alternatives de terre et du large. La chaleur s'élève progressivement en janvier et en février, mois où souffle l'harmatan (vent d'est), qui interrompt la brise du large et fait monter la température.

Avec la fin de cette saison débute la période des « grandes pluies » (fin de mars à mi-juillet), accompagnées de grains de N.-E., de tornades et d'orages; les brises de terre sont faibles ou nulles ; la chaleur devient étouffante ; les rivières croissent et débordent.

Les deux dernières saisons de l'année ont un régime moins tranché.

En juillet commence une deuxième « saison sèche ». Les pluies deviennent plus fines, et cessent pour faire place à des brumes; le ciel se couvre et la température s'abaisse. En août, le vent souffle du large, le temps est très brumeux. Le mois de septembre marque une période de calmes; la température s'élève avec la diminution des brouillards.

De « petites pluies » signalent l'approche d'une nouvelle saison (premiers jours d'octobre). Vers la fin du mois, les brises de terre s'établissent et celles du large cessent; le N.-E. souffle en grains de pluie ; les nuits sont très humides. Cette saison, qui dure jusqu'au milieu de décembre, est d'une insalubrité reconnue (*).

(*) La température moyenne annuelle de la Côte d'Ivoire et de la Côte d'Or est représentée par + 27°,5 (Dr Borius, art. *Guinée*, du *Dictionnaire encyclopédique des sciences médicales*, 1886.) Ce chiffre paraît bien innocent, mais une moyenne n'est pas une sensation; traduction imparfaite d'un seul des éléments du climat,

Le Cap des Palmes nous offre un intérêt : compris dans le comté libérien de Maryland, il est l'unique point civilisé de cette côte sauvage et comme un comptoir avancé qui surveille la terre de Krou. A vrai dire, l'effort matériel de la civilisation n'a pas donné de ce côté des résultats considérables; mais il serait téméraire de se montrer exigeant le moins du monde, mieux vaut juger ce qui est fait en raison des grandes difficultés qui accompagnent sur ce terrain le plus petit progrès.

Un phare blanc éclaire ce cap dangereux (lat. N. 4° 22′ 9″ — long. O. 10° 4′ 40″), résultat que les navigateurs apprécient à sa valeur. On voyait, en 1878, échouée dans le sable de la baie, la coque d'un grand paquebot anglais, dont les Libériens recueillirent l'équipage; parmi les passagers se trouvait un de nos missionnaires de Libreville, qui, trois semaines durant, satisfit de bonne humeur au goût de controverse des ministres noirs de la république. Plus récemment le steamer *Gambia* s'est encore perdu sur les récifs avant d'entrer dans la baie. Ces sinistres, qu'on n'attribue pas uniquement aux dangers de la côte, lorsqu'on a vu la hardiesse par trop aventureuse de certains capitaines anglais, font savoir quelque gré à l'État de Liberia qu'il suive, dans la mesure de ses moyens, la trace des grands établissements européens de la côte.

Des habitations dans les bois, une église, une école, un bureau de poste, et c'est toute la ville. Quelques milliers d'indigènes sont disséminés dans les villages des environs. Une corvette de guerre américaine, en tournée protectrice, est venue visiter ses amis et clients. La houle assez forte bat la baie ouverte; la terre est embrumée d'épaisses vapeurs; les lignes d'eau d'une pluie diluvienne joignent le ciel et la mer, vrai temps de « pot au noir » et de fièvre (mi-novembre).

encore moins figure-t-elle l'action d'ensemble de ce climat sur l'organisme. Nous reviendrons sur ce sujet en étudiant le climat gabonais.

II.

LA TERRE DE KROU.

Kavally. — Tafou. — Drouin. — Trepow. — Les Jak-Jak.

Non loin de l'avancée du cap des Palmes, en un point où le promontoire rentre vers la terre, dessinant la première ligne de cette courbe peu profonde qui va finir au cap des Trois-Pointes, s'ouvre l'embouchure d'une rivière, qu'on a appelée la rivière KAVALLY; la barre est mauvaise en ce lieu et souvent impraticable aux embarcations européennes. Là se trouve un gros village de Kroumen, lequel, depuis plusieurs années, fournit au comptoir du Gabon son équipage de corvée. Si la ténacité « implacable », oserai-je dire, de cette race à ses coutumes peut être influencée en quelque mesure par le contact européen, il n'est pas niable que ce ne soit principalement dans le sens du courant anglo-saxon, à cause du voisinage forcé de Liberia et du commerce anglo-américain prédominant sur la Côte d'Ivoire. Ces relations, cimentées par l'influence des missions protestantes établies en divers endroits, ont vulgarisé la langue anglaise, couramment parlée par la plupart des Kroumen. Les gens de Kavally se servent également du français, et paraissent garder, de leur passage parmi nous, un souvenir favorable de la douceur de nos mœurs. On vit même un jour (chose extraordinaire pour qui les connaît) un engagé amener son fils avec lui à Libreville, pour le faire élever à la mission catholique. Évidemment le temps est un grand instructeur; il serait imprudent d'en désespérer.

Le packet, n'ayant rien à négocier avec ce village qui a son débouché de notre côté, le passa de nuit et alla mouiller devant TAFOU. Des pièces d'artifice informent le chef que nous sommes prêts à embarquer sa cargaison d'engagés libres.

Le village de Tafou est gros et peuplé; il a des cultures produisant du riz, des bananes, patates douces et giraumons; les ondulations d'une belle forêt courent le long de la plage. Tafou, intermédiaire aux querelles rivales des *Kavally* et des *Bereby*, garde l'équilibre entre les deux; mais je ne doute pas qu'il ne s'en mêle parfois à son propre intérêt.

Une flottille de pirogues amène au petit jour les passagers, en nombre insuffisant au gré du comptable du bord, qui, n'ayant pas le compte demandé, fait décider qu'on passera la nuit en vue de terre à attendre que l'enrôlement soit complété.

Deux personnages de marque étaient montés à bord : le roi, borgne de physionomie assez mauvaise, couvert en signe de distinction d'un vénérable chapeau de soie gris; un autre nègre important, à peu près vêtu à l'européenne, qui, nous entendant parler, quitta sans façon son souverain et se dirigea vers nous d'un air engageant. « Oh! moi aussi, je sais français, commença-t-il, j'ai été aux Antilles et à Marseille; je suis second chef des Kroumen de Tafou. » Cette revendication vaniteuse eût sans doute éveillé la méfiance du roi en titre, assez soupçonneux d'apparence; mais il ne l'entendait pas, et l'autre continua : « Pourquoi ne venez-vous pas faire commerce à Tafou? Kroumen aiment Français, et vous gagneriez beaucoup d'argent. » Toutefois la proposition ne paraît pas nous persuader plus qu'il ne faut; et, comme nos questions deviennent à son idée quelque peu compromettantes, le fin matois, qui avait pas mal appris en voyageant, étudie dorénavant ses réponses. « Combien d'hommes amènes-tu ici? — Vingt-six. — Et combien les vends-tu? — Nous jamais vendre, mais « recevoir cadeau », une caisse de gin par tête et douze fusils pour le tout. » Ces armes sont de vieux fusils à pierre, qui portent la marque *Warranted* et se vendent huit ou dix schellings pièce en Angleterre. « Veux-tu nous vendre aussi des hommes pour le Gabon? — Pourquoi n'avoir pas écrit? J'en aurais trouvé. » Et, se ravisant, il lève la main, prenant le ciel à témoin : « Tout le monde libre chez nous; plus d'esclaves dans nos villages! » Il est vrai que, s'ils en gardent encore à leur usage particulier, il n'est pas possible de les vendre aux Européens, qui ne les achètent plus; et c'est toujours un progrès. Le temps béni est loin où, comme disent les anciens récits, l'acquisition en toute propriété « d'un bon Africain de 4 pieds 4 pouces » coûtait « 100 livres de tabac et 25 livres de poudre à canon ».

Mon nouvel ami me serre la main sur un geste du capitaine, qui a hâte d'appareiller. « Il n'a pas assez de Kroumen, me dit-il confidentiellement. Je ne les battrai pas pour les forcer à venir, mais je ferai ce que je pourrai. » Cette péroraison valait un discours.

Les tentatives de persuasion durèrent longtemps, et probablement un certain nombre y échappa en se sauvant dans les bois. La nuit cependant nous ramena, avec force cris, l'honnête marchand et le parfait compte du « pay-master » de l'*Ethiopia*. Certainement, les engagés n'avaient pas été battus, le contrat était librement consenti.

Notre nègre francisé ne partit pas sans nous donner un avant-goût du ton que prennent leurs querelles avec les gens de Liberia. A cette question : « Que faites-vous donc des noirs que vous prenez à la guerre? » (il faut avoir vécu avec des Kroumen pour se figurer les jeux changeants de leur physionomie, lorsque la passion les anime), un éclair s'alluma dans les yeux de celui-ci, et il ne fut pas maître de son premier mouvement : « Nous les tuons tous; et, il n'y a pas longtemps, nous avons égorgé dix hommes dans une chaloupe, gardé la chaloupe et les petits canons, et deux noirs, qui s'étaient enfuis, sont nos captifs. » La vertu de gens que la crainte du fort seule rend doux laissait deviner le reste à l'endroit de ces infortunés.

Cette première entrevue avec un nègre demi-civilisé, revenu dans son propre milieu, était peu encourageante pour quelqu'un qui cherchait de bonne foi le côté favorable au perfectionnement de la race noire. Un long commerce avec les Européens ne paraissait avoir produit dans l'état moral de celui-ci d'autre amélioration, si c'en est une, que d'aiguiser sa fourberie naturelle sans dégrossir ses instincts. Plus intelligent à les servir, il était devenu hypocrite en restant sauvage; il avait, en un mot, appris à se vêtir. Ce civilisé avait connu nos lois; il les appréciait à sa manière pour le profit qu'il en devait tirer, il en gardait une mémoire suffisante pour ne pas se mettre en contradiction avec elles, quand les blancs étaient là, et soutenir habilement l'équilibre entre eux et ses compatriotes. La connaissance qu'il en avait en faisait un personnage important dans son village; le chef jalousait cet homme de confiance, mais ne pouvait se passer de lui. Celui-ci rusait adroitement entre les uns et les autres, et savait l'art de presser les siens sans les trop faire crier. Quant aux Européens, s'il désirait les attirer près de lui, ce n'était pas en souvenir de leurs bonnes leçons, mais seulement du bien-être matériel qu'il en attendait. La plupart sont et resteront ainsi, jusqu'à ce que l'éducation ait relevé leur milieu; à peine échappés à l'influence de la civilisation, ils ne la jugent qu'à l'aune des exemples qu'ils retrouvent sur la côte, au tarif de ces marchés scandaleux où la valeur morale d'une affaire s'estime à son côté lucratif. Entre des impressions passagères et la vigueur tenace des premières habitudes y a-t-il pour eux un choix possible? L'homme moral n'a pas changé en changeant d'habit, il n'a fait que se couvrir d'un vernis éphémère. La sauvagerie, avec son humeur indépendante, la licence qu'elle laisse à des passions sans frein, les attire de nouveau et les reprend sans retour.

Pour en revenir au marché de Kroumen, ce fut une édition non corrigée de spectacles que j'ai vus se renouveler plusieurs fois sous mes yeux. La palabre fut bien conduite, et sa voix, si puissante sur des gens qui n'ont pas de volonté, condamna les moins entraînés à s'expatrier. Jusqu'au moment où l'hélice bat, le chef reste à surveiller la première effervescence, les désespoirs qui pourraient se terminer par une fuite clandestine ; il quitte le paquebot le dernier, à la suite des proches et des amis. Il y a parfois à ce moment des scènes de séparation véritablement touchantes. Mais les noirs sont passifs, et la tristesse éphémère ; ou, s'il y paraît, le délégué du chef, qui a pris autorité sur eux, frappe brutalement les obstinés qui, n'oubliant pas de suite, agissent d'inertie et mettent de la paresse au travail.

Devant les villages kroumen de Drouin et de Trepow, notre paquebot n'a pas grand succès, s'il cherche à recruter des passagers ; le stock des chefs est probablement épuisé par des engagements antérieurs. Mais nous sommes infatigables à fouiller les plus petits recoins de la côte, n'eussions-nous qu'un ballot à remettre ou à emporter ; le capitaine prend des relèvements afin de s'assurer « plenty-cargo » au voyage de retour.

C'est toujours le même tableau de mer, de bois, de sable ; une grosse houle perpétuellement nous berce et rend le mouillage fort incommode ; chaque soir, l'orage gronde et verse des torrents d'eau ; la terre, sous un ciel de suie, n'est plus éclairée qu'entre deux coups de foudre, et, comme nous la suivons de très près, nous devons alors ralentir notre marche. Dans les baies, nous rencontrons presque exclusivement le pavillon britannique ou des pirogues qui, sortant des replis du rivage dès que nous sommes en vue, nous suivent à de grandes distances. Par endroits, des falaises rouges s'élèvent et des récifs défendent l'approche de la côte ; partout le ressac est très fort.

Aux Jak-Jak la scène dépouille un moment sa monotonie attristante.

Ce petit peuple occupe une bande de terre parallèle au long boyau de lagunes qui, du lac *Guet-N'Dar*, communique avec les eaux d'*Ebrié* et de *Grand-Bassam*. Son rivage maritime s'étend sur une ligne de 18 milles, dont la profondeur est arrêtée, à quelques kilomètres de la mer, par la rive méridionale de la lagune. Ses villages, d'après M. le lieutenant de vaisseau Desnouy, qui a exploré cette partie de la Côte d'Ivoire (*), sont au nombre de quinze, dont les plus importants, échelonnés sur la plage, communiquent par d'étroits sentiers avec de plus faibles groupes d'habitations situés sur la lagune; la population n'en est pas de moins de 6,200 individus, gros chiffre eu égard à la petite étendue du territoire.

Les Jak-Jak ne sont ni agriculteurs, ni pasteurs, ni portefaix comme les Kroumen; ils sont courtiers d'huile de palme, c'est-à-dire entremetteurs de ce produit, abondant dans le haut pays des lagunes, entre les indigènes qui le récoltent et les Européens auxquels ils le transmettent de seconde main. Ce métier lucratif et relativement facile, dont les noirs se montrent si jaloux de conserver le monopole (nous le verrons au Gabon), développé, du reste, par leur industrie commerciale, a rendu prospères les villages des Jak; en même temps l'intelligence de ces noirs, nourrie par les relations constantes avec les blancs, les a sociabilisés, dans le sens littéral du mot. Mais leurs tendances se sont naturellement dirigées du côté de leur intérêt, et, surtout depuis notre évacuation des comptoirs de Grand-Bassam et d'Assini, ils ont pu heureusement détourner à leur profit, ou, dans une certaine mesure, au profit des traitants anglais, la plus grande

---

(*) *Les Établissements français de la Côte d'Or.* (*Revue maritime et coloniale*, 1866.)

partie du riche commerce d'huile de palme de la lagune (*).

Nous mouillâmes au large d'une terre plate et boisée; un long rideau de cocotiers borde le village des Jak et le fait voir sous un gracieux aspect. La baie est animée par le va-et-vient des embarcations; les pirogues sont occupées à la poursuite de bancs de sardines innombrables, qui se détachent par lames d'argent sur l'azur des flots; parfois la pirogue, descendant dans la vallée formée par une ondulation plus élevée de la houle, ne laisse plus paraître que la tête du noir qui la monte. De grandes embarcations de charge, franchissant l'écume des brisants, arrivaient vers nous, manœuvrées par des hommes de peine; ceux-ci pagayaient avec ensemble, chantant sur le même ton des airs sonores et poussant au terme de leur effort un coassement guttural, ou un sifflement cadencé pareil à celui des serpents. Un clair soleil jetait sa belle lumière sur ce tableau.

Le même jour nous mena à Grand-Bassam.

III.

GRAND-BASSAM ET ASSINI (**).

Par 5° 11' de lat. N. et 6° 3' de long. O., le paquebot jette l'ancre devant cette partie française de la Côte d'Ivoire, au sol également fertile en biens et en maladies, source alternative d'attraction et de répulsion, dont la double expérience semble en définitive avoir pour résultat de dégoûter les Eu-

---

(*) Un décret récent porte ratification de traités conclus avec différents chefs de la lagune, en vue de placer leurs villages sous la souveraineté ou le protectorat de la France (*Grands Jak-Jak, Petit-Bassam*, etc.) — (*Bulletin officiel de la marine et des colonies*, année 1884.)

(**) Voir la *Carte des comptoirs d'Assini et de Grand-Bassam*, publiée par ordre du ministre de la marine et des colonies. (*Revue maritime et coloniale*, 1862.)

ropéens de tout établissement durable en ces lieux. En même temps, la mauvaise fortune des années 1870-1871 décidait notre gouvernement à renoncer à un protectorat qui ne s'exerçait plus guère que sur une plage de sable et des lagunes désertées par nos nationaux; et la Côte d'Or française resta à peu près abandonnée à elle-même. Involontairement ces souvenirs se présentent à l'esprit devant Grand-Bassam, et l'on refait avec une certaine mélancolie la succession des efforts stériles qui ont coûté la vie à tant de braves gens.

Il y a quelque trente ans florissait à Grand-Bassam un vieux chef astucieux, déjà sur le déclin; la centralisation du courtage des pays d'Akba et d'Ebrié l'avait fait riche et important auprès des Européens. Le roi Piter, en sa double qualité de souverain absolu et de grand-féticheur, jouissait d'une autorité sans partage, tout entière employée au bénéfice de ses propres intérêts. Réputé magicien parmi ses sujets, les blancs ne lui faisaient pas cet honneur, et le soupçonnaient seulement d'une habileté consommée dans la préparation et l'emploi de poisons secrets. On l'accusait aussi de sacrifier des esclaves, avec des raffinements particuliers, au culte de fétiches qui couvraient ses vengances; et ceux que leur mauvaise étoile avait conduits à ces cérémonies ne racontaient pas sans horreur les orgies de cannibales qui les terminaient. Qu'il fût de profession mangeur d'hommes, ou seulement par emportement, le fait n'est pas établi; mais la dernière solution n'aurait rien qui pût étonner. L'anthropophagie chez les sauvages, parmi ceux au moins qui ne meurent pas de faim, n'est pas tant la satisfaction d'un appétit que le débordement de passions qui n'ont pas de limites. Toute volupté a ses folles frénésies, et l'orgie du sang en est une des plus ardentes, de celles que le barbare sait le moins contenir.

Piter, à l'exemple de presque tous les chefs nègres, gouvernait avec une maxime célèbre; la dissimulation était son meilleur argument. Il en usait aussi vis-à-vis des blancs, doublant de l'expérience acquise auprès d'eux sa duplicité naturelle ; il était, paraît-il, devenu de première force à ce jeu. Pourtant il se prit un jour dans ses propres pièges. C'est que, si fins politiques, si intelligents même que soient quelquefois ces sauvages, le côté inférieur de leur nature inculte, à certains moments, reprend irrésistiblement le dessus et les livre sans volonté à ses entraînements. Ils ont des appétits surexcités, des convoitises d'enfant à satisfaire, il leur faut jouir de suite et, par le plus court chemin, arriver à la possession ; alors ils s'écartent par un saut brusque d'une ligne de conduite qui avait paru jusque-là suivie, ils en perdent en un instant les fruits savamment préparés. Tout mûri qu'il fût par l'âge, Piter n'avait pas plus que les noirs d'ordre inférieur les vues longues de l'avenir ; à celles-ci il préférait de beaucoup les caresses du présent, et à cet écueil son astuce fit naufrage. Séduit par un cadeau important, qu'à son avis d'autres devaient suivre à bref délai, il accepta la protection de la France, et s'aperçut un peu tard qu'en introduisant la concurrence commerciale sur sa terre, il renonçait au monopole qui était toute sa fortune et ruinait du même coup, s'étant mis en tutelle, le despotisme sans frein dont il avait si bien usé jusque-là.

Ce roi désabusé survécut quelques années à sa disgrâce, qui fut amère et vivement combattue. Il légua les oripeaux souverains à son neveu Alexandre, ancien élève du collège Charlemagne, la succession des chefs de Grand-Bassam ayant lieu en ligne collatérale, et le transfuge étant revenu suffisamment aux errements primitifs pour ne plus s'exposer à froisser l'humeur de ses compatriotes. Et, si j'ai raconté l'histoire de Piter, c'est qu'elle est un portrait instructif auquel se reconnaîtraient nombre de rois nègres dépossédés.

L'occupation française fut assurée en 1843 par le commandant Bouët-Willaumez. Du côté de la rive droite, à l'entrée de la rivière, on éleva, non loin d'un gros village de plusieurs milliers d'habitants, sur une flèche de sable mangée par la mer, une enceinte palissadée, formée d'une haie vive et défendue aux quatre angles par des pièces de campagne. Cet abri fut pompeusement baptisé « Fort-Nemours ». Aux baraquements pour loger la garnison, aux magasins d'approvisionnements, on adjoignit bientôt un hôpital en briques, construction dont l'urgente nécessité avait été promptement reconnue.

Le nouvel établissement eut à faire accepter son autorité des tribus guerrières et pillardes qui tiennent la rive septentrionale de la longue lagune des Jak-Jak ; celle-ci court parallèlement à la côte, du pays de *Noumouroumou* à l'Ebrié, avec *Dabou* et *Abredjan* comme intermédiaires. La création de « Fort-Dabou », au point central de ces villages turbulents, et sa communication facile par voie d'eau avec Grand-Bassam, dont il n'est distant que de 40 milles (75 kil.), calma singulièrement les ardeurs des insoumis (octobre 1853).

La force assurant, par la tranquillité qu'elle imposait, liberté à toutes les initiatives, l'apostolat s'occupa de commencer son œuvre. Les Bassamans sont fétichistes, et la religion de Mahomet a pénétré de l'intérieur dans le pays avec les Bambara du haut Sénégal et du Niger, venus par les brèches des monts de Kong. Une mission s'établit à l'abri du blockhaus. La tâche devait lui être rude.

L'occupation permanente de Grand-Bassam poursuivait un dessein assez légitime : c'était de mettre notre commerce en relation directe avec les producteurs, en se passant d'onéreux intermédiaires, tels que Piter et autres suzerains, c'est-à-dire de détourner au profit français le courtage lucratif des Jak. Les résultats acquis par ces derniers prouvent que le sol est riche ; des explorateurs consciencieux le confirment, au nombre desquels M. Desnouy relate sur cette question d'intéressants détails.

Non loin de la lagune, au pied des cataractes qui barrent la rivière *Lahou*, se tient, au dire de l'officier que je viens de citer, un marché considérable qui réunit, à certaines époques de l'année, les plus importantes productions du pays; ce lieu a nom *Tiasal*. Là se trouvent en abondance l'or, l'ivoire, le coton, l'huile de palme, etc.

La recherche de l'or, pour séduisante qu'elle paraisse, ne prend rang comme valeur réelle qu'après certaines productions végétales longtemps oubliées, l'huile de palme, par exemple. On trouve l'or à l'état natif, dans les roches primitives sous forme de pépites, de paillettes dans la terre de certains gîtes et le sable de rivières; l'*Akba*, qui prend sa source sur le revers océanien de la chaîne des Kong et se déverse à l'extrémité orientale de la lagune, en charrie une certaine quantité avec ses eaux. Son abondance n'est pas négligeable, puisqu'un jour on présenta à l'un de nos officiers « une jeune mariée, portant sur sa personne des bijoux en or pour une valeur de 25.000 fr. »

Les indigènes du pays de Lahou filent eux-mêmes le coton et le tissent par étroites bandes, qu'ils réunissent en pièces d'étoffe assez larges pour former des pagnes, après les avoir teintes en couleur à l'aide de diverses substances végétales, parmi lesquelles se trouve certainement l'indigo. Il est probable que ces vêtements, dont les noirs d'Assini et de Grand-Bassam faisaient grand cas, doivent être moins recherchés depuis l'importation facile des tissus européens. Le coton croît naturellement, non seulement dans les plaines qu'arrose la rivière Lahou, mais à Grand-Bassam, où sa culture a été essayée; il ne reste, à la suite des indigènes, qu'à développer cette ressource naturelle, et il n'est pas douteux que l'on ne fasse bientôt beaucoup mieux qu'eux.

L'huile de palme est la fortune de la côte occidentale et son principal objet d'exportation. C'est par milliers de tonneaux, à 350 fr. le tonneau (prix moyen), que la lagune des Jak-Jak écoule son huile par l'intermédiaire des navires anglais vers Liverpool. Il se fait dans le pays deux récoltes des régimes, au mois de mars et en novembre; et la multiplication des palmiers est suffisamment assurée, contre l'incurie gaspilleuse des noirs, par la reproduction spontanée des noyaux qui tombent des fruits mûrs ou sont rejetés dans la brousse après expression de la pulpe.

Reste encore comme produits et ressources de moindre importance à signaler : des bois précieux, dont une essence rouge qui donne de bonne teinture; les peaux de singes, qui sont de variétés charmantes; les rizières, qui prospèrent dans les terrains bas et humides (leur ensemencement se fait aux mois de février et mars); l'élève, dans les villages du nord de la lagune, de bestiaux de petite taille, d'une race qui, si elle n'est autochtone, paraît typique de la terre de Krou à la Côte des Esclaves; enfin les pêcheries industrieuses de la lagune. Les riverains trouvent dans l'abondance du poisson une ressource sérieuse, et, pour le prendre en certaine quantité, ils le cernent dans un dédale de roseaux habilement disposés aux endroits favorables. La pêche est consommée fraîche ou fumée, cette dernière préparation en facilitant l'échange et la réserve.

Les conditions pareilles de climat et probablement de terroir des diverses localités de la Côte d'Ivoire laissent présumer que les productions végétales disséminées sur son étendue s'acclimateraient volontiers en quelque lieu de cette zone qu'on les implantât; leur variété, qui peut être concentrée sur un point, deviendrait une source de richesse réelle. J'ai déjà dit pour quelle cause le commerce, que cette promesse attire, se fatigue bientôt de lui demander : c'est que cette terre féconde a moissonné plus d'hommes qu'elle n'a fait d'heureux. Ainsi, depuis des siècles, on assiste à une succession périodique d'abandon et de réoccupation des comptoirs, et l'oubli du passé, après avoir tenté de nouvelles entreprises, est promptement réveillé par la répétition des mêmes maux.

En arrivant devant Grand-Bassam, on aperçoit ce qui reste de nos établissements en décadence (1876-1877); ils sont habités par les missionnaires, demeurés à leur poste. On ne voit pas nos couleurs flotter sur la plage. La France, en abandonnant l'établissement, a cependant réservé ses droits de souveraineté et en a confié la surveillance au résident d'une élégante factorie, qui adresse, par l'intermédiaire d'un noir civilisé, une boîte de poudre d'or en dépôt au capitaine. Seul, un important comptoir, quartier général des nombreux navires que nous avons rencontrés au mouillage depuis le cap des Palmes, hisse le pavillon britannique.

La houle déferle sur la plage en longues volutes roulantes. La forêt n'a pas son uniformité habituelle, quelques éclaircies donnent plus de relief aux massifs de verdure. Le fleuve, grâce à la tranchée qu'il creuse, étend la vue de l'horizon; il court sinueux au travers de hauts palétuviers et franchit en écumant la barre formée à son embouchure. Quelque temps, les eaux du courant passent dans la mer sans se mélanger avec elle, et la démarcation est nette en un point comme une ligne tirée au cordeau.

Le fleuve Grand-Bassam est, à proprement parler, un canal de peu d'étendue qui sert à l'écoulement, de l'intérieur vers la mer, des rivières d'Akba et d'Ebrié et des eaux de ce vaste système de lagunes sinueuses, dont la marée élève ou abaisse alternativement le niveau sans en renouveler complètement la masse. Pendant la saison des pluies, son lit est plein et la barre se gonfle; à cette époque, le courant de jusant, très fort, atteint 7 à 8 milles de vitesse et la profondeur de la barre varie de 3 à 4 mètres.

La barre est réputée dangereuse en juillet et en août; elle n'est bien commode en aucune saison. Les deux fois que j'ai passé à Grand-Bassam (fin d'avril et mi-novembre), les grandes embarcations qui essayaient de franchir la passe, ont chaviré. Après plusieurs tentatives, les noirs refusent de charger, non pas que le bain répugne à ces enfants de la mer, mais les requins quêtent aux alentours. Nous dûmes attendre plus de quarante-huit heures que le brisant fût praticable.

En descendant vers Assini, de grandes futaies, aux troncs serrés les uns contre les autres, tracent sur le fond sombre de la forêt des cannelures d'un blanc grisâtre; et cet aspect est assez reconnaissable pour signaler cette partie de la côte.

Une courte navigation d'environ 20 milles conduit dans l'est à ce comptoir français, qui, occupé une première fois vers 1700 par la compagnie d'Afrique, abandonné sept ans plus tard, subit définitivement la souveraineté de la France à peu près en même temps que Grand-Bassam.

Les Anglais ne virent pas cette occupation sans jalousie; encore aujourd'hui les paquebots qui passent sont à dessein sceptiques à l'article de nos droits sur Assini, et souvent nient avec énergie que nous ayons aucune prétention à exercer sur cette « place ». Ils sont moins affirmatifs à l'égard de Grand-Bassam; mais l'endroit est plus éloigné de chez eux. Ces dénégations sont spécieuses et intéressées tout ensemble. Outre que notre occupation n'est plus effective depuis quelques années et que rien d'apparent n'en fait mention, en même temps notre voisinage, avec lequel il faut compter, tout nominal qu'il est, impose aux Anglais une gêne fort déplaisante. L'indécision des limites entre les territoires d'Assini et d'Apollonia, — ce dernier leur revenant sans conteste, — par la communication de lagunes communes aux deux pays, favorise largement la fraude des transactions et rend difficile l'application rigoureuse des taxes douanières que chacun prétend exiger à la frontière. Il est probable aussi que les chefs indigènes, laissés à eux-mêmes, ne se font pas scrupule d'invoquer, lors des contestations qui se présentent, le patronage d'un protecteur trop loin placé pour qu'ils aient à craindre d'être démentis, et d'user de cette double situation avec l'astuce qu'on leur connaît. C'est ainsi que, pendant la campagne aux Achanti, le roi d'Assini, qui a sa résidence à *Krinjabo*, à quelques lieues de la mer sur la rive gauche de la rivière *Bia,* fut véhémentement soupçonné d'approvisionner de munitions de guerre les barbares en rébellion. Le grief était sérieux et de nature à éveiller la susceptibilité britannique; mais, prouvés ou non, nous n'étions guère en mesure à ce moment de surveiller les agissements de notre feudataire.

La fidélité du chef de Krinjabo à reconnaître notre suzeraineté est garantie par deux moyens efficaces : le passage périodique d'un bâtiment de guerre et le versement annuel d'une « coutume » de 6,000 fr., assez joli denier pour un roitelet nègre, qui n'a jusqu'ici rapporté d'autre intérêt que de nous réserver l'avenir. Cette coutume cependant l'oblige à certains devoirs, au nombre desquels est la protection dont Amatifou assure les Européens et leurs serviteurs noirs établis sur sa terre; il n'est pas téméraire de supposer qu'il sacrifierait en holocauste beaucoup de ses propres sujets pour une moindre somme. Récemment, un Krouman de factorie ayant été assassiné, la justice du chef resta en suspens jusqu'au moment où le pavillon français apparut au large; trois noirs, à tort ou à raison accusés du meurtre, furent mis à mort sommairement. Ainsi se comprend et à ce taux s'exerce, pour un cadeau, la réparation des injures en pays nègre. Amatifou, ou son successeur, nous restera très attaché, s'il ne trouve un plus offrant.

La rivière d'Assini déverse à la mer les eaux d'un second

système de lagunes indépendant de celui de Grand-Bassam; il est alimenté par deux grosses rivières, celle du pays d'Assini, qui s'écoule dans le lac *Ahy,* et la rivière *Tando,* qui forme les lacs *Eyhi* et *Uani*. Ces lacs communiquent entre eux à pleine bouche par une longue lagune, laquelle borde une bande maritime du territoire d'Apollonia. Le poste fortifié, aujourd'hui délaissé (*), qui couvre les établissements français, est assis sur la rive droite de la rivière d'Assini, à 10 milles de l'embouchure, en un point où celle-ci se coude avant de se perdre dans la mer (lat. N. 5° 7' 10", — long. O. 5° 35' 24"). Du mouillage, la terre apparaît bordée de cases et d'une ceinture végétale qui s'échancre, marquant la passée des eaux. La longue barre était praticable au moment de notre arrivée.

La végétation s'épanouit avec une munificence merveilleuse sur ce rivage de lagunes, et les abords du lac Ahy, aux contours découpés, enchantèrent les rares explorateurs qui l'ont reconnu. La forêt, d'après le docteur Borius, rappelle celles du nouveau monde, avec ses arbres gigantesques qui commencent à se ramifier seulement à 30 ou 40 mètres au-dessus du sol, et son dôme de verdure assez épais pour arrêter les rayons du soleil. Elle a pour hôtes de nombreux éléphants; et l'on

---

(*) Au moment où l'on prit le parti d'évacuer le territoire de la Côte d'Ivoire, improprement appelé « de la Côte d'Or » (1871), la France avait fait des sacrifices en hommes et en argent considérables; les comptoirs étaient entretenus sur un pied très convenable, qui assurait leur sécurité. 140 hommes de troupes, en majorité noires, tenaient garnison à Assini, Grand-Bassam et Dabou; un aviso à vapeur mettait ces points en relations régulières les uns avec les autres. Chaque poste était commandé par un officier et desservi par un médecin de la marine. L'organisation administrative était analogue à celle du Gabon, qui centralisait ces autorités particulières. L'officier commandant avait la juridiction civile et militaire du territoire directement placé sous le feu de ses canons; il surveillait les villages noirs et réglait leurs conflits. Le commandant en chef de la division navale de la côte occidentale venait plusieurs fois l'an mouiller devant ces comptoirs isolés et décidait des affaires d'ordre supérieur.

Un décret récent (16 décembre 1883) rétablit, sous l'autorité du commandant du Gabon, le commandant particulier des établissements de la Côte d'Or. Il a son siège

raconte dans la marine le fait singulier d'un troupeau de ces pachydermes, égaré sur la langue de sable à portée de canon du blockhaus, qui put être décimé par la mitraille.

Pour apprécier la marche générale des saisons à Grand-Bassam et à Assini, il suffit de se rappeler les données du début de ce chapitre. Intermédiaires comme position géographique aux deux côtes de l'Ivoire et de l'Or, ces établissements sont à cheval sur deux climats qui ne diffèrent que par des nuances; le fonds de leurs maladies est commun.

Néanmoins, si semblables soient les climats partiels d'une même zone; il est un élément qui imprime à chacun d'eux une touche spéciale; les conditions particulières à chaque lieu font cet élément. Ici, l'eau stagnante des lagunes jette dans l'atmosphère une immense quantité de vapeurs; celles-ci se condensent à la nuit en brouillards chargés d'effluves; la chaleur est humide et plus étouffante, les fièvres ont aussi plus d'accès morbide.

La fièvre jaune s'est montrée quelquefois à Grand-Bassam entre les années 1853 et 1862. S'y est-elle développée spontanément, ou, d'abord importée, a-t-elle ensuite pris droit de domicile sur le sol. Question débattue à Sainte-Marie de Bathurst, à Sierra-Leone, que nous nous poserons de nouveau dans la rivière Bonny.

à Assini et les attributions dévolues au lieutenant-gouverneur du Sénégal. Il remplit les fonctions de juge de paix à compétence étendue et tient, une fois par mois, des audiences foraines à Grand-Bassam et à Dabou. Il est assisté de quelques fonctionnaires et agents et d'une petite garnison de tirailleurs sénégalais. Les recettes et les dépenses de ces établissements sont rattachées au budget local du Gabon.

C'est à peu près rétablir l'organisation antérieure à 1871.

En même temps, une commission mixte anglo-française est occupée à délimiter la frontière indécise entre Assini et Apollonia. La rivière Tando paraît devoir être prise comme limite naturelle des deux possessions. A cette occasion, le chef de Krinjabo a témoigné violemment de son déplaisir et comment il n'est disposé à accepter qu'avec la plus vive répugnance la situation définie qu'on veut lui faire.

CHAPITRE V.

LA COTE D'OR ANGLAISE,

DE LA RIVIÈRE D'ASSINI A LA LAGUNE DE KITTA.

I.

CONSIDÉRATIONS SUR CETTE COTE.

Une délimitation basée sur la configuration du rivage a resserré la Côte d'Or entre le *cap des Trois-Pointes* et le *cap Saint-Paul,* qui marque l'embouchure du fleuve Voltas. Cette délimitation du littoral de la Guinée, depuis le cap des Palmes jusqu'au cap Formose, est naturelle, si elle veut seulement figurer les trois aspects tranchés qui se déroulent entre les promontoires, l'assise des bois, la ligne des falaises abruptes, le seuil des lagunes; mais elle est incomplète, parce qu'elle ne tient pas compte des limites politiques que le temps a précisées. Ainsi, de proche en proche, les Anglais ont acquis la possession homogène de toute la zone intermédiaire à la rive gauche de la rivière d'Assini et à la pointe orientale de la lagune de Kitta. C'est dire qu'à l'occident comme à l'orient (approximativement entre les 5° et 1° de long. O.), leur prise de possession déborde notablement les limites assignées à la Côte d'Or géographique; et nous en retrouvons le titre de propriété formulé dans ce nom même de Gold-Coast ou « Côte d'Or britannique », qui, de la langue des occupants, s'est imposé aux cartes étrangères les plus récentes.

Cette position, que l'Angleterre a recherchée et étendue par l'acquisition récente de comptoirs qui n'ont été cédés qu'à bout de peines et de sacrifices par les Danois et les Hollandais, est-elle bien à envier? Ici, l'occupant, pour se maintenir sur un territoire aussi vaste, n'est plus aux prises seulement avec un climat dévorant; il doit compter avec de rudes peuplades, qui donnent un exemple peu habituel aux races noires de la Guinée, celui d'une connaissance calculée de leur propre force et d'une cohésion jusqu'alors à l'abri de revers écrasants. Les Anglais, dans ce siècle, en ont fait plusieurs fois la dure expérience avec les Achanti, un moment domptés et toujours soulevés. L'Europe civilisée, qui a en quelque sorte un devoir de tutelle vis-à-vis des races inférieures et mission de leur rendre une part des bienfaits qu'elle a acquis pour elle-même, peut-elle considérer avec indifférence une lutte dans laquelle tout ce qui n'est pas progrès deviendrait un désastre pour la civilisation? Serait-il raisonnable à personne de convoiter une prépondérance chèrement achetée? L'Afrique est grande et toutes les ambitions légitimes s'y donneront carrière, sans redouter les rivalités de voisinage; le continent a place au soleil pour plusieurs peuples. Voyons donc sans regret l'Angleterre, poursuivant son intérêt, travailler à l'accomplissement de l'œuvre commune, et, en faveur du bien général qui doit en résulter, intéressons-nous à son extension croissante en Guinée, si loin qu'on puisse la supposer.

Il n'est, du reste, pas, pour le présent, de séjour moins désirable que toute cette zone du littoral africain. Au delà de l'embouchure du Voltas, c'est-à-dire du territoire de Gold-Coast proprement dit, la borne est extrêmement élastique; le champ est vague, pour ainsi dire, du côté de la terre des Esclaves. Plusieurs nations européennes, dans cette région, possèdent des établissements de commerce; mais aucune, en dehors de comptoirs isolés, ne paraît prétendre à une annexion quelconque. Les visées anglaises sont tout autres. Déjà le Dahomey, prolongement du territoire de la Côte d'Or, est pressé entre ce gouvernement et celui de Lagos; en occupant *Fort-William* et *Badagry*, qui commandent la lagune, les Anglais se sont procuré les clefs d'Abomey. S'ils hésitèrent à s'engager plus avant en 1877, au moment du blocus de Whydah, c'est sans doute qu'ils avaient trop présent à l'esprit le souvenir des périls et des difficultés de l'expédition des Achanti; mais la folie du despote nègre leur fournira tôt ou tard l'occasion de mener à bien la campagne militaire retardée. Plus loin, leurs établissements s'égrènent comme des îlots perdus le long de la côte : ce sont les bouches du Niger, avec les rivières Bénin, Brass, Bonny, etc.; c'est le Vieux-Kalabar et le fleuve Kameroun. Ici, à défaut d'une prise de possession formelle, qui n'était jusqu'à présent recherchée par personne (*), la prédominance presque exclusive d'un courant commercial unique a fait de ces embouchures des places véritablement anglaises, qu'on ne saurait s'étonner de voir bientôt revendiquées. L'influence anglaise est surtout considérable sur le bas Niger, exploité par quatre compagnies privilégiées (**). L'immense artère, qui développe sa courbe majestueuse à travers le Soudan occidental, de la Sénégambie au cap Formose, voit la France installée sur son cours supérieur et l'Angleterre maîtresse de son delta géant. Entre les deux puissances, la distance, le désastreux climat, les cataractes, déjà infranchissables proche l'embouchure, les difficultés de toute nature mettent une digue salutaire aux ambitions hâtives.

(*) Les Allemands disputent en ce moment à l'hégémonie anglaise les parcelles contestées du littoral occidental, sur la Côte des Esclaves, à Lagos, jusque dans le sud, avec le territoire d'Angra Pequeña, voisin de l'embouchure du fleuve Orange et des possessions du Cap. Le pays qu'ils ont acquis, du delta du Kameroun au voisinage du cap Saint-Jean, a pour nous une importance relative : il confine notre colonie du Gabon.

(**) Actuellement fusionnées en une seule, dont le siège est à Londres, sous la rubrique de « Compagnies africaines réunies », au capital de 10 millions, — fait significatif de la valeur du mouvement d'affaires sur le Niger et de la part prépondérante réservée au commerce anglais.

S'il est permis de s'arrêter à une nouvelle considération, un rêve prématuré éclos au milieu des orages et de la chaleur brûlante de cette région...... un jour prochain verra les couleurs de la civilisation déployées librement du cap Blanc à Loanda : la France au premier rang avec la Sénégambie et le Gabon, rejoignant la rive droite du Congo; puis l'Angleterre avec Sierra Leone et sa Côte d'Or étendue sans solution de continuité, par des traités et des échanges, de la frontière française d'Assini au massif des Kameroun; — dans le sud, le Portugal, développant ses possessions atlantiques, et ce nouvel « État libre du Congo », fondé dans des conditions de viabilité, s'il en fut jamais, grâce à l'appui du monde civilisé; — au milieu enfin de ces États blancs dirigeant des noirs, une république autochtone faite de ses œuvres, Liberia, enclavée dans la puissance britannique, mais assez forte pour que ses droits soient reconnus et respectés... et cette marge, enfin gagnée, conduisant de jalon en jalon vers le difficile objet qui passionne notre temps, l'ouverture à la civilisation de l'intérieur.

Le nom même qu'a porté cette contrée, depuis qu'elle est connue des Européens, indique l'appât qui attira de son côté; un mot prestigieux, entrevu dans un mirage, fut l'origine de la fondation des solides établissements que nous allons parcourir. Il faut passer aux hardis chercheurs de ce temps leur éblouissement en abordant cette terre de promesse longtemps désirée et les naïfs récits, les peintures enchanteresses, beaucoup au delà de la réalité, qu'ils en faisaient à leur retour au pays. Ils avaient vu venir à eux, comme ils se présentent encore, des femmes, des chefs portant au cou et aux poignets de lourdes pépites, étalant avec ostentation dans la cérémonie de l'entrevue leur trésor d'or natif. C'était la richesse sous sa forme sensible, celle qu'on devait récolter, pensaient-ils, avec le moins de temps et de peine. D'un côté les épices, puis l'or et les esclaves, — tous les rêves du moyen âge en un seul; — l'aimant était multiple, et l'imagination, aiguisée par les heureux hasards d'une première découverte, devait la faire sembler plus désirable.

L'or eût fait en ce pays la merveille qu'il a produite en d'autres lieux, si la terre s'y fût prêtée. Après avoir attiré d'abord des affamés de fortune rapide, ceux-ci rassasiés ou déçus, il y eût laissé des colons, si la Guinée ne repoussait les colons européens. Cependant, dans cette région inhospitalière même, l'exploitation, commencée par l'or, n'a pu se soutenir qu'à l'aide d'autres productions naturelles, et celles-ci ont débordé le précieux métal.

Quels furent les premiers arrivés sur la côte? Cette question de priorité a fort enflammé la critique hésitante entre la date 1364, rappelée au bénéfice des Normands, et l'année 1418, que les Portugais revendiquent plus volontiers. Ce fut pendant un temps une véritable bataille à coups de documents inédits, de vieilles chroniques dieppoises et portugaises, de cartes manuscrites du moyen âge, à la suite de laquelle la critique historique a dévolu l'honneur à nos compatriotes d'avoir été les premiers; il est probable que les noms portugais restés aux lieux ont été substitués après coup aux appellations normandes. Familiers de la mer, connus de longue date pour leur esprit d'entreprise, les Normands purent bien avant les autres pousser sans trop de témérité leurs courses jusqu'au golfe de Guinée. En descendant vers l'équateur, ils échangeaient des flots tourmentés, qui ne les effrayaient guère, contre une mer dont la calme tiédeur les engageait à pousser plus avant. S'ils trouvèrent un arrêt dans l'insalubrité d'un climat, moins terrible, du reste, à ceux qui passent qu'à ceux qui demeurent; s'ils furent moins bien pourvus qu'on ne l'est à notre époque, il faut croire, puisqu'ils ont réussi, que, trempés de longue date aux âpretés d'une lutte incessante, ils eurent, pour soutenir cette nouvelle entreprise, une résistance aux misères plus sérieuse que ne pourraient leur opposer les hommes de notre âge. On retrouve en quelques points le souvenir des *loges* que les Normands, et, pour spécialiser, les Dieppois, y laissèrent; et, parmi les plus célèbres, le « Petit-Dieppe », à l'embouchure du *Rio-dos-Cestos* (1364), le « Petit et le Grand-Paris », sur la côte de Malaguette, et cette *El-Mina*, qu'ils avaient appelée « la Mine », pour mieux marquer ce qu'ils y venaient chercher (1365).

D'autres avaient sans doute précédé nos Dieppois. Sans rappeler la légende du Carthaginois Hannon, que la critique n'accueille pas avec faveur, il est impossible de ne pas remarquer les traces profondes que la conquête musulmane, remuant les peuples africains comme une matière inerte, a laissées le long de la côte. Ce sont des races entières infusées de son esprit et de ses habitudes, et, là où l'islamisme n'a pas « gagné » d'une manière définitive, comme disent les noirs, il reste des rejetons isolés et comme des témoins de son antique passage. Nous les reconnaissons fort avant sur la terre des Esclaves; et la Guinée des Européens « depuis et y compris la Côte d'Or jusqu'au Vieux-Kalbar inclus », ne serait peut-être autre, au témoignage des musulmans interrogés par le consul anglais Joseph Dupuis dans le pays même, que « cette riche terre de *Ouanqârah*, de la géographie mauresque, que signale le premier le schéryf Edrysi, pays de l'or, île immense, entourée par le Nyl des Nègres et située, d'après Ebn-al-Ouardy, au bord de la grande mer » (*). Les livres des marabouts pourraient nous faire sur ce sujet de curieuses révélations.

---

(1) Note du *Bulletin de la Société de géographie*, t. XVIII, p. 177. Paris, 1832.

A la Côte d'Or il n'y a plus de rideau de forêts. La terre volcanique, aride et pelée, baignée dans une vapeur de feu, émerge de l'Océan qui brise à ses pieds ; une brousse courte, des herbages jaunis couvrent la falaise de leur terne végétation, partout où les espaces dépouillés n'étalent pas les tons gris ou rouges de la roche à nu. C'est un paysage brûlé par un soleil incandescent, entrecoupé d'arêtes tourmentées, de vallons et de ravins, dont la fraîcheur est toute de contraste avec l'aridité qui les entoure ; rapides sont les bois de cocotiers et les courtes prairies descendant au bord de l'eau sur les roides revers des rocs désolés. Ce rivage au morne aspect a, dans son genre, un cachet non moins tranché que les côtes de l'Ivoire et des Esclaves, qui le précèdent et qui le suivent.

Sa forme brute assez distinctive n'est, du reste, pas la seule originalité de la côte de l'Or. Les peuples européens (Normands, Portugais, Hollandais, Danois, Anglais) qui s'y sont succédé, y ont laissé des vestiges plus durables qu'ailleurs. On les reconnaît dans ces châteaux forts, ces habitations solides, ces villes, dont des rues entières s'écroulent maintenant abandonnées de leurs habitants ; depuis longtemps même on n'en retrouverait que les ruines, sans la ténacité anglaise qui s'est imposé la mission de les restaurer. Il n'est guère, d'Axim à Kitta, un promontoire, un point stratégique qui ne soit ainsi de quelque façon décoré ; et cet aspect inattendu est unique le long de la Guinée.

Il est tels points où l'on pourrait se croire en vue du littoral barbaresque de la Méditerranée, et le passage rapide d'une région où la nature s'épanouissait tout à l'heure, dans sa grandeur solitaire, à ces falaises semées des travaux de l'homme est d'une opposition saisissante. De ce sol inhospitalier, hostile, dépourvu, ils semblent avoir surgi par la baguette d'un enchanteur.

Si grandes aient été les dépenses, les peines, les vies d'hommes certainement, qu'elles aient coûté, ces constructions portent leur enseignement : elles reflètent l'esprit durable d'une époque qui n'est plus la nôtre. Nos pères ne travaillaient pas pour eux seuls; ils commençaient une œuvre et la poursuivaient lentement, sûrement, dussent-ils ne pas en jouir et laisser à leur postérité le soin de la mener à bien. Pour nous, la hâte nous presse; nous bâtissons pour nous enrichir et passer; un jour de durée nous suffit, le temps de ces factories en planches légères, apportées toutes faites d'Europe et prêtes à être montées sur la plage.

Que nos établissements modernes présentent ce cachet provisoire, il n'y a sans doute pas trop à s'en étonner, les conditions ayant changé avec les temps. L'expérience du passé nous a enlevé les illusions des premiers découvreurs; nous ne comptons plus autant qu'eux sur l'avenir; puis, la facilité et la rapidité des communications ne nous tiennent pas isolés comme ils l'étaient. Une fois établis sur la terre étrangère, nos ancêtres devaient se suffire à eux-mêmes et lutter avec leurs uniques moyens, sur cette « terre de l'or » spécialement, où les noirs, soupçonneux et cruels, sont redoutables par leur nombre serré et leur bravoure; ils étaient comme séparés définitivement de la mère patrie lointaine, de ses ressources, de son appui. Ils eurent, il est vrai, les cargaisons d'esclaves de remplacement facile, qui leur fournissaient des bras forcés au travail et infatigables. Si ce fut un bénéfice, nous ne le trouverions plus : le noir élevé à la liberté, mais encore inconscient de ses devoirs, ne travaille guère pour lui, ni, à meilleur droit, pour nous.

C'était aussi mettre de leur côté les meilleurs éléments de résistance. En même temps qu'elles étaient plus sûres contre les hommes, ces constructions solides étaient bien plus salubres que les factories actuelles; elles abritaient mieux l'émigré, du soleil d'abord, puis des variations du climat, auxquelles il est d'une impressionnabilité exquise lorsqu'il a passé quelque temps sous ce ciel brûlant. — Il a fallu vraiment que cette région fût bien meurtrière pour se voir délaisser après tant d'opiniâtreté employée à s'y maintenir.

Le littoral de la Côte d'Or est-il plus avantagé, pour dépouillé de végétation qu'il paraisse? Le paradoxe même ne voudrait pas soutenir cette première impression, dont le semblant, du reste, ne tiendrait pas longtemps devant les faits. Là toutes les conditions du développement de la malaria se trouvent réunies à leur summum dans le climat lui-même, qui détruit autant qu'il crée, et dans la nature du terrain plutonique, de l'argile ferrugineuse retenant les eaux chargées d'organismes en fermentation incessante. Passez et demandez : la mortalité est terrible. C'est la dysenterie, la fièvre sous ses formes les plus redoutables, une anémie insidieuse qui terrasse en quelques mois le blanc surmené. Un jour, vers le milieu du XVIIIe siècle, à peine il restait dans la colonie « assez de vivants pour enterrer les morts » (Lind). Les Anglais ont raconté l'histoire émouvante de cette compagnie d'infanterie de marine décimée après quelque séjour sur la terre des Achanti (*). Les survivants se faisaient remarquer par ce morne découragement, cette sombre indifférence, qui ressemble tant à la résignation apathique des peuplades nègres arrivées au dernier degré de misère ; ils ne s'en réveillaient que lorsqu'on leur parlait du retour au pays. Les Français, eux aussi, ont vu, non loin de là, de ces dénouements. Quel plus significatif témoignage encore que celui du docteur Gordon, établissant qu'au cours de la malheureuse expédition de 1863 dans l'intérieur, « la durée moyenne de la vie, dans le corps engagé, était descendue à un mois » (**) !

(*) Dr Rochefort, *Étude médicale sur l'expédition anglaise contre les Ashanti*. (*Archives de médecine navale*, 1874.)

(**) Dr Jousset, *De l'acclimatement et de l'acclimatation*. (*Archives de médecine navale*, 1884.)

Il y a des ménages blancs, peu nombreux, il est vrai, qui viennent s'établir à la côte de l'Or; ils donnent le jour à des enfants dont le développement se poursuit régulièrement jusqu'à la dentition. A ce moment, rapporte le docteur Clarke, leur santé dépérit; une cachexie progressive enraye une existence de si court avenir, nouvel exemple de l'impossibilité d'acclimatement dans la torride Guinée de la race européenne, dès le berceau.

A la Côte d'Or nous retrouvons deux perversions, noires toutes deux, que le Gabon connaît aussi : l'une physique, la « maladie du sommeil »; l'autre morale; « l'avortement recherché », passé dans les mœurs. Je voudrais clore ces considérations sur un trait moins désolant.

II.

LES ÉTABLISSEMENTS JUSQU'A ELMINA.

Bien que maître incontesté en ces parages, le gouvernement britannique ne s'est pas mis en frais dispendieux d'établissement d'Apollonia à Elmina. A Axim se voit un souvenir des Portugais, représenté par un vieux castel que prolonge assez avant en mer une ligne d'écueils. La prépondérance officielle y paraît être de nature toute commerciale et n'avoir d'autre plus vif intérêt que les « ponchons » d'huile et les sacs d'amandes, dont un brick au mouillage, sorte de magasin intermédiaire, se débarrasse en notre faveur. L'or n'est pas inconnu dans le pays et l'on y découvre de temps à autre des filons assez riches.

Sans coup férir, nous allons jeter l'ancre devant Adjuah, à deux milles de la côte, dans une baie embarrassée de brisants. La terre a l'aspect du rivage gabonais, avec sa brousse épaisse, de laquelle émergent de hauts et blancs fromagers. Un village de paille, encadré dans la coupe des bois, étale une tache jaune sur le fond à la fois rouge et vert sombre du paysage. Cette teinte brique de la roche se généralise à partir de ce point; la forêt va bientôt disparaître.

Nous quittons la Côte d'Ivoire géographique en doublant le cap touffu des Trois-Pointes. A Ségondi, le packet reçoit la visite du représentant de la Reine, homme de couleur prononcée, que certains de nos hôtes font mine de ne regarder qu'à demi, bien qu'il ait sûrement aussi bon air que nombre de civilisés de la vieille Europe. Mais il était raisonnable de ne pas prendre la chose au sérieux, en se rappelant que ce dédain du noir est purement artificiel et se mesure quelquefois à l'importance des « guinées » plus que de la personne. Un nègre doté d'un bon nombre de « livres » trouvera plus de caresses qu'un « pauvre Irlandais », tout blanche soit la différence.

Ce gouverneur, appointé à 200 livres par an, a sa résidence sur un plateau isolé, dont les couches de roches rongées par la mer s'étagent par plans régulièrement stratifiés. Son autorité, secondée par quelques constables, s'étend sur un groupe de baraques en bois et sur un fortin vermoulu, dont le temps et les flots emportent journellement quelques débris.

Ici encore, de l'huile de palme, des amandes et des trois-mâts anglais.

Mai, le mois des fleurs, des pousses nouvelles et des premières tiédeurs du printemps nous vit devant Elmina. Ici le printemps est d'airain, le soleil dessèche la côte rouge et brûlée; il enferme l'Européen dans un cercle de fournaise, d'irrésistible étiolement, consommé, pour ainsi dire, heure par heure, dont la trace est trop visible sur ses traits pâlis. Une soif indicible d'air vous poursuit et vous occupe d'une seule pensée, la venue de la brise du large et de l'eau du ciel, dont la fraîcheur un moment tempérera l'ardente lourdeur de l'atmosphère.

A la merci des sensations d'un tel milieu, je regardais du côté de Cape-Coast, lorsque je vis, au sein du lourd calme qui pesait sur la nature, monter de l'horizon au ciel une panne épaisse de nuages couleur de suie; elle avançait lentement vers nous, poussée par la brise établie derrière elle. Bientôt le vent fraîchit, la progression de la nuée formée en arc devint plus sensible, la bande blanchissante d'écume qui rayait la mer, à sa limite avec la nue, se rapprocha; la vitesse croissant, une tenture sombre comme la nuit s'étendit sur le ciel et l'ouragan souffla avec une violence inusitée, roulant avec emportement dans la mâture, enlevant les manches de toile et faisant frissonner le navire jusqu'à la quille. De cette masse de nuées fondant en eau, des torrents s'abattaient sur la mer et, brisant les vagues soulevées, nivelaient la surface comme par un jour de calme; au loin, un trait blanc de lait, se détachant vivement à la limite du noir horizon, indiquait seul la lutte du vent et des flots. Au bout d'une demi-heure, les rafales furent moins violentes et la « tornade » passa, laissant après elle une partie des nuages qu'elle avait amenés; ils crevèrent en grosse pluie le reste du jour. La température, délicieuse mais dangereuse par la brusquerie du changement, s'était rafraîchie au point de forcer à se couvrir de vêtements de drap.

Elmina, « la Mine d'or » des anciens Dieppois, qui y posèrent en 1382 les fondations d'un fort, appartenait en dernier lieu aux Hollandais. Ce peuple eut le bon esprit, vers 1872, de céder la place à l'Angleterre. Il est apparent que les nations qui s'y sont succédé eurent souci de maintenir leur prépondérance sur la peuplade dominante du pays, les Achanti, ou au moins de se mettre en sûreté contre leurs prises d'armes. Un castel ancien à pans carrés, d'une élégance solide et légère à la fois, couvre le promontoire avancé et baigne dans l'eau le pied de ses murailles; la barre de la rivière, qui coule à son flanc gauche, brise avec moins de force qu'en d'autres lieux. Du côté de la terre, le fort se relie à une série d'ouvrages de construction récente, dont le plus éloigné se dresse sur un mamelon dominant le pays. Non loin de cet abri s'élèvent d'humbles maisons aux couleurs uniformes rouge ou bistre; des villas perdues dans les cultures, à l'ombre de grands arbres. Et vraiment, quand le ciel se dégage après la tornade, ménageant assez d'ombres dans le tableau pour ne pas tout confondre dans une lumière éblouissante, ce château africain et le paysage qui l'encadre ne manquent pas de pittoresque.

Un souvenir historique récent s'attache à cette ville, pour avoir été le point de départ de l'expédition, disons mieux, de la campagne audacieuse que les Anglais ont, ces dernières années, entreprise contre les *Achanti* (1873-1874).

Ces noirs féroces, qui vivent en monarchie entre l'Assini et le Voltas, sont également célèbres par leurs vertus guerrières et leur goût des cérémonies sanglantes (*). Ils avaient à diver-

---

(*) *Note sur la ville de Koumassi et ses habitants.* — Presque inconnu jusqu'à l'époque de la dernière marche de l'armée anglaise, le pays des Achanti est aujourd'hui plus facilement traversé par les Européens. Récemment un missionnaire français, M. Moreau, a rapporté dans les « *Annales de la Propagation de la Foi* » (1883) la relation d'un voyage qu'il entreprit de la côte à Koumassi; j'en extrais les particularités intéressantes qui suivent.

L'explorateur estime à 156 milles la distance entre Elmina et la capitale des Achanti; il mit neuf jours à la franchir. Les chemins sont bien entretenus jusqu'à la *Prah*, une des plus grosses rivières de la région; au delà il n'y a plus que des sentiers, embarrassés d'herbages et de troncs d'arbres, qui courent à travers la haute brousse, la forêt, des marécages; ils sont rompus en bien des points par des cours d'eau. La route tracée en 1874 pour le service du corps expéditionnaire a disparu sous la végétation. Le pays est peu accidenté, aucune montagne. Le point le plus élevé rencontré sur le chemin fut la hauteur d'Adansi (en langue indigène, *Kushta Bepo*), dont M. Moreau estime l'altitude à 450 mètres au-dessus du niveau de la mer; il y faisait froid, le thermomètre marquant + 18°.

Koumassi est bâtie sur un terrain dominant, de faible élévation, entouré de marais que contribue à former un ruisseau appelé le *Suban*. La ville a plusieurs kilomètres de tour et occupe une vaste étendue. Elle est percée de larges rues, bien alignées,

ses reprises, dans ce siècle, menacé les possessions européennes de la Côte d'Or ; mais on avait jusqu'alors reculé devant les

bordées de vraies maisons carrées, avec des ornements en relief et des toits à pente très rapide ; l'intérieur est d'un entretien remarquable, au contraire des places et des avenues, qui sont, en beaucoup d'endroits, d'une malpropreté notoire. L'ensemble de la ville laisse néanmoins une impression satisfaisante et toute différente de celle qu'on éprouve en visitant d'autres bourgades nègres. Mais sa population, dont il serait périlleux d'évaluer exactement le chiffre, et autrement qu'en l'estimant à plusieurs milliers d'individus, a beaucoup diminué depuis le dernier châtiment qu'elle a subi ; plusieurs rues sont restées en ruine et un grand nombre d'habitants se sont retirés dans la forêt.

Dans les rues et sur les places s'ébattent des nuées de corbeaux à demi apprivoisés. Cet oiseau est fétiche ; il multiplie en paix et se charge, de concert avec les vautours, d'enlever les restes des suppliciés. A Koumassi, racontent d'autres voyageurs, la pratique des sacrifices humains est en grand honneur et la place publique qui leur est réservée, immonde charnier, s'appelle « jamais sèche de sang », pour mieux marquer l'usage épouvantable qu'on en fait. Malgré ces mœurs sanguinaires, M. Moreau se loue des bons procédés des gens du pays à son égard et de leur franche hospitalité. Ceci nous remémore assurément qu'il y a deux natures dans le sauvage, celle qu'emporte violemment la bête... et l'homme.

Dans cette monarchie, qui compte, d'après Bowdich (cité dans le *Dictionnaire de géographie universelle* de M. Vivien de Saint-Martin), 1,000,000 d'habitants, tout homme en état de porter les armes est soldat (soit environ 200,000 guerriers) ; mais soldat à la manière nègre, qui ne connaît en fait d'armée que la cohue. Sur la femme pèse la charge du travail domestique et extérieur. L'Achanti est polygame, et le roi très jaloux de son sérail. Quand les épouses de l'ombrageux monarque viennent à sortir, elles sont précédées d'un garde qui pousse à voix forte, tous les cinq mètres, le cri de *yir, yir, yir*. Le passant, l'entendant, se sauve à toutes jambes en détournant la tête ; car, si la curiosité l'a tenté, il est mis à mort sommairement.

L'or est abondant dans le pays. Le sous-sol, aux environs de la ville, est de quartz revêtu d'une terre couleur d'ocre rouge, que les indigènes emploient à badigeonner leurs cases. Devant l'habitation du roi est posé un énorme bloc de quartz aurifère. Les riches sont couverts de bagues, d'anneaux, de bracelets, de colliers d'or massif. Les Achanti ouvrent eux-mêmes le métal. Mais ce qui est plus remarquable, c'est qu'ils sont arrivés, sans modèle, à fabriquer une balance d'une sensibilité presque parfaite. Elle sert, avec une série de 50 à 60 poids différents, à mesurer la poudre d'or, sur le marché public, dans les achats et les ventes ; et la pesée est si rigoureuse, qu'on peut l'apprécier « jusqu'à la valeur de deux centimes et demi » !

L'industrie du vêtement est assez avancée. Les gens ordinaires portent le pagne fait de bandes alternatives bleues et blanches, tissées dans le pays et cousues ensemble ; les grands revêtent une étoffe brochée de fils de soie variés en couleur. Le drap d'or indigène et les sandales ornées d'or sont réservés aux jours de cérémonie.

Les Achanti travaillent également le fer et les cuirs. Koumassi est le centre commercial et industriel du royaume.

difficultés d'une entreprise poussée à fond, et l'on s'était contenté de les refouler (1822-1824-1863). Leurs dernières déprédations, qui accusaient une audace croissante, lassèrent la patience britannique.

A la tête de 40,000 hommes, le roi des Achanti venait de promener le fer et le feu dans les villages de fidèles tributaires, les *Fanti*, et, enhardi par l'impunité, avait osé s'établir jusque sous les murs d'Elmina; la garnison de Cape-Coast dut un moment s'enfermer dans la citadelle (1872). En se retirant avec leur butin, les barbares traînaient à leur suite plusieurs blancs captifs, parmi lesquels un missionnaire bâlois et sa femme. On m'a raconté que cette malheureuse, à laquelle les noirs n'avaient laissé pour tout vêtement qu'un pagne comme aux négresses, dut faire à pied sous le soleil, au milieu des épines de la brousse, le trajet de la côte à Koumassi, où elle fut plus tard retrouvée, avec d'autres otages; elle nourrissait un petit enfant.

L'affront fait à la puissance anglaise était tel, qu'il n'était guère possible de temporiser plus longtemps, sous peine de quitter les lieux et d'abandonner à la barbarie une colonie désormais intenable. Ce qui importait par-dessus tout, c'était, en allant réduire ces bêtes fauves jusque dans leur repaire, de leur prouver que ni leur sol inhospitalier et leur nombre, mal organisé, du reste, ni leur climat insalubre, ne les mettaient à l'abri de la sévérité des blancs. Cette assurance d'impunité dont ils se prévalent, parce que trop de faits l'ont accréditée, est toute la force, non seulement des Achanti, mais des gens du Dahomey, des Touareg du Sahara, et généralement des peuplades incultes avec lesquelles les Européens ont des rapports de voisinage.

Une pareille entreprise, avant qu'elle ne réussît, put paraître une témérité à ceux qui connaissent l'Afrique occidentale. Ce n'était pas tant la bravoure d'un ennemi dense, rendu plus fort par sa soumission absolue à l'autorité d'un chef unique, tenant le pays et ses ressources, dont le contact avec une armée européenne était le plus à redouter. Mais il y avait au delà de 200 kilomètres à parcourir sur un sol inconnu, embarrassé d'obstacles à la marche des convois et au ravitaillement des troupes, en butte à un redoutable adversaire, le pernicieux soleil. Il fallait se soumettre d'avance à des sacrifices considérables de toute nature; c'était la guerre au climat bien plus qu'aux hommes, et, suivant une parole de lord Derby, qui retraçait vivement en un mot la situation, surtout « une campagne d'ingénieurs et de médecins ».

L'expédition, conduite par sir Garnet Wolseley, éclairée par les enseignements douloureux de la campagne de 1863, se fit sur cette donnée et fut menée à bien en moins de deux mois. L'armée, ayant planté le drapeau britannique sur le plateau de Koumassi (4 février 1874), rentra avec la gloire d'une ténacité inébranlable à des misères insaisissables. On avait vu, m'assura le commandant militaire de Sierra-Leone, les fils des plus nobles familles d'Angleterre, entraînés par le prestige de l'inconnu et l'honneur engagé, accourir aux Achanti et y payer généreusement leur dette... moins au fer de l'ennemi qu'au soleil.

Cette expérience mémorable et si coûteuse (*) a-t-elle résolu définitivement la soumission des Achanti ? Il est bien à craindre que non. Les sauvages, hommes enfants, se dérobent un moment; puis, la première impression du châtiment atténuée et ne sentant plus la main qui les a contenus, ils reviennent, sans souci du passé, à leurs anciennes déprédations.

(*) Les Anglais estiment les dépenses de cette campagne à 900,000 livres sterling (22,500,000 fr.).

La mortalité des troupes s'éleva à 12 p. 100 de l'effectif.

Parmi les différentes clauses du traité passé avec le roi, subsistent : l'abolition des sacrifices, l'entretien de la route de Koumassi à la côte, etc.

Elmina est située par 5° 4' 48" de lat. N. et par 3° 40' 39" de long. O.; la ville, avec les environs, a 3,000 habitants. Son commerce d'exportation consiste en or, ivoire, arachides, huile et amandes de palme, gomme copal et peaux sèches. Les cultures du pays donnent du riz, du maïs, des fruits, du café, qu'un Français essaie en ce moment de naturaliser. L'eau douce est rare et conservée dans des citernes alimentées par les pluies.

Une route longue de quelques milles, tracée sur le bord de la mer, conduit à Cape-Coast. Les Européens font le trajet de l'une à l'autre ville, portés en palanquin ou en hamac.

III.

CAPE-COAST-CASTLE ET LES COMPTOIRS JUSQU'A LA VILLE D'AKRA.

Au cap qui limite la courbe à peine indiquée du rivage depuis Elmina, et faisant pendant à son château, s'élève l'importante citadelle de CAPE-COAST, que les Portugais (1610), les Hollandais (1641) et les Anglais (1667) ont occupée tour à tour; la houle déferle et bat en grondant sa base, la barre est plus mauvaise qu'à Elmina. Des redoutes sur les points culminants derrière la citadelle, découvrant la campagne et la mer; des casernes, blanchies à chaque saison sèche, qui se détachent sur le fond ocre du terrain; un amas de maisons vieillies, de cases en terre habitées par les noirs, et une végétation très pauvre; il n'est rien que de décevant dans cet aspect d'une cité de l'Afrique équatoriale.

C'est pourtant une ville forte, où, dans la mesure du possible, rien n'a été épargné pour que la garnison y trouve ce confortable cher au soldat anglais en tous lieux, nécessaire ici, même aux troupes noires. Aux remuements nouveaux de terres, aux constructions fraîchement élevées ou remises à neuf, on sent une impulsion récente que la levée des Achanti eut le mérite de provoquer.

Cape-Coast-Castle, dont le gouvernement civil, depuis la guerre, a été déplacé du côté d'Akra, est toujours, au point de vue militaire, dépendant du commandement de Sierra-Leone. Sa citadelle, sérieusement armée, enferme tout un groupe d'établissements aménagés dans les règles et comprenant bibliothèque, école, chapelle, magasins, cercle des officiers, etc.; elle possède en outre une belle piscine alimentée par un appareil distillatoire, au sortir duquel la vapeur condensée, qui va servir de breuvage, s'aère en tombant d'une certaine hauteur. La précaution n'est pas superflue, l'eau naturelle ayant une très mauvaise réputation, que les habitants justifient en lui préférant l'eau des pluies, de qualité douteuse cependant après quelque séjour dans les citernes. La station navale de l'Afrique occidentale, qui eut son utilité aux débuts incertains de la dernière campagne, se présente aux époques régulières devant la place et se ravitaille de charbon à un ponton mobile qui fait la navette entre ce mouillage et Kitta.

La saison était bonne, nous affirmèrent des officiers convalescents de « malignant fever », qui se présentèrent à bord, mais dont la santé chancelante ne paraissait pas à l'abri de récidives. La température était en effet relativement fraîche, et les nuages blancs de la saison sèche s'arrondissaient dans le ciel en balles de coton (mi-novembre).

La ville et ses environs comptent 16,000 habitants nègres de toute origine, et quelques traitants et fonctionnaires européens. Le mouvement commercial n'est pas sans importance entre ce point et les colonies de Sierra-Leone et de Lagos; les principales affaires sont entre des mains anglaises.

L'industrie locale attire l'attention par l'originalité d'un de ses procédés. L'or, recueilli en grains parfois volumineux dans les roches quartzeuses du sol, est travaillé avec une habileté réelle et un certain bon goût par les bijoutiers indigènes de la ville, formés sans doute par des maîtres européens. Des commissionnaires en joaillerie, noirs bien entendu, viennent nous proposer de pesantes bagues aux signes du zodiaque, d'élégantes croix perlées de globules juxtaposés, des anneaux, bracelets, broches en filigrane, représentant des papillons, des fleurs, des serpents. Ces objets, d'un fini achevé et d'une pureté métallique très consciencieuse, assure-t-on, s'achètent au poids et se revendent un bon prix à Liverpool; les bagues pleines sont spécialement recherchées, à titre d'enseigne et d'ostentation.

Cette façon du noir de s'acquitter des ouvrages manuels délicats paraît être une aptitude naturelle, qui n'attend que la culture pour donner mieux; il n'est pas rare d'en retrouver la trace chez les peuplades les moins civilisées. Et, à ce propos, on pourrait justement remarquer que les procédés de l'industrie indigène originale semblent se perfectionner à mesure qu'on s'éloigne de la côte; les Achanti nous en donnaient tout à l'heure un exemple. Le besoin est sans doute la première raison de cette différence. Les riverains sont courtiers, c'est-à-dire qu'ils trouvent dans les opérations du négoce plus d'avantage qu'au travail des mains; en outre, l'échange avec l'outre-mer, qui les fait vivre, leur ôte le souci de fabriquer, il leur procure tout préparés les objets indispensables à leurs premières nécessités, à leurs plaisirs, à leur bien-être. Diverse est la condition des gens de l'intérieur. Aux prises journellement avec les âpres exigences d'une vie difficile, obligés de se suffire à eux-mêmes, il leur faut s'ingénier; ce que les navires des blancs ne leur apportent pas, ou par de lents et coûteux intermédiaires, ils s'essaient à le fabriquer; la privation, qui aiguise les appétits, va les rendre en quelque mesure inventifs. Mais en définitive, et si nous poursuivions plus longtemps ce parallèle, nous remarquerions combien néanmoins sont plus avancées les populations du littoral. En commerce constant avec les Européens, celles-ci sont devenues sociables; elles ont l'esprit plus ouvert et sont plus près de la civilisation véritable, laquelle n'enseigne pas seulement aux hommes la manière de tisser les étoffes et de forger les métaux.

A partir de Cape-Coast, l'arête du sol devient plus montueuse et la côte, veuve de bois, revêt sa physionomie de nudité à la fois triste et singulière. Les villages nègres apparaissent disséminés au versant des collines ou sur leur crête vivement découpée, et, en des points choisis qui découvrent la mer, ces constructions européennes, rôties par le soleil, dont l'aspect et le souvenir ne sont pas, comme je viens de le dire, sans éveiller l'intérêt. D'un bout à l'autre, des flots calmes, dont les ondes régulières indiquent seules le majestueux mouvement, se heurtent aux falaises ridées par une usure séculaire et s'y brisent en fumée.

Jusqu'à la ville d'Akra, nous ne visitons pas de place vraiment importante, et le paquebot anglais, dans ses nombreuses et insignifiantes relâches à la recherche de tonnes d'huile, me représente assez bien un de ces commissionnaires ambulants qu'on voit, dans notre pays, s'arrêtant de village en village en quête de quelque marchandise à vendre ou à emporter.

Anamabou est embelli par un vieux fort carré, dont la blancheur fanée porte la trace des injures du temps. Son architecture est d'un autre âge, de l'époque où elle assurait la sécurité d'établissements hollandais, à peu près ruinés et remplacés par des constructions modernes. Des palmiers errent au voisinage des habitations, et dans le lointain s'étend solennellement sur la mer l'ombre de la citadelle de Cape-Coast.

Le chargement se fait à l'aide de grandes et solides embarcations, capables de porter chacune deux tonnes d'huile ; sauf lorsque la barre est mauvaise, auquel cas, le plein étant à moitié fait par l'eau embarquée, la pirogue n'amène plus qu'une tonne à bord. La tonne d'huile de palme vaut 750 à 800 fr., rendue en Angleterre.

On estime à 4,200 habitants la population d'Anamabou. Les vivres frais y sont rares, et l'eau insalubre comme le climat.

Quelques milles plus loin, nous faisons escale à AMADAFOU. Le rivage supporte des collines descendant vers la plage de sable et des cases nègres ensevelies dans un bois de cocotiers. De nombreuses pirogues sillonnent la mer.

Cette nomenclature, véridique comme les lieux dont elle retrace l'image, a l'intérêt de ne laisser guère d'illusion sur les charmes d'un pareil voyage.

Passé DOUMAPAH sans incident, le beau rideau des palmiers de SALTPOND nous charme un instant. Du fond de la baie, trois élégants bouquets de ces gracieux végétaux montent en s'étageant sur la pente de collines couvertes de petite brousse si maigre, qu'elles paraissent comme rasées. Proche de la mer, une factorie anglaise trône dans son isolement à côté de huttes de paille, et, dans la rade, un trois-mâts américain et nous-mêmes, à la merci d'une grosse houle, faisons un métier que ne désavouerait pas le balancier d'une horloge.

C'est encore APAM, avec sa maison de commerce, perchée sur une pointe couverte de cocotiers, dont le propriétaire a pris pour enseigne l'architecture féodale de son pays ; et, dernier relais avant Akra, la station commerciale de WINEBAH.

Ici, la côte élevée et tourmentée se prolonge dans l'eau en un cap tranchant comme l'éperon d'un monitor, qu'une lisière de sable éclatante de blancheur met davantage en saillie ; un vieux château fort étale là sa ruine. Au fond de la crique profonde, où la houle s'engouffre et écume, des habitations nègres, deux maisons de commerce anglaise et allemande se cachent au milieu d'une oasis verdoyante. L'aspect en est gai et riant, et Tantale se plaît sans doute à faire miroiter sous nos yeux une ombre de fraîcheur ; car la chaleur étourdissante et pleine d'orage laisse entrevoir ce paysage à travers des vapeurs de fièvre.

Winebah a 3,000 habitants primitifs, disséminés dans les villages environnants et surveillés par des constables. Les *kori* apparaissent ici en guise de monnaie courante.

Il n'est pas douteux qu'à tous points de vue les Anglais n'aient un champ laborieux à défricher avant comme après Winebah.

IV.

D'AKRA AU COMPTOIR D'ADDA.

Akra (lat. N. 5° 31′ 50″, — long. O. 2° 31′ 49″) présente plus d'importance que les comptoirs précédemment cités [*] ; c'est

---

[*] La ville d'Akra est devenue, depuis 1874, le siège du gouvernement général de la Côte d'Or anglaise. Le gouverneur en chef réside à Christianborg, le lieutenant-gouverneur à Lagos.

D'après Justus Perthes (1871), la population du territoire protégé, pour la Côte d'Or seule, entre Assini et le Voltas, serait de 400,000 habit., ou 10, 3 habitants par kil. carré ; soit une superficie approximative de 39,000 à 40,000 kil. carrés.

Si l'on y ajoute le territoire de Lagos, la superficie totale de la protection serait de 45,000 kil. carrés, et la population soumise de 580,000 habit. (Vivien de Saint-Martin.)

Le commerce local, qui consiste principalement en huile de palme, poudre d'or, ivoire, gomme copal, cuirs, etc., est presque exclusivement traité sous pavillon anglais. La valeur du mouvement d'échanges, pour l'année 1879, est représentée par les chiffres suivants (Avalle) :

Valeur des importations.................... 323,039 liv. st.
Valeur des exportations.................... 428,811 »

Valeur totale du mouvement commercial.... 751,850 liv. st. (en fr. 18,796,250).

Un dernier renseignement statistique : 4,000 enfants sont initiés progressivement à la civilisation européenne dans les écoles du gouvernement et des missions.

encore une ville, mais une ville à demi croulante. Les établissements s'étendent sur une longue ligne diaprée de blanc, d'ocre et de gris, qu'accidente à de longs intervalles le stipe d'un palmier. Une batterie rasante, garnie de vieux canons, surveille la mer, tandis qu'une forteresse blanche quadrilatère, flanquée de bastions, couvre la campagne. A la pointe éloignée, se détache la masse blanche de l'antique citadelle danoise de Christianborg; un sentier la relie aux ruines du château hollandais de « Crève-Cœur », nom imagé et significatif. Christianborg, résidence du gouverneur, concentre la force publique du pays, constituée par une ou deux compagnies des régiments noirs et un corps de police armée, recrutée parmi les Houssah du haut Niger et les Fanti du littoral.

Le sol est nu, volcanique, convulsé, et les habitants affirment ressentir parfois les secousses affaiblies de tremblements lointains. Plat et marécageux, veuf d'une autre végétation que celle des glauques palétuviers qui bordent une petite rivière, le terrain monte peu à peu vers l'intérieur jusqu'aux collines qu'on aperçoit de la baie, noyées dans une brume bleuâtre. A ce point culminant s'est fait un essai de sanitarium; je vois s'y diriger de jeunes Européens vieillis avant l'âge, à la recherche d'une santé perdue. Le retour au pays est déjà pour eux le seul sanitarium réparateur, s'ils n'ont pas dépassé le moment physiologique.

Akra garde, sur la côte de Guinée, un renom propre d'insalubrité, s'il est une gradation en ce genre; on en retrouve les faits probants établis dans des relations fort anciennes. Les blancs s'y succèdent pour y mourir. Au moment de notre passage, deux médecins avaient succombé dans l'année, et le dernier, déjà fatigué et peu jaloux d'un tour, pour ainsi dire, hiérarchique, attendait une occasion favorable qui lui permît de rentrer en Angleterre. La population blanche de la ville n'était plus représentée que par quelques personnages officiels et des commerçants.

C'est que la ténacité n'est pas une armure contre la pernicieuse influence de ces régions; il n'est guère de composition avec elle, et l'on arrive, si elle vous en laisse le temps, à se convaincre qu'il coûte cher de s'obstiner à conquérir un acclimatement si périlleux. On voit de jeunes Anglais frais arrivés et comptant trop sur leur vigoureuse santé, qui bravent les marigots et le soleil, « pour s'endurcir ». Un jour, le mal frappe d'un coup de foudre, d'autant plus soudain qu'ils s'y sont exposés davantage; ou bien il a miné lentement leurs forces et d'une manière irrémédiable, les livrant sans défense aux atteintes redoublées d'un climat que l'habitude, loin de désarmer, n'a fait qu'aigrir.

La dysenterie, maladie endémique et grave dans la circonscription, est redoutée à l'égal de l'accès pernicieux; je sais qu'on peut la contracter pour une seule journée passée à terre. Les Anglais en attribuent la cause à l'eau du pays, qui est très mauvaise, *very, very bad*, qualification d'usage fréquent dans leur bouche, qu'ils appliquent, en secouant la tête, aussi bien à la malignité des barres de côte qu'à celle du climat.

La température, les moustiques, la houle m'ont paru là plus insupportables qu'ailleurs, parce qu'ils l'étaient réellement ou que j'étais moi-même lassé. Sous le ciel morne, les flots sans rides, ondulés, pareils à des lames de zinc monstrueuses, brisent contre la falaise désolée et toute poudreuse de molécules d'eau. La barre, très forte, est formée dans les mauvais jours de quatre ondulations qui se succèdent, se pressent et se déroulent en bouillonnant sur le rivage.

Akra n'a aucune production spéciale qui mérite d'être signalée; c'est l'exportation commune à la Côte d'Or. Il s'y trouve des factories anglaises, françaises et allemandes; mais le mouillage est fréquenté presque uniquement par le pavillon anglais. Sa population noire compte approximativement 10,000 habitants.

A défaut de chevaux, les noirs s'attellent aux voitures légères des blancs. La « gentry » du Gabon se fait ainsi quelquefois mener triomphalement sur la route de Glass ; et ce spectacle d'hommes traînant des hommes vous donne une fois de plus l'occasion d'admirer ce sans-gêne utilitaire qui n'est pas, le trouvassent-ils à leur goût, la qualité dominante de nos compatriotes.

Non loin d'Akra, pour quelques bagages, le paquebot s'arrête devant la terre « native » de PRAM-PRAM et l'insignifiant établissement de WYCOOMOGLAT.

Une hutte sur la plage nous montre l'entrepôt d'une factorie d'Adda. Les noirs de Pram-Pram vivent aussi rapprochés que possible de la primitive nature, incultes, privés de vêtements, et, par un contraste saisissant, leur village est le commencement de la terre où l'or existe en assez grande abondance. Ces tristes sauvages croupissent dans leur misère et leur abandon comme un exemple de ce que vaut en lui-même cet or, figure de l'opulence, qui les laisse nus. Le moindre procédé industriel ferait assurément bien mieux leur affaire.

Là aussi, l'aspect du pays, de la vraie côte de l'Or qui va bientôt finir, est saisissant par sa sécheresse ; la ligne du rivage ressemble parfois à certaines falaises abruptes et battues des vents de notre littoral armoricain. Un pic aux vives arêtes se dessine en triangle sur le fond clair et lointain du ciel.

V.

ADDA.

L'établissement d'ADDA, situé sur la lagune à quatre milles de l'embouchure du fleuve Voltas (lat. N. 5° 45′ 56″, — long.

O. 1° 39' 9"), marque la limite occidentale de la Côte des Esclaves géographique, dont nous verrons se dérouler au chapitre suivant la physionomie singulière.

Devant nous s'étend à perte de vue une éblouissante nappe de sable; aucune défense naturelle n'empêche les flots poussés par les vents du large de venir buter cette barrière; une houle énorme perpétuellement s'y précipite avec une violence folle et s'y brise, réduisant en fumée ses nuages d'écume. En cet endroit, pour charger leur embarcation et la lancer par-dessus la barre, les noirs doivent, au risque de leur vie, faire preuve de cette habileté, doublée d'une intrépidité véritable, qu'ils ont acquise en luttant corps à corps avec le danger dès leur enfance. Ce spectacle de l'homme aux prises avec l'aveugle furie de l'élément mobile excite un émouvant intérêt, et la manière dont il s'en acquitte est assez originale pour désirer d'être racontée au moins une fois.

Le chargement de la pirogue sur le rivage est d'une simplicité primitive et orageuse. Au préalable, les piroguiers ont poussé à l'eau la tonne d'huile, que la vague entraîne en se retirant, pour la ramener bientôt; à ce moment, si le mouvement a été bien combiné, si la lame est bienveillante, l'embarcation, inclinée jusqu'à plonger une de ses fargues dans la mer et présentant son fond du côté du large, reçoit, en même temps qu'une bonne quantité d'eau, la tonne projetée par l'impulsion et se relève sous le poids. La pirogue a-t-elle trop rempli, elle coule, est roulée avec la vague, il faut la retourner et la vider; si encore la tonne a manqué le but, le travail est tout à recommencer. Mais infatigable est la patience des Kroumen, employés d'ordinaire comme plus experts à ce genre d'ouvrage.

L'équipage qui doit conduire l'opération jusqu'à son but, le navire mouillé là-bas en dehors du brisant, est resté dans l'eau à soutenir des deux côtés l'embarcation. A peine celle-ci est-elle en possession de son chargement, que les gens s'y précipitent tout d'un saut et débordent au plus vite de la plage. Il est, en cet instant suprême, un homme important, que désignent d'ailleurs sa vieille expérience et la confiance des siens. Debout à l'arrière, armé d'un long aviron, il surveille l'embellie entre deux chocs de lame, pare le danger d'un coup adroit et guide de la voix et du geste les nageurs attentifs, obéissants. Ceux-ci, pendant ce temps, pagayent vivement, en silence. Au moment où la dernière ondulation est près d'être franchie, les pagaies haletantes redoublent d'efforts, la pirogue à ventre de poisson s'allonge sur la mer, elle monte sur la crête écumante, elle est en eau calme... une clameur triomphante annonce la victoire gagnée sur le « fétiche de la barre » et sa malveillance déjouée, au moins jusqu'au prochain voyage; alors seulement on s'occupe d'alléger l'embarcation de l'eau qui l'emplit.

Après cette grande excitation, qu'une autre plus longtemps soutenue va bientôt suivre, un instant de molle apathie endort les noirs quittes de souci; mais l'homme de barre réveille la nage languissante. Sa voix s'élève au-dessus des flots; elle donne, sur un ton rauque et sauvage, la note d'un chant qui n'est qu'un mot aux syllabes redoublées, ronflantes, indéfiniment reproduit, un débris de phrase ayant trait à quelque sujet palpitant, comme la scène qui vient de se passer. L'équipage répète après lui le refrain, il s'anime, les voix se pressent cadencées et résonnantes, les pagaies volent en l'air avec rage, elles retombent pour s'enfoncer dans l'eau, les corps se courbent lancés en avant et se redressent tout d'une pièce avec un ensemble parfait; cent fois les mêmes actions se renouvellent automatiques, rapides, régulières. La combinaison de ces mouvements partiels fait un tout si harmonieusement ménagé, que la force dépensée est également rendue en progression et que les pirogues les plus volages gardent, ainsi maniées, leur équilibre.

Grâce à ces chants expressifs dans leur monotonie, on peut obtenir des Kroumen, surtout sur la mer, qui est le véritable élément de leur travail, une somme de force soutenue vraiment démesurée. Dans ce dernier effort, les muscles saillent sous leur peau noire, ruisselante de sueur, avec des reflets de bronze; ils sont haletants et pantelants, mais encore électrisés et comme tendus par cet entraînement qui leur a fait oublier toute fatigue.

Les noirs ne raisonnent guère ces choses; la pratique leur a donné une sorte d'intuition instinctive par laquelle ils se laissent mener. Ils savent comment se conduire pour se tirer d'un mauvais pas, ils sont incomparables dans l'action; mais leur expérience acquise, toute personnelle, ne profitera pas à d'autres. « Ça bon » ou « ça mauvais »; il faut se contenter de cette logique désespérante, qui ne souffre pas un travail comparatif plus perfectionné. Heureux, quand un mot précis répond au fait sur lequel on les interroge et s'ils n'y substituent pas une interprétation déduite de leurs propres abstractions.

Ils ont dit que la barre est *very bad,* mieux vaut les croire sur parole, ils s'y connaissent. Le chef a hoché la tête d'un air de conviction réfléchie; l'obstination de ses suivants devient inflexible, il n'est plus alors de récompense qui puisse les engager à recommencer de nouvelles tentatives.

La pirogue chavire-t-elle au milieu du brisant, — accident que j'ai vu plusieurs fois renouvelé, — son équipage est livré à la curée des requins, très nombreux dans ces parages; et, malgré l'intrépidité de ces gens trempés au danger journalier, leur habileté de nageurs impossible à dépasser, tous ne reparaissent pas à la factorie. Alors, un certain nombre de jours durant, les survivants « font fétiche », c'est-à-dire qu'ils refusent de passer la barre. Et ici, ayant eu fréquemment occasion de les observer, je ne les crois pas aussi niais qu'ils le laissent supposer. De même que la difficulté de trouver meilleure sauvegarde leur fait attacher un grand prix aux amulettes protectrices dont ils se nantissent, ils me paraissent moins avoir dans l'esprit de rendre hommage au « fétiche » de la barre ou du requin, que de lui laisser le temps d'apaiser sa colère ; la prudence entre pour beaucoup dans leur foi, et ils se soucieraient moins des fétiches, s'ils pouvaient toujours les éviter.

Les Kroumen préfèrent remonter la barre, de la terre vers le large, parce qu'ils voient venir la lame et ne sont pas surpris, comme quand elle leur arrive de l'arrière. Ils la disent moins mauvaise à la marée descendante ; les pêcheurs, sur nos côtes, savent aussi que la mer tombe, au reflux.

Il faut encore être de leur avis lorsqu'on les voit se servir avec une telle dextérité de leurs pagaies et de leur aviron de queue. L'aviron, imprimant à la fois direction et mouvement, a sur un gouvernail, que les coups de mer, du reste, à ce moment critique peuvent démonter, l'avantage de faire évoluer l'embarcation avec plus de rapidité et de précision. Quant aux pagaies, elles sont maniables, elles ont surtout pour eux le mérite d'être un outil national, façonné à leur main. Quelque forme que présentent ces petites rames, déterminée par le goût particulier à chaque village, c'est toujours une sorte de pelle plate, dont l'extrémité s'allonge comme une feuille, une pointe de lance, s'échancre en patte d'oie ou en trident ; ils font, du reste, également bon usage des unes et des autres.

Les Européens, en gens pratiques, se garnissent de ceintures de sauvetage lorsqu'ils ont à franchir les mauvaises passes ; encore, dans les endroits dangereux, ne viennent-ils presque jamais à bord du paquebot. Leur délégué en pareil cas est un homme de couleur, élevé dans quelque mission et tenu dès l'enfance au courant des devoirs d'un honnête marchand ; il porte les papiers de confiance, surveille l'arrivée à bon port du chargement et court pour son maître les risques du trajet.

Il serait certainement peu équitable de dénier aux traitants leur part de peine; car ils ne doivent compter avec les privations, leur santé compromise et leur vie exposée, ni, pire que le reste, avec le terrible isolement sur la terre sauvage. — L'or qu'ils achètent à ce prix n'est pas usurpé. Mais les noirs, sur qui pèse surtout le faix, qui songe à les plaindre, et quelle est leur compensation?

A la lisière de la plage brillante de sable, d'écume et de soleil s'allonge, sous le clair ombrage d'une tenture de cocotiers, une ligne nombreuse de cahutes de paille, décorées de l'étendard anglais, dont les plis rouges se déploient avec une certaine profusion au souffle de la brise. Non loin de la bourgade nègre s'espacent d'élégantes factories, et, droit devant le mouillage, on remarque un grand bâtiment, lequel, avec son toit de chaume, ses persiennes vertes, ses vastes dépendances, a tout à fait l'apparence d'une confortable ferme. Là, pendant la guerre des Achanti, fut casernée une colonne destinée à opérer sur Koumassi, concurremment avec le gros du corps expéditionnaire parti de Cape-Coast. Adda ne compte pas moins de 8,000 habitants indigènes.

La langue de sable qui porte l'établissement est très étroite et toute en longueur; elle limite, en les séparant de la mer, les eaux de la lagune alimentée par un des bras du Voltas. De la rade s'aperçoit distinctement le panache de fumée du petit bâtiment à vapeur qui sillonne les eaux dormantes.

L'atmosphère est surchauffée, les nuits sont pleines d'orage et d'insomnie, et la fièvre n'épargne plus notre équipage, dont le travail est dur sous le soleil. L'esprit, que n'entretient pas l'attrait de la variété, se lasse des lenteurs accablantes de ce voyage. Celles-ci sont cependant inévitables pour bien des raisons. La côte n'est nulle part éclairée, et nous la rangeons de si près, que la plus élémentaire prudence défend de s'aventurer la nuit; nous la passons donc au mouillage. Par surcroît, le chargement, toujours pénible, est encore retardé par la pénurie des moyens de transport réduits aux seules pirogues, qui, ne pouvant porter que deux tonnes, ont un long trajet, accidenté par la barre, à parcourir avant de les avoir amenées à bon port. L'escale dans les fleuves ne présente pas de pareilles difficultés, et les steamers préfèrent charger à Bonny, Old-Kalebar et Kameroun, comme étant des marchés d'huile importants et de plus facile accès.

VI.

JELLAKOFFI. — KITTA.

Addafi.

Le Voltas, en descendant vers la mer, sépare les deux peuples les plus redoutables du littoral de la Guinée, les Achanti du Dahomey. Et, en ceci, peut-être ne facilite-t-il pas autant qu'il serait désirable la rude tâche de la civilisation; car il est à présumer que, des deux côtés, également affolés de pillage et de sang, ces sauvages se seraient retournés les uns contre les autres et affaiblis, si la nature les avait mis plus immédiatement en contact. Vers son embouchure, le fleuve, unissant ses eaux à celles de la mer, alimente pour une bonne part la vaste lagune de Kitta, ainsi appelée du nom du plus important établissement situé sur ses rives.

Kitta, distant du fort de Christianborg d'une vingtaine de lieues, qu'on peut aisément franchir en pirogue, puis en palanquin, est un cadeau fait, en même temps que la cession de cette dernière forteresse, moyennant une somme assez ronde, par le Danemark à l'Angleterre. L'Angleterre en convoitait la possession, afin, n'ayant plus de voisins, de trouver ses coudées franches au delà de la Côte d'Or. A cette occasion, les Danois ont prouvé leur sagesse. La population de Kitta est nombreuse, brave et de belle race; parfois il lui arriva d'être grisée par les effluves belliqueux que le vent apporte du Dahomey, jusqu'à inquiéter et maintenir les Européens prisonniers dans leur citadelle. Ceux-ci ne durent, il y a quelque trente ans, leur salut qu'à l'intervention providentielle d'un bâtiment de guerre français accouru au bruit du canon. Ces soulèvements répétés, qu'un rien enflamme comme une traînée de poudre, la difficulté d'entretenir et de protéger efficacement des comptoirs aussi isolés de la mère patrie, sans doute le peu qu'ils avaient à perdre en les laissant, ces raisons très justifiées décidèrent les Danois à s'affranchir d'une charge réelle. On voit à Kitta des restes de leur occupation, un fortin blanc à pans carrés et une vaste caserne, servant maintenant d'établissement de commerce.

JELLAKOFFI (lat. N. 5° 52' 40", — long. O. 1° 2' 50") est, pour ainsi dire, le faubourg de Kitta, ou réciproquement, les deux comptoirs étant séparés seulement par un intervalle de deux milles.

La provende est abondante en cet endroit, réputé sur la côte pour ce mérite. Lorsqu'on arrive de bon matin au mouillage, il est habituel de s'y réveiller comme dans un rêve, sous le charme d'un concert que ne désavouerait pas une ferme modèle. Les noirs annoncent leur venue par un brouhaha assourdissant, qu'émaillent les accords des produits qu'ils apportent; ces produits sont méthodiquement ficelés par paquets de coqs, dindons, canards, lesquels, habitués sans doute à la dure, n'en chantent pas de moins bon cœur. Les volatiles, d'une sécheresse qu'on pourrait appeler africaine, tant elle est commune, sont néanmoins qualifiés de « vivres frais » et bienvenus à ce titre. Ce sont aussi des cabris, de petits moutons à laine blanche et noire, des bœufs nains, de cette fameuse race dite de Jellakoffi, que nous voudrions (nous l'affirmerons plus loin) voir naturaliser au Gabon. Dans l'ordre végétal, des fruits équatoriaux et des oignons, dont la culture à cette latitude, n'étant pas ordinaire, est très remarquée. Les eaux abondantes fournissent des bancs de belles dorades et de poissons variés.

La lagune étend ses eaux stagnantes derrière le cordon littoral, qui oppose aux flots une digue fermée en tous points, sauf à l'écoulement du Voltas. La rive, couverte d'habitations et de paillottes, est gracieuse avec sa couronne de beaux cocotiers et sa bordure éclatante comme une nappe d'or fauve; d'ailleurs, toujours du sable. D'élégantes factories y représentent le commerce de diverses nations, sans parler des Anglais, qui sont naturellement prépondérants sur leur propre territoire. L'une d'elles est portugaise et me figure, dans son isolement, une parcelle de la poussière coloniale que ce petit peuple a semée avec tant d'audace, non seulement sur les rivages africains, mais dans le monde entier, et qui s'est éparpillée depuis, faute d'être retenue entre des mains assez puissantes. L'autre est allemande, et son pavillon flotte le plus haut, comme à dessein.

Au coucher du soleil, le ciel s'assombrit; une tornade venait sur nous du N.-E. Les rafales ont été d'une violence à mettre les toiles en pièces; la tente de l'avant vola bientôt en lambeaux; les hommes couraient sur le pont, comme ployés en deux par le vent. L'*Éthiopia* mit en marche, afin de s'élever de la côte; et, sous une pluie dont on ne peut avoir idée en Europe, la dernière pirogue déborda pour gagner la terre. Les noirs qui la montaient, fuyant devant l'ouragan, pagayaient avec fureur et le dominaient de leurs voix sonores.

La tornade amena une volée de lucioles, abattue sur le pont en pluie d'étincelles. Le petit fanal à éclats que traînaient lentement les mouches de feu était si brillant, qu'avant de les toucher, on pouvait les prendre pour des escarbilles enflammées.

A l'extrémité orientale de la lagune de Kitta, une plage, que la végétation moins avare s'est mise en frais d'orner, porte mélancoliquement un hangar à toiture blanche, entrepôt de la douane anglaise ; deux milles plus loin, une belle allée de cocotiers commence la terre affranchie de taxes. Cet endroit opportun est, bien entendu, la relâche préférée des navires qui prennent cargaison.

Des baraques marquent seules la limite des possessions dites de la « Côte d'Or anglaise » ; mais l'ambition britannique a posé, bien au delà de ce premier pas sur la Côte des Esclaves, des jalons que le temps rapprochera, si d'autres convoitises ne les emportent. La barre était mauvaise, et les pirogues chaviraient sans pouvoir la franchir. Nous passâmes Duanov et Addafi. Et les noirs maudissaient la méchanceté du « grand fétiche », dont l'humeur capricieuse, d'un bout à l'autre de la barre de Guinée, se plaît à les séparer de leurs amis blancs ; les commerçants du paquebot étaient à cet égard de leur sentiment.

CHAPITRE VI.

LA CÔTE DES ESCLAVES,

DU CAP SAINT-PAUL AU CAP FORMOSE.

I.

LA BARRE ET LES LAGUNES.

Les Saisons.

Deux phénomènes naturels, connexes en quelque sorte l'un à l'autre et remarquables par l'influence réciproque qu'ils exercent sur les rapports mobiles de la mer et du rivage, caractérisent la Côte des Esclaves, — la *barre* et la *lagune*, ininterrompues toutes deux sur une ligne d'au moins 700 kilomètres, du fleuve Voltas au delta du Niger. *Adda,* ou l'embouchure du Voltas venant se déverser dans le bassin de la grande lagune occidentale, est le point où commence rationnellement, avec son terrain spécial et sa figure propre, la Côte des Esclaves; celle-ci avance donc, de près d'un degré vers l'ouest, sur la limite conventionnelle qu'on s'accorde à lui reconnaître, le *cap Saint-Paul.*

Deux palmiers, disent les « Instructions nautiques », marquent le cap; repère fragile, cet arbre, découvert au vent des tornades, n'ayant d'autre fondement que du sable meuble, où ses racines superficielles prennent un bien faible appui; mais précieux, tant qu'il dure, le long de ce rivage peu accidenté. Le cap Saint-Paul n'est qu'une avancée de sable, formée par la rotondité du cordon de la lagune de Kitta; son relief est mollement accusé. Au delà, et jusqu'au cap Formose, aucune saillie remarquable n'interrompt plus l'uniformité de la longue ligne sablonneuse que déroule le littoral.

Certes, la variété des aspects n'a pas été jusqu'ici le partage des rivages que nous venons de parcourir; le paysage désert et nu de celui-ci va cependant nous les faire regretter, son attristante monotonie semble causer aux navigateurs condamnés à une croisière dans ces parages une sorte d'accablement, auquel rien ne vient faire diversion. Désormais, plus de bois ni même de ces falaises abruptes, dont les pentes et les rocailles tourmentées s'accidentent au moins sous les jeux du soleil; — du sable, rien que du sable, dressé par les assauts de la mer. Au delà, vers la terre, l'horizon vague d'un ciel sans limites, qui paraît continuer l'Océan par-dessus la ligne du rivage. Le sable, l'eau, le ciel! Et la barre perpétuelle ainsi s'allonge, d'un côté noyée sous les flots furieux, perdue de l'autre dans le vide, au milieu de la vacillante vapeur ou des nuées d'une atmosphère indécise. La rumeur sourde de l'Océan, le grondement de l'orage rompent seuls le calme désespérant de ce paysage; son étrange harmonie est faite de saisissement et de torpeur. Si loin que les regards se portent, pas de verdure, nulle colline. Ou, si quelques palmiers apparaissent en témoins solitaires sur la crête du talus, leur tronc enseveli dans les replis mouvants du sable fauve en est comme raccourci, tandis que, selon les caprices de la saison, leur tête baigne au milieu des brumes élevées de la lagune stagnante, ou tantôt dessine nettement ses palmes acérées sur un unique fond de tableau, l'étendue.

La barre littorale a commencé longtemps avant la région que nous décrivons; mais celle-ci est bien la plus mauvaise du golfe de Guinée. Il n'est pas sans intérêt de rappeler comment elle se forme et les changements que la mer, venant y butter ou rencontrant le courant adverse des rivières, opère journellement dans l'établissement du rivage. Déjà la configuration du golfe lui-même nous le laisse prévoir.

A partir du cap des Trois-Pointes la côte s'infléchit, montant vers le N.-E.; et, continuant dans la direction E.-N.-E. sa courbe insensible jusque un peu au delà de la lagune de Lagos et de Leckié; elle redescend ensuite vers le S.-E. par une pente rapide qui aboutit au cap Formose. En accusant ainsi sa courbure aux dépens du continent, le golfe a dessiné la « baie de Bénin »; et celle-ci n'est en réalité que le fond d'un entonnoir incliné, dont la base serait représentée par une ligne allant du cap des Palmes au cap Lopez, et le point le plus reculé dans les terres, ou son sommet, approximativement situé du côté de Lagos. Dans cette concavité ouverte au large, la houle soulevée du S.-O. par les vents lointains, grossie au moment du flux, s'engouffre avec un emportement exaspéré par la résistance que la digue du rivage oppose à son expansion. Nous allons voir quel sera le résultat de cet effort incessant, et comment, en cet endroit, l'Océan et les fleuves apportent plus qu'ils ne détruisent ou du moins restituent ce qu'ils ont arraché ailleurs.

Il ne semble pas que nulle part les navires à l'ancre ou sous vapeur puissent rouler davantage que dans les mouillages de Bénin. Les ondulations de la houle s'y succèdent en rubans énormes, qui descendent dans une molle vallée pour reformer quelques mètres plus avant une nouvelle montagne. Elles glissent lentement, sans violence et comme mues par une force mystérieuse, dont on ne voit que l'effet, car à peine une brise légère plisse leur surface. Mais, arrivées près de la plage, elles rencontrent l'obstacle qui va les déchaîner : ce sont les reliefs du fond reproduisant dans la forme de leurs replis de sable les égales ondulations du niveau liquide. La vague au rivage se précipite d'ordinaire en trois volutes successives; leur choc est impétueux. Le premier ruban du flot, ayant atteint la levée de sable, s'irrite contre l'arrêt, se dresse et roule furieux de rigoles en monticules, accroissant sa vitesse de ces heurts successifs contre des lits d'inégale profondeur. Les volutes, qui viennent derrière la première, la poursuivent, l'atteignent, parfois la devancent; et la masse d'eau tout entière, gonflée et enlevée du même choc, se brise en bouillonnant, finissant par étaler ses eaux battues d'écume sur la plage. Parfois la houle emportée se lève à une hauteur telle qu'on pourrait croire qu'elle engloutit les premiers plans du rivage; et l'apparence est d'autant plus saisissante que la ligne de côte, très basse en beaucoup d'endroits, dépasse de bien peu le niveau des eaux. A court intervalle le phénomène mouvant se renouvelle, de manière qu'il donne à la barre un aspect de fureur continue; une lointaine couronne d'écume la signale à perte de vue le long du littoral, tandis qu'à la rencontre de la terre et des flots, la crête des eaux pulvérisées par la violence du choc se réduit en un brouillard de poussière liquide et de flocons, irisé des jeux du soleil.

On dit que l'Océan, gagné par des terres de nouvelle formation, se retire lentement de certains rivages du golfe de Guinée. A la Côte des Esclaves, le fait n'est pas douteux; il révèle la conquête progressive de la terre sur les flots, sorte de déplacement compensateur entre le rivage qui avance et la mer forcée de reculer. Et ainsi tend à s'effacer la courbe de la baie de Bénin, à l'aide d'un travail insensible, mais d'une irrésistible puissance, si l'on considère le temps accumulant les résultats et les moyens.

Les moyens sont ceux de la nature, grandioses et persévérants.

C'est, — d'un côté, la mer du golfe, grâce au mouvement modéré de ses courants, à l'impulsion violente de ses flots, que poussent dans l'entonnoir les vents du large et la marée

L'Océan roule au rivage les matériaux arrachés à ses fonds, aux terres lointaines qu'il a côtoyées, amoncelle ces apports, première assise de la barre, et, sur une gigantesque échelle remplissant son œuvre de terrassement, commence à former et continue à entretenir, à élever, à étendre la levée du cordon littoral qui plus tard limitera la lagune.

C'est aussi, — dans une direction tout opposée, la masse des détritus, boues et troubles, charriés par les cours d'eau de l'intérieur, losquels, venant butter l'obstacle déjà accumulé par l'effort alternant du flux et du reflux à leur embouchure et sur leurs rives, s'adjoignent au talus et lentement l'accroissent.

A la rencontre des deux éléments, là où le calme relatif se produit de la force d'impulsion brisée des deux courants adverses venant se joindre, celui du fleuve et de la mer, la pesanteur fait descendre au fond les particules solides en suspension, pendant que l'eau douce éclaircie va se perdre mêlée à l'eau salée.

Les lais de basse mer accusent ce travail de va-et-vient incessant; fixant de la sorte les apports, il rétrécit le lit des fleuves, exhausse la côte, comble peu à peu les lagunes. Son progrès est d'autant plus rapide que certaines conditions locales, qui ont favorisé les dépôts alluviaux, les empêchent d'être entraînés à nouveau.

La barre, seuil de la lagune, commence donc par des sables et des alluvions, qui s'élèvent progressivement jusqu'à former un monticule parallèle à la plage; en dedans de ce monticule, du côté de la terre, les fleuves dégorgent le surplus des eaux dont l'écoulement est embarrassé à leur embouchure. A l'abri de cette digue de séparation, plus tard élevée de quelques mètres au-dessus du niveau de la mer, les eaux séjournent dans une stagnation que différentes causes tendent à entretenir, et qui, dans un temps plus ou moins rapproché, conduit la lagune à sa destinée définitive, de l'eau dormante au marécage, du marais à la terre ferme. Il n'est pas inutile de suivre un moment le mécanisme de cette transformation.

Librement étendues et retenues sur le fond sans déclivité d'un bassin faiblement ondulé, de cette immense plaine d'argiles et d'alluvions, qui couvre assez avant dans les terres le littoral de la région ; pouvant se répandre au loin, jusqu'à la borne que leur présente au rivage le talus de sable ; les eaux de la lagune ne communiquent bientôt plus avec l'Océan d'un côté, de l'autre avec la rivière qui les a amenées, que par un ou plusieurs canaux, ou bouches, successivement rétrécis et obstrués grâce au renouvellement incessant des apports solides. Les courants des fleuves, ceux du flux et du reflux, ne se font plus sentir dans le lac que d'une manière latérale ou indirecte ; ainsi affaiblis, ils deviennent impuissants à en remuer la masse liquide, désormais abandonnée à sa stagnation. Si le niveau intérieur varie, c'est à l'époque de l'hivernage, saison pendant laquelle la lagune gorgée de pluies, profonde à ce moment, déborde la barrière qui lui ferme la mer ; mais elle reprend à baisser, sitôt que la saison sèche reparaît, jusqu'à se changer en marécage. Le calme de cet amas dormant favorise la multiplication rapide et exubérante d'une végétation primitive, probablement mitoyenne, eu égard à la nature saumâtre du milieu. Ce développement organisé sert à deux fins : il contribue mécaniquement à arrêter, à retenir dans ses mailles les résidus de l'apport des cours d'eau ; il fournit sa part de travail à l'exhaussement du lit de la lagune, en adjoignant aux matériaux déjà accumulés les débris, les détritus d'un monde en voie perpétuelle de destruction et de renouveau. Douze heures sur vingt-quatre, le soleil verse ses rayons de feu sur ces lacs de peu de profondeur, les perce, les échauffe dans l'intimité de leur masse et reprend en vapeurs une plus grande quantité d'eau que les nuages n'en peuvent fournir de leurs pluies. La chaleur concourt activement au desséchement, avec l'aide toutefois de puissants auxiliaires, cette foule profuse de petites plantes, qui consomment et rendent en évaporation à l'atmosphère une partie considérable de l'eau au sein de laquelle elles s'entretiennent.

Ainsi le fond des lagunes s'élève peu à peu, grâce aux dépôts sédimentaires successifs dont les couches se superposent, pendant qu'une évaporation rapide disperse leur contenu liquide. Puis une végétation vigoureuse envahit le sol fangeux et riche en humus du nouveau marécage, le fixe et achève de le dessécher. Et la lagune, passant de cette période de transition à une sorte d'état parfait, ayant parcouru et achevé les phases de sa métamorphose, deviendra tantôt la terre nouvelle destinée à étendre le domaine du rivage sur l'Océan.

M. Borghero, missionnaire au Dahomey, auteur de remarquables mémoires sur la Côte des Esclaves, a publié sur ce sujet (*), avec carte à l'appui, une intéressante notice, qui demande une rapide analyse.

On peut supposer avec cet observateur qu'à une époque reculée le rivage de la mer, fort éloigné de sa figure présente, des abords d'Abomey suivait une ligne passant par Abékouta et Bénin, pour aboutir au village de Duke-Town, sur le fleuve Vieux-Kalabar. La région comprise entre cette ligne fictive et la côte actuelle étend en effet une vaste plaine sans accidents ni reliefs. Les alluvions déposées par les fleuves, les roches primitives désagrégées par le torrent des eaux, les accidents du climat, l'ont formée de couches successives; partout elle est coupée de marécages qui commencent à se boiser, de canaux ramifiés, de lagunes à divers états de profondeur, de deltas petits et grands, parmi lesquels un des plus considérables du continent africain, celui de l'immense Niger. A une époque contemporaine, vers le quinzième siècle, au moment de

---

(*) *Bulletin de la Société de géographie.* Paris, 1866.

leurs reconnaissances et de leurs premières cartes, les Portugais reculaient le littoral, deux milles plus à l'intérieur des terres qu'il ne l'est aujourd'hui, au milieu des lacs de Badagry et de Lagos. D'anciennes lagunes, autrefois praticables, sont maintenant comblées. Quelques-unes, vides de leurs eaux, conservent seulement le contour de leur bassin; d'autres sont devenues innavigables par le desséchement progressif de leurs retenues liquides. Il en est encore dont le lit s'est resserré au point de n'être plus qu'un canal de passage d'une lagune à une autre; le canal chemine au travers de marais mouvants, incapables de supporter le poids d'un homme; ses eaux sont embarrassées d'îles flottantes, formées par l'agrégation d'innombrables plantes aquatiques.

L'étendue de terres que couvrent actuellement ces eaux éparses est considérable; elles forment, à proprement parler, un long boyau, inégalement renflé, mais presque continu, qui court parallèlement à la direction de la plage, des bouches du Volta aux bras d'écoulement du Niger. La barre de sable qui sépare l'eau saumâtre de l'eau salée est en de rares points percée et facilite incomplètement le dégorgement des lagunes à la mer (*). Sur son trajet, le canal élargi s'épand dans des bassins de réserve ou des lacs d'une grande surface, alimentés eux-mêmes par d'importants cours d'eau. On cite comme plus remarquables, allant de l'ouest à l'est, les lagunes de Kitta, — de Hako ou d'Avon, — de Nokhoué et de Porto-Novo, ou lac Denham (*Ahuanga-Gi,* en langue indigène), — de Lagos, enfin celle du Yabou. Leur profondeur moyenne, de 3 mètres, les rend navigables; aussi servent-elles à la fois de voies commerciales et stratégiques.

Ces lagunes, qu'habitent plusieurs variétés de poissons d'eau

---

(*) Les brèches principales du cordon littoral se présentent aux points suivants : Adda, Grand-Popo, Lagos, Leckié, Yabou, Bénin.

douce, des caïmans, des hippopotames et des légions innombrables de moustiques, portent quelquefois les demeures de l'homme. La situation de deux bourgades de la lagune de Nokhoué est assez singulière pour être mentionnée. « Les habitations, raconte M. Borghero, sont soutenues sur des piquets élevés au-dessus de l'eau d'environ 3 mètres. Sous chaque maison se trouve une petite pirogue pour servir au besoin à la pêche ou pour aller à terre cultiver le maïs et le manioc; les naturels ne passent jamais les nuits hors de leur logis aquatique. Des maisons plus élevées que les autres, où se tiennent toujours des vedettes, sont destinées à voir au loin si le roi du Dahomey, l'épouvantail perpétuel de ce pays, s'avance avec son armée... On attribue l'origine de ces villes à ceux qui, échappés il y a environ cent cinquante ans aux ravages du terrible chasseur d'hommes, se sont constitués de manière à se mettre à l'abri de ses coups. L'une s'appelle *Ahouansoli*, l'autre *Afatonou*. J'ignore l'étymologie de ces noms; je sais seulement que *tonou* veut dire « lagune ou marécage »; d'où *Kotonou*, « Lagune des morts, » nom qui lui vient de ce que le Dahomey jeta dans l'ouverture, entre la lagune et la mer, tous les cadavres de ceux qui étaient tombés sous sa hache en défendant leurs habitations. »

Les considérations judicieuses développées par M. de Kerhallet et celles qu'a présentées le docteur Féris dans un mémoire plus récent (*) permettent de définir ainsi qu'il suit, dans ses traits les plus accentués, le climat de la Côte des Esclaves : constance d'une température élevée, permanence et tension remarquable de l'état électrique de l'atmosphère, élévation de son hygrométrie, régularité et faible amplitude des oscillations barométriques, abondance des pluies, aspect fréquemment

---

(*) *La Côte des Esclaves.* (*Archives de médecine navale*, 1879.)

nuageux du ciel. Nous retrouverons au Gabon cette physionomie du climat équatorial et, à ce moment, nous la développerons avec quelques détails.

Dans cette région voisine de l'équateur, quatre divisions, réglées par le cours du soleil et son double passage au zénith du lieu (11 ou 12 mars, 1ᵉʳ ou 2 septembre), partagent l'année climatérique. Évidemment, les nuances de transition se fondent à la limite des saisons voisines, certains éléments, plus particuliers à l'une d'elles, apparaissent temporairement dans les autres; un fait constant les domine, l'élévation de la température. Mais, ces réserves faites, chacune des périodes différentes que nous allons décrire se signale par des caractères propres assez tranchés pour mériter d'être spécialisée.

La « grande saison sèche » dure du commencement de décembre à la mi-mars. Le ciel s'éclaircit souvent dans son cours. La barre du rivage est généralement belle. Les pluies sont rares ou fines, remplacées par des brumes épaisses, plus fréquentes aux premières heures du jour. L'alternance des brises de terre et de mer est alors régulière, et l'harmatan, de préférence entre la mi-décembre et la mi-janvier, souffle périodiquement du N.-E., chassant devant lui des tourbillons de sable. Il est quelquefois chargé de brouillard, mais d'ordinaire sec et relativement si froid, qu'on voit, rapporte M. Ménager, sous un climat dont la moyenne thermique annuelle est d'environ $+ 26°$, la colonne thermométrique descendre brusquement en quelques heures jusqu'à $+ 17°$ et même $+ 16°$ centigrades. A ces moments, la peau des indigènes, blanchie de froid, « paraît couverte de cendre ». Sous l'influence de ce vent avide d'humidité, « les boiseries craquent et se disjoignent; les couvertures des livres, si l'on n'a eu la précaution de les serrer entre eux, se crispent comme lorsqu'on les expose au feu ». « Les lèvres, dit ailleurs Féris, se sèchent ainsi que la gorge, laissant une soif intolérable; la peau se fendille et se pèle. Les feuilles des arbres tombent flétries sur le sol. » L'agression de l'harmatan est vivement ressentie par l'organisme, et le système nerveux particulièrement en éprouve une impression désagréable. Cependant la grande saison sèche est, des quatre périodes de l'année, la plus favorable aux Européens; en revanche, elle est mauvaise pour l'indigène.

La « grande saison des pluies » suit immédiatement la précédente et finit dans le courant de juillet.

Déjà, vers la fin de mars, le temps se trouble, devient orageux et le vent souffle, par grains, du N.-E. La saison se caractérise d'une façon très nette aux mois d'avril et de mai.

Les pluies sont fréquentes et très abondantes. Les brises soufflent du large, entrecoupées de calmes. La chaleur devient étouffante et chargée d'électricité. La crue des rivières monte; la barre est impraticable.

C'est aussi l'époque de ces tornades violentes qui évoluent du N.-E., halant le sud. L'ouragan pousse devant lui l'arc noir habituel; il est accompagné de phénomènes électriques intenses. Ses pluies sont froides et dangereuses pour ceux qui s'y exposent; il est sage de se prémunir contre l'agréable impression que procure l'abaissement passager de la température.

En juin et en juillet, la brise souffle plus généralement de l'ouest, le temps est relativement frais, le thermomètre descendant parfois à + 25°. La barre est praticable.

La « petite saison sèche » marque le court intervalle compris entre la mi-juillet et la mi-septembre. Les pluies et les orages sont plus espacés dans le cours du mois d'août. A la fin de cette période, des brumes apparaissent, puis le ciel s'éclaircit, la barre devient meilleure.

La « petite saison des pluies » comprend le reste de l'année, qui finit à décembre.

Il y a de nouveau alternance des brises de terre (N.-O. au

N.-E.) et du large (S.-O. à O.). Le ciel reste couvert. Les tornades ont recommencé, comme dans les mois d'avril et de juin. Dès les derniers jours de septembre, les pluies sont redevenues torrentielles, et, bien que le temps s'éclaircisse déjà à la fin d'octobre, elles durent jusqu'à l'apparition de la nouvelle saison.

Les habitants de passage de la mer fréquentent ce parage à des époques différentes, suivant leurs espèces. Ce sont : en janvier, les méduses; en mai, les poissons volants; en juin, les marsouins, les bonites, les dauphins et les animalcules phosphorescents; en juillet et en août, des rémoras de la taille du chien de mer, les suceurs, les goulus et la baleine noire, qui apparaît par couples. Le requin n'a de préférence pour aucune saison; toutes sont bonnes à ce détestable rapace, il infeste les moindres baies de la côte; et, comme sa voracité est légendaire, il est certain qu'il ne multiplierait pas en telle abondance, s'il ne trouvait de quoi satisfaire à ses besoins. La mer, très poissonneuse dans cette région, et la fortune des pirogues qui chavirent y pourvoient largement.

Les eaux de la lagune nourrissent, dit-on, de belles carpes et des langoustins.

II.

LA TRAITE.

La Côte des Esclaves a gardé comme un stigmate le renom de son ancien marché, de ce temps voisin du nôtre où les noirs étaient vendus par troupeaux sur le rivage, sombre souvenir qui vient jeter une ombre de plus sur l'attristante monotonie des aspects. Chaque site évoque l'image de la morne nature, de la pire condition des hommes; et l'esprit du voyageur, repoussé par une telle misère, voudrait s'en détacher, si au-dessus d'elle l'aurore d'un lendemain réparateur n'avait déjà commencé à paraître.

Ce que fut de tout temps l'esclavage... chacun sait le droit que s'arrogea dans le monde entier le fort sur le faible, l'oppresseur sur le vaincu. Il nous montre des blancs privilégiés, d'abord cherchant dans leur propre race des instruments, et, quand ces instruments leur eurent manqué grâce au progrès de la civilisation, venant forcer à les servir une race inférieure, dont, sans autre raison, le suprême argument les faisait maîtres.

En tant que résultat, c'est l'homme devenu la « chose » d'un homme. Mais cette chose n'est pas une matière inerte; elle pense, elle veut même, la nature l'a faite l'égale de celui qui la possède; on l'a seulement frustrée par surprise de ses droits. Le maître sent bien tout cela; et, si enflé que soit l'orgueil de la possession, au point même de devenir tout à fait aveugle, il est, à son insu, bourrelé de n'être le plus fort qu'en fait, il redoute à chaque heure une revendication menaçante. De là cette intolérable pression, ce système perfectionné de terreur, qui pèsent sur l'esclave. La peur d'un effrayant retour a rendu le maître bourreau. Et vraiment la logique des choses l'y contraint : l'inégalité est telle entre lui et son esclave, qu'on n'y trouverait pas de composition possible.

L'esclavage, né de la brutalité des appétits, apparaît aux origines des sociétés humaines. La couleur, différente ici, ne change rien aux sentiments ni aux faits. Aussitôt que des hommes, aux prises avec les nécessités de la vie, se sont trouvés en présence, ils ont dû se regarder avec méfiance, puis essayer leurs forces; et, dans cette lutte sans frein pour l'existence et la prépondérance, le plus faible n'eut d'issue que se soumettre. Le vainqueur eut d'abord la jouissance des bras, des sueurs de son captif; puis, comme celui-ci s'amoindrissait à mesure qu'on exigeait de lui, il finit par se rendre à discrétion, et sa volonté comme ses bras, tout son être, et non seulement son être, mais sa descendance, devinrent une propriété légitime.

C'est un monstrueux souvenir, près de notre époque, que celui d'une mise au carcan si flagrante de la morale naturelle, d'une perversion passée dans les mœurs à l'état de fait acquis si bien accepté, que ses plus terribles conséquences n'émouvaient aucune fibre de la conscience humaine; avec la force, le maître avait pour lui le droit... et la loi ! Le fait était imprescriptible, il ne souffrait nulle objection; les opprimés eux-mêmes, à force d'être accablés, le subissaient sans maudire.

Cet esclavage a terni les splendeurs d'une civilisation incomparable; les droits de la guerre et de la rapine, ceux des créanciers, peuplaient les villes antiques d'instruments de servitude au profit des citoyens libres. Le christianisme, qui recueillait cet héritage, ne pouvait songer à effacer d'un seul trait l'ordre établi par la succession des siècles. Longtemps il dut tolérer ce qu'il n'était pas en mesure d'empêcher; mais il consola l'opprimé et rendit moins lourde sa chaîne, il fit libre ce corps esclave en lui montrant son âme.

La fraternité humaine, cette idée vraie comme la nature, qui a façonné au même moule tous les membres d'une même famille, avec le temps pourtant s'infusait peu à peu dans les mœurs. La conscience publique se réveillait lentement; elle apprenait à nouveau que ce que l'homme se doit et veut pour lui-même, il le lui faut rendre à son semblable; à son idéale contemplation elle allait donner une forme tangible. D'abord, une sorte d'esclavage mitigé servit de transition entre l'oppression antique et l'égale condition des sociétés modernes; le « serf », dépendant, n'était déjà plus le meuble vendu, donné ou supprimé pour un caprice. La Révolution française voulait faire tous les hommes, non seulement libres, mais égaux, au moins dans les plus essentiels de leurs droits.

Après les blancs, les noirs ne devaient-ils pas aussi participer à ce progrès? Mais ils étaient noirs, et le « délit de couleur » les condamnait encore; leur droit à faire partie de la famille humaine, dans certains milieux, paraissait à peine mériter d'être discuté. Le lieu où peinait le pauvre nègre était, du reste, bien éloigné de l'Europe; l'écho de ce qui se passait là-bas revenait si affaibli, qu'avec un peu de complaisance on pouvait ne pas l'entendre. Aussi tant de patience à supporter d'intolérables abus n'émouvait-elle qu'un petit nombre, un cercle restreint d'esprits d'élite et d'hommes de cœur. En face de ceux-ci, l'intérêt se dressait avec toute l'âpreté d'un bien à défendre; l'implacable personnalité, avec ses sophismes, empruntait des arguments aux sources les plus saintes et les retournait à l'avantage d'une thèse faussée. Une sorte de pharisaïsme commentait à son profit la tradition religieuse; les « fils de Cham » pouvaient-ils vraiment être relevés de leur condition déchue? Les économistes faisaient valoir l'inviolabilité du droit de propriété, le danger d'y toucher ou de porter atteinte à la fortune coloniale, dont l'esclavage était l'âme. Émancipez-le, il ne se trouvera plus de bras pour les plantations, puisque l'Européen ne saurait travailler sous le soleil tropical, et partant, plus de sucre ni de café. Admirable argument! Cause bien digne de passionner le droit, que cette ardeur à légitimer une propriété acquise à main armée sur les grand'routes de l'Afrique! Notre siècle, qui l'a condamnée, n'y voudrait plus voir qu'un recel d'hommes volés. Il a fait justice de cette nécessité.

Ce fut le noble résultat de la croisade entreprise, dès 1727, par des « utopistes » de France et d'Angleterre : ainsi du moins on les appelait à leur époque. Les idées qu'ils avaient propagées, malheureusement, tombèrent dans une terre si mal préparée ou tellement remuée par les troubles du temps, que près d'un siècle s'écoula sans changement. Notre grande Révolution, à travers l'ouragan de ses réformes, avait proclamé le principe de l'affranchissement des noirs (1794); puis elle avait passé. Mais elle avait ouvert l'avenir. A l'Angleterre revint l'honneur d'inaugurer sur la côte africaine la campagne pratique. Vers 1815, elle assimilait à la piraterie la « traite des nègres » et s'appliquait sérieusement à l'empêcher. Son accord avec la France, en mai 1845, et leurs efforts unis lassèrent définitivement les tentatives des marchands d'esclaves.

La *traite*, mot trop fameux de la marchandise humaine égalée, sans autre différence que le prix de revient, à la troque des produits exotiques, pourvoyait de bétail africain les colonies européennes transatlantiques. L'Afrique occidentale n'était pas l'unique débouché du trafic de « bois d'ébène », comme on l'appelait, mais un des plus courus pour la beauté des produits et des mieux achalandés. Entre les nombreux marchés qui florissaient du Sénégal au Congo, ceux de la côte de Bénin, dite « des Esclaves », étaient réputés des plus lucratifs. En ce pays, personne n'est assuré de sa liberté. Chacun, sur la route, prend son esclave, s'il est le plus fort, et quelquefois un peu plus loin est volé lui-même avec son bien. S'il s'agit de puissants, comme le roi guerrier du Dahomey, qui font métier de rapt et de pillage, on s'explique le vaste développement donné à ce genre d'affaires. C'était non seulement des prisonniers de guerre, mais, à défaut, les habitants du sol, de copieuses saignées faites à ces populations denses et vigoureuses, des troupeaux d'hommes, de femmes, d'enfants, conduits à la côte, entraves aux pieds, la corde au cou. Ces infortunés provenaient quelquefois de très loin dans l'intérieur. Des mains du ravisseur ils étaient transmis de proche en proche, de village en village, jusqu'au courtier du bord de la mer; celui-ci en recevait le dépôt et se chargeait de le négocier à l'arrivée du négrier.

Après que les deux honnêtes marchands, le noir et le blanc, s'étaient entendus, le sort des esclaves n'était pas encore définitif, la difficile opération de leur embarquement étant rendue des plus incertaines par les dangers de la barre, que compliqua plus tard la surveillance incessante des croiseurs anglo-français. Si cette opération ne pouvait se faire en un coup de main, elle était le plus souvent ajournée, non sans préjudice pour les tristes objets ainsi longtemps ballottés entre deux cupidités, comme le laisse pressentir ce passage d'un témoin oculaire, dont le récit, auquel je vais faire de fréquents emprunts, offre le poignant intérêt de son actualité (*).

« Il arrive souvent à des négriers de s'approcher de terre sept ou huit nuits de suite, avant de voir la disposition convenue des feux qu'on y allume indiquer que le moment est opportun. Ils mouillent alors, tout en se tenant prêts à appareiller à la première alerte, et des pirogues ou des embarcations plates, suivant les points de la côte, leur amènent leur marchandise, qu'ils arriment avec un provisoire qui ne saurait être plus affreux que l'entassement définitif. Les « barracons » qui renferment ces malheureux sont généralement assez rapprochés de la mer, et on ne les fait sortir que pour être jetés sur le négrier, à moins que la présence d'un croiseur ne force à changer le point d'embarquement et à mobiliser le troupeau d'esclaves.

« Quoique les individus préposés à la direction des entrepôts de traite ne se piquent pas d'une libéralité excessive en ce qui touche la nourriture de leurs captifs, auxquels ils n'allouent guère par jour que quelques bananes et un ou deux poissons fumés, il n'en est pas moins arrivé quelquefois que l'impossibilité de les embarquer les a portés à faire massacrer ces malheureux. Une scène de cette nature, et dont la pensée

---

(*) J.-B. F., *Campagne de l'Eldorado, 1850-1851* (manuscrit).

seule donne un frisson de dégoût, se passa presque sous nos yeux au village de Lagos. Neuf cents esclaves, réunis sur le bord de la mer depuis plus de trois mois, sans qu'on pût trouver une occasion favorable pour les livrer à un bâtiment négrier, furent égorgés le même jour. Un agent commercial français, M. B***, établi depuis plusieurs années dans le pays, nous écrivit les détails de cette affreuse boucherie et nous assura avoir compté de ses propres yeux plus de huit cents têtes. »

La vie humaine est si indifférente aux mœurs de la sauvagerie nègre. Les blancs, qui devenaient complices de ces enragés, étaient autrement condamnables. Si, du reste, une pareille tuerie fait horreur, il n'est pas douteux que les misères de détail, bien que moins dramatiques, ne fussent tout aussi déchirantes. La « loi Gramont » a, pour nos animaux domestiques, des indulgences que les négriers répudiaient comme intempestives et de dangereuse politique.

Une fois à bord, les esclaves étaient marqués d'un fer rouge au bras gauche, opération, disent les pratiques du temps, dont ils ne témoignaient « ni douleur ni chagrin », parce qu'elle était suivie d'un petit verre d'eau-de-vie. Ils étaient ensuite enchaînés deux à deux et encaqués dans l'entre-pont. L'air respirable et la lumière leur étaient plus que mesurés par les conditions ordinaires de l'emplacement mal proportionné à leur nombre; et parfois la nécessité de fermer les panneaux, à laquelle obligeait le mauvais temps ou la crainte de révolte, réduisait encore la maigre part dévolue à chacun. Il en périssait beaucoup de nostalgie et de misère; le déficit était simplement porté au compte des profits et pertes, et cette dernière considération amenait quelquefois le négrier à se soucier du bien-être de sa cargaison. Il avait à cœur de la produire avantageusement le jour du marché.

On voyait à bord de cette sorte de navires un assemblage

dérisoire d'instruments de torture et de plaisir, des chaînes et des flûtes; car, une fois en mer, si le temps était beau, les nègres dansaient sous le fouet, pour être conservés sains et gras.

Puis, quand ils arrivaient au lieu de leur exil, un prêtre bénissait solennellement le défilé des esclaves sur la plage. La conscience publique était rassurée; l'autorité avait donné un gage suffisant à l'esprit de son temps.

L'esprit de ce temps regardait, du reste, d'un œil singulièrement philosophe une telle infortune. « Un voyageur pouvait, en racontant les détails d'une excursion dans le pays de Whydah, écrire, sans soulever contre lui, cette révoltante classification des races de bétail humain qui s'y vendaient :

« 1° Les *Arades,* bonnes gens, dociles, adonnés au labourage, peu sensibles à l'esclavage parce qu'ils y sont nés !

« 2° Les nègres *Foin,* mauvais esclaves, sujets à s'étouffer et à manger de la terre pour se faire mourir. Ils se chagrinent aisément, s'assoient par terre les coudes sur les genoux et la tête entre les mains, et, en trois ou quatre jours, ils meurent, supposé même qu'ils ne prennent pas le parti de se renverser l'extrémité de la langue dans la trachée-artère et de s'étouffer (*).

« 3° Les nègres *Nago,* disposés à se révolter, mais bons pour le travail, etc., etc. »

Ces détails n'ont plus, heureusement, qu'un intérêt rétrospectif.

Les bâtiments négriers étaient la plupart de fins voiliers, montés par un équipage exercé et un rusé pratique, coutumier

---

(*) *Foin.* — Nom générique des indigènes du Dahomey. — Le genre de suicide ici rappelé est si répandu dans le pays, qu'on prend la précaution de bâillonner les victimes destinées aux sacrifices, au moyen d'une croix de bois dont une des traverses, pénétrant dans la bouche, appuie fortement sur la langue et l'empêche de se replier en arrière.

de la côte, qui connaissait à fond le cœur des noirs et l'art de tromper la vigilance des croiseurs. La marche supérieure des navires armés en traite leur permettait de soutenir longtemps la chasse, s'ils venaient à se laisser surprendre, et parfois d'échapper. Plusieurs eurent des canons, et, dans les derniers temps, quelques-uns employaient la vapeur. L'entre-pont était vaste et toujours trop plein; leur outillage spécial comprenait des ponts volants pour l'embarquement des esclaves, des fers et des manilles pour les lier, des chaudières et caisses de grande capacité, avec provisions abondantes de riz et de « carne secca » pour la nourriture d'un nombreux personnel. Les négriers étaient couverts du pavillon de la nation qu'ils pourvoyaient; c'était, en majorité, des Brésiliens et des Portugais, puis des Espagnols, à destination de Cuba, des Montévidéens et même des Génois. Aux débuts de la croisière, ils faisaient encore des coups de traite heureux.

La ligne sur laquelle Français et Anglais coalisés avaient à opérer était trop étendue pour que la surveillance fût pleinement efficace; les courtiers de « bois noir », — ainsi les appelait-on encore, — y comptaient, non sans raison. La flotte unie devait être nombreuse, armée de légers navires et s'éparpiller, de manière à fouiller les recoins des baies et des rivières et à lutter de vitesse et de ruse. La France n'eut pas moins de vingt-six croiseurs, battant incessamment la mer de Gorée à Saint-Pol de Loanda, et disséminés sur divers points, dont le plus surveillé était à juste titre la zone comprise entre Kitta et Whydah. Nos bâtiments passaient ainsi des mois à courir de long en large, s'éloignant de terre la nuit, pour y revenir au petit jour; et leur mission n'était pas tout roses, si l'on apprécie à son vrai point de vue la terne monotonie de cette côte et le soleil ardent de ses mouillages.

La croisière anglaise avait, en se donnant tant de peines, un mobile moins désintéressé que le nôtre. Généreusement obstiné dans la poursuite de son œuvre philanthropique, le gouvernement britannique employait les moyens les plus propres à la faire réussir, étant donnés l'esprit national et les mœurs de la pratique Angleterre. Parmi ces moyens, il en est un que nos états-majors récusent, par délicatesse de point d'honneur : c'est la prime d'argent, puissant levier dans toutes les opérations au delà du détroit; elle ne fut pas ménagée.

Aussi voyait-on leurs croiseurs courir à la poursuite des bâtiments suspects avec un entrain qui n'avait plus souci des peines ni des impossibilités. Tout navire qui faisait mine de prendre chasse était serré de près, fût-il soupçonné d'embarquer et de porter des noirs, ou seulement de ces objets qualifiés qui, constituant aux termes de la loi la prévention formelle du délit de traite, entraînaient la validation de la capture. Si le négrier se jetait à la côte, comme son jaugeage devait être exactement apprécié en vue de l'indemnité allouée au capteur, les embarcations de celui-ci n'hésitaient pas à s'exposer dans la barre et ne s'en retiraient pas toujours saines et sauves.

Laissons ici parler les contemporains.

« Il est difficile de s'imaginer avec quelle ardeur les bâtiments anglais se livrent à cette chasse productive. Tenus au fait des moindres mouvements d'esclaves qui s'opèrent dans les barracons, ils se portent avec un zèle infatigable d'un point à un autre, s'élèvent de la côte en prenant une direction propre à faire supposer qu'ils s'éloignent pour plusieurs jours, et, rendus à une certaine distance, détachent leur chaloupe armée en guerre, qui se porte pendant la nuit sur le point suspect et surprend les bâtiments de traite au moment où ils s'y attendent le moins. Il nous est arrivé plusieurs fois de rencontrer au large des embarcations séparées depuis huit ou dix jours de leur navire et qui venaient, à la tombée de la nuit, nous demander du feu pour allumer leur compas. C'est un métier à tuer les plus robustes; mais la croisière anglaise oubliait volontiers la longueur du relevé nécrologique de chaque année, en songeant aux bénéfices qu'en retiraient les survivants.

« Au mouillage, comme à la mer, les croiseurs anglais font surveiller l'horizon par deux noirs placés en vigie à la partie la plus élevée de la mâture et qui inspirent, par la finesse de leur vue, plus de garanties que les hommes de l'équipage. Leur clairvoyance est d'ailleurs stimulée par l'espérance d'un gain honnête. Une voile suspecte est-elle signalée par l'un d'eux, — s'il est constaté que c'est un négrier, il reçoit immédiatement une livre sterling, et un petit sac qui en contient cinq autres est suspendu à la barre sous les yeux du timonier, qui en devient le possesseur dans le cas de capture; aussi est-il intéressé à ne rien faire perdre au navire de sa vitesse, et toute autre stimulation à bien faire devient parfaitement superflue à partir de ce moment.

« Lorsqu'un négrier est pris, s'il est chargé de noirs, indépendamment de la valeur du navire, une somme de cinq livres sterling par esclave est payée au bâtiment capteur; est-il saisi seulement en présomption de traite, et avant l'embarquement de sa « marchandise », il est conduit à Sierra-Leone ou à l'Ascension; là il est jugé, et, sur la simple constatation du délit, on le scie en deux ou on le coule; mais le jaugeage en est fait avec soin auparavant, et c'est la base de la fixation de la somme que le gouvernement alloue au croiseur qui en a opéré la capture. Le produit annuel de ces saisies est partagé entre tous les bâtiments de la division, avec une part plus considérable pour les navires qui les ont faites, et les parts de prise sont fixées au prorata des grades, en faisant toutefois une réserve pour le commodore, qui prélève la part du lion (*). »

(*) J.-B. F., *loco cit.*

Mais c'est là le petit côté d'une grande page; et, si la chronique ne l'oublie pas, l'histoire sera surtout orgueilleuse de relater cet élan généreux de deux peuples et ce résultat certain qui a guéri une des plaies les plus douloureuses de l'humanité, effacé la plus sombre page du code de la société contemporaine. Dût même l'Angleterre avoir à ce moment escompté la prépondérance qu'elle a depuis acquise sur cette côte, elle l'a certainement gagnée, en méritant à ce point de la civilisation.

Ainsi l'esprit public change avec les temps. Les forts européens élevés le long du littoral, et particulièrement à Whydah, foyer important de traite vers le milieu du dix-septième siècle, l'avaient été pour assurer et protéger son libre exercice; s'ils sont occupés aujourd'hui, c'est pour contenir cet infâme commerce. La morale humaine, en progrès incessant, pénétrant graduellement l'esprit des peuples, renverse le courant des plus anciennes institutions.

Les Portugais et les Brésiliens luttèrent jusqu'au dernier jour pour une cause perdue; récemment ils durent céder à l'irrésistible torrent de l'opinion. La guerre de sécession américaine a été, on peut le dire, la dernière convulsion de l'esclavage dans le monde civilisé (*).

Mais encore, il faut l'avouer, tout n'est pas fait; pour avoir coupé les débouchés en resserrant le blocus de la frontière maritime, les nations européennes n'ont pas extirpé cette traite qui s'exerce à ciel ouvert dans l'intérieur du continent africain. Néanmoins le résultat acquis est déjà considérable (**); il se

---

(*) Récemment un grand meeting, présidé par le prince de Galles, célébrait le cinquantième anniversaire de l'abolition de l'esclavage dans l'empire britannique (loi de 1833, mise en vigueur par décret royal du 1ᵉʳ août 1834). Quatorze ans plus tard, les colonies françaises participaient au même bénéfice (1848). De nos jours seulement, le Brésil, l'Espagne et le Portugal, pour leurs colonies, proclamèrent l'abolition de l'esclavage par extinction, moyen terme qui ménage la propriété existante.

(**) On estime généralement à 40,000,000 le nombre des noirs enlevés à l'Afrique par l'esclavage, depuis trois siècles; la misère et les sévices, à eux seuls, en auraient

couronnera dans l'avenir, avec la conquête de la sauvagerie, par l'apaisement universel de souffrances inconnues et incommensurables. Déjà les rois noirs voisins du littoral n'ont plus intérêt à faire des esclaves, qu'ils ne trouveraient pas à vendre; à défaut, leur industrie s'est tournée vers l'échange des produits naturels.

Je ne veux pas trop examiner ici ce que vaut cette captivité qui existe à l'état d'institution chez les peuplades musulmanes et fétichistes; on la dit plus douce entre hommes de même couleur et ne ressemble nullement à l'exécrable contrainte que l'esclavage exerçait dans les colonies européennes, pressant les machines de travail pour leur faire rendre le plus possible (*). On établit entre les deux conditions la différence de

---

fait périr « huit millions ». — D'après l'historien César Cantu, le nombre des Africains victimes de la traite ne serait pas inférieur à 30,000,000, seulement dans l'espace d'un siècle.

(*) On peut juger de ce qu'était encore au XVIIIe siècle, dans les colonies françaises, la condition de l'esclave, par la teneur des dispositions de ce fameux édit sur la police des îles d'Amérique, connu sous le nom de « Code noir », qui fut préparé sous l'inspiration de Colbert et publié par ordre du roi, en 1685. Si cette déclaration fut un adoucissement à l'époque où elle fut mise en vigueur, quelles poignantes et secrètes souffrances ne cachait pas auparavant la vie de milliers de créatures humaines traîtreusement arrachées à leur sol, brutalement exportées pour la prospérité des annexions transatlantiques.

« Encore qu'ils habitent des climats infiniment éloignés, s'exprime Louis XIV dans un majestueux préambule qui reflète la solennité du grand règne, nous leur sommes toujours présent, non seulement par l'étendue de notre puissance, mais encore par la promptitude de notre application à les secourir dans leurs besoins. » — Et, ayant ainsi promis à tous les bienfaits du roi, l'ordonnance reconnaît et réserve à l'esclave quelques droits de la personne humaine; pour le salut public, elle édicte aussi les rigueurs draconiennes propres à le maintenir dans le devoir, à assurer sa subordination passive au maître, à la tâche, à la propriété dont il fait partie intégrante.

I. Les esclaves, écrit Henri Martin, résumant les articles principaux du Code noir, seront baptisés et instruits dans la religion, à peine d'amende arbitraire contre les maîtres. — Les hommes libres qui auront des enfants en concubinage avec des esclaves, et les maîtres qui l'auront souffert, seront condamnés à 2,000 livres d'amende. — Le maître qui aura des enfants d'une esclave sera privé et de l'esclave et des enfants, « à moins qu'il n'épouse la mère, ce qui rendra les enfants libres et

la bête de somme au familier. On oublie qu'à certaines heures de caprice, le familier noir est redevable au maître, non plus de ses peines seulement, mais de ses douleurs et de son sang.

Il est possible sans doute que, chez les peuplades féroces de

légitimes ». — « Les mariages des esclaves seront solennisés comme ceux des personnes libres. » Le consentement du maître est nécessaire ; mais le maître n'a pas droit de marier l'esclave contre son gré. — Les esclaves baptisés seront inhumés au cimetière commun. — Les esclaves non nourris ni habillés par leurs maîtres peuvent se plaindre au procureur général. (La déclaration du 30 décembre 1712 prononce en outre des peines pécuniaires contre les colons qui ne nourrissaient pas leurs esclaves ou les mettaient à la question.) Les esclaves infirmes seront nourris par leur maître, sinon l'hôpital les recueillera et entretiendra aux dépens des maîtres. — Les maîtres et commandants (commandeurs) qui auront tué un esclave sous leur puissance seront poursuivis au criminel. — « Ne pourront être saisis ni vendus séparément, le mari, la femme et leurs enfants impubères. » — Les maîtres âgés de vingt ans pourront affranchir leurs esclaves, sans besoin d'avis des parents. — Les affranchis jouiront de tous les avantages des sujets naturels libres.

Divers édits, promulgués aux débuts du règne de Louis XV, reviennent, avec un singulier mépris de l'humanité, sur ces dispositions bienveillantes. Incapacité des gens de couleur à recevoir aucuns dons ou legs des blancs ; recel des esclaves par les affranchis, puni de l'amende ou, à défaut, du retour à la condition d'esclave (1726). — Défense d'affranchir des esclaves sans permission du gouverneur ou de l'intendant de la colonie (1736).

II. Les esclaves ne peuvent rien avoir, recevoir ni acquérir, qui ne soit à leurs maîtres. — L'esclave qui aura frappé ses maîtres au visage ou avec effusion de sang sera puni de mort. — En cas de voie de fait d'un esclave contre une personne libre, peines très sévères, pouvant aller jusqu'à la peine capitale. — Le vol qualifié est puni de peines afflictives, et même de mort, si le cas y échet. — Les maîtres pourront faire enchaîner et battre leurs esclaves qui le mériteront, mais non les mettre à la torture ni les mutiler, à peine d'être procédé extraordinairement contre eux. — L'esclave demeuré fugitif (marron) pendant un mois aura les oreilles coupées et sera marqué d'une fleur de lis à l'épaule ; à la seconde évasion, il aura le jarret coupé ; à la troisième, il sera puni de mort... En 1743, c'est bien pis : la simple tentative d'évasion mérite le jarret coupé ; le marronnage avec armes, l'enlèvement de pirogue ou de bateau, — la mort!

« Certes, ajoute l'éminent historien, il est impossible de parcourir cette loi de l'esclavage sans un serrement de cœur et parfois sans un élan d'indignation : le législateur ne peut réussir à concilier ce qui est inconciliable, l'esclavage et l'humanité. Et pourtant il faut bien reconnaître que la loi, ici, est infiniment au-dessus des mœurs, et que cette différence à l'avantage du code de 1685 sur la société qu'il était appelé à régir a subsisté jusqu'à nos jours. » (*Histoire de France*, tom. XIII et XV, 1870.)

ces rivages, la difficulté de se défaire avantageusement des prisonniers, l'inutilité de leur possession, les ressources insuffisantes à entretenir des bouches improductives, aient aiguisé la soif de sang et de massacres et multiplié les sacrifices. Certes ce mal s'exaspéra des entraves apportées par la croisière anti-esclavagiste. Mais déjà il se lasse; les armes européennes et l'opinion des blancs troublent les fureurs d'Abomey et de Koumassi. Dût-il même subsister quelque temps, faudrait-il regarder en arrière et regretter? La poursuite du bien ne donne jamais de résultats absolus ni immédiats; pour cela, doit-on s'arrêter et laisser périr le monde? Les nations, comme les hommes, qui vont jusqu'où il leur est possible, en déplorant le mal qui ne peut être empêché, et toujours surveillant son point faible, marchent dans leur voie de progrès en progrès et rendent plus légère la tâche de l'avenir.

III.

PORTO-SEGURO.

Les Popo. — Agoué (*)

La zone que nous allons parcourir, faisant suite à la Côte d'Or, est la plus immédiatement convoitée et préparée par l'influence anglaise.

Un fétiche, solennellement honoré dans une case, rappelle

(*) Par décret du 19 juillet 1883, le protectorat de la France a été établi sur les territoires de Petit-Popo, Grand-Popo, Porto-Seguro et Abgwey, à la demande des chefs de ce pays.

Cette année même cependant, Porto-Seguro et Petit-Popo ont été cédés à l'Allemagne, en échange de ses prétentions très discutables sur la côte de Kerry, aux environs de Konakry sur la Mellakoré (1886).

que des *Mina*, fuyant l'oppression des Achanti, il y a quelque cinquante ans, passèrent le Voltas et s'établirent à l'état indépendant sur la lagune, entre la rive gauche du fleuve et les confins du Dahomey. Leurs principaux villages riverains sont, en allant de l'ouest à l'est, ceux de Porto-Seguro, Agoué et Grand-Popo.

La côte de Porto-Seguro est basse, couverte de brousse maigre et clairsemée de cocotiers et d'arbres rabougris; son assise de sable rougeâtre, descendant vers la mer par une pente assez prononcée, masque la bourgade noire, sise sur l'autre versant, au midi de la grande lagune d'Hako. Trois factories, dont une massive d'ancienne date, représentent des maisons de commerce anglaise et française, dont la principale exportation consiste en huile de palme.

La nuit a été orageuse, le vent a soufflé en grain de tornade, la houle déferle au rivage par trois ondulations monstrueuses. Les pirogues de terre ayant plusieurs fois chaviré et paraissant définitivement renoncer à toute nouvelle tentative, le capitaine appelle le chef krouman du bord. La barre est véritablement très mauvaise, et le noir hoche la tête à diverses reprises, en répétant son *very, very bad*, sacramentel en ces occasions. Mais le gin, circulant en temps opportun, allume l'émulation, l'équipage s'échauffe, il se joue de la vague qui brise, et le chargement s'opère en quelques heures.

Un certain nombre de tours d'hélice nous mènent dans une baie dont le nom m'est inconnu. A l'abri d'un cap pointillé d'arbres solitairement espacés, un brick français se tient au mouillage. Rien à la côte que du sable et des cahutes, et des ombres noires, dont la silhouette ressort sur la blancheur de la grève. Nous communiquons avec elles, toujours pour de l'huile.

Les *Popo* ont reçu de leurs parrains européens un qualificatif français, que les Anglais n'ont pas débaptisé.

Les noirs de Petit-Popo jouissent présentement du « self-government ». Leur village de chaume court le long de la plage, adossé à une belle allée de palmiers; chaque case est surmontée du pavillon britannique, régulièrement hissé au lever du soleil et rentré à son coucher. Derrière le cordon littoral, que bat une houle furieuse, le paysage n'a d'autre horizon que le ciel étendu sur la lagune.

Plus à l'est, Grand-Popo (lat. N. 6° 16′ 20″, — long. O. 0° 26′ 15″) s'est assuré une situation inexpugnable au milieu des eaux éparses sur le rivage. Sa résistance, toujours victorieuse, aux attaques de l'invincible Dahomey l'a rendu quelque peu fier et arrogant. On dit même ses gens violents et batailleurs. Son commerce important, dont il est inutile de répéter la nature, parce qu'il est le même partout, alimente deux maisons de Marseille. De grands navires sont mouillés en pleine côte. La mer est de mercure et d'innombrables bancs de petits poissons irisent la surface.

Entre ces deux peuplades, Agoué ou Ahgwey, frère ennemi, groupe sur le sable de la lagune une agglomération considérable de cases, ceinte de cactus épineux; cette bourgade n'a pas moins de 4,000 à 5,000 habitants. De communs besoins, une commune convoitise rendent ces tribus soupçonneuses les unes à l'égard des autres; chacune d'elles tient à garder le monopole de la maison de commerce qui l'approvisionne et y veille avec un soin jaloux. C'est là l'origine habituelle des rivalités intestines et des graves querelles.

Les riverains de la lagune ont profité de la marche du temps, qui ne les abandonne plus à l'incertitude de leur liberté; ils ont aussi, de leur frottement prolongé avec les étrangers, gagné quelques bribes d'avantages matériels et de culture. Plusieurs sont chrétiens; mais le tempérament moral de la masse est demeuré fruste, autant que son état primitif peut le laisser supposer. Les missionnaires français, tels

MM. Bouche (*) et Ménager (**), qui évangélisent depuis un certain nombre d'années ce rivage, nous retracent quelques traits intéressants à rapporter des conceptions religieuses de ces noirs.

Les gens d'Agoué ont une conscience relative de la distinction de leur être en corps et en esprit; mais cette dernière notion est singulièrement matérialisée par eux. Ainsi l'âme a besoin de se nourrir, et parfois elle descend jusque dans le ventre chercher sa subsistance; et, comme les indigènes attachent une certaine importance à cette migration, l'expression de « mauvais ventre » a pour eux une signification identique à celle de « méchant homme ». Cette âme survit au corps. Dans les cérémonies publiques, les esprits des morts sont conviés à la fête, au son de clochettes qu'on agite dans toutes les directions; pour eux, on répand sur le sol des cases un mets de circonstance, préparé avec du maïs et nommé *yéké-yéké*.

Les Popo ont en honneur le culte des serpents. Protégés par la superstition publique, les reptiles multiplient en sécurité dans le pays et ravagent impunément les basses-cours; les blancs ont recommandation expresse de les respecter.

Ils reconnaissent un esprit supérieur, qui est bon et, à ce titre, reste parfaitement négligé; par contre, la piété populaire se tourne du côté du mauvais, parce qu'il sait nuire, et des fétiches nombreux s'essaient à le rendre favorable. Nous retrouverons en pays mpongoué cette judicieuse manière de se conduire.

Les rapports des tribus riveraines avec les Européens, nous le disions plus haut, sont resserrés par l'intérêt commercial. Les blancs (Français, Anglais, Allemands, Portugais) vivent en bons termes avec les noirs; l'élégante factorie côtoie la

---

(*) *Notes sur les Républiques minas de la Côte des Esclaves.* (*Bulletin de la Société de géographie*. Paris, 1875.)

(**) *La Guinée.* (*Ibid.*, 1878.)

case de paille ou de pisé. L'isolement, sur la plage déserte, de ces maisons civilisées évoque l'image d'épaves abandonnées en mer. Rien ne rattache plus les exilés au reste du monde, que leurs communications avec les navires de transport et les courriers qui passent de semaine en semaine. Le plus souvent, le mauvais état de la barre empêche ces communications d'être directes; la mer et la terre correspondent alors par signaux, le jour, au moyen d'un jeu complet de pavillons, la nuit, grâce aux traits lumineux de fusées d'artifice. Les courtiers d'il y a cent ans, avant la vulgarisation de la vapeur, étaient vraiment moins favorisés.

Parfois une lutte intéressée anime la baie. C'est une pirogue d'un rivage étranger que le flot a entraînée en dérive. Les Kroumen d'une factorie se sont élancés à la curée de l'épave; ils font tête à ceux d'une maison rivale qui, de leur côté, en revendiquent avec force cris la possession. Une grave palabre s'élève, dans laquelle l'impartialité ne sert pas toujours le bon droit. Si des blancs s'en sont mêlés, le résultat est plus clair, la justice dépouillant volontiers son bandeau sur la côte africaine et regardant d'un œil complaisant le plus fort ou le plus retors.

A certaines heures de la journée, l'atmosphère est étouffante d'orage et de fièvre. Dans un pareil milieu, rendu plus intolérable par l'espace renfermé d'un bâtiment en fer, l'impression prolongée fausse les sensations. L'illusion prend un corps; la prairie verte revêt une forme, le ruisseau court sous vos yeux troublés et roule ses eaux claires; un moment le mirage vous rafraîchit. Impérieux appel des sensations en détresse au besoin.

IV.

LE DAHOMEY.

Whydah.

Il n'est guère dans l'Afrique occidentale, après Timbouktou, une terre qui ait plus entretenu l'opinion que le royaume du Dahomey. Sa célébrité est faite tout à la fois de légende et de réalité. Mais peu à peu la civilisation perce cette enveloppe mystérieuse et met à nu des mœurs hors nature, si soigneusement défendues de l'approche du blanc par le terrain et l'esprit ombrageux des habitants; et bientôt le sauvage, ayant usé ses dents contre elle, en arrivera à lui appartenir tout entier.

Venant, après deux heures de belle traversée (*), de ce Grand-Popo si fier d'avoir toujours échappé au joug du tyran, nous mouillâmes, par 6° 18′ de lat. N. et par 0° 15′ de long. O., devant la plage de Whydah (**). Sur l'assise de sable rouge qui domine et borne la mer, s'élèvent des factories européennes de nationalités diverses; l'une d'elles, succursale d'une maison de Marseille, est fermée du côté du large par une devanture crénelée, dont l'aspect, blanchissant sous les feux du soleil, n'est pas sans cachet mauresque.

Ces magasins sont seulement des entrepôts; les comptoirs dont ils relèvent se trouvent établis à la ville, sise à 4 kil. plus avant dans la plaine, sur une langue de terre entourée par les bras de la lagune, et masquée par un pli du littoral qui l'empêche d'être visible de la rade. La ville noire est impor-

---

(*) La route en pirogue par la lagune demande plusieurs heures; mais elle est fréquentée de préférence par les riverains, parce qu'elle permet de tourner le danger de la barre.

(**) *Ouidah*, suivant l'orthographe française.

tante; elle étend au loin ses huttes de pisé, groupées par quartiers ou « salams », et ne compte pas moins de 20,000 à 25,000 habitants, chiffre approximativement égal à la population de la capitale. Whydah est de longue date le séjour assigné aux Européens, duquel ils ne doivent se départir sans permission expresse du gouvernement d'Abomey. Au temps des annexions de la « Compagnie d'Afrique », les étrangers obtinrent de s'établir avec quelque solidité sur le rivage; d'anciens forts l'attestent. Maintenant, l'ouvrage anglais est en ruine et inhabité; depuis la fin du siècle dernier, le français sert de résidence au représentant de la maison Régis, qui est en même temps agent consulaire. Les Portugais, après avoir confié le leur quelque temps à la mission française, y maintiennent de nouveau une occupation fictive. Une faible garnison garde à Whydah les couleurs de Lusitanie.

Parfois, revoyant dans ses rêves les glorieux empires d'Albuquerque, de Gama et de Cabral, cette vaillante nation semble avoir peine à renoncer à certaines parcelles improductives que le temps lui a laissées, et s'obstine, sans fruit peut-être, à ne point perdre pied de quelques rivages où elle est notoirement impuissante à maintenir un gouvernement. Lorsque récemment les forces anglaises menacèrent la baie, l'officier qui commandait le poste portugais fut invité à laisser place libre aux canons de la division navale; ayant refusé d'évacuer son fort, il dut s'y enfermer avec ses hommes, et, les communications étant coupées des deux côtés, y demeura comme prisonnier. Le blocus levé, le Dahomey, regardant ces étrangers armés en quelque façon responsables, ou voulant exercer une de ces capricieuses vengeances familières aux noirs, et très inutile, puisqu'elle n'atteignait pas les auteurs de son préjudice, prolongea cette captivité et ne leva l'interdit qu'après qu'un négociant se fut constitué en otage, comme garant des bonnes intentions du Portugal. Il est vrai que l'apparence du droit de possession fût ainsi, pour quelque temps, sauvegardé et l'avenir réservé (*).

Il y a moins de quarante ans, vivait à Whydah dans la plus fastueuse opulence un illustre courtier d'esclaves, du nom d'Antonio da Souza, d'origine portugaise. Le roi qu'il servait l'honorait de ses faveurs, et, entre autres bénéfices, lui avait octroyé le privilège de se monter un harem entretenu par un choix soigneusement fait entre les plus jeunes négresses du Dahomey. Des quatre cents femmes, qu'il épousa tour à tour, il laissa une centaine d'enfants. « A sa mort, rapporte le docteur Thibault (**), la politique ombrageuse des rois du Dahomey, hostile à l'établissement d'une race métisse, parqua cette nombreuse progéniture dans une enceinte particulière, appelée « Salam », sous l'autorité d'un des fils de da Souza. » Repoussés des noirs, qui les méprisent, surveillés par les agents du despote, ces gens ne peuvent s'unir qu'entre eux. Issue d'une parenté si proche, dégradée par la misère et par les débauches d'une étroite promiscuité, déjà, à sa troisième génération, leur race mêlée retourne aux apparences du type nègre, tout en conservant, d'après le même auteur, quelques traces de la souche paternelle.

L'attrait de la sauvagerie peut donc à l'occasion reprendre le blanc, qui l'a depuis si longtemps oubliée. Ceci, à la rigueur, nous ferait excuser le noir lorsque nous le voyons, après quelques années seulement d'éducation, revenir avec abandon à sa vie primitive. Un tel exemple est heureusement exceptionnel; il convenait bien au Dahomey de nous le présenter sous ses couleurs exotiques. Ce malheureux pays abonde en singularités de tout genre, et sa légende, mêlée d'atrocité et de

---

(*) Cette politique était, du reste, conséquente, puisque quelques années plus tard le Dahomey reconnaissait volontairement la suzeraineté du Portugal (octobre 1885).

(**) *Note sur les mariages consanguins dans la race noire.* (*Archives de médecine navale*, 1864.)

logique, ne semble vraiment pas au-dessus des faits. Qu'on en juge plutôt par ce qui suit.

Le *Dahomey* (nom d'homme et de pays à la fois) est un souverain absolu ; la langue française n'a pas de terme pour qualifier autrement l'exaltation du despotisme africain. Il dispose sans contestation des biens, des personnes, du sang de ses sujets. Chacun plie devant lui, les plus grands sont ses esclaves ; un signe ferait tomber leur tête. Cet orgueil dans l'exercice du pouvoir, qui n'a jamais souffert l'ombre d'une opposition, se déploie avec une naïveté sinistre à des limites inconnues. Le dahomey règne sur une des régions les plus peuplées de la côte. Son territoire s'étend de la rive gauche du Voltas à la lagune de Porto-Novo et nourrit entre 200,000 et 900,000 sujets. A cet égard, le chiffre est vague, et sans doute le monarque lui-même n'en saurait dire le nombre. ABOMEY (*), sa résidence, à 120 kil. de la mer, est située au centre d'un pays coupé de marécages et de cours d'eau. C'est un grand village, peuplé de fétiches et ensanglanté de massacres, une sorte de charnier humain dans le genre de Koumassi, pis encore peut-être, au-dessus duquel s'ébattent des nuées de corbeaux au ventre blanc et des vautours innombrables, gardiens de la salubrité de ces régions. Le *Lama*, vaste marais mouvant d'accès difficile, en défendant les approches de la capitale, a laissé le dahomey jusqu'à ce jour dans un isolement favorable à sa politique.

De ce repaire, sans prétexte et sans besoin, le potentat lance son armée à la curée des pays d'alentour, dont il est la

---

(*) Ou *Agbomé*, « ville fermée par des portes », d'après l'étymologie que donne M. Borghero. La ville est entourée d'une muraille en terre percée de deux ouvertures, une populaire, une royale.

Lire les intéressantes lettres que le missionnaire a consacrées au Dahomey dans les *Annales de la Propagation de la Foi* (années 1862 à 1864) et les articles de M. Bouche sur la Côte des Esclaves et le Dahomey, insérés dans le *Bulletin de la Société de géographie* (Paris, 1874-1875).

terreur. Il entretient plusieurs milliers de guerriers formés à une certaine discipline et une garde d'honneur, « les amazones noires », nerveuses comme des femmes et trempées en héros, qui maintes fois, dit la chronique, glorieuses de ses faveurs, lui firent un rempart de leur corps et, par leur intrépide acharnement, ont décidé du sort de la bataille et sauvé sa personne. Ces tigresses manient avec une égale dextérité le lasso et la sagaïe. Le noir du Dahomey est réputé brave, autant que plein de morgue et d'ombrage. Sa vie n'est, pour ainsi dire, pas sa propriété; dans les temps les plus calmes, elle ne tient qu'à un caprice. N'ayant nul souci de celle des autres, il renonce sans peine à la sienne, regardant sans doute la mort comme une visiteuse inévitable, qu'il a trop souvent fréquentée pour n'être pas familiarisé avec sa venue. Il a, d'autre part, les traîtrises du léopard; il attaque de préférence par surprise et la nuit, à la clarté de la lune. Déjà il est mieux armé; le commerce de la côte lui fournit de la poudre, des fusils, des armes blanches meilleures que celles qu'il fabrique lui-même, voire des canons, dont il goûte le fracas et prodigue l'honneur à tout venant.

Le retour des bandes victorieuses est signalé par quelque massacre solennel des prisonniers, dont un certain nombre est réservé à paraître aux réjouissances de la « Coutume annuelle ». Les fêtes homicides sont célébrées à Abomey et à Kana, « ville sainte », à 12 kil. de la capitale, sur la route de Whydah. Le roi y attache grand intérêt, et les étrangers qui le viennent visiter sont tenus de l'assister de leur présence, et sans mauvaise grâce; son trône est, en ces jours, orné des dépouilles d'anciens suppliciés. Les principaux de la nation arrivent en pompe lui présenter leurs offrandes vivantes. La tuerie commencée (*), au moment où la victime

---

(*) Elle est épouvantable, racontent les voyageurs qui ont assisté à ces solennités,

tombe sous le couteau, le roi dit : « Va rapporter à mon père que je suis riche et puissant sur la terre. »

Cette parole significative ne doit pas être apocryphe. Les despotes n'aiment à aucun prix l'isolement; il leur faut des adulateurs dans ce monde et dans l'autre. A ce titre, le souverain régnant témoigne de sa piété filiale : il fait une cour au delà de la vie à ses ancêtres décédés et les pourvoit de serviteurs et de courtisans. Les infortunés, avant de mourir, sont préparés à leur mission; ils reçoivent une bouteille de rhum et quelques kori pour frais de voyage; avant de frapper, le roi leur répétera ses dernières instructions et ce qu'ils doivent rapporter outre-tombe de sa gloire, de ses besoins, de ses désirs. A chaque message, ils répondent silencieusement d'un signe de tête (*).

Cet appareil « raisonnable » est seulement l'affaire des premiers jours, que va durer l'horrible Coutume. A force de voir couler le sang, on s'enivre; on tue pour tuer; les captifs venant à manquer à la boucherie, on prendra dans la foule; chacun est saoul d'orgie. Mais le roi a fait impression et grand effet. Et, quelque temps plus tard, réfléchissant, le peuple craint et admire. « Comme Gréré, pense-t-il, est terrible et riche, lui qui sacrifie tant d'esclaves! » Aussi, rapporte M. Borghero, Gréré entre-t-il en grand courroux si un blanc ose devant lui manifester son horreur; et le peuple ne tient pas moins à ces jours de liesse, au cours desquels l'eau-de-vie coule avec le sang et les grands se montrent abondants en largesses.

Le dahomey est assisté d'un conseil de « Cabécères » (**)

---

et dure plusieurs jours. Les prisonniers sont sacrifiés par centaines. A la fin des cérémonies, le roi et ses grands font l'office de bourreaux et se vautrent dans le sang.

(*) *Voyage fait en 1843 dans le royaume de Dahomey* par M. Brue. (*Annales coloniales.*)

(**) Le « Cabécère », titre emprunté aux Portugais, désigne d'ordinaire le second chef d'un village sur la Côte des Esclaves.

où grands, humbles adulateurs de ses volontés. Les hauts fonctionnaires, chargés de l'administration du royaume, s'appellent suivant leur spécialité et leur rang respectif (*) :

1° *Méhou,* premier ministre. Ce dignitaire perçoit les impôts et les revenus des douanes. Les blancs ne parviennent au roi que par lui, après avoir passé par l'intermédiaire de l'Avoghan de Whydah. Il est l'organe du roi au peuple.

2° *Minghan*, second ministre. Grand justicier et grand exécuteur ; il est l'organe du peuple au roi.

3° *Tolonou,* premier eunuque et échanson du roi. Il est chargé des femmes et de ces efféminés, fils de seigneurs, « soumis dès le bas âge à l'usage de certains breuvages qui éteignent les ardeurs du sang » (**). Il est l'intermédiaire entre le roi et le méhou.

4° *Kambodé,* chambellan, introducteur des étrangers.

5° *Avoghan,* commandant à Whydah.

6° *Gao* et *Poissou*, chefs de guerre.

7° *Cabécères,* grands secondaires, que le roi fait et défait à sa fantaisie, et souvent à seule fin d'en obtenir le cadeau que tout nouveau dignitaire lui doit à sa promotion, ou son héritage, lorsqu'il l'a fait mourir. Les cabécères sont gouverneurs de districts et viennent avec les gens de leurs villages, qu'ils ont charge d'entretenir, renforcer l'armée, à l'appel de guerre.

8° *Racadères*, porteurs du bâton royal, messagers sacrés dans leur mission. Ces hérauts vont chercher l'étranger que le roi a convié à venir le visiter à sa cour ; ils le précèdent sur la route et lui servent de sauvegarde et de porte-respect.

Chacun de ces personnages est assisté, pendant toute la durée de ses fonctions actives, d'une sorte de coadjuteur, qui

---

(*) D'après M. le lieutenant de vaisseau Wallon. — *Le Royaume de Dahomey.* (*Revue maritime et coloniale*, 1861.)

(**) Amiral Fleuriot de Langle, *Croisières à la côte d'Afrique.* (*Tour du Monde*, 1876.)

s'instruit à son exemple et le supplée au besoin. Ministres, cabécères, tous ont aussi leurs représentants féminins, au nombre desquels nous n'oublierons pas les deux terribles chefs de l'armée des femmes. La « mère du roi » a surtout une influence qu'aucun postulant ne voudrait négliger. Vient-elle à mourir, sa place ne peut rester vide dans le conseil. Le choix du souverain lui désigne immédiatement une remplaçante, jeune fût-elle, ayant lui-même des cheveux blancs. Il n'importe, pourvu qu'il ait toujours une mère patentée.

Une étrange interdiction s'impose au despote d'Abomey : il doit vivre loin du rivage, la vue de l'Océan est refusée à ses yeux. Cette coutume eut sans doute sa raison d'être en son temps ; elle ne peut se comprendre maintenant que par la crainte de quelque redoutable fétiche, peut-être de la puissance des Européens. Les noirs, du reste, obéissent ainsi à une foule de traditions aveugles, qu'ils ne raisonnent pas. Le dahomey ne paraîtra jamais à Whydah, la « ville des blancs ». Un vice-roi, l'*Avogan* ou *Yavogan*, commande pour lui sur la plage, assisté du *Chaudatou*, surveillant du commerce, et du *Chacha*, chef des blancs et des mulâtres. La navigation hors des lagunes est expressément défendue à tout sujet du Dahomey.

S'il est maître absolu sur tant de choses, ce potentat si bien obéi est, par certain côté, singulièrement esclave. Tous ces personnages serviles vont jeter autour de lui un nuage de respect et d'ombre. L'étiquette, minutieuse au dernier point, veut qu'aucun fait, aucune parole, n'arrivent au trône que par leur intermédiaire, dont il a fallu, au préalable, acheter les bonnes grâces. Le méhou surtout, principal acteur des comédies d'une entrevue entre le roi et l'étranger, ne transmettra de la vérité que ce qui lui plaît. La vérité, du reste, ferait peut-être tomber sa tête. Tout ce monde se jalouse, s'épie, convoite le bien l'un de l'autre. Les petits se cachent des gens que le roi envoie sur les routes prendre, en guise d'impôt, ce qui lui semble bon; les grands dissimulent leurs richesses pour ne pas éveiller la convoitise d'un plus grand. Tel est l'ombrage du despote, que personne n'oserait égaler son vêtement, son palais, son ostentation. Et l'on reste pauvre, ou l'on tient à le paraître, pour sauver ses biens et sa vie. Et chacun vague dans la crainte, l'adulation, l'envie et le soupçon des pièges et des espions semés sur le chemin par l'ombrage universel.

A ce compte, qui pourrait s'étonner de voir le caractère des gens du Dahomey emprunter la doublure du tempérament félin? Il ruse, il est habile à dissimuler, il ne saurait aller droit devant lui. Il a surtout appris, à la cruelle école de ses mœurs, l'art de cacher ses desseins ou, comme le dit M. Borghero, « d'arriver à son but avant qu'on se soit douté qu'il y marchait ». Les noirs de Whydah, vivant près des Européens, sont devenus doux, paisibles, respectueux.

Au milieu d'une telle misère, on remarquera cependant que ce triste royaume possède une organisation administrative, centralisée entre des mains atroces mais vigoureuses, et les vertus d'un peuple viril. La cohésion fait sa force; elle a jusqu'à ce jour assuré sa supériorité sur les races noires divisées qui l'entourent.

Ce despotisme, qui ne néglige aucun moyen, est encore fortifié par une influence formidable. La caste des féticheurs est nombreuse; elle a sa hiérarchie propre; elle surveille avec un soin jaloux le maintien des coutumes. Maîtresse, par la terreur superstitieuse, de l'esprit de la foule, elle en fait marché avec le pouvoir, qui lui solde ses offices avec la sueur des petits.

Ce peuple est plein de religiosité. « A chaque coin de rue dans les villages, au pied de chaque arbre dans la campagne, dans les cours et les appartements des maisons, s'élèvent de petits monticules de terre couverts de poteries pour les offrandes;

jamais les gâteaux de manioc et de maïs, et l'huile de palme n'y font défaut (*). » Sur les places d'Abomey, les marques de la dévotion publique côtoient partout l'appareil des sacrifices. Le Dahomey a, dit-on, la notion d'un Esprit supérieur; notion assurément vague et bien éloignée de celle que le vicaire apostolique, récemment institué par le Saint-Siège (**), a mission d'enseigner. Ses pratiques religieuses ont la grossièreté commune au fétichisme. Il adore la foudre et le crocodile; mille objets sont sacrés, les termitières, le fromager, etc.; de grandes couleuvres inoffensives, objets de la vénération publique, sont gardées dans des enceintes fétiches, et quiconque les rencontre égarées sur les sentiers les rapporte religieusement à leur temple. *Dâ* (serpent), raconte M. Borghero, fut autrefois grand chef du pays. Tué dans un guet-apens, sur son corps s'éleva le palais du premier conquérant du Dahomey. « Dahomey » voudrait dire « ventre de Dâ ». L'étymologie donne peut-être la raison des honneurs rendus au serpent.

Parmi tous ces fétiches, il en est un des plus significatifs. Sur cette terre perdue, l'antique Priape se voit partout élever des colonnes. Sa figure est au seuil de chaque maison; il a des temples à Whydah. Ce dieu, que les Moabites, sous le nom de Belphégor, les Madianites, les Ammonites, les Syriens même ont honoré et les Latins poétisé, il semble qu'on revoie aussi son représentant dans ce *menhir* druidique, pierre debout, que la critique en vain s'est exercée à déchiffrer. Symbole de la fécondité active, peut-être hommage à la puissance

---

(*) D'après le commandant Serval. (*Revue maritime et coloniale*, 1878.)

(**) La Côte des Esclaves, du Voltas au Niger, est desservie par les « missions africaines de Lyon ». Les stations principales sont celles de Lagos, Porto-Novo, Agoué, Whydah (avec Godomé et Abomey-Kalavy); la population catholique compte 10,000 chrétiens. A Tokpò (près Badagry), les missionnaires ont fondé un établissement agricole, entretenu par d'anciens esclaves, qu'ils ont rachetés enfants et élevés.

créatrice, au dieu qui multiplie et renouvelle l'univers, — ailleurs qu'au royaume de Dahomey; car ici, le naturalisme obtus n'adore que la forme matérielle et sensuelle, l'image sans l'idée.

La terre du Dahomey, pays de plaine bien arrosé et engraissé par l'humus qu'apportent les débordements des cours d'eau, est bonne et fertile. Elle produit facilement les espèces accoutumées de la zone occidentale, et ne manque, pour donner beaucoup, que d'être assez travaillée. Le palmier, d'une abondance extrême, y prospère sans culture; son huile est, avec l'ivoire qui vient de l'intérieur, le principal objet d'exportation (*).

L'industrie des indigènes, tout élémentaire qu'elle paraît, montre une originalité réelle. Les Dahomey travaillent le fer, sans résultats remarquables certainement, mais ils ont le mérite de l'avoir appris sans maître. Ils moulent des poteries, d'une argile « brillante de parcelles d'or, d'argent et d'antimoine »; Abomey est le centre de cette fabrication. Leur manière de préparer les peaux laisse peu à désirer, et, l'objet une fois confectionné, ils l'agrémentent de broderies de soie, variées en dessin et en couleur, d'un fini assez heureux; ils font de même des tissus qui serviront de vêtement aux seigneurs. Tous ces objets se donnent rendez-vous sur les marchés des villes, où l'animation est grande du matin au soir. Le docteur Féris, qui a parcouru celui de Whydah, rapporte que chaque genre de produit occupe un département délimité, — un peu comme dans les bazars orientaux. Nous n'avons pas mentionné l'eau, qui s'y vend aussi, et fort cher à Abomey. C'est une singularité, dans un pays à demi couvert une partie

---

(*) « On estime, année moyenne, la production de Whydah à environ 500,000 gallons d'huile de palme et 2,000 tonneaux d'amandes. Le gallon d'huile revient à environ 1 fr. 80, tous les frais largement payés; il vaut en Europe de 2 fr. à 2 fr. 40. C'est le *gallon-wine*, d'une contenance de 3 l. 80. » (Serval.)

de l'année, que les sources claires soient rares et l'eau toujours mauvaise.

C'est particulièrement aux mœurs du Dahomey que le paradoxe a emprunté ses arguments d'apparence les plus solides, dans l'intention d'établir que l'extinction de la traite, convertissant en massacre un commerce de longue habitude, a conduit les misérables peuplades qui l'alimentaient à la pire des conditions. Mais nous savons que ces massacres ne sont pas uniquement un débarras, qu'ils existaient à l'état d'institution bien avant la croisade européenne, et qu'à défaut de prisonniers, le despote y pourvoit au détriment de son peuple. Le paradoxe n'est plus à discuter. Ce qui reste de vrai, c'est que le Dahomey fut jadis un foyer de traite considérable, ayant son meilleur débouché sur la mer, au voisinage de Whydah. Aussi, le roi s'étant vu dépouiller d'une de ses profitables ressources, sa rancune couve sourdement depuis cette époque critique et, quand l'occasion paraît propice, traduit son animosité contre les Anglais, principaux auteurs de son préjudice.

Comme nous passions au mouillage de Whydah vers le mois de mai 1876, le capitaine du packet nous apprit que la division anglaise allait venir prochainement châtier l'insolence du dahomey, lequel avait grièvement outragé la Reine, en faisant saisir et enfermer son représentant. L'agent avait été remis en liberté; mais le noir ne se pressait pas de payer les 500 ponchons d'huile de palme, exigés de lui en réparation de l'injure. Le roi d'Abomey était clairvoyant, sachant son trône suffisamment défendu par les difficultés du terrain et le climat, mortel aux Européens, et se souciant fort peu d'un arrêt momentané des transactions commerciales, qui ne l'atteignait pas directement; car il vit simplement de bananes, de poules et de manioc, il a du gin à souhait et des têtes à couper; et, s'il aime l'or, ses coffres renferment des pièces à toute effigie, accumulées par ses prédécesseurs et dont la variété ferait la joie d'un antiquaire. Du reste, il n'en fait pas personnellement usage, la circulation des monnaies autres que les kori étant, par raison politique, interdite dans ses États.

Pour des intérêts différents, des bâtiments de guerre anglais, français et portugais, stationnèrent près d'une année devant Whydah, surveillant le blocus et se surveillant les uns les autres. Parfois la panique fut grande parmi les Européens établis à terre, exposés qu'ils étaient à se faire massacrer en représailles, et venant en hâte, à travers la barre, demander le couvert de leur pavillon. Les magasins regorgeaient d'huile inutilisée. La maison Régis surtout en subissait un grand dommage, parce qu'elle monopolise une bonne partie du commerce de cette région. Son agent, qui jouit d'un certain crédit près la cour d'Abomey, l'employait à obtenir quelque transaction; mais le noir, avec cette finesse particulière aux gens de l'endroit, répondait aux messages de concorde : « Si les Français, qui sont puissants, sont mes amis, qu'ils chassent les navires anglais! » En définitive, ce fut la maison française qui, pour en finir, paya, au nom du dahomey, une bonne part de la contribution d'huile. Les ponchons ne devaient pas arriver à destination; ils allèrent au fond des eaux avec le paquebot *Gambia*, qui se perdit au cap des Palmes.

Ainsi se vida cette affaire du blocus; en somme, ce n'avait été qu'un vain simulacre. Mais, pour avoir une fois de plus tiré sa morgue de peine, le despote à courte vue aurait tort de compter éternellement sur l'impunité. Je renouvelle des considérations déjà exposées : si le gouvernement de la Reine, à ce moment, hésitait à s'engager plus avant, c'est que le souvenir des difficultés éprouvées aux Achanti était de trop fraîche date; il n'en est pas moins vrai que l'avenir d'une vaste annexion se voit en germe dans cette centralisation récente à Christianborg, près Akra, des gouvernements de la Côte d'Or et de Lagos. La lagune de Whydah court parallèlement à la côte. Sa pointe occidentale s'abouche au lac d'Avon, en communication peut-être avec le Voltas par un bras éloigné de ce fleuve; à l'est, un système de canaux enchevêtrés l'unit aux lacs de Porto-Novo et de Lagos. Ce n'est pas inutilement qu'une route navigable a été patiemment cherchée à travers ces lagunes et trouvée, qui mène au voisinage d'Abomey.

Depuis plus d'un demi-siècle, les Anglais couvent le Dahomey, et là, comme en d'autres points du globe plus fortunés, s'émeuvent leurs aspirations, éveillées à la fois par l'orgueil de domination et l'intérêt. Celui qui visite la côte occidentale à bord d'un paquebot de ces importantes lignes anglaises, subventionnées par l'État, qui sillonnent la mer de Liverpool à Loanda, remarquera l'emblème allégorique peint de vives couleurs sur les tapis, la vaisselle, les vitraux. Il représente la figure d'Albion, vêtue et casquée en Minerve; l'Africain à genoux lui offre en suppliant les produits de son sol, tandis que d'une main elle découvre un coin du voile qui cache le continent, et de l'autre agite une oriflamme, avec l'exergue : *Spero meliora.*

Assurément la devise est bonne, parce qu'elle est le mot de la civilisation.

L'histoire du requin de Whydah n'est pas déplacée à côté de celle du dahomey, et le rapprochement, tout d'actualité, ne me paraît aucunement hors de saison.

Ces voraces, fléau des mers chaudes, foisonnent dans la baie; c'est là que je les ai vus le plus nombreux et confiants, le moins soucieux de leur sécurité. Les coups de carabine les écartaient à peine du long du bord. Aussitôt qu'on jetait à la mer un morceau de salaison, ou seulement une bouteille, le squale avide accourait, et, pendant qu'il retournait mollement son corps gélatineux à fleur d'eau pour saisir l'appât, il devenait aisé de distinguer le jeu de ses mâchoires formidables et de ses petits yeux pleins de convoitise, convergeant vers un même dessein.

On sait que le requin-marteau emprunte son nom à la forme spéciale de sa tête, prolongée de chaque côté par une traverse qui porte à son extrémité l'organe de la vue. Cette disposition, permettant à l'animal de voir dans toutes les directions et, même renversé sur le dos, d'attaquer commodément sa proie, le rendrait très redoutable, s'il était commun et d'aussi forte taille que le requin ordinaire.

Celui-ci, le seul qu'on rencontre en nombre sur la côte de Guinée, peut-être parce qu'il a fait place nette des autres espèces, est remarquable par la lenteur et le peu de précision de ses mouvements. S'il veut saisir un objet, il doit se retourner à demi ou au moins se mettre sur le côté, sa bouche étant placée à la face ventrale du corps. Dans cette position mal commode, il n'aperçoit plus qu'indistinctement sa proie et la happe au jugé; mais si cette proie est mobile et fait quelque effort pour sauver sa vie, elle profite de l'incertitude de son ennemi et lui échappe souvent.

A ce moment critique, la légende prête à un petit aquatique l'office de guide. Les requins qui furent si familiers avec nous étaient tous accolés d'une sorte d'anguille frétillante, laquelle ne quittait pas l'abri des nageoires latérales. Cette sorte de chien d'aveugle, qui s'appelle « pilote du requin », s'y attache comme à son ombre. Mais, pour poétique soit la légende, il ne paraissait pas que ce pilote fût si secourable. Je l'ai vu suivre très attentivement les mouvements du monstre et se mettre toujours en dehors du centre d'action de ses mâchoires; je le crois plutôt un de ces parasites attachés à la fortune d'un puissant pour les reliefs de sa table.

Les requins suivent jusqu'à la plage les pirogues et les embarcations montées, surtout celles qui portent de la viande. La barre de Whydah est une des plus mauvaises de la côte ; elle a la réputation d'être double, c'est-à-dire que le flot brise sur une première levée de sable, descend et rebondit sur la seconde, avant de rouler au rivage. L'intervalle entre les deux monticules creuse une rigole profonde, dans les eaux de laquelle le monstre se tient à l'affût ; et, lorsque les noirs se jettent à la mer pour relever la pirogue chavirée ou la soutenir à l'embarquement, ils sont enlevés comme des moutons. Les accidents sont, à certains moments, si répétés que les Kroumen, pris d'épouvante, se mettent obstinément en grève. Hélas! il y a dans ce pays des « fétiches » qui les condamnent ; il n'en est pas qui les préservent (*).

V.

LAGOS ET ABÉKOUTA.

En quittant Whydah et continuant sa route vers l'est, le paquebot côtoie le rivage des grandes lagunes de Nokhoué et de Porto-Novo. Le dahomey, sans doute voulant faire brèche à l'influence anglaise envahissante, en même temps qu'il reconnaissait le protectorat du Portugal sur ses États, cédait à

(*) On commence à faire usage, sur la côte, de cartouches de dynamite, mises à sauter dans les eaux de la barre. L'explosion écarte les requins, au moins pour quelque temps. L'effet moral de ce procédé est surtout considérable aux périodes critiques ; les Kroumen reprennent confiance à leur périlleuse besogne.

Un moyen plus sûr serait d'employer des canots insubmersibles pour passer les barres dangereuses.

En tenant compte seulement du préjudice matériel que cause au commerce européen le passage de la barre de Guinée, on évalue généralement à 5 pour 100 des marchandises transportées le chiffre des pertes éprouvées.

la France *Kotonou*, « lagune des morts », sur le lac Nokhoué, et *Adjaché*, « ville des fétiches », mieux connue sous le nom de Porto-Novo (lat. N. 6° 22′28″, — long. E. 0° 14′46″). La métropole y a installé cette année un résident, appuyé d'une petite force militaire (*). Ces comptoirs, riches marchés d'huile, d'accès facile vers l'intérieur, sont peut-être destinés à de-

---

(*) Le protectorat français s'exerce sur une superficie de 1,800 à 2,000 kil. carrés. Le *Porto-Novo*, dans son ensemble, ne compterait pas moins de 80,000 à 100,000 habitants, dont 20,000 à 30,000 pour la bourgade principale seule ; certaines statistiques vont même jusqu'à 150,000. Deux missions, catholique et protestante, enseignent le français dans leurs écoles et catéchisent 2,000 chrétiens.

Voici, d'après les *Notices coloniales pour l'Exposition d'Anvers* (article dû au colonel Dorat, résident de France), la valeur du mouvement d'affaires dans cette région (année 1884) :

Importations	3,970,043 fr.
Exportations	5,055,483
Valeur du mouvement commercial	9,025,526 fr.

Pour la même année, le mouvement de la navigation (entrées et sorties réunies) est représenté par 178 navires (38,550 ton.), dont 16 français (4,000 ton.).

Le commerce européen est réparti, par nationalités, entre 3 factories françaises (dont 2 de Marseille), 3 maisons de Hambourg, 1 factorie portugaise.

En regard de ces chiffres, l'importance du mouvement général du commerce de nos comptoirs de la Côte d'Or n'est pas sans intérêt à rapporter.

Pour *Grand-Bassam*, il est évalué à 1,500,000 fr. environ ; la grosse part restant à l'actif de la maison Verdier, de la Rochelle. la charge annuelle est effectuée par 10 navires (5,340 ton.), dont 7 français.

Le principal objet d'exportation est le produit du palmier à huile : 2,000 tonnes d'huile et 400 tonnes d'amandes, dont la moitié est destinée aux savonneries et aux stéarineries du midi de la France. — Nos voisins, les Jak-Jak, fournisseurs des maisons de Bristol, ne tirent pas moins de 7,000 à 8,000 tonnes, par an, des territoires de Dabou, Toupa, Bouboury.

Assini a moins d'importance commerciale. C'est surtout le centre d'approvisionnement de la région aurifère de l'intérieur, qui exporte annuellement environ 5,000 onces de poudre d'or, d'une valeur de 480,000 fr.

Un nouveau produit cependant s'essaie, qui est probablement destiné à faire bientôt bonne figure. « La maison Verdier, écrit M. Brétignère, à qui nous empruntons ces détails, a créé dans la lagune d'Assini une plantation de café, comprenant actuellement une centaine d'hectares de caféiers libériens ; cette espèce croît à merveille et promet d'abondantes récoltes. » (*La Guinée du nord*, dans *La France coloniale* de M. A. Rambaud, 1886.)

venir les émules de l'important établissement de Lagos, la « lagune ».

Le 6 août 1861, l'Angleterre prenait possession de Lagos, aujourd'hui rattaché au gouvernement de la Côte d'Or, avec ses dépendances, *Badagry, Leckié, Palma*, jusqu'au *Yabou*.

Le rivage n'ayant ni relief ni abri, nous mouillâmes en pleine côte, en compagnie de dix grands navires, trois-mâts et clippers, d'origine anglaise, française, portugaise, se balançant au gré d'une grosse houle, devant la barre qui ensable l'embouchure de la lagune emplie par les eaux du fleuve *Ogoun* (1° 5′ 48″ de long. E.).

Cette barre est forte et très dangereuse à l'époque des raz de marée. Elle ne peut être franchie impunément qu'avec de grandes chaloupes à voile de sept à huit tonneaux, dont la stabilité se heurte parfois à des coups de mer formidables; mais un petit vapeur, qui fait régulièrement le service de Lagos à la rade, garantit aux passagers une traversée sans accident, moyennant la somme de dix schellings par tête de nègre ou de blanc. C'est la voie que suivirent, en prenant congé de nous, les hommes de couleur voyageant pour le compte des plus importantes places de commerce devant lesquelles nous avions fait escale, de Sierra-Leone à ce dernier mouillage; et je leur dois la justice de reconnaître qu'en dépit des petits livres sur la civilité sortis des presses de Freetown, tous ne satisfirent pas toujours aux conditions que les parfaits gentlemen et ladys tiennent à honneur de remplir.

La ville, bâtie sur une île basse, à 3 milles environ de la barre, ne se voit du large que dans une vapeur. Sa population blanche ne dépasse pas 100 Européens, qui conduisent 36,000 noirs. Elle a des missions, catholique et protestantes (anglicane, wesleyenne, baptiste), et plusieurs écoles entretenues par les diverses églises, des hôpitaux bien aménagés, des factories considérables. A quelque distance de l'entrée de la lagune, s'élève une jolie villa de plaisance exposée aux fraîcheurs du large, sanitarium maritime à l'usage du gouverneur.

Lagos exporte de l'huile et des amandes de palme, produit qui forme le fonds de son marché, de l'ivoire, des graines de sésame, du coton. Ses ressources comestibles sont abondantes, étant donné le point du globe où nous nous trouvons. La viande de boucherie, fournie par des bœufs de petite taille et de grands moutons venus des rives du Niger, est, sinon bonne, du moins plus supportable qu'en d'autres centres africains, les Anglais ne négligeant rien de ce qui peut assurer un aliment précieux à leur tempérament. Les bâtiments de passage trouvent facilement, en cet endroit, à s'approvisionner de volailles. Les cultures produisent du riz, quelques légumes (igname, giraumont, patate douce, piments, petits oignons) et des fruits, tels que bananes, ananas, cocos, pastèques, oranges et limons. On voit que les végétaux des pays tempérés sont à peine représentés dans cette énumération, chose assez habituelle.

La nouvelle colonie, en pleine prospérité, n'impose déjà plus de trop lourdes charges à la métropole; son importance commerciale, bien que décroissante en ce moment, dépasse encore celle des points les plus favorisés de la côte, à en juger seulement par le chiffre des exportations. Dans le lyrisme de leur esprit de clocher, les Anglais déclarent incontestable la salubrité de Lagos. A première vue cependant, il ne semble pas que le ciel ait raison de s'y montrer plus clément que celui qui pèse sur toute la Guinée, les marigots d'être salubres, non plus que les alluvions remuées par le courant des rivières.

En mai, j'y ai trouvé l'atmosphère étouffante et saturée d'électricité. En novembre, la température, chaude encore, paraissait plus saine, bien qu'il y eût toujours des orages le soir et des pluies; le ciel, se découvrant, était semé de nuages blancs floconneux, la barre devenait meilleure.

Sur toute cette partie du littoral, entre Porto-Novo et la lagune de Yabou, habitent les *Nago,* robustes et travailleurs, recherchés autrefois sur les marchés d'esclaves. Le grand nombre est fétichiste; mais le mahométisme fait parmi eux une active propagande et dissocie peu à peu les traditions du sol. Plusieurs groupes musulmans y ont établi leurs quartiers; à Lagos même, on n'en compte pas moins de 11,000. De même qu'à la Côte d'Or on les suppose descendus du Fouta par les brèches des monts de Kong, ici ils paraissent avoir suivi la route plus commode de la vallée du Niger. Nous retrouvons donc un peu partout leurs traces sur le rivage de l'Afrique occidentale, et même jusqu'à l'équateur, à cause des échanges de personnel qui se font entre le Gabon et le Sénégal (*).

A 70 ou 80 kil. au nord de Lagos, à peu près sur le méridien de l'établissement anglais, s'est groupée une colonie ré-

---

(*) *Tableau statistique des colonies anglaises de la Côte occidentale pour l'année 1880* (d'après *Avalle*, NOTICES SUR LES COLONIES ANGLAISES, 1883).

DÉSIGNATION DES COLONIES.	SUPERFICIE en milles carrés.	NOMBRE d'habitants.	FINANCES.			COMMERCE.		NAVIGATION (Entrées et sorties réunies).	MODE ET DATE DE L'ANNEXION.
			RECETTES locales.	DÉPENSES locales.	DETTE publique.	IMPORTATIONS.	EXPORTATIONS.		
Établissements de :			Liv. st.	Liv. st.	Liv. st.	Liv. st.	Liv. st.	Ton.	Cession par :
La Côte d'Or.	6,000	475,270	119,400	86,957	»	337,248	482,058	340,910	La Hollande (1807).
Lagos....	73	60,221	47,987	55,476	288	407,370	576,510	370,356	Les indigènes (1861).
Sierra-Leone.	468	60,546	76,009	57,775	83,000	491,993 *	375,985	401,293	id. (1787).
Gambie....	69	14,150	24,553	19,926	«	191,580	138,983	160,490	Établissement (1618).

(*) Ce chiffre (importations de Sierra-Leone) est supérieur à celui que consigne, pour la même année, M. Avalle, p. 201 de ses *Notices*, chiffre reproduit à la page 53 de cet ouvrage.

publicaine, telle que les noirs de cette région ne nous ont pas habitués jusqu'ici à en voir. Elle a nom ABÉKOUTA. Sa situation et ses progrès restèrent ignorés des Européens, jusqu'au moment où les Anglais prirent possession de la lagune. Elle attira dès lors l'attention et fut visitée par les missionnaires des diverses confessions. Nous devons aux lettres de MM. Borghero, Holley et Chautard, publiées dans les *Annales de la Propagande* (années 1867, 1881 et 1882), la description de la grande cité nègre.

La route, qui conduit de la mer à Abékouta, est praticable aux pirogues sur tout son parcours. Elle traverse la lagune de Lagos, puis le lac de *Korodou*, continuation de la nappe précédente, dont les rives se rapprochent en même temps qu'elle s'enfonce dans les terres. Au sommet du triangle liquide ainsi figuré, l'*Ogoun* s'épanche, par plusieurs canaux, au milieu des alluvions sans cesse entraînées de l'intérieur et déposées à son embouchure. Le fleuve trace péniblement sa voie au milieu des palétuviers envahissants. A mesure que la pirogue remonte, les berges escarpées se couvrent de forêts, le lit se resserre et devient torrentueux; le courant brise contre de nom-

Tableau statistique parallèle du mouvement commercial de notre colonie du Sénégal, pour l'année 1883 (d'après Vignon, LES COLONIES FRANÇAISES, 1886).

COMMERCE.					NAVIGATION		
IMPORTATIONS des produits français dans la colonie (*Commerce spécial*).	EXPORTATIONS de la colonie en France (*Commerce général*).	IMPORTATIONS des produits étrangers dans la colonie.	EXPORTATIONS de la colonie à l'étranger.	COMMERCE TOTAL.	FRANÇAISE.		ÉTRANGÈRE.
8,607,000 fr.	20,508,000 fr.	9,759,000 fr.	1,546,000 fr.	47,912,000 fr. (en 1883), 44,000,000 (en 1880).	Nav. 1,300	Ton. 239,000	Nav. 153

breuses roches semées à fleur d'eau, aux approches de la ville, pour devenir inaccessible en amont. C'est un voyage de quatre ou cinq jours, avec les relâches obligées des heures de nuit.

Abékouta couvre une surface immense de terrains ondulés, dont l'écorce, masquée par une belle végétation, laisse à nu, en certains points, la roche primitive qui les constitue. Au centre se dresse un imposant granit, élevé de 80 mètres au-dessus du sol, et cette singularité a donné son nom à la ville : *abe, okouta,* « sous la pierre ». Le sommet de cette roche solitaire découvre à perte de vue la pittoresque perspective des agglomérations noires semées dans la plaine, leurs innombrables rues, les vastes marchés et les belles cultures de maïs, de manioc et d'igname, s'étendant sur la campagne. Ceinte d'une circonvallation de plus de 20 kil. de développement (rempart en terre de 2 m. de hauteur, fossé large et profond de 3 m.), adossée à la rive gauche de l'Ogoun, la ville est mise à l'abri d'une surprise; en outre, le contrôle des voyageurs s'exerce aisément à l'entrée, et les droits prélevés sur les marchandises ne peuvent être éludés.

Abékouta offre donc moins l'aspect d'une ville que d'une réunion de villages resserrés entre des murailles. Sa fondation date de l'année 1825; elle dut son origine à une émigration d'*Egba*, branche des Nago, fuyant la persécution du Dahomey. Successivement de nouveaux fugitifs sont venus lui demander asile, et actuellement on ne compte pas moins de 140 villages groupés dans son enceinte, ce qui suppose une population supérieure à 100,000 individus, au nombre desquels la foule des esclaves.

Ce qui est surtout remarquable, c'est l'organisation politique de ce petit peuple, parce qu'on parcourrait longtemps la région occidentale sans rencontrer son analogue. Il n'est pas constitué en monarchie absolue; il vise plutôt à la fédération. Chaque peuplade nouvellement émigrée, dit M. Borghero, « a gardé ses droits, ses privilèges, ses usages et jusqu'aux nuances de son dialecte ». Chacune d'elles a conservé son chef, qui l'administre suivant ses goûts particuliers. Tous les chefs relèvent de la suzeraineté du roi d'Abékouta, lequel décide en dernier ressort des affaires intéressant la communauté. A ses côtés se tient le grand justicier et chef des armées, ou *bacheron*, nommé à l'élection. Celui-ci a en main la véritable influence en ces pays, puisqu'il dispose de la force publique. Cette sorte de « maire du palais » est en réalité un dictateur; il a sa garde d'amazones, souvenir de la terre natale. S'il est habile et fort, comme cet Ogudipe, forgeron renommé dans le Yorouba et terrible aux voleurs, dont nous entretient M. Holley, il saura retenir le pouvoir sans l'apparence, il fait la loi aux cent rois. Le droit de cité, c'est la propriété de la terre; quiconque possède un champ, noir ou blanc, devient Egba. Tous sont unis par l'intérêt commun de leur indépendance à défendre. Il est de tradition que, lorsqu'on entendra des coups de fusil dans les rues, la république finira; aussi l'usage des armes à feu est-il rigoureusement interdit dans l'enceinte.

La ville est soumise à la tyrannie spirituelle des féticheurs *ogboni*, chargés en même temps de la police. Les missions chrétiennes commencent cependant à prendre droit de cité. Le fétichisme leur opposera certainement moins d'obstacles que le mahométisme, qui a déjà gagné beaucoup de terrain. Ses traditions et ses habitudes, fort dénaturées, du reste, de leur source primitive, sont apportées par les courants des caravanes venues des environs du lac Tsâd et de Timbouktou. Nombre d'Egba voyagent maintenant, à l'exemple des musulmans. Nous tirons de ce fait une dernière conclusion : la colonie de Lagos, par l'intermédiaire d'Abékouta et grâce aux facilités du terrain, paraît favorablement placée pour la pénétration du Soudan intérieur. Son propre intérêt et la civilisation ne peuvent qu'en bénéficier.

CHAPITRE VII.

LE GOLFE DE BIAFRA.

DU CAP FORMOSE AU CAP LOPEZ.

I.

LES FLEUVES ET LES ILES DU GOLFE DE BIAFRA.

Au nord, le cap Formose, au sud, le cap Lopez, limitent une profonde échancrure du rivage, que baignent les eaux de BIAFRA. Pour former ce golfe, la côte suit d'abord une direction légèrement inclinée vers l'E.-N.-E.; puis, arrivée au massif des Kameroun, elle redescend à pic au midi, jusqu'au-dessous de l'équateur. L'altière montagne, prolongée dans le lointain par l'éperon que dessine l'île Fernando-Po, semble placée là afin de mieux accuser l'angle rentrant des deux lignes littorales venant à la rencontre l'une de l'autre.

C'est au cap *Formose* qu'a lieu la débâcle d'eau courante, mêlée d'alluvions, que le NIGER décharge dans le golfe de Guinée. Mais, bien avant de se perdre dans les flots, ses eaux gonflées, débordant des rives trop étroites, dispersent leur nappe majestueuse au travers d'un immense réseau de canaux sinueux, et le fleuve, partageant son cours entre dix-sept bras principaux, avance sur l'Océan un des deltas les plus considérables de l'Afrique.

Ce merveilleux Niger puise sa source par deux fontaines,

bien loin de son embouchure, aux confins des origines du fleuve Sénégal. Le chevelu rameux, par où le *Diôli-Bâ,* « la grande rivière », commence, descendant des revers orientaux du Fouta-Djalon, s'enfle de proche en proche du tribut que lui apportent de puissant affluents, — parmi lesquels, la *Benoué*, un autre fleuve, — grossis encore par les crues de chaque saison d'hivernage; sur un parcours de 1,000 lieues, et au delà, à travers le continent, il roule ses eaux capricieuses, que dévient souvent les accidents du terrain, et, de sa source à ses embouchures, trace un arc immense dont l'ouverture, tournée vers la mer, embrasse le littoral de la Guinée.

Les rameaux dispersés du tronc par où le *Kouara* s'écoule dans l'Océan sont eux-mêmes autant de rivières d'un imposant débit, charriant en quantité considérable les boues entraînées des rivages supérieurs. Avec le temps, leur cours s'embarrasse de bancs nombreux, continuellement exhaussés et élargis, s'égaie d'îles verdoyantes sur lesquelles les vents, les courants, les oiseaux ont apporté les semences des prairies et des forêts. Plus tard encore, ces levées réunies les unes aux autres, grâce à des dépôts incessamment surajoutés, forceront le fleuve à multiplier ses voies et prolongeront l'avancée du cap Formose sur la mer. Aussi voit-on cette protubérance alluviale grandissante, au front maritime déjà ample d'au delà 300 kil., tendre de plus en plus à séparer les deux enfoncements secondaires du golfe de Guinée, à sa droite : la baie de Benin, à sa gauche, la courbe commençante de la baie de Biafra.

La figure de gigantesque éventail que dessine le delta du « Nil noir » est arrêtée sur ses bords, entre 2° 42′ et 4° 46′ de long. E., par les rivières *Benin* et *Bonny,* ses bras de déversement extrêmes; la rivière *Noun,* qui continue le chenal principal du fleuve, coupe cette figure du sommet de l'angle à sa façade sur la mer. La plupart de ces nombreuses bouches sont navigables pour de grands bâtiments, à quelque distance et jusqu'aux embarras des alluvions trop avancées et des rapides (*). Elles sont ouvertes au commerce européen, je devrais dire, « au commerce anglais », celui-ci ne rencontrant plus sur ce marché, depuis notre abandon, de concurrence sérieusement rivale (**). Nous savons que deux puissances ont posé les jalons de leur prépondérance à venir sur le Niger, l'Angleterre à ses portes maritimes, la France dans la région de ses sources; l'avenir est peut-être davantage de ce côté (***).

En continuant vers le sud la ligne du littoral, passé le delta du grand fleuve, il n'est plus jusqu'au Congo de cours de telle importance. Cependant quelques-unes des embouchures indépendantes que l'on rencontre sur la route jettent encore dans la baie de grosses masses d'eau douce, refoulées à chaque marée par le courant du flux. Ce sont, à droite et à gauche de la montagne, le *Vieux-Kalabar* et le *Kameroun*, estuaire découpé dans le genre de celui du Gabon, de la Mounda, etc., dont la nappe doit son ampleur à la multiplicité des cours d'eau qui l'alimentent et à la marée, plutôt qu'elle n'est tributaire d'un grand fleuve. A la limite extrême de la baie de Biafra et du golfe de Guinée, au cap *Lopez* (lat. S. 0° 36' 0",

---

(*) *Boussa*, situé en amont du mélange des eaux de la rivière Benoué avec le courant du fleuve, à une distance du delta que l'embouchure de ce grand affluent sépare à peu près par moitié, est le point extrême de navigabilité du bas Niger, désormais interrompue par les rapides, — « Boussa », d'après M. Béraud (*la France coloniale*), est lui-même synonyme de « cataracte ».

(**) Le gouvernement britannique n'a rien négligé pour encourager et fortement appuyer la prépondérance commerciale de ses nationaux sur le Niger et ses affluents. La *National african company*, *limited* a successivement absorbé les compagnies rivales; le capital qu'elle met en œuvre dépasse maintenant de beaucoup le chiffre de 10 millions, que nous indiquions dans une note de la page 97. Sept de ses bâtiments à vapeur sillonnent le fleuve et desservent 40 factories environ.

(***) Nous verrons plus loin (t. II, *Conclusion*) comment la récente Conférence de Berlin a déterminé les droits respectifs et les situations réciproques de la France et de l'Angleterre sur les eaux du Niger, en appliquant toutefois à ce fleuve, de même qu'au Congo, les principes généraux adoptés par le Congrès de Vienne, en vue de consacrer la liberté de navigation et de transit, telle qu'elle est admise pour plusieurs fleuves internationaux, par exemple le Danube.

— long. E. 6° 22′ 36″), l'*Ogooué*, par les branches supérieures de son delta, vient y mêler ses eaux. Nous le retrouverons en son lieu.

Le rivage ici change de physionomie avec l'aspect de ses reliefs montagneux.

Lorsqu'on descend du fleuve Vieux-Kalabar vers le large, on aperçoit la terre ferme dressée subitement au ciel, au milieu d'une nuée de vapeur. Une petite chaîne, ramassée sur elle-même et toute en sommet, sort du rivage par 4° 25′ de lat. N.; on l'a appelée « monts Kameroun ». Les pieds de ce massif sont baignés dans les flots, quand, plus loin, suivant une ligne oblique qui court du N.-E. au S.-O., s'allonge sur la mer une traînée d'îles volcaniques, parcelles arrachées sans doute du continent dans un cataclysme.

Montagne et îles paraissent en effet relever d'une formation contemporaine. L'impression est déjà significative à la simple lecture d'une carte un peu développée du littoral de cette région; elle devient autrement saisissante si l'on a contemplé, en regard du continent, les îles elles-mêmes, leurs hautes cimes, leurs pentes roides, également découpées et comme tourmentées par le feu.

Le capitaine Burton, qui fit en 1861 l'ascension des Kameroun, a reconnu la parenté géologique des deux rivages. On trouve dans les montagnes des scories et des sillons de lave; il est aussi de tradition locale que des tremblements de terre s'y font parfois sentir et que des feux s'allument spontanément sur un des sommets, phénomène que traduit le nom indigène de « montagne-fétiche ». Le pic le plus élevé de la chaîne est le *Mongo-ma-Lobah*; son altitude, de gradins en gradins, s'élève de 1,933 m. à 4,197 m., plus haut encore de quelque cent mètres, suivant des évaluations récentes; et, par temps très clair, on peut apercevoir, jusqu'à 70 milles de distance, son faîte couronné de neige à la saison de septembre-octobre. Pendant que les Anglais occupaient Fernando-Po, ils eurent quelque velléité d'établir aux Kameroun un lieu de convalescence ; leur site de prédilection eût été sur la pente des versants qui descendent vers la baie d'*Ambas*, vis-à-vis l'île.

Un étroit bras de mer, aux eaux peu profondes, sépare Fernando-Po de la grande terre (*). En cet endroit surtout, les plans des deux rivages qui se regardent présentent de si singulières concordances de creux et de saillies, que la pensée s'essaie à les opposer les uns aux autres pour les réunir à nouveau. Fernando-Po est le premier anneau de cette chaîne d'îles semées sur les flots, que continuent l'Ile du Prince, San-Thomé et Annobon, montagne perdue à la limite équatoriale de l'océan Austral, défiant un ciel de feu et d'orage. L'Espagne couvre ce rocher de sa protection honoraire.

II.

LA RIVIERE BONNY.

Le fleuve *Noun*, bras capital du Niger, ouvre ses déversoirs et ses criques au commerce anglais ; sur une de ces dernières, de ces nombreuses *Oil-rivers*, « Rivières d'huile », comme les ont baptisées les sujets de la Reine, à *Brass-River*, s'est installé un des comptoirs flottants qu'on voit échelonnés dans les principales embouchures de Biafra. Ayant perdu dans le lointain brumeux les masses verdoyantes du cap Formose et la mer limoneuse qui le baigne, nous pénétrâmes dans l'estuaire commun où se mélangent les eaux des bouches *New-Kalebar*

(*) L'île « est, dans sa plus petite distance, à 19 milles du continent, et, dans le canal qui l'en sépare, les plus grands fonds sont de 70 mètres ». (De Kerhallet.)

et *Bonny*; à plusieurs milles, leur flot bourbeux trace son sillon d'un vert douteux à travers les flots et marque d'un trait distinct la séparation de son cours avec l'eau salée. L'entrée du New-Kalebar est fermée par une barre; celle de la rivière Bonny est plus dégagée, quoique embarrassée de bancs de roches et d'alluvions de dangereuse approche.

Laissant sur bâbord la bande écumeuse qui ondule violemment sur la levée de la rivière jumelle et relevant à l'entrée, sur la rive gauche, l'avancée boisée de *Rough-Corner,* nous entrâmes dans la Bonny. La terre est sans accidents; toutefois, las de l'éternelle uniformité des paysages qu'ils viennent de parcourir, les yeux se réjouissent du contraste et parent d'une majesté non dépourvue de grâce cette nappe d'eau qui coule silencieusement entre ses berges éloignées, couronnées de verdure. De petites îles, de formation déjà ancienne, sont ensevelies au milieu d'un nuage d'herbes folles et de taillis; d'autres, encore à demi baignées dans l'onde qui les a si récemment façonnées, émergent leur gazon jauni, recouvert à chaque flux, et leur voile de joncs; des bandes d'oiseaux aquatiques volent joyeusement de l'une à l'autre, parmi les roseaux qui poussent sur les bancs isolés. Des promontoires font saillie sur les eaux, y baignent les pointes de leur feuillée impénétrable; dans les criques mornes et sans vie, la ramure des mangliers entrelacés étend une voûte d'ombre qui fait plus noire l'eau du lac stagnant; plus loin, vers l'amont, les arbres croissent par étages inégaux en grandeur.

La trace de l'homme, si bien accordé à ce cadre de nature sauvage, se signale à quelque distance. Le taillis s'ouvre et montre une hutte, que voile une draperie blanche étendue entre deux poteaux; là, à certaines cérémonies, les nègres Bonny sacrifient des enfants, de toutes jeunes filles, et les jettent au courant du fleuve. La pointe-fétiche, ou *Djoudjou,* garde le secret de ses écœurants mystères.

Arrivés en un point où le cours de la rivière s'évase, un spectacle inaccoutumé s'offre aux regards : dix à douze grands pontons dorment à l'ancre dans une enceinte d'eau et de feuillage. Spectacle en effet bien propre à forcer l'attention : une rade européenne au cœur d'un fleuve africain, la civilisation se posant hardiment en face de la barbarie, autel contre autel.

Ces pontons, anciens navires hors d'usage, sont devenus des factories sur l'eau ; ils ont été aménagés pour servir à la fois d'habitations et de magasins. La cale, blanchie à la chaux, et l'entrepont sont utilisés en guise de magasin général des objets d'échange et pour le logement des Kroumen, ces indispensables travailleurs que nous retrouvons un peu partout; le pont-arrière est réservé au retrait du maître et de ses agents européens, il porte des constructions légères, aérées et confortables. Le chef de chacune de ces factories s'intitule « captain », titre honorifique très apprécié chez un peuple dont la mer est la grandeur et le moyen d'existence; le plus âgé des capitaines exerce une certaine autorité pour la sûreté et le bien général. La colonie flottante est aussi assez importante pour s'attacher un médecin, lequel, grâce aux sévices d'un climat qui ne l'épargne, du reste, pas autrement que ses clients, se retire, après quelques années d'exercice, avec une jolie fortune, si toutefois la « fièvre maligne » lui en a laissé l'occasion.

Ici, à un moindre degré qu'au Gabon, parce qu'on est plus avant dans l'intérieur et en un lieu connu pour son insalubrité, nous retrouvons cependant les avantages hygiéniques de l'habitation en pleine eau : l'air est plus frais, les effluves émanés du sol moins pernicieux. A un autre point de vue, au milieu de populations libres et sauvages, les blancs sont à l'abri des surprises et leurs marchandises des déprédations. Mais certaines conditions rendent la généralisation de ces installations difficile : elles sont coûteuses et de peu de durée. Usés par les chocs de courants violents, par les décompositions chimiques du climat, envahis par les « tarets », qui se logent sous les feuilles du doublage, perforent la coque et inondent la cale de mille voies d'eau, — lorsque les *hulks* ont subi durant quelques années l'action de ces diverses causes destructives, ils sont hors de service et mis par nécessité à la côte, ce que montre trop bien la dentelure du rivage, hérissée de bois morts. Seuls, les navires en fer résistent avec avantage, et celui de la compagnie « african steam navigation », qu'on voit mouillé dans la rivière, a certainement des chances de durée. Quant aux autres, l'épreuve semble faite désormais, et, l'intérêt mercantile passant avant la santé aux yeux de gens qui du reste, ont tout quitté afin de s'assurer l'aisance sur leurs vieux jours, les arches de bois qu'ils habitent, tombant en ruine, ne seront pas remplacées. Déjà les négociants ont choisi à terre, sur la rive gauche, l'emplacement d'un établissement prochain; l'église s'élève au centre de baraques en construction.

La commerce de Bonny est essentiellement anglais; l'huile de palme en est la principale ressource, et, à rang secondaire, l'ivoire. L'huile est abondante surtout d'avril à septembre. Recueillie par les indigènes dans des calebasses, elle est purifiée et mise en baril à bord même des pontons; soldée en marchandises, elle donnait, il y a quelques années, sur place, un gain de 80 p. 100, duquel il faut naturellement déduire les frais d'établissement de factorie, de transport en Angleterre, etc. Les bâtiments en relâche ne trouvent en cet endroit que des ressources médiocres et apportent plus qu'ils ne reçoivent. Le poisson, à défaut d'autres vivres frais, est abondant dans la rivière. L'eau a encore la réputation d'être très mauvaise.

Les transactions avec les gens du pays s'opèrent, selon l'habitude, au moyen des cotonnades, du gin, des fusils, de la poudre, etc.; le fer en barre est très apprécié, et une boucle de ce métal tarife la valeur de certains produits. Depuis la « terre noire », les *kori* circulent dans les villages; ces petites coquilles (*Cyprea moneta*) servent à la fois de monnaie courante et d'ornement, mais il en faut plusieurs centaines pour représenter la valeur d'un franc (*). C'est un peu l'histoire des réis, enflés de nombre, minimes de fait. Cette mode des coquilles-monnaies est commune aux peuples primitifs. Les Néo-Calédoniens en ont une dans ce genre, connue sous le nom d'*ouatchème*, diamant d'un cône microscopique, enfilé à des colliers tressés avec le poil d'une chauve-souris géante.

Un certain mouvement d'embarcations donne quelque animation à la nappe somnolente et relève les teintes mélancoliques du ciel bas, descendant comme une chape sur les sombres pontons démâtés, voûtés sous leur toiture en forme d'arche funéraire. Les yoles blanches des « captains » sillonnent la rivière, mêlées aux longues pirogues des Bonny, qui glissent au fil de l'eau, légères comme des poissons; celles des chefs sont montées par plus de trente pagayeurs. Deux fois, la pagaie plongeant d'aplomb donne l'impulsion; au troisième coup, le noir la fait voler avec entrain au-dessus de sa tête, puis elle retombe de nouveau. Cette nage animée se poursuit longtemps avec la régularité d'un exercice militaire, sous l'œil du maître debout à l'ombre d'un parasol, dans sa dignité oisive.

Les Bonny ont un teint olivâtre, moins engageant, à notre avis, que la couleur franchement ébène; leur crâne représente une boule allongée vers le sommet; le masque, aplati, aux narines dilatées, est d'une vulgarité prononcée. Ils sont nus, et

---

(*) Les Hollandais vendaient autrefois, 25 à 30 sols la livre, les bouges ou kori qu'ils apportaient des îles Maldives. « Au XVIIIᵉ siècle, pour traiter de 500 à 600 noirs (de ces jeunes et beaux Sénégalais, qu'on appelait à l'époque « captifs pièce-d'Inde »), il fallait pour la cargaison du navire 12,000 livres pesant de cauris... Aujourd'hui, dans le Soudan, la pièce de 5 fr. vaut, suivant les cours, 2,000 à 2,300 cauris. » On voit quelle dépréciation énorme a subie cette monnaie primitive, destinée bientôt à n'avoir plus cours. (Ch. Bréard, *Étude historique sur la Guinée, le Congo, et le commerce français au XVIIIᵉ siècle*, dans la *Revue maritime et coloniale*, 1876-1883.) — Sur la Côte des Esclaves, une piastre-kori représente deux cents coquilles et vaut 0 fr. 80 cent. à 1 fr. 25.

les fortunés seuls s'offrent la parure d'un pagne de guinée autour des reins.

Les villages sont nombreux et parfois gros de plusieurs milliers d'habitants. Il est des chefs riches et assez frottés de civilisation pour en apprécier les moyens destructeurs. Lorsqu'ils se font la guerre d'une rive à l'autre, avec les canons et les fusils vendus par les Anglais, les pontons, pris entre deux feux, doivent mouiller en retraite. On voit dans un des principaux villages un canon perfectionné, mystérieux instrument dont les servants restent inhabiles à découvrir le mécanisme. Il y a peu de temps, les autorités britanniques durent mettre l'embargo sur un petit vapeur armé de canons, équipé par une grande maison anglaise, à destination d'un chef important de la rivière. Elles estimèrent qu'il n'est jamais sage de confier des outils dangereux aux mains des enfants, quelque respect ait-on par ailleurs pour les franchises du commerce.

Le roi Georges de Bonny est un souverain de quelque lustre; il a été élevé en Angleterre et a visité Paris. Malade, il appelle le médecin de la colonie. Son entourage pense qu'il « fait fétiche »; quant à lui-même, il serait téméraire peut-être d'approfondir sa secrète pensée. Malgré le voisinage des blancs, avec lesquels il commerce en bons termes, ce chef civilisé tolère les sacrifices humains et fait ainsi de bonne politique, étant tributaire de l'opinion de son peuple.

La rivière est extrêmement malsaine; ayant eu occasion d'y séjourner à deux reprises, elle m'a laissé personnellement de très mauvais souvenirs. La nuit venue, la température se rafraîchit d'une manière sensible, le lit du fleuve servant de couloir à la brise; en même temps des brumes épaisses et froides descendent sur les eaux, et l'odorat est impressionné par les effluves saumâtres que répand dans l'air le mélange des deux courants de la rivière et du flux brassés ensemble.

La *malignant fever* sévit en ce lieu d'une façon redoutable. Cette rémittente bilieuse, endémique toute l'année, devient épidémique aux pires jours de la mauvaise saison. Les Anglais racontent, non sans gravité, ses crises foudroyantes, et comment quelquefois le pavillon de deuil, hissé à bord d'un ponton, annonce la séparation de deux amis qui s'étaient rencontrés bien portants la veille. La détresse publique et la panique de la contagion interrompent à ces moments les transactions, les paquebots ne séjournent en rade que le temps de refaire leur charbon.

Cette fièvre est-elle vraiment contagieuse ou les Européens ne sont-ils frappés en masse que parce que, réunis dans le même lieu, ils restent soumis à une influence commune, dont la puissance se multiplierait à certaines occasions? La fièvre jaune, que les médecins français ont observée à Grand-Bassam, les médecins espagnols à Fernando-Po, peut aussi bien remonter les fleuves du golfe de Biafra. Mais ayant seulement passé, je manque des éléments de soutenir aucune de ces hypothèses.

La « saison sèche » dure du mois de décembre à celui de février. C'est le moment où l'harmatan règne du N.-E. avec le plus de persistance; il souffle au lever du soleil, remplacé vers le milieu du jour par la brise d'ouest. Le temps est lourd, les rosées abondantes; des brumes pénétrantes couvrent la rivière matin et soir.

Dans les mois de mars, d'avril et de mai, les brises sont alternantes, venant de terre le matin, du large dans l'après-midi; le temps est beau et le ciel serein.

Les « pluies » sont constantes depuis la fin de mai jusqu'au milieu d'octobre. La brise souffle du S.-O. Les tornades ont leur plus grande fréquence dans le mois de novembre. (De Kerhallet.)

J'ajoute, pour l'avoir éprouvé, que la tension électrique des orages est très fatigante et la chaleur étouffante en mai comme en novembre.

III.

LE FLEUVE VIEUX-KALABAR.

De Bonny à l'embouchure du Vieux-Kalabar (lat. N. 4° 36', — long. E. 6° 12'), il y a environ douze heures de marche, sous vapeur.

L'estuaire du fleuve, alimenté par plusieurs grands cours d'eau, est étendu comme une rade. De vastes bancs de sable et de vase l'obstruent dès l'entrée; au milieu d'eux, le chenal navigable trace des méandres compliqués. Jusqu'aux points où le regard peut s'étendre, il se heurte à la ligne miroitante de la nappe d'eau léchant une muraille sombre, épaisse, veloutée, qui semble monter brusquement du sein d'un lac à la voûte du ciel; la forêt grandit partout, sur les bancs, sur les îles, sur chaque rive, et les criques débouchant dans le fleuve se perdent si bien au milieu de cette masse serrée de troncs et de feuilles, que celle-ci ne paraît même pas vouloir s'ouvrir pour livrer un passage à leur cours.

L'estuaire reste large longtemps. A quelque 25 milles, ayant passé entre deux îles, nous abattîmes sur tribord pour nous engager dans un des bras du fleuve. Son lit s'était subitement rétréci, bien qu'il conservât encore une ampleur respectable; mais il s'encombrait de plus en plus de bancs alluviaux, dont les contours proéminents, tantôt sur une rive, tantôt sur l'autre, variaient fréquemment les sinuosités du chenal. Au cours de cette navigation incertaine, les capitaines anglais suppléent à l'absence de pilotes locaux par une pratique consommée. Parfois une île se dresse juste au milieu de la rivière et paraît fermer sa voie; mais bientôt la forêt séparée montre de nouveau le courant fangeux, descendu à travers l'océan de feuillage. Nous rangions la berge de si près, que notre hélice remuait le limon; nos vergues s'engageaient dans les branches des arbres, et les papillons voletaient des unes aux autres. Ces palétuviers grêles de stature, au tronc svelte et poli, pareils à des colonnes de stuc, prennent racine dans la vase par des végétations rameuses à tentacules de polypes. Ici la nature languit à force de vie et d'eau; les arbres s'étouffent les uns les autres, avant d'avoir atteint leur croissance, et, cherchant à sortir de la prison où ils souffrent de manque d'air et de lumière, allongent vers le soleil un feuillage glauque et mince. La mer descendante laisse en se retirant des flaques croupissantes, où leurs pieds baignent et se gorgent; le flot, montant à nouveau, glisse sous les arceaux que forment leurs racines rameuses et les recouvre jusqu'à la marée suivante. Sortant du lointain des grottes ténébreuses de cette forêt, sourdant entre les innombrables piliers qui la soutiennent, de petits ruisseaux serpentent avec un bruissement de clapotis et roulent au rivage des ondes troublées. Quelquefois, à l'abri du havre étrange ménagé entre deux massifs verdoyants, apparaissait subitement un noir dans sa pirogue légère. Les alligators étaient plus nombreux à mesure que l'eau devenait plus douce; ils dormaient au soleil, vautrés dans la fange, avec une ignoble volupté, ou, la gueule entr'ouverte, guettaient leur proie dans l'ombre immobile des arbres abattus.

Nous avions bien parcouru 40 milles et au delà, depuis l'embouchure, avant d'arriver aux établissements flottants du commerce anglais. Ici le cadre, plus rétréci qu'à Bonny, enserre une anse du fleuve, un moment venant de s'élargir, tandis qu'en amont et en aval les berges semblent se rejoindre pour fermer la baie. Sauf d'un côté, où s'étend un banc marécageux couvert de mangliers, ce cirque est ravissant. De gracieuses mimosées, des fougères grimpantes découpent leurs dentelures d'un vert velouté sur le fond rouge de la falaise; une forêt couronne son sommet, arbres d'altière volée, arbustes plus modestes, au milieu desquels le cotonnier entr'ouvre ses capsules de neige. Mais au-dessus de ce paysage, qui dort dans l'oubli, plane comme une atmosphère de tristesse tranquille.

En face du mouillage des vieux pontons, un frais vallon descend en pente douce au bord de l'eau; sur un de ses versants s'étend le village noir, le rassemblement de cases annonce une bourgade de grosse importance. Les Anglais l'appellent *Duke-Town*. Les huttes de paille, faites à pans carrés, sont bien alignées; autour d'elles, le sol, recouvert d'une terre jaune sablonneux, ras de tout végétal, a été soigneusement nivelé. Au pied de la falaise, les négociants tiennent des entrepôts exhaussés sur pilotis, afin de les protéger des grandes eaux, tandis que, sur le banc vaseux de l'autre rive, les vaisseaux éventrés, jetés à la côte, montrent que là, comme à Bonny, comme au Gabon, les tarets ont fait leur œuvre.

Les oscillations de la marée se laissent sentir avec force en cet endroit, et, bien au delà, le flux gonfle encore le fleuve. Quelque temps, ce bras du Vieux-Kalabar reste navigable aux bâtiments d'un assez fort tonnage et court au loin dans un pays montagneux. Les Anglais qui l'ont remonté prétendent qu'il y a peu de temps beaucoup d'indigènes regardaient avec une sorte de stupeur ces « peaux blanches », qu'ils n'avaient jamais contemplées. L'hippopotame vit en troupes nombreuses dans le haut de la rivière. Lorsqu'on le chasse, on ne peut que tuer les adultes, qui ne se laissent pas autrement aborder. Les jeunes sont plus faciles; et, comme une prime élevée est attachée à la capture des individus vivants, ceux-ci sont activement poursuivis à destination des jardins zoologiques d'Europe. A l'époque où ils sont de la grosseur d'un goret, ils tettent encore leur mère, qui les porte sur le dos; celle-ci morte, l'hippopotame mâle arrive à la rescousse et s'acharne après l'embarcation pour la faire chavirer; d'autre part, les témoins affirment qu'il a moins souci de sa progéniture, s'il n'est personnellement attaqué. La peau du pachyderme, parvenu à sa croissance, est impénétrable aux traits et aux morsures; celle du jeune n'est pas à l'abri de la dent de l'alligator, le fait est assuré par les nombreuses cicatrices qu'on reconnaît plus tard sur le cuir des vieux. Dans son âge tendre, l'hippopotame n'a pas de pire ennemi que ce hideux requin des fleuves, dont la faim insatiable, peut-être trop difficilement assouvie à cause de la lenteur de ses mouvements sur la terre ferme, en veut à toutes les proies.

Les Anglais ont avec les natifs de l'endroit des rapports amicaux et si délicats de procédés, qu'ils tiennent en provision des fouets et des cravaches, destinés à maintenir la paix des ménages, dont l'écoulement est, disent-ils, de bon rapport; encore, la civilisation ne marchant que graduellement et à petits pas, ces instruments de correction maritale sont-ils un progrès sur la primitive lanière, laquelle entaille à chaque coup. Par un touchant échange réciproque, lesdites femmes sont cédées aux blancs de bonne amitié; et le philanthrope qui m'accompagnait m'expliquait avec bonhomie combien les pauvres noirs s'estiment satisfaits du voisinage du commerce britannique, lequel introduit dans leur vie tant d'innovations heureuses.

Le parasol, objet de mode et d'utilité, jouit d'une vogue particulière; insigne des gens de qualité, il est d'autant mieux estimé qu'il a de l'envergure et de la couleur. On voit les chefs, debout dans leurs pirogues, passer gravement, pendant que de jeunes femmes les abritent d'un large parapluie à franges, comme autant de demi-dieux.

Le gin, la poudre, le sel ne manquent pas non plus d'être appréciés à leur prix; en paiement, les traitants reçoivent de l'huile, de l'ivoire, du bois d'ébène, des nattes, etc. C'est encore, à certains côtés, la terre d'or des échanges disproportionnés où, pour un morceau de biscuit, le natif vous cède un panier d'oranges et de limons, de mauvais fruits, du reste, verts et acides. Peu à peu, il est vrai, grâce au temps et à la concurrence, il devient clairvoyant et moins facilement généreux.

Le roi du lieu, despote cruel qui use sans parcimonie du droit capital dont la coutume le laisse arbitre sans nul appel, le « Prince d'York », — ainsi veut-il être nommé, — a désiré témoigner à la nation anglaise l'estime en laquelle il tient certains de ses procédés exécutifs. Il pendra désormais ses sujets. Mais le chanvre ne pousse pas au Kalabar; la corde sera remplacée par une de ces lianes flexibles, que la nature prodigue a justement multipliées dans la forêt. En ce pays féodal, les arbres portent des suppliciés avec leurs fruits. Pourtant, à le prendre par le bon endroit, la potence est de nouveau un bénéfice acquis sur l'horrible torture qui, pour un peu d'eau-de-vie volée ou une femme séduite, consiste à exposer au soleil un captif entravé et à le laisser lentement mourir de soif ou dévorer par les fourmis.

Les médecins-missionnaires qui exercent dans le voisinage de Duke-Town nous transmettent des renseignements d'une curiosité vraiment exotique sur quelques usages propres à ces peuplades (*).

Lorsqu'ils se donnent la peine de compter, les indigènes apprécient la division du temps en marquant le nombre de lunes écoulées depuis tel ou tel événement; ils estiment de cette façon la durée de la grossesse. L'enfant né, on le lave avec du sable et de l'eau tiède, puis on le gorge d'eau pendant deux ou trois jours, pour augmenter, disent les matro-

---

(*) D'après un extrait traduit du n° CXI, sept. 1864, de l'*Edimburgh medical journal*. (*Archives de médecine navale*, 1864.)

nes, le volume de son ventre et, par suite, sa capacité à recevoir des aliments. La grossesse gémellaire est considérée par eux comme néfaste.

Les missionnaires ont quelque peine à introduire l'usage des vêtements, non parmi les hommes, qui s'en parent volontiers, mais chez le sexe faible, obstiné à s'en défendre. La jeune vierge marche le front haut et le sein découvert ; c'est la garantie de sa moralité. Et il faut bien avouer que, sur une terre où les mœurs sont si libres, il paraît à bon droit téméraire aux anciens de renoncer à ce moyen de contrôle. Puis, à l'âge où ses attraits nouveaux la rendent fière de s'exposer aux regards des hommes, elle doit subir, de la main des femmes, une mutilation barbare, sans laquelle elle resterait déclassée dans son sexe ; mode atroce, née d'une aberration dont on chercherait vainement, pour la comprendre, la trace lointaine, mais si enracinée que toute personne nubile du Kalabar considérerait comme un déshonneur de ne lui avoir pas sacrifié.

Jenner a dans ce pays des émules que l'on s'attendrait peu à y rencontrer, si l'on ne se rappelait que l'empirisme ou le hasard, éprouvé dans la suite par l'expérience scientifique, a doté fréquemment l'art de guérir de ressources utiles. Lorsque la variole sévit, c'est avec une violence qui rappelle le souvenir de nos épidémies du moyen âge ; elle cause une grande épouvante. Les gens contaminés sont aussitôt relégués dans la brousse, et le féticheur, dans le but d'atténuer l'intensité de leur mal, pratique l'inoculation du pus varioleux, mêlé à de l'huile de palme, à la peau des orteils, à la face dorsale du poignet, entre les yeux. Cette pratique me paraît plutôt une contrefaçon qu'une création, et due à l'initiative de quelque Européen passant par là.

Le climat du fleuve est arbitrairement partagé entre deux périodes.

La première, celle qu'on appelle la « belle saison », dure du mois de novembre à la mi-mai. Elle est caractérisée par la chaleur sèche, l'apparition de l'harmatan et des tornades. Sur la côte, les vents s'élèvent de terre le matin, et prennent du large dans la journée jusqu'à la nuit. La situation enfoncée dans les terres de l'établissement anglais n'y laisse parvenir que des brises échauffées et empoisonnées, de quelque partie qu'elles viennent à souffler.

La « saison des pluies » embrasse le reste de l'année; la chaleur humide la caractérise. C'est l'époque où les maladies croissent en nombre et en gravité.

L'eau des sources est incriminée pour contenir les germes d'un parasite qui s'introduit dans les tissus et s'y développe; on l'appelle *filaire de Médine* au Sénégal, *dragonneau* à la Côte d'Or et au Vieux-Kalabar, où il est assez fréquent. Les colons s'approvisionnent à une fontaine située derrière le village, dont l'eau est, disent-ils, de bonne qualité et exempte de ces hôtes dangereux, ce qui n'empêche pas qu'ils n'y soient exposés quelquefois. A mon passage, le médecin des pontons en portait le témoignage à l'angle interne de son œil gauche.

J'eus occasion, à Libreville, où il se trouvait en villégiature, de donner mes soins au chef de la mission presbytérienne écossaise, établie à plusieurs milles en amont de Duke-Town. L'empoisonnement paludéen, dans cette région du fleuve, se traduirait par l'anémie d'emblée et progressive, plutôt que par des accès nettement périodiques. Les abcès du foie y ont une certaine gravité. L'influence tellurique, exercée sur l'organisme humain, — suivant les localités, — montre donc des préférences mobiles : ici, franche et régulière dans ses manifestations; là, hématurique, comateuse ou ataxique; ailleurs, dépressive au premier choc, — nous pourrions ajouter, suivant le tempérament des individus et des races.

Il n'est pas douteux que la race anglo-saxonne, cosmopolite par excellence, n'offre aux variations des climats beaucoup de résistance. Mais plusieurs ont une foi téméraire en leur propre immunité; ils outrent la mesure en s'obstinant, contre toute prudence, à demeurer sous un ciel si terrible jusqu'au jour où la résistance est chancelante et l'immunité dépassée. Ils en conviennent quelquefois; mais, après avoir gagné « le pain et la viande », ils ne veulent pas, me disait un jour un négociant, se retirer sans s'être assurés de « la bière ». Hors cet intérêt prosaïque et fort soutenable, pour d'autres il y a des obligations consenties dont ils répugnent à s'affranchir; les missionnaires et les femmes sont dans cette dernière situation.

La femme anglaise suit son mari, même à la Guinée. On la rencontre en tout lieu du monde, brave devant le danger partagé et plus gracieuse peut-être de cette pâleur languissante qui la fait si blanche au milieu des natives. Aux devoirs de la simple épouse, la femme du missionnaire ajoute une obligation; elle prend la moitié de la tâche impersonnelle de l'évangélisation.

J'ai connu une dame, née sous les frimas des Shetland, qui résidait depuis plusieurs années au Vieux-Kalabar, s'était attachée à ce pays et y avait élevé à bien cinq enfants. Elle en avait quelque orgueil, sachant combien cette prospérité est avare en Afrique, où le grand nombre voit sa descendance dépérir presque avant d'avoir vécu.

La forêt renferme une liane que les indigènes appellent *eséré*, connue dans la science sous le nom de *Physostigma venenosum* et classée dans la famille des légumineuses papilionacées. Le fruit de cette liane, qui croît dans les terrains humides, est un poison paralyso-moteur redoutable, dont la médecine européenne a discipliné la violence à son profit. Au Kalabar, la fève du physostigma est employée comme moyen d'épreuve dans les procès de sorcellerie, les meurtres, les contestations graves; l'inculpé, forcé d'ingérer quelques fruits écrasés dans l'eau, n'échappe guère à la mort, à moins qu'un vomissement imprévu ne rejette le breuvage, ou qu'il n'ait acquis à l'avance la faveur du féticheur, qui l'assiste en qualité de justicier et, convaincu par un gros présent, prendra les moyens propres à mitiger la rigueur de la sentence. Au Gabon, nous verrons l'épreuve du *mboundou* reproduire cette tragique coutume de la légalité noire.

IV.

L'ILE FERNANDO-PO (*).

A 70 lieues au nord de l'estuaire du Gabon, — entre les parallèles de 3° 48' et de 3° 13' 30", de lat. N., et les méridiens de 6° 4' 16" et de 6° 37' 36", de long. E., — comme un écueil roulé au large par les eaux que déversent en torrents les grandes rivières du golfe de Biafra, apparaît en mer, à longue distance, l'île FERNANDO-PO. A mesure qu'on approche, sa masse confuse devient plus distincte dans ses charmants détails; bientôt elle se montre pareille à un immense globe de feuillage moutonné, variant ses aspects de velours aux jeux changeants des ombres et de la lumière. La forêt, qu'elle porte suspendue à ses roides versants, se développe et s'élar-

---

(*) La superficie totale de la Guinée espagnole est évaluée à 2,203 kil. c., ainsi répartis :

Ile *Fernando-Po*...............	2,071 kil. c.
Ile *Korisko*....................	14 kil. c.
Ile *Elobey*.....................	1 kil. c.
Ile *Annobon*...................	17 kil. c.
Territoire de *San-Juan*........	100 kil. c.

La population totale de cet ensemble de possessions comprend (pour 1858) 35,000 habitants, — soit 16 h. par kil. c. (*Almanach Gotha*, 1881.)

git; et, du milieu du dôme feuillu, les hauts fromagers au tronc blanc émergent leur stature de rois, tandis que, plus haut qu'eux, sortant d'une couronne de nuages, les pics dépouillés et les cratères éteints perdent leurs sommets nus dans les cieux.

Cet énorme bloc de roches primitives, modelé au milieu des bouillonnements d'une matière jaillie et lentement refroidie, est de forme quadrilatère très régulière ; ses grandes lignes, sur une longueur d'environ 35 milles (65 kil.), courent approximativement de l'orient vers l'occident, tandis que ses petits côtés, qui mesurent 16 milles (30 kil.), font face au septentrion et au midi. La direction générale de l'île est, suivant le sens de sa grande dimension, du N.-E. au S.-O. ; l'arête des montagnes se profile sur la ligne de cet axe. Nous savons qu'un simple détroit l'isole du massif des Kameroun ; et déjà nous avons été frappés du rapport des chaînes continentales et insulaires, que la mer a séparées sans détruire le regard de leur orientation primitive, et de la concordance si remarquable des deux rivages arrachés l'un à l'autre. C'est dans une de ces déchirures, au côté septentrional du quadrilatère figuré par Fernando-Po, que s'enfonce la baie de Clarence (*Clarence-Cove*), au temps de l'occupation anglaise, devenue la rade de Sainte-Isabelle, aujourd'hui qu'elle est rentrée en la possession de l'Espagne.

La profondeur des eaux, l'abri des hauteurs, font de cette anse gracieuse un excellent mouillage, point de ralliement des bâtiments espagnols de la station de Guinée. La mer, un lac limpide et bleu, s'est paisiblement glissée dans le lit tout fait que le soulèvement volcanique, ou l'action du temps, a creusé dans la roche ; les lianes, les fougères, les liserons grimpants, s'accrochant aux saillies, voilant les anfractuosités, se disputent la falaise droite et roide, aux flancs de laquelle un jour de végétation, qui rarement laisse paraître la pierre, découvre en quelques points une terre rougie, marbrée de strates régulières. Au-dessous de ce décor de feuillage, de sa bordure festonnée baignant dans l'eau, parfois le flot a rongé l'assise friable du rivage et, en détachant des débris, les a isolés et livrés à une végétation de transport, devenue rapidement exubérante. Ce sont autant de corbeilles élégantes, léchées par une onde tranquille, çà et là parsemées dans la crique.

Du rivage, le plan du sol court quelque temps vers le pied de la hauteur, sans trop de pente ni de tressaut; mais bientôt la montée se fait brusquement et l'île se dresse d'une seule jetée vers le ciel. Entre le rivage et la montagne s'est ainsi formé un plateau de peu de largeur, dont la bordure tranchante est vivement détachée sur le bleu du ciel; cette corniche sert d'assise aux établissements européens. De sa pointe éclairée par un phare, non loin duquel paraît un modeste hôpital, suit, sur un même plan, la ligne des factories espagnoles et anglaises, coupées de jardins, l'hôtel du gouvernement d'Espagne et l'église. L'hôtel a pour résident un capitaine de vaisseau, dont l'administration ne rencontre guère en ce coin reculé d'autres difficultés que celles que lui crée le climat; l'église reste parfois sans desservant plusieurs mois durant et laisse champ libre à la propagande anglo-protestante, à laquelle, du reste, les informes aborigènes demeurent parfaitement insensibles. La civilisation n'a marqué en ce lieu charmant que ces traces fugitives, et ce beau sol est demeuré inculte, enveloppé de ses forêts stériles, comme au premier jour où les Européens le foulèrent.

Il fut un temps pourtant où Fernando-Po éveilla d'autres espérances. Des mains des Portugais, qui l'avaient découverte vers la fin du quinzième siècle (*), l'île avait passé sous la domination anglaise, à ce moment où une philanthropie ardente,

---

(*) Un vaisseau portugais, chassé par les maladies de la côte occidentale d'Afrique, poussé au gré des vents et des courants, est porté à San-Thomé, le 21 décembre 1465.

poursuivant à merci la traite des noirs, cherchait le long de ces mornes rivages un point d'appui contre elle, et, comme toutes les idées généreuses, une fois lancées, s'entraînent et se dépassent, un site disposé à devenir le point de départ et le centre d'irradiation de la civilisation africaine. La beauté de Fernando-Po, attrayante aux regards de sa riche parure, son heureuse situation en face du continent, la réputation qu'on faisait à son climat de douceur et de salubrité, tant de conditions favorables la désignèrent tout d'abord aux promoteurs de l'œuvre à accomplir. Mais l'élan dura à peine quelques années. Mieux connue, l'enchanteresse perdit peu à peu son charme attractif : ce climat radieux fut reconnu non moins pernicieux que celui de la grande terre, et la position trop écartée des routes abordables vers l'intérieur. La traite exécutée dans le sens de l'humanité, l'île, abandonnée des Anglais, qui ne font rien qu'à bon escient, retomba entre les mains des Espagnols.

La situation n'a pu s'améliorer depuis. Pressée, ces dernières années, par des soins qui épuisent la vitalité d'un pays, la malheureuse et grande Espagne n'eut guère le loisir de s'occuper d'une colonie si lointaine ; ce qu'elle a pu faire, c'est d'y maintenir son pavillon. Fernando-Po stagne de cette somnolence particulière à l'équateur, qui, en ces pays, enraye les rouages d'activité, de quelque ordre qu'ils soient. Elle n'a pas progressé ; elle conserve seulement la trace du passé, ou comme un reflet de l'ancienne occupation anglaise. Sa population civilisée, en grande partie composée d'affranchis, d'émigrés de Sierra-Leone, de leur descendance, contribue à en perpétuer le souvenir. Quant aux blancs, ils ne sont pas une centaine, cantonnés en majeure partie à Sainte-Isabelle.

Les autochtones, que personne ne va inquiéter dans leurs bois, végètent au nombre de quelques milliers d'individus.

L'équipage s'établit à terre et va reconnaître successivement l'île du Prince et Fernando-Po.

Cette race sordide a nom *Boubi;* nulle n'est plus misérable et restée jusqu'à ce jour à ce point réfractaire au contact européen. Hors de Sainte-Isabelle, on les voit venir le long du bord dans des pirogues étroites et sales. La touche de ces malheureux est presque révoltante. Leurs formes sont mal proportionnées; leur peau d'un noir olivâtre, souillée de limon, reluit du faux éclat de la couche d'huile de palme dont ils l'enduisent; leur face bestiale est, par une coquetterie singulière, couturée d'anciennes entailles faites à dessein et surmontée d'une sorte de calotte, que simule la toison de laine pétrie d'argile. On dit qu'ils coupent un bras à l'épouse adultère. Hommes et femmes sont nus, ou sommairement voilés pour paraître à la ville.

La paresse des Boubi est proverbiale. Peu exigeants dans leurs besoins, nullement désordonnés d'appétits, ils sont à leur manière philosophes et amoureux de la liberté, demandant seulement aux Espagnols de ne pas venir troubler leur abêtissement. Dans leurs villages, au fond des bois, ils cultivent l'igname, utilisent pour leur compte l'amande du cocotier, extraient l'huile du fruit du palmier, et, quand ils ne sont pas trop fatigués, apportent ces produits aux Européens, avec le gibier tué en passant, des antilopes, des iguanes, des porcs-épics. Ils ne paraissent aux marchés des factories que pour recevoir, en échange, de l'eau-de-vie de traite, des fusils à pierre, de la poudre, et de ces faux bijoux vers lesquels, si peu qu'ils la parent, la femme sauvage de toute race et de toute couleur est attirée comme la phalène.

La fécondité merveilleuse de cette riche nature reste improductive, parce que le noir ne travaille pas en principe et le blanc ose à peine effleurer la terre, à cause de son danger. C'est jusqu'à 800 ou 1,000 mètres au-dessus du niveau de la mer que s'étendent, d'après le docteur Quétan (*), les pentes cul-

---

(*) *Note sur l'île Fernando-Po.* (*Archives de médecine navale,* 1868.)

tivables, encore toutes boisées. Le palmier à huile est la grande richesse et la plus claire ressource des factories de l'île, qui entretiennent aussi, à moindre importance, des plantations de cocotiers, de café, de cacao et de coton. On y récolte sans peine le citron, l'orange, diverses variétés de bananes, l'ananas, la barbadine, l'avocat; quant aux potagers européens, ils n'exigent pas de moindres soins qu'au Gabon.

L'eau est abondante et saine; cette précieuse qualité est rare sur la côte occidentale. Jaillissante de la roche volcanique, elle descend au rivage en ruisseaux clairs, limpides et frais; l'aiguade de Sainte-Isabelle est le rendez-vous habituel des paquebots et bâtiments de passage, qui viennent y faire leur provision de campagne.

Le climat de Fernando-Po porte en Espagne un renom d'insalubrité propre à écarter de la colonie les mieux disposés; toutefois, encore ici, grâce à l'immunité morale que donne le contact incessant avec le danger, les Européens résidant depuis quelque temps dans l'île consentent généralement que cette réputation est exagérée. L'acuité de la mauvaise saison est à son summum du mois de juin à novembre, et l'influence pernicieuse, caractérisée par une adynamie rapide, a contraint le gouvernement à réduire à la durée d'une année le temps de séjour du personnel maritime de la station et à le confiner à bord d'une caserne flottante dans le genre des nôtres.

A la vue d'une végétation exubérante, si fertile en décompositions, il paraît certain que les influences telluriques ne doivent pas être ici moins exemptes d'action nocive qu'en aucun point du littoral de la grande terre. Les îles sont des continents en petit et, sous la zone torride, des foyers miasmatiques restreints, mais encore des centres d'irradiation; il n'y a nulle raison, lorsqu'elles ont quelque étendue, puisque la vie animale et végétale s'y réduit, de supposer que leur salubrité soit supérieure à celle de la terre ferme. Les brises, qui balaient leur surface, les ventilent, il est vrai, dans une certaine mesure; mais ayant passé sur des terres que travaille une fermentation constante, elles se sont imprégnées de l'humidité que retient l'épaisseur des forêts, chargées d'émanations qu'elles apportent là où elles aboutissent. Les mouillages sous le vent ont toujours lieu d'être incriminés. Il en est ainsi, à certaines périodes, pour la rade de Sainte-Isabelle; et à cette influence saisonnière s'ajoute le désavantage de la chaleur, qui s'élève en se concentrant dans ce petit creux enserré de hauteurs. A mesure qu'on gravit la pente de la montagne, la température s'abaisse; les Kroumen et les naturels qu'on y envoie travailler grelottent de froid et sont ramenés dans la plaine. Jusqu'à la hauteur du pic Clarence, où, par intervalles, un volcan fume encore à 3,108 m. d'altitude (*), la marge est élastique aux variations climatériques et une échelle progressive de sanitaria comme étagée par la nature.

La fièvre jaune, importée dans l'île (de Sierra-Leone, 1829, — de la Havane, 1862), y a sévi à diverses reprises. Les Espagnols ont été si souvent éprouvés par le fléau épidémique, même dans les grandes villes de la métropole, qu'il n'y a pas lieu de s'étonner trop qu'ils se montrent rigoureux toutes les fois qu'il s'agit d'admettre en libre pratique un navire suspect. Il existe à certaines saisons, sur la côte africaine, une fièvre pernicieuse qui s'abat à la manière d'une épidémie sur un groupe d'établissements ou sur un navire, et dont la fausse ressemblance avec la fièvre jaune peut tromper des yeux non exercés. Pareille méprise se produisit à Sainte-Isabelle au préjudice d'un brick français; le malheureux bâtiment, chassé du port, arriva devant Libreville à bout de forces et de bras. Des explications courtoises furent échangées entre les deux gouverneurs, et la visite de l'aviso de station espagnol, que nous

---

(*) Ce chiffre est généralement admis. On donne, d'autre part, au pic Clarence l'altitude de 3,365 m., toujours inférieure à celle de Kameroun.

accueillîmes en bon voisin, mit fin aux pourparlers et à l'incident.

Un souvenir des dernières insurrections carliste et cubaine se rattache à Fernando-Po. Les déportés de la guerre civile étaient cantonnés dans l'une des charmantes corbeilles de verdure semées sur la baie. Mais pour gracieux fût le lieu d'exil, ce n'était qu'un îlot, gardé à vue, à découvert sous les pluies torrentielles et le soleil brûlant. Aussi, fuyant cette misère noire, plusieurs des malheureux cherchaient-ils un refuge à bord des paquebots de passage. « L'argent, c'est de l'argent », me disait l'Anglais qui racontait ces évasions. L'argument est évidemment péremptoire, et les fugitifs payaient un bon prix.

Ceux qui sont restés aident maintenant au défrichement de l'île.

V.

LES ILES PORTUGAISES.

L'Ile du Prince et San-Thomé.

L'éruption volcanique qui a projeté l'ILE DU PRINCE (lat. N., entre les parallèles de 1° 32' et 1° 41', — long. E., entre les méridiens de 5° 0' et 5° 7') a laissé à la surface des eaux une vraie merveille d'art et de poésie primitive. Hérissement de pics déchiquetés comme du métal en fusion tombé dans l'eau froide, ou découpés en dentelle dans de la lave, elle s'élance par soubresauts vers la nue, elle perce les nuages et les brouillards, d'où elle émerge pour monter encore plus haut ([*]). Cette nature à son premier jet est saisissante. Nulle part de surfaces planes, un heurtement de pointes aiguës, d'incisures, de lignes droites

---

([*]) Il y a dans ce radieux paysage beaucoup d'illusion de perspective, car le sommet le plus élevé, le « Bec-de-Perroquet », n'atteint pas 1,000 mètres d'altitude.

ou déchirées, d'arêtes tranchantes, avec les bois verts suspendus aux aiguilles, baignés d'humides vapeurs, et les cascades roulant à pic dans les gorges. Tout cela mêlé, entre-croisé, les végétaux et les pitons, les mille lianes grimpant aux corniches de pierre, courant sur des fils ; et, comme fond de tableau, les aspects divers du ciel équatorial, tour à tour éclatant de lumière ou chargé des nuées orageuses de l'hivernage, changeant, suivant la saison et l'heure du jour, la physionomie du panorama.

Tout autour de l'île, l'éruption ignée a semé une poussière de roches groupées ou solitaires ; leurs formes sont des plus bizarres. En un point, un pic surgit, pareil à une dent géante menaçant le ciel ; plus loin, un bloc énorme, arrondissant sa tête grise que prolonge une langue de terre verdoyante, en forme de visière, a été comparé, non sans originalité, à certaine casquette de fabrique anglaise ou hollandaise.

Au commencement, alors qu'il venait de se refroidir, ce roc tourmenté était dépouillé, et bien des âges passèrent sans doute avant que les semences apportées par les vents et les vagues aient pu y jeter quelque racine. Mais la surface de la pierre s'est lentement désagrégée sous l'action du climat, et le premier humus engraissé des premières plantes qui y poussèrent, les décompositions successives de la matière végétale ont donné la vie à des forêts entières. A présent, la végétation envahit tout, jusqu'aux roches arides des sommets, aux îlots de la mer, à la surface desquels s'étale un regain de verdure, là où cette verdure a rencontré le moindre grain d'humus. Partout cette merveilleuse nature, vivifiant sa fécondité à la chaude verdeur du soleil, a revêtu ce qui était nu, donné leur parure aux pierres désolées.

Ce joyau ciselé d'arabesques, gracieuses et fantastiques tout ensemble, ne connaissait pas l'homme avant la découverte portugaise ; encore le croirait-on désert, si l'on ne voyait flotter le pavillon blanc et bleu à mi-côte d'une des pointes avancées de la baie de *San-Antonio*. Les habitations couvrent d'une tache blanche le fond de la crique profonde resserrée entre les montagnes. Hormis cette apparence de la civilisation, la colonie, qui compte peut-être 3,000 habitants noirs et très peu de blancs (*), paraît vouée sans ressource à la nonchalante torpeur de ces pays brûlants. De même qu'aux retraites abandonnées de la grande terre, aucune embarcation n'est venue du port, et le paquebot dut débarquer les marchandises par ses propres moyens. Du reste, il était midi, l'heure accablante de la sieste; et un soleil ardent, noyant dans une buée d'or les émaux des bois et des pics scintillants, fixait la nature entière dans une immobilité saisissante et délétère.

L'île du Prince dépend administrativement de SAN-THOMÉ, dont elle n'est distante que de 145 kilomètres. Ces deux îles sont périodiquement visitées par la division navale portugaise, stationnée à Saint-Pol de Loanda, centre des possessions portugaises de la région.

L'aspect de San-Thomé n'est plus celui de Fernando-Po, ni surtout de l'île du Prince, dont le pittoresque n'est comparable nulle part. Bien que volcanique et montagneuse comme ses congénères de la chaîne insulaire, on dirait que l'éruption de matière ignée qui l'a produite s'est affaissée sur elle-même et comme étalée. Ce n'est plus un pic d'un seul jet, mais un cône ménagé, dont les pentes adoucies, plus sobres de bois à mesure qu'elles montent, s'élèvent graduellement de la mer vers le centre de l'île. Trois plans de montagnes s'étagent ainsi depuis le rivage, pour converger vers deux sommets presque jumeaux, parfois blancs de neige, d'une altitude supérieure à 2,000 mètres. Du mouillage de *Santa-Anna de Chaves*, la pers-

---

(*) 3,000 à 5,000 habitants, suivant les statistiques, dont une centaine de blancs et mulâtres, — sur une superficie approximative de 15,000 hectares.

pective ne manque pas d'étendue; tandis que dans un coin de la baie marécageuse, à l'abri d'un fort délabré, dort dans la fièvre la petite ville, aux masures blanchies, aux édifices voyants, souriante cependant au soleil, parure éternelle de la misère équatoriale.

Par son extrémité méridionale, San-Thomé côtoie, presque à la toucher, la ligne équinoxiale (entre 0° 1' et 0° 24' 20" de lat. N.,—4° 5' 30" et 4° 24' de long. E.). Sa proximité de l'estuaire gabonais explique que les saisons varient peu d'un point à l'autre. Les Hollandais, qui la possédèrent jadis, suivant une de ces images lugubres familières aux colons africains, l'avaient nommée leur « cimetière » (*). La superficie de l'île, représentée par 90,000 hectares environ, est donc inférieure de plus de moitié à celle de Fernando-Po; sa population est néanmoins d'un chiffre supérieur, qu'on évalue à six ou sept milliers d'habitants, dont un petit nombre de couleur privilégiée (blancs et mulâtres). Le sol, fertile, arrosé de nombreux ruisseaux, ruisselant de claires cascades, produit à merveille du café parfumé, estimé à l'égal des cafés du Rio-Nuñez et de Monrovia (**), du cacao, du sucre, de la cannelle, des écorces de quinquina, du tabac, des bois de teinture et de construction. Peut-être ces cultures subissent-elles une crise, depuis que la libération des esclaves a privé les plantations des bras qui les faisaient pros-

---

(*) Nous verrons cependant (deuxième partie, chap. III, art. *Sanitarium*) que cette réputation, méritée pour la zone maremmatique du littoral, perd de sa gravité à mesure qu'on s'élève vers les altitudes.

(**) Les plantations de café sont le plus beau produit de l'agriculture à San-Thomé. Cet échantillon est exporté au prix de 0 fr. 90 à 1 fr. 30 le kilogr., suivant la qualité.

C'est à peu près le cours des cafés de l'archipel portugais du Cap-Vert. Celui de Fogo, qui rappelle le moka, vendu à Praia, vaut de 1 fr. 80 à 2 fr. le kilogr. A l'île Saint-Vincent (provenance de San-Antonio), il est moins cher, mais inférieur, — 1 fr. 20 le kilogr.

Quant aux cafés des rios du Sénégal, du Nuñez particulièrement, ils sont tout à fait typiques, petits de grains, fauves de couleur et de parfum, comme le terroir d'où ils proviennent. Leur prix, à Rufisque, atteint 3 fr. 50 à 4 fr. le kilogr.

pérer. Mais les bras ne manquent pas en Afrique ; il suffira seulement de leur enseigner leur tâche et de la rémunérer. Il n'y a nullement lieu jusque-là de regretter l'esclavage.

⁂

En quittant San-Thomé, l'*Ethiopia* fit route pour le Gabon et toucha aux *Elobey,* dont le petit archipel est géographiquement compris dans la circonscription de notre colonie ; quelques heures plus tard, il nous débarquait à *Libreville,* où résidait provisoirement le personnel maritime, forcé de fuir la *Cordelière*, qu'une invasion de tarets venait de rendre inhabitable. Cette circonstance, en m'établissant à terre, me mit mieux à même de pénétrer un sujet que je n'ai pu qu'effleurer au cours de cette excursion sur les rivages de la Guinée.

DEUXIÈME PARTIE.

LA RÉGION GABONAISE.

DEUXIÈME PARTIE.

LA RÉGION GABONAISE.

CHAPITRE PREMIER.

LA PRISE DE POSSESSION. — SA CHRONIQUE.

Nulle part, la sauvagerie monotone, qui conduit les noirs au jour le jour sans changement, n'a d'annales, et la chronique du Gabon n'offrirait pas de souvenirs lointains qu'on pût raconter. Ils restent perdus dans la morne succession des âges écoulés sous le soleil de l'équateur, à l'ardeur duquel tout dort et se fond dans une impression étiolante, et les sociétés végètent dans leur uniformité mourante. Sombre histoire, qui n'a de siècle en siècle qu'une face, toujours la même. Les peines, passagères comme les joies, aussitôt oubliées, ne lèguent en ces pays aux générations successives aucune tradition qui les émeuve ni les enseigne. Les noms même des chefs sous le joug desquels l'humble troupeau s'est plié le plus bas disparaissent à peine leurs sépultures sont refroidies; et, en rappelant, comme nous allons le faire, la figure du dernier *Oga* qui favorisa la prise de possession française, nous remontons du même coup à l'origine connue de la chronique gabonaise. Une personnalité si active, relativement à son milieu, mérite d'être signalée, à titre de singularité exceptionnelle parmi les *Mpongoué*, et parce que sans doute il n'en restera plus trace demain.

La pressante surveillance exercée, de concert avec l'Angleterre, par la France sur la traite clandestine des noirs avait démontré la nécessité de s'établir au centre même des opérations habituelles des négriers, afin de procurer à la nombreuse flotte de croiseurs qui en poursuivait l'exécution un point de retraite destiné à devenir, en même temps qu'un abri, un poste d'observation efficace. La côte du Sénégal, dans ces régions, leur offrait déjà la belle rade de Dakar, mais à 800 lieues au nord de l'équateur, trop éloignée par conséquent des lignes parcourues par les négriers. Il s'agissait d'en acquérir une seconde plus au sud; le lieutenant de vaisseau Bouët de Willaumez, depuis amiral, la désigna par 0° 30' de lat. N. et 7° de long. E. Là se trouvait, au foyer des marchés d'esclaves, un estuaire ample de proportions, aux eaux sûres et profondes. L'officier que je viens de citer l'avait reconnu dès 1838. Les Anglais l'appelaient et l'appellent encore aujourd'hui *Gaboon*.

A ce moment habitait sur la rive gauche du fleuve, au village qui porte, de son nom, celui de *Roi-Denis*, un chef important, dont l'influence s'étendait au loin sur la côte et dans l'intérieur des terres. Il était avancé dans la vie, mais nul ne savait préciser son âge. A cette question singulière, les noirs répondent, en hochant la tête, « qu'ils ne comptent pas »; ils ont perdu le souvenir des lunes écoulées. Si on l'en priait pourtant, Denis répétait avec complaisance que déjà ses bras étaient assez forts pour manier la pagaie et remonter le courant des criques, au moment où des marins blancs lui racontèrent l'histoire d'un roi (comme lui), que ses sujets avaient fait mourir. Contemporain des dernières années de notre Révolution, il était très âgé quand il lui fallut quitter ses femmes, ses cases et ses richesses (mai 1876); et c'est maintenant un dicton passé dans les usages mpongoué, et fort à la mode, qui dit « vieux comme Denis ». Parfois la vanité renchérit. Interrogez sur le sentier cette négresse au chef de mouton blanchi par les ans, elle aura connu « petit » l'ancien oracle du Gabon ; « plus vieille que Denis », ajoute-t-elle sûrement, en continuant sa marche branlante.

De son vivant, aucun roitelet des environs n'entreprenait quelque affaire sérieuse sans venir le consulter. Maintenant son influence n'a pas tout à fait disparu avec lui. Le souvenir en est seulement d'hier ; il est cependant remarquable qu'il lui ait survécu, la courte mémoire des peuplades nègres ne faisant nulle différence entre les années et les siècles. Ses talismans sont toujours reçus avec recueillement de village en village, ils deviennent des gages de paix lors des contestations graves. La disparition du grand homme a troublé l'ordre de la nature : le feu du ciel tombe plus souvent, les saisons deviennent mauvaises alors qu'elles étaient bonnes autrefois, et la sécheresse épuise les plantations, la famine est pire, les maladies sont plus fréquentes et plus graves. Cette mort a dérangé l'équilibre du petit corps mpongoué, dont Denis était le lien, aux derniers beaux jours duquel il paraît avoir présidé sans retour.

Les Européens qui l'ont connu nous entretiennent de sa dignité native et de son intelligence, inculte assurément, mais supérieure en son pays ; celle-ci se faisait même remarquer par une certaine habileté matoise qui l'aida à prospérer et à vivre heureux. Courtier de « bois d'ébène », intermédiaire entre les vendeurs d'esclaves de l'intérieur et les acheteurs portugais, favorisé dans ses marchés par l'heureuse situation de son village sur la rive d'un estuaire calme, retiré et propice aux transactions, il avait vu croître ses biens avec ses vieux ans, que rasséréna encore l'adulation des puissances européennes qui convoitaient son héritage. Hospitalier, il recevait honnêtement les étrangers et restait grave sous le clinquant de ses oripeaux nègres. Cruel, non absolument de penchant, mais façonné par l'habitude d'exercer des prérogatives illimitées, que nul ne songea jamais à discuter, ce modèle des monarques noirs attachait dans les sillons de fourmis les esclaves soupçonnés de séduction ou de sorcellerie et sacrifiait de jeunes captives à la mort des femmes qu'il aimait. Fétichiste, sans renoncer à ses amulettes, il favorisa les progrès naissants de la mission française et y fit élever ses enfants. Pour lui-même, il conserva sa liberté jusqu'au dernier jour, répugnant à se séparer de ses femmes.

Tel était le chef singulier qui assura, par son caractère et son crédit sur des feudataires moins bien doués, l'occupation permanente de son pays par les Français. Il fut tour à tour courtisé par de grandes nations jalouses de cet avantage; il s'était longtemps laissé caresser, louvoyant avec adresse entre les prétentions rivales de la France et de l'Angleterre, et trouvant quelque bénéfice à prolonger une situation qui lui assurait l'amitié des blancs et leurs cadeaux. Jamais noir n'eut ses coffres mieux garnis de pagnes, de tissus et d'objets précieux. Ayant fait à la reine d'Angleterre, dans les jours où il penchait de son côté, présent d'une panthère vivante, en même temps qu'il lui renvoyait quatre matelots sauvés de la dent des « Pahouins anthropophages », il reçut d'elle en retour un diadème, une médaille d'or et un uniforme écarlate brodé, qui plus tard devint le plus bel atour de son fils Félix. Par la suite, s'étant décidé à accepter notre protectorat, il était salué du canon lorsque sa grande pirogue débordait d'un de nos bâtiments de guerre; il prenait la droite de l'amiral au banquet qui réunissait, au son de la musique, le jour de la fête impériale, les roitelets des environs sous les ombrages de Kerhallet; il eut pension et portait la croix de la Légion d'honneur. La case neuve qu'il s'était fait construire sur la plage de Denis rappelait l'aménagement des croiseurs, souvent visités et enviés.

Tous ces avantages ne devaient pas durer au delà de lui. Denis, de vue intéressée, n'avait envisagé que le temps présent, c'est-à-dire sa personnalité; mais nous aurions mauvaise grâce à le critiquer de nous avoir accueillis et dotés. Si sa vanité, exposée à de telles séductions, fit bon marché des descendants qu'il laissait, elle travailla inconsidérément à la grande œuvre de la civilisation africaine.

Les négociations, entamées par le commandant de la corvette la *Belle-Poule,* qui portait le prince de Joinville, et souvent mises en péril par des prétentions tracassières, aboutirent enfin avec le consentement formel de Denis, que suivirent aisément les chefs secondaires. Vers le mois de juin 1843, le moment psychologique paraissant venu d'assurer aux noirs la protection qu'ils nous avaient demandée, un petit convoi fit voile de Gorée sous le commandement du capitaine de frégate de Monléon, avec mission de prendre officiellement possession du Gabon. Il débarqua ses hommes et son matériel en un point dominant de la rive droite, que le chef Louis nous avait concédé dès mars 1842; et la création immédiate d'un blockhaus, dont on voit à présent les ruines et les canons à terre, rendit définitif l'acte de garantie. A l'ombre de cet abri s'établirent les premières cases de la mission française.

Sur une hauteur parallèle, à quelques kilomètres, s'était aussi installée, au centre du commerce étranger, une autre mission, presbytérienne et américaine. Elle avait de longtemps ses visées sur le Gabon et acceptait, dit-on, de mauvaise humeur d'être couverte par notre pavillon. Elle fut quelque temps envieuse et hostile; depuis, elle s'est soumise de bonne grâce au fait accompli. Cependant les résultats le plus clairement établis ont parfois quelque peine à se vulgariser, si l'on s'en rapporte aux cartes anglaises et allemandes, qui font à la mission de *Baraka* l'honneur de la signaler comme centre de la colonie, à l'exclusion de *Libreville*, siège du gouvernement et réel chef-lieu du comptoir (*).

En continuant cette chronique, des traités successifs passés avec les chefs du pays élargirent le champ de notre souveraineté. Notre pavillon s'étant montré dans les rivières et au cap *Esteiras*, un ponton militaire resta mouillé à l'île *Nengué-Nengué* du *Komo* et un poste de douanes fut établi à l'embouchure de la *Mounda*. Vers 1862, une nouvelle transaction nous acquit le cap *Lopez*, à 130 kilomètres au sud de Libreville, et nous ouvrit le cours de l'*Ogooué*, avec une de ses bouches. Dès lors notre limite terrestre s'étendait vers l'intérieur, à l'inconnu ; notre frontière maritime, plus précise, suivait la ligne de côtes découpées comprise entre le cap *Saint-Jean*, au nord, et le cap *Sainte-Catherine*, au midi ; ou, réservant les prétentions espagnoles sur la rivière *Angra*, cette frontière, coupée par la ligne équatoriale, demeurait inscrite entre 1° de lat. N. et 1° 50' de lat. S. ; soit, « en tenant compte des plus grandes courbes et dentelures, 650 kilomètres de côtes, développement de notre littoral méditerranéen » (**). Ajoutons que la position prise sur le Congo ouvre désormais à notre colonie un champ sans limite.

La station navale avait quitté le mouillage de Denis, pour s'établir définitivement entre les pointes de *Louis* et de *Pyrra*, sur la rive droite de l'estuaire. On hésita quelque temps à laisser dans l'isolement le vieux chef qui nous avait accueillis ; mais l'expérience, témoignée par un cimetière où s'alignent les tombes des premiers arrivés, avait suffisamment démontré

(*) Cette rectification est inscrite dans la plus récente édition du *Stieler's hand-atlas*.

(**) Vivien de Saint-Martin, art. *Gabon*, du *Nouveau Dictionnaire de géographie universelle*, 1881.

l'insalubrité d'un mouillage placé sous le vent malsain de la langue de terre qui a nom pointe *Pongara*. En outre, le centre d'activité commerciale, tout entier groupé sur la rive droite, nécessitait quelque surveillance. S'étant donc décidé à ce déplacement, le gouvernement local élut domicile et commença à élever ses établissements sur une petite hauteur appelée « le Plateau », non loin du village de Libreville, récemment créé pour recevoir les captifs des négriers rendus à la liberté.

Dans sa courte histoire, la colonie gabonaise a déjà vu bien des changements ; elle a passé par des phases d'enthousiasme et de discrédit, variables comme les hommes et les événements qui s'y sont succédé. Ses fleuves et ses rivages, débaptisés en l'honneur de la famille d'Orléans, ont depuis retrouvé leurs noms d'origine, auxquels ils avaient mieux droit. Ni les noirs ne devaient oublier leurs appellations familières, ni nous-mêmes effacer le souvenir du gouvernement qui venait d'acquérir à la France une possession nouvelle. A force d'argent et de sacrifices, la colonie avait atteint à quelque prospérité, toute locale du reste et d'apparence, lorsqu'elle subit le contre-coup de la calamiteuse année 1870; elle faillit y périr. On se rappela à propos tous ses griefs contre elle : son insalubrité, son éloignement des routes de grande navigation, sa position perdue, qu'aucun lien sérieux ne rattache à la métropole ni à ses possessions d'outre-mer, la faiblesse du commerce local et de ses ressources. On se rappela encore qu'il n'y avait plus de négriers, partant point de nécessité à conserver davantage un refuge que nos croiseurs n'utiliseraient plus. Peu s'en fallut que, dans un moment d'abandon, le Gabon ne fût cédé à l'Angleterre.

Nous verrons, aux pages qui vont suivre, dans quelle mesure il a mérité ce discrédit ou justifié les premières espérances de l'occupation, et l'essor nouveau que des explorations récentes et déjà célèbres vont peut-être lui imprimer. J'ajoute seulement un mot destiné à expliquer que notre prise de possession, accomplie sans effusion de sang, ne fut nullement oppressive et plutôt un bienfait apporté aux malheureuses populations de ces rivages. Si l'on a souvent raison de dire que l'histoire des conquêtes humaines répète sans variations, dans l'ombre du passé, la morale de « la Lice et ses petits », cette morale est-elle rigoureuse, lorsqu'il s'agit de la lutte pacifique de la civilisation européenne contre la sauvagerie? Ici tout est inégalité et misère, et l'ordre régulier qui s'y substitue pour réparer, même avec l'« apparence » de la spoliation, en fait, amène un changement en bien. Les Mpongoué, consentant à ce qu'ils ne connaissaient pas, ont profité de ce bénéfice et ne l'ont pas regretté.

Ils ont, du reste, accepté notre régime tutélaire avec ce fatalisme torpide inhérent à leur race, qui n'est jamais soulevé par l'injustice ni reconnaissant des bienfaits : les chefs, nantis de cadeaux et de pensions, le peuple, grâce à sa placidité indolente, ne s'émouvant pas d'échapper à l'esclavage, à la torture, à la négation de tout ordre et de tout droit, dont il souffrait jadis sous ses aga. — *Mbiambié*, « bien »; ainsi dit le Mpongoué en courbant la tête, qu'il souffre ou se réjouisse. Ainsi il nous accueillit, au moment de voir sa race submergée dans la marée montante de ces émigrants pahouins, qui, flot par flot, descendent le long des fleuves et peu à peu débordent les anciens possesseurs du sol.

CHAPITRE II.

LE SOL ET LES EAUX.

ARTICLE Ier.

CONFIGURATION DU PAYS. — L'ESTUAIRE. — LES COURS D'EAU ET LES ILES.

§ 1. — *Vue de côte.*

Lorsque, venant du large, on entre dans l'estuaire gabonais, l'impression que cause la vue de son paysage est bien différente suivant l'aspect des lieux visités en dernier.

C'est, par exemple, le désespérant rivage de la Guinée, parcouru longtemps sans autre spectacle que sa ligne éternelle de bois, de falaises, de sables arides, panorama mourant comme l'unique étendue de ces flots tranquilles qui vont à l'horizon rejoindre un ciel invariable. Tout se laisse voir en beau à la suite, pourvu que l'aspect s'accidente; et ce fleuve africain, qui s'ouvre dans les terres, avec ses berges effacées, ses eaux lentes, sans caprices, paraîtra gracieux, presque animé.

Mais nous revenons de contempler, la veille, les îles merveilleuses du golfe de Biafra, leurs gradins étagés au milieu des nuages, leurs arêtes dentelées, les pics tranchants qui déchirent le ciel. Combien alors la comparaison du souvenir est peu favorable au présent! La perspective, qui paraissait là-bas lointaine et si large, et la nue si haute, font mieux ressortir ici le contraste du ciel descendu sur les côtes basses du Gabon, presque à toucher la terre.

Nous décrirons tout à l'heure la configuration de l'estuaire ; pour le moment nous essayons seulement de retracer le profil de son paysage. C'est celui d'une petite mer aux rivages éloignés, que pointent vers le fond de la baie deux îlots perdus au milieu des brumes légères de l'horizon.

Le paquebot range la rive droite pour gagner le mouillage. Le long de la côte se déploie le rideau d'une végétation merveilleuse qui couvre tout. De-ci, de-là, l'établissement des villages noirs, plus nombreux de ce côté de l'estuaire, ouvre une éclaircie dans le feuillage ; des promontoires, baignant dans l'eau leur chevelure d'un vert sombre, arrêtent les sinuosités de la ligne littorale ; sur les ondulations de la terre apparaissent, comme des taches nuancées, les missions, les voyantes factories, et au centre, sur un plateau isolé, les constructions blanches à toitures rouges du comptoir français.

A cette distance, la rive gauche, basse et marécageuse, reste indistincte ; ce n'est que plus avant, vers les îlots du fond de la baie, qu'on voit les deux rives, noyées dans une mer de feuillage, se rapprocher pour en fermer le cadre.

L'atmosphère poudroie. La nappe dormante miroite au soleil de midi, à peine frisée par un souffle de brise. A certaines heures, elle s'émeut mais jamais avec violence ; la houle poussée par les vents du large, déjà brisée aux bancs de l'entrée, vient mourir à la plage en ondulations caressantes, dont les mille heurts tracent à la rencontre de l'eau et du sable une longue traînée de poussière aqueuse. Sa surface n'a pas de limpidité ; un ciel voilé, que les nuages de l'hivernage obscurcissent souvent, étend sur elle une demi-ombre imprégnée de lumière diffuse et de vapeurs. Les courants inverses de la marée, qui font frissonner le stationnaire sur ses ancres, brassent les ondes saumâtres et les emportent en un torrent insensible à la vue ; assez avant, le courant descendant marque sur la mer le glauque et boueux sillon des débris limoneux remués dans le lit du fleuve et roulés avec ses eaux.

Ce paysage dort sous un soleil d'airain, qui paraît lui-même immobilisé dans la révolution lente du jour; la nature et les hommes s'y reposent. Son atmosphère est lourde et somnolente, baignée de chaleur et d'humidité; son cadre a pour limite cette barrière de végétation dressée à la ligne de l'eau, comme un mur de prison, et si épaisse que sa lisière ploie à peine sous l'effort de la brise. On n'y entend nul bruit, on n'y voit nul mouvement; rarement quelque pirogue sillonne la baie tranquille; le noir et le blanc restent à couvert alanguis. Et, pour achever l'illusion mélancolique que ce panorama fait naître, de vieux pontons jetés à la côte hérissent leurs coques démembrées, rappelant de gigantesques squelettes décharnés par le temps.

Un mot saisissant peut seul peindre cette étendue d'eau et de verdure solitaires : « C'est un tableau de nature morte (*); » et ce tableau n'a, pour ainsi dire, qu'un aspect à l'embouchure des fleuves de la côte occidentale que j'ai visités.

§ 2. — *Le Komo et son estuaire* (**).

L'ESTUAIRE DU GABON, qu'on appelle aussi quelquefois « estuaire du Komo », du nom du petit fleuve qui s'y déverse, est partagé en deux bassins de capacité à peu près égale. — Ici, que le lecteur veuille bien un moment accepter l'aridité des détails.

(*) Dr Griffon du Bellay, *le Gabon*. — *Tour du monde*, 1865.

(**) Suivre, pour l'intelligence de la géographie de la région comprise entre le Gabon et le Congo :

1° Carte du Gabon, dressée d'après les documents les plus récents, par ordre de S. Ex. M. le comte de Chasseloup-Laubat, ministre secrétaire d'État au département de la marine et des colonies. (*Revue maritime et coloniale*, 1862.)

2° Carte des possessions françaises de l'Afrique équatoriale, dressée par ordre

Le premier de ces bassins s'ouvre vers le large par l'écartement, à 9 milles marins d'intervalle (*), des deux pointes *Santa-Clara*, au nord, *Pongara*, au sud. Son entrée est franche de barre, mais obstruée de bancs nombreux, dont l'approche, en dépit des indications des pilotes noirs, très fantaisistes du reste, resta périlleuse aux grands bâtiments jusqu'au moment où l'on se fut occupé sérieusement de baliser les passes. Le mouillage de la station est au centre de ce bassin, rapproché de la rive droite, en face de Libreville, dont la position a été déterminée par 0° 23′ 16″ de lat. N. et 7° 6′ 30″ de long. E. (Vivien de Saint-Martin). Les navires rencontrent des profondeurs variables de 6, 13, quelquefois 18 mètres, et un fond de bonne tenue pour leurs ancres sur les lits de vase interposés aux plateaux de roches couvertes, mais seulement à quelque distance du rivage (1 à 2 milles), le prolongement des tables calcaires exhaussant sensiblement le sol sous-marin. L'établissement de la marée, dans ce bassin, se fait à 5 heures 30 minutes, et la mer marne de 1 à 2 mètres, suivant la force des eaux; les courants de flot et de jusant y sont assez violents. La houle, habituellement modérée, roule à la plage sans fracas; mais la fréquence des raz de marée, à l'époque des équinoxes, par accident impétueux, a rendu nécessaire de briser le flot, qui bat à ces moments la jetée du petit port, en pratiquant de distance en distance dans cette dernière des coupées, par où fait irruption l'effort amorti de la lame.

---

et sous la surveillance de M. le contre-amiral vicomte Fleuriot de Langle, d'après les travaux des officiers de la marine française. (*Ibid.*, 1869.)

3° Carte de l'Ogooué et du Congo, pour suivre les voyages de M. de Brazza. (*Ibid.*, 1883.)

4° Cartes publiées en 1883 et 1884 par le Dépôt de la guerre (*Afrique, région équatoriale.* — Feuille n° 34 (*Libreville*). — Feuille n° 39 (*San-Salvador*).

5° Carte du bassin du Congo, dressée par le docteur Richard Kiepert, 1885.

6° Cartes de cet ouvrage.

(*) Le mille marin est de 1,852 mètres.

Deux îlots, à droite et à gauche, l'île *Koniké* et l'*île aux Perroquets*, étranglent l'estuaire en son milieu et marquent l'ouverture du « bassin intérieur ». Émergeant proche la rive droite, non loin de la pointe *Owendo* et de l'embouchure marécageuse de la rivière *Kohit,* l'île Koniké est montagneuse et rafraîchie par une source vive. Ces avantages, sous le ciel du Gabon, attirèrent, au siècle dernier, les Portugais à la recherche de la pierre philosophale de l'époque, l'or, et aussi de points propices à leur commerce d'esclaves. Il reste, du petit établissement qu'ils y créèrent, deux canons et des ruines dévorées de longtemps par la végétation.

Le bassin intérieur, large d'abord et profond autant que le premier, se rétrécit et se divise au moment de recevoir, dans les terres, les affluents principaux qui l'alimentent; il finit à deux embouchures, embarrassées de bancs et d'îles, celle du *Komo,* grossi de la rivière *Bogoué,* et celle de la *Ramboé,* accrue de cours secondaires. J'ai entendu quelquefois regretter qu'au moment de la prise de possession, l'entrée de ce deuxième bassin n'ait pas été choisie comme centre des établissements européens. Soutenable à certains égards, cette appréciation perd de son crédit si l'on considère un intérêt capital, la résistance au climat. La position de Libreville semble en effet favorisée, étant moins retirée dans l'intérieur et, par suite, mieux ouverte aux brises salubres du large.

Dans son ensemble, l'estuaire, vaste fracture préhistorique du littoral, qui creuse sa voie dans le continent l'espace de 65 kilomètres, décrit un arc à faible courbe, s'inclinant au S.-E. vers l'équateur, qu'il confine du côté de la Ramboé. Large de 8 à 10 milles, avec des profondeurs moyennes de 6 à 12 mètres (*), il nous donne une des plus belles étendues d'eau

---

(*) 8 à 25 mètres, dans le premier bassin, — 5 à 8 m., dans le deuxième. (Renseignements empruntés à la *Revue maritime et coloniale.*)

fermées de la côte occidentale, une rade aussi sûre que celle de Dakar. C'est moins l'embouchure d'un fleuve qu'un vaste bassin plus long que large, alimenté de proche en proche par des courants d'importance plus ou moins grande, rempli surtout par le flot de l'Océan. Des criques fangeuses, principalement sur la rive gauche, déchirent ses bords et tracent assez loin dans les terres des canaux sinueux, parcourus par le flux et le reflux; mais bientôt une barre alluviale, fixée plus tard par le chevelu rampant des mangliers, engorge les embouchures et y retient les eaux intérieures, que la marée montante refoule sans les renouveler complètement. Là se forment ces marigots puants qui stagnent sur le rivage de la mer, au débouché des vallées, des ravins, dans les moindres dépressions de terrain, et concourent, pour une part considérable, à l'insalubrité de l'estuaire du Gabon.

Nous venons de dire que la principale artère du bassin intérieur, celle qui y débite la plus grande quantité d'eau douce, s'appelle « le Komo ». Ce petit fleuve descend de la chaîne des montagnes de *Cristal,* ligne de hauteurs de 800 à 1,400 mètres d'altitude qui court du N. au S., à une centaine de kilomètres du littoral. Un peu avant d'atteindre l'île Nengué-Nengué, à 92 kil. de son embouchure, le Komo, jusque-là rétréci, s'est brusquement développé par le versement à plein canal des eaux de la rivière Bogoué, assez importante pour représenter un des deux bras de formation du courant dont elle est tributaire; déjà large à ce moment de 700 à 800 mètres, il acquiert désormais l'ampleur d'un fleuve.

Les canonnières (type *Marabout* et *Arbalète*) peuvent remonter le Komo jusqu'au voisinage de l'île *Nengué-Nengué;* au delà, le fleuve, étroit, peu profond, ne livre plus passage avec sécurité qu'à des navires de faible tirant. Cette île, devenue un petit centre commercial, offre quelque intérêt comme avant-garde de la protection française assurée aux Européens.

La station y entretenait jusqu'à ces dernières années un ponton militaire, dont la présence est désormais jugée superflue; la mission américaine et les principales factories y ont des succursales établies à terre ou en rivière. C'est à ce mouillage que la citerne flottante de la station va s'approvisionner; car, bien que la marée se fasse sentir à 130 kilomètres environ de Libreville, — distance estimée en suivant le fil du fleuve, — à mer basse, l'eau de Nengué-Nengué est douce et court sur un fond de sable vaseux. Supportable à ce niveau, ce n'est assurément pas une boisson idéale; elle n'est fraîche ni limpide, ni sans mélange de débris organiques promptement altérables.

Non loin du point où le Komo se perd dans le cul-de-sac de l'estuaire, se voit un petit delta découpé sur sa rive gauche par les bouches de quatre minces courants, les rivières *Maga, Yambi, Ramboé* et *Bilagone*. — Étroites, encaissées entre leurs berges de limon et de palétuviers, elles serpentent dans les terres, traçant des lacets tortueux qui figurent l'apparence du chevelu de certains végétaux. Trois de ces rivières ne sont, à proprement parler, que des ruisseaux convergeant vers l'embouchure de la Ramboé, qu'ils viennent grossir. Cette dernière, pour des raisons qui vont être exposées, mérite de nous retenir un moment.

§ 3. — *Les sentiers de la Ramboé et le fleuve Ogooué. — La route de ce fleuve au Congo.*

L'intérêt que nous offre la Ramboé, c'est de continuer sur un long parcours la voie navigable de l'estuaire vers l'Ogooué et de rendre accessible la communication de l'un à l'autre à travers l'étendue de terres incultes qui leur est interposée. Cette petite rivière, d'un développement de 74 kilomètres, que peuvent aisément remonter, sur la première partie de ses eaux, les bâtiments d'un certain tonnage et, plus avant, les pirogues, porte ces dernières à l'entrée de sentiers qui mènent, en trois ou quatre journées de marche à pied, sur les rives du fleuve légendaire de la région. Ainsi une route traversière, mi-partie fluviale et terrestre, prolongée dans la direction S.-E., permet d'établir des relations entre Libreville et les factories du moyen Ogooué. Il suffit de consulter la carte pour s'assurer que cette route, comparée à la voie maritime qui suit le littoral et remonte ensuite le fleuve depuis son embouchure, économise un long détour.

La Ramboé a quelque renom dans la colonie pour les tumultes des villages pillards qui habitent son voisinage et s'engraissent par occasion des dépouilles des traitants. Les sentiers qui la continuent vers l'Ogooué sont en effet des routes de commerce familières aux noirs et pratiquées par eux pour abréger la distance, lorsqu'ils n'ont à transmettre que des fardeaux pouvant être portés à dos d'homme, ou dans les circonstances difficiles d'un ennemi à éviter sur le trajet du fleuve, d'un blocus militaire à l'embouchure des rivières, interrompant momentanément la libre entremise des transactions. Ces sentiers vont sous bois; des abris en branchages, de véritables campements quelquefois, marquent les haltes dans les clairières, près des cours d'eau. Le plus fréquenté d'entre eux traverse le lac *Azingo,* au contour semé de villages pahouins et bakalé, peuplé de nombreux hippopotames; il aboutit aux établissements commerciaux de *Lambaréné.* Il est juste d'ajouter que ces traverses ont été reconnues d'une façon précise à diverses époques, particulièrement par le commandant Serval (1863), le commandant Boitard (1877), et par un négociant étranger, M. Walker, qui a proposé un tracé pratique, généralement suivi, ai-je entendu dire (*).

(*) M. M. Tenaille d'Estais, enseigne de vaisseau, et Lota, aide-médecin de la marine, ont publié récemment, dans la *Revue maritime et coloniale* (1883), la relation d'un voyage à pied qu'ils ont entrepris de la Ramboé au lac Azingo, puis à

La curiosité qu'éveilla de tout temps ce sujet a lieu de surprendre si l'on considère seulement l'intérêt tout local de sentiers passagèrement fréquentés pour relier deux petits centres de factories. Mais il s'agissait en réalité d'une énigme à déchiffrer, dont la solution, acquise plus tard et fort différente de ce que l'on présumait, mit sur la voie de nouvelles recherches d'une portée imprévue.

Cette énigme, c'était l'inconnu de ce fleuve *Ogooué*, dont le débit et le delta remarquables laissaient supposer un parcours immense à travers les terres. Les traditions indigènes racontaient qu'il existe de grandes nappes d'eau dans l'intérieur. L'analogie ne rendait-elle pas vraisemblable qu'il se trouvât, quelque part vers l'ouest, une réserve analogue au système de lacs intérieurs, reconnus dans la partie orientale du continent? L'Ogooué semblait bien placé pour en écouler le trop-plein. Comme, du reste, on ne savait rien au delà de ce que rapportaient les noirs, il était loisible de se figurer le fleuve, indépendant, émergeant à sa source d'une région de hauts plateaux plus salubre que la zone fébrigène du rivage, ou seulement branche géante dérivée du gigantesque *Loualaba*.

Les étapes parcourues le long de l'Ogooué devaient être nombreuses et laborieuses, avant qu'on arrivât à la connaissance de ce qu'il en est exactement; elles s'échelonnent plus avant d'année en année, marquées par des noms d'hommes et des dates : — docteur du Bellay et commandant Serval (1864), — MM. Walker (1866 et 1873), — de Compiègne et Marche (1874), qui remontèrent les premiers jusqu'à la rivière *Ivindo* (cours moyen du fleuve), — docteur Lenz (1876), qui se ren-

l'Ogooué. « Le sentier part de la rive gauche de la Ramboé, à quelques centaines de mètres en amont du dernier appontement d'*Akondjo*. » Au delà, une marche effective de 9 heures et demie sur 12 heures de soleil mène en trois jours, par la traverse en pirogue, du lac Azingo aux factories de Lambaréné. Toute cette région est couverte de futaies et arrosée de ruisseaux; les Pahouins l'occupent en maîtres.

contra un peu plus tard avec M. de Brazza à *Lopé,* village des Okanda (9° 17′, long. E. de Paris). L'année 1878 marque le couronnement de ces investigations par la détermination achevée du tracé du fleuve.

Ce résultat fut dû à la persévérance infatigable de M. Savorgnan de Brazza et de ses compagnons, le docteur Ballay et M. Marche, que je m'honore d'avoir personnellement connus à Libreville. Ce premier voyage dura trois ans (1875-1878). 150 kilomètres, parcourus dans une région inexplorée, menèrent l'expédition aux chutes *Poubara,* qui se précipitent d'une grande hauteur, par 1° 39′ de lat. S. et 11° 23′ de long. E. Non loin de là, l'Ogooué n'est plus qu'un gros ruisseau devenu guéable et paraît descendre « d'une chaîne de montagnes, dont le versant occidental écoule dans l'Atlantique, sur la côte du Mayombé, des rivières de peu d'importance » (*).

Une conclusion si précise rejetait à néant l'hypothèse d'un haut plateau et de lacs intérieurs alimentant un grand fleuve, voie ouverte vers le Centre-Afrique ; mais cette conclusion même n'était qu'un point de départ destiné à de nouveaux développements. Continuant à explorer la région des sources, M. de Brazza avait reconnu un changement radical dans l'aspect des terrains. « Au sol argileux du bassin de l'Ogooué, dit lui-même le voyageur (**), à ses humides vallées cachées sous d'épaisses forêts, à ses collines couvertes de hautes herbes, succède d'abord un terrain accidenté, sablonneux, déboisé, où çà et là quelques rares palmiers dénotent la présence d'un village. » Au revers de cette ligne de partage de deux bassins, qui présente quelques passages, naissent plusieurs cours considérables, dont l'écoulement n'avait d'autre issue probable que la pente de vallées inclinées vers le Congo.

(*) *Bulletin de la Société de géographie*, communication de M. de Brazza (24 janv. 1879).

(**) Lecture de M. de Brazza à la *Société de géographie*, séance du 23 juin 1882.

Si cette supposition se confirmait, une sorte de trait d'union entre l'Ogooué et le Congo se trouvait comme tracée par la nature (*).

Convaincu de la possibilité de ce rapport et de son importance, M. de Brazza entreprit une nouvelle exploration (1879-1882). Pendant ces trois années, il reconnut complètement le bassin supérieur de l'*Alima* et de la *Likona*, s'attacha particulièrement à la première de ces rivières, dont la source n'est pas distante de plus de trente lieues de celle de l'Ogooué, admit que son cours descendant, avec une profondeur moyenne approximative de 5 mètres, reste praticable à des embarcations d'un certain tirant d'eau, et, fait considérable, récemment mis hors de doute par le docteur Ballay, que l'Alima, après un cours développé de 400 kilomètres, s'abouche au Congo en amont du point où la nappe de ce fleuve, libre de cataractes, peut être remontée vers l'intérieur. En janvier 1880, l'explorateur fondait, à 815 kilomètres de Libreville, au milieu d'un charmant paysage fait de contrastes de couleur et de terrain, une première station hospitalière à *Ngimi* (Franceville), non loin des chutes Poubara, au confluent des deux branches d'origine de l'Ogooué, le *Rébagni* et la rivière *Passa*. En octobre de la même année, suivant la route de terre et la descente de la rivière *Lefini* ou *Lawson*, sur un trajet de 500 kilomètres depuis Franceville, il établissait une deuxième station à *Ntamo* (Brazzaville), sur la rive droite du Congo, à cette limite des cataractes qui a été appelée *Stanley-Pool* (lac Stanley), en l'honneur du célèbre explorateur américain; puis il revenait, en septembre 1881, au confluent de l'*Obia* et de la *Lékiba*, poser une nouvelle station sur

---

(*) Dans ce premier voyage, l'expédition suivit une de ces rivières, l'*Alima*, sur un parcours d'environ 100 kilomètres à vol d'oiseau. En butte aux attaques des *Apfourou*, à court de munitions, elle fut obligée de rétrograder. A cinq jours de là, « dans la direction du soleil levant », la rivière eût mené M. de Brazza et ses compagnons à la descente du Congo.

le haut Alima navigable, et la reliait, par une route carrossable de 120 kilomètres, à Franceville.

Si l'on parcourt une carte récente de ces régions, on se figurera aisément le tracé de l'itinéraire mi-partie fluvial et terrestre, qui conduirait de Libreville à Brazzaville du Congo; itinéraire dont les jalons principaux sont seuls posés et qui est plutôt l'indication d'une route à conduire que d'une route faite, mais dès maintenant praticable à l'aide de canots à vapeur démontables et d'animaux de transport résistant bien au climat, dont l'âne (disons-le de suite) paraît l'unique représentant. Partant de Libreville, cette route remonte l'estuaire gabonais et le cours de la Ramboé, continuée par les sentiers sous bois qui débouchent à Lambaréné de l'Ogooué; elle remonte ensuite ce fleuve et, non loin de son origine, le quitte pour prendre la traverse de Franceville à l'Alima; puis elle descend avec cette rivière vers le Congo, y entre et suit son cours dans la direction de la mer, jusqu'à la station de Brazzaville. La continuité de cette route est fréquemment rompue, sur le trajet de l'Ogooué, par des rapides et des chutes (*).

(*) La navigabilité de l'Ogooué est en effet très accidentée, ainsi qu'on en peut juger par la note suivante, résumée d'un travail publié récemment par M. le lieutenant de vaisseau Mizon dans la *Revue maritime et coloniale*.

« Le bas Ogooué, dit cet officier qui a exploré pendant plusieurs années ces régions, peut être regardé comme praticable en toutes saisons pour des navires ne calant pas plus d'un mètre, c'est-à-dire ne dépassant pas 180 tonneaux en chargement... Il est probable que, lorsque le cours du fleuve aura été relevé sérieusement, tout navire qui aura franchi les bancs de l'entrée pourra remonter jusqu'à Nzoum. De ce point jusqu'à l'île de Njolé (180 milles de la mer), le fleuve est beaucoup plus étroit et très profond...

« Au delà des îles de Njolé, commencent les premiers rapides qui ne permettent plus qu'aux pirogues de remonter le fleuve. Ils se succèdent sans intervalle jusqu'à l'embouchure de l'Ivindo, pendant 70 milles à vol d'oiseau, et 110 milles selon le cours de la rivière...

« De l'embouchure de l'Ivindo à la chute de Boundji (50 à 55 milles), le fleuve est relativement calme. Un seul rapide important, celui de Balatchatima, partage le bief

Le tracé que je viens de décrire, relié d'année en année, chaînon par chaînon, représente la somme d'investigations partielles dues en majorité à l'initiative des officiers de notre marine ; M. de Brazza prit à son achèvement une part considérable et éclatante. Ses explorations ont fait connaître un fleuve demeuré longtemps une légende. Mais ce qui reste surtout attaché à son nom, c'est d'avoir dépassé le but qu'il s'était assigné au départ, en montrant vers l'intérieur la voie libre de ce Congo que des cataractes défendent du côté de la mer. Complétées par des reconnaissances effectuées dans la région arrosée par la rivière *Niari*, jusqu'à la côte, ses recherches ont encore dévoilé l'inconnu d'une surface de terrains dépassant la superficie de la France. C'était avancer à la fois la science géographique et la civilisation, et, si l'on sait en profiter, ouvrir un avenir à notre comptoir équatorial jusqu'alors immobilisé (*).

Revenons un instant à ce fleuve, qui intéresse toujours ceux qui ont habité le Gabon, au temps de sa lente reconnaissance. De récentes explorations nous ont montré son origine modeste, déroutant les espérances que l'ampleur de son delta et de son cours inférieur avaient fait de prime abord concevoir. Né dans

en deux parties inégales... Les pirogues sont seules utilisables dans cette partie du fleuve... »

De Boundji au confluent de l'Ogooué et de la Passa (distance, 90 milles), l'Ogooué est interrompu par des chutes nombreuses ; il n'est praticable qu'aux pirogues de rapides.

Aucun des affluents de l'Ogooué ne peut davantage être considéré comme une voie pratique pour la pénétration de l'intérieur. La rivière Ngounié, son principal affluent, n'est accessible aux bâtiments à vapeur que jusqu'à la chute de Samba (environ 30 milles). — *Les Routes du Congo* (1885).

(*) *Bulletin de la Société de géographie;* Paris, 1881. (Note de M. Dutreuil de Rhins.)

Voyages d'exploration de M. Savorgnan de Brazza, *Ogooué* et *Congo*. (*Revue maritime et coloniale*, 1876-1883.)

Voir également les dernières pages de cet ouvrage.

le sable au voisinage du 2ᵉ degré de lat. S., à 800 mètres environ d'altitude, l'Ogooué court d'abord au N.-O., suit quelque temps une ligne parallèle à l'équateur et redescend dans la direction du S.-O., pour se perdre dans l'Océan. De sa source à son embouchure, il dessine ainsi à travers les terres un ruban sinueux de 800 à 1,000 kilomètres, — la longueur de notre Loire, en arrière de 600 kil. sur le cours développé du Sénégal, — et ne quitte pas l'hémisphère sud. Sa route navigable aux petits bâtiments de mer a pour limite le point où nous avons vu qu'aboutissent les sentiers de la Ramboé, c'est-à-dire entre Lambaréné, centre commercial de la région, et *Sam-Kita*. Là, le fleuve est libre de ces chutes et rapides, qui embarrassent sa voie en amont; les rives s'écartent, son lit s'enfle avec la saison pluvieuse. Grossi, grâce à l'apport de la rivière *Ngounié*, son affluent principal, il s'élargit encore en descendant, jusqu'à 1,000 et 2,500 mètres, au voisinage du lac *Ionanga*.

A cette hauteur se montrent, éparpillés le long du fleuve, un certain nombre de réservoirs naturels, parfois assez étendus, qui communiquent avec lui et accueillent le trop-plein des eaux. De ces lacs, plusieurs sont « fétiches », qui ont aussi leurs îles sacrées, peuplées d'ibis et de pélicans. Il s'y passe des choses extraordinaires, puisqu'il arrive parfois aux indigènes de voir, au lever du soleil, apparaître dans les nuées étendues sur le Ionanga, la plus imposante de ces nappes, les « grandes pirogues » des blancs courant la mer bien loin de là, au cap Lopez. Le docteur du Bellay, témoin de l'assurance convaincue des riverains, ne paraît pas éloigné d'accepter la vraisemblance de ce fait surprenant, en la mettant sur le compte d'un de ces effets de mirage si puissants sous l'équateur.

Dans cette région, et plus bas jusqu'à son delta, le cours de l'Ogooué est semé d'îles. Ses eaux, profondes pendant l'hivernage, s'abaissent à la saison sèche et découvrent de vastes bancs de sable, qui deviennent, dans l'intervalle de deux saisons, des prairies de hautes herbes et de roseaux, établissement des hippopotames. Le courant, torrentueux aux crues de juin et de décembre, ronge et déchausse les talus du fleuve, charrie des arbres arrachés, de vastes blocs de terre entraînés avec leur végétation, véritables îles flottantes, qui restent soutenues par un entrelacement de racines et de lianes.

Ses bords offrent à la vue trois zones étagées de végétation. C'est, dans la région haute, animée par le vol nombreux d'une petite hirondelle, l'*ijéga*, la forêt nourrie des végétaux utiles et des grands arbres du Gabon : les fromagers, les figuiers, le cotonnier, le palmier-bambou et le palmier à huile riche en fruits, le manglier rouge, etc. Plus bas, des yuccas, des pandanus, et une sorte de papyrus à longue tige empanachée d'un bouquet de feuilles, annonçant que l'eau douce est toujours prédominante. Plus bas encore, vers la mer, les berges s'étalent, la marée inonde alternativement et découvre d'immenses étendues de vases et de prairies saumâtres, sur lesquelles bourdonnent, à la nuit, des nuées épaisses de maringouins; et, dans ce terrain d'une insalubrité extrême, qui est leur terrain de choix, les palétuviers prolifèrent avec une prodigalité sans arrêt. La région moyenne, ou des lacs, est réputée moins pernicieuse que cette zone maremmatique du cours inférieur.

Le pays avoisinant est le théâtre de l'agonie des peuplades riveraines (Bakalé, Galoa, Ivili, etc.), qui opposent à l'invasion pahouine une digue d'un moment, avec la destinée d'être bientôt détruites plutôt qu'absorbées.

Bien avant d'arriver à la côte, comme si un seul lit ne suffisait plus à son débordement, l'Ogooué se divise en branches nombreuses, dont les eaux, grossies aux deux grandes crues de l'année dans le delta (commencement et fin de l'hivernage), courent au travers de terrains de transport et s'épanchent vers le rivage en de vastes lagunes sinueuses; les alluvions entraînées sur le long parcours des eaux, poussées de proche en proche, sont insensiblement fixées et tendent à avancer sur l'Océan la jetée de l'embouchure.

Ce delta, qui commence à près de 100 kilomètres du littoral, dans les terres, figure un triangle, à sommet représenté par le canal du fleuve avant sa dispersion; sa base, tournée vers la mer et l'île Lopez, occupe une longueur de 100 milles de côtes (185 kilomètres), de *Sangatang* au cap Sainte-Catherine. Le bras supérieur ou septentrional se déverse dans la baie de *Nazaré*, où l'eau est douce à marée basse; son bras inférieur communique avec la lagune *Eliva-Ngomi* et débouche à la barre du *Fernan-Vaz*. Mille traverses, reliées entre elles, serpentent entre ces deux limites. A ce point, nous atteignons notre ancienne frontière méridionale, bien étendue depuis, et deux routes peuvent nous ramener à l'estuaire du Gabon : celle des grands bâtiments, par la haute mer, au large du cap Lopez; la route des pirogues, par les canaux sinueux du delta, et au delà, entre la grande île et le rivage du continent.

§ 4. — *L'estuaire Mounda et les îles espagnoles.*

A l'est du vaste quadrilatère dont nous venons d'esquisser les lignes et dont le parcours à vol d'oiseau a été pour nous facilité par le réseau de cours d'eau qui l'enserre, l'inconnu ouvre un champ inexploré à des fatigues, des dangers, des espérances qui tenteront sans doute de nouveaux chercheurs. La configuration de notre possession équatoriale cependant ne serait pas complètement retracée, si nous ne disions un mot des terres découpées qui s'étendent au nord de l'estuaire du Gabon.

Ce qu'on a appelé la *Rivière-Mounda* est moins une rivière qu'une échancrure profonde du littoral, ouverte à l'écoulement d'un lacis de ruisseaux et de ruisselets, nés de reliefs peu élevés et de mornes détachés de la chaîne de Cristal; au petit estuaire ainsi formé aboutirait une ligne de 20 à 25 kilomètres, conduite dans le nord de Libreville. Ses rives, mais surtout la rive gauche, sont percées de criques remplies par le flot de la marée; deux des plus singulières, la crique *Mounda* et la crique *Abando*, traversent dans sa largeur la péninsule sur laquelle le centre européen est établi et, non loin de lui, après un long et sinueux parcours, finissent en cul-de-sac, proche le rivage de Libreville.

L'abondance des eaux ainsi retenues dans mille circuits n'est pas sans influence sur la salubrité de la zone comprise entre les estuaires du Gabon et de la Mounda. A l'image de la presqu'île de Sierra-Leone, une ceinture d'eaux douces et salées isole en effet le promontoire aux côtes déchirées, fait comme une massue, qui avance dans l'ouest plusieurs pointes, parmi lesquelles les caps Santa-Clara et Esteiras, déjà connus de nous. La mer du large brise à son front N.-O.; les nappes de la Mounda et du Komo baignent ses flancs N.-E. et S.-O; sa base continentale est suivie par une rivière, la Kohit, formée de deux ruisseaux, adossés à leurs sources et se déversant indépendamment dans chaque estuaire; de sorte que cette péninsule, à peu près détachée de la terre ferme, devient une sorte d'île qu'une pirogue pourrait contourner presque sans interruption.

Le pays limitrophe de l'estuaire Mounda est habité par les Boulou, en arrêt devant quelques villages pahouins, première approche de l'invasion qui, eux aussi, les atteint. Sa rive gauche limite, jusqu'à plus ample informé, notre frontière septentrionale, tandis que de sa droite à la pointe boisée de Saint-Jean s'étend une longue ligne de côte contestée. Son embouchure donne dans la baie de Korisko, et cette vaste échancrure, dont une ligne de 50 kilomètres, de Saint-Jean à

Esteiras, mesure l'entrée, est précisément le théâtre de nos incertitudes internationales, les Espagnols ayant droit de protectorat sur ses eaux supérieures parsemées d'îles. Ces parcelles qui, hors cette considération, occuperaient peu la colonie du Gabon, s'appellent les *Elobey* et *Korisko*.

Les Elobey sont situées par 1° de lat. N., sous l'avancée du cap Saint-Jean, au débouché de la rivière *Angra*. Le mouillage est excellent entre les deux îles, et la végétation variée qui les couvre, au milieu des eaux calmes, en rend l'aspect attrayant. La plus grande mesure une superficie de 500 hectares; la petite (*Elobey Pequeño*) n'en a que 25 et donne asile à quatre factories, succursales des principales maisons de commerce anglaises, allemandes et françaises du Gabon.

Korisko est beaucoup plus étendue et fait partie d'un petit archipel situé au milieu de la ligne d'ouverture de la baie de ce nom, par 0° 54′ 30″ de lat. N. Sa surface, de 14 kil. carrés, est habitée par les Benga, tribu qui compte un millier d'habitants environ et paraît avoir émigré autrefois des terres avoisinant le cap Esteiras, où l'on retrouve de ses représentants. Une mission américaine, dépendante de Baraka, s'est fixée parmi eux, et, grâce à son influence, les mœurs des indigènes se sont adoucies et leur existence est devenue moins précaire. Les défrichements ont changé des espaces incultes en prairies et en cultures, travaux féconds qui eurent pour résultat d'en assainir le séjour, déjà plus tolérable sous un climat insulaire rafraîchi par les brises du large. À la fois religieuse, commerciale et politique, cette mission répand la langue et les idées de la mère patrie; elle y est encouragée par la visite fortuite de quelque navire de guerre des États de l'Union.

Ainsi nous trouvons l'étranger établi dans nos eaux. Je ne sais si les Elobey et Korisko devinrent îles espagnoles antérieurement à notre prise de possession du continent, ou si nous avons négligé, comme il arrive trop souvent aux nouveaux occupants, de nous assurer des tenants et aboutissants ; il paraît, en tout cas, certain que les négociations, depuis entamées par nos voisins sur la terre ferme, furent précédées de traités régulièrement passés entre nous et les chefs noirs, puis oubliés. Dans ces pays, où un cadeau de poudre et d'eau-de-vie suffit à sceller et à abroger les cessions de territoires, la place est au plus rapide et le temps légitime sans obstacle le fait accompli. Si nous devons débattre nos droits à l'amiable, il ne semble pas que nous ayons à trop tarder, le temps passant et devant rendre bientôt définitif ce qui n'était que provisoire.

Il peut paraître que ce sujet mérite moins d'intérêt, la terre ne manquant pas de satisfaire le plus avide là où l'inconnu est la seule limite. Il ne faut pas oublier néanmoins que la baie de Korisko, avec sa ceinture continentale jusqu'au cap Saint-Jean (*), complète dans le nord l'homogénéité de notre frontière. Les îles n'ont pas, à proprement parler, de gouvernement, le protectorat de l'Espagne ne s'y exerçant que par la présence d'un aviso détaché de temps à autre de la station de Fernando-Po ; et cette souveraineté platonique, qui est sans revenus pour notre voisine, cause en revanche au trésor colonial un certain préjudice. Les factories trop indépendantes d'Elobey sont en effet devenues l'entrepôt des marchandises sorties en fraude du continent, désormais affranchies de toute charge sous le couvert d'un pavillon étranger.

(*) Et même beaucoup plus haut maintenant, — la situation s'étant élargie, sinon régularisée, depuis que ces lignes ont été écrites, — jusqu'à la rivière *Kampo*, qui nous sépare de la possession allemande du golfe de Biafra. Les territoires annexes de San-Juan, qu'arrosent d'importants cours d'eau, entre autres la rivière *Mouni* et le *Benito*, continuent à être revendiqués par l'Espagne.

ARTICLE II.

CONSTITUTION ET RELIEFS DU SOL. — RÉGIME DES EAUX.

Dans ces pays, où la main oisive de l'indigène n'a jamais sérieusement touché au sol, où nul travail d'art ne l'a entamé, la terre, éternellement cachée sous une végétation puissante, ne laisse paraître des assises sous-jacentes à son écorce que ce que les torrents des eaux, les chocs de la mer, ses propres convulsions ont accidentellement mis à nu. Au Gabon, demeuré tel qu'il est sorti des mains de la nature, les lits abandonnés par la marée, les tranchées ouvertes par les fleuves, seuls nous montrent ce que peut être la constitution de cette écorce. Le docteur du Bellay l'indique judicieusement dans une curieuse relation de sa reconnaissance du cours inférieur de l'Ogooué. La description qu'il donne des terrains avoisinant le fleuve, de leur nature, est pour nous intéressante à rapporter à cause de leur parenté géologique probable avec ceux qu'arrose le Komo. Le bassin des deux cours d'eau est en effet d'aspect général peu différent. Tout le pays entre l'estuaire de Libreville et l'Ogooué, faiblement accidenté, se montre entrecoupé de collines d'une centaine de mètres d'altitude et de petites vallées qu'encadrent, à quelque distance de la côte, les hauteurs dominantes de la chaîne de Cristal.

« Partout, dit cet observateur (*), en dehors des plaines marécageuses, les berges se montrent sous l'aspect d'une couche épaisse de sable argileux plus ou moins compacte, d'une couleur ocreuse, dans laquelle sont empâtés de gros rognons ferrugineux, mamelonnés à la surface, celluleux à l'intérieur, et dont la consistance varie depuis la friabilité la plus grande jusqu'à

(*) Ouvrage cité.

la dureté métallique. Souvent il s'y mêle des fragments de porphyre rouge et de quartz; parfois l'argile change d'aspect, devient plus fine, plus blanche et passe à l'état de marne. Dans les points où la rive s'élève, ce sont des calcaires coquilliers qui en font la base, ou bien des argiles compactes peuplées d'ammonites. Les habitants ne connaissent aucun minerai, pas même ceux de fer. »

Ces éléments, nous les retrouvons dans les couches successives des terrains de notre estuaire. A la surface s'étend un lit, plus ou moins épais suivant la région, d'un humus noir à force d'être riche, à force d'être engraissé par ces décompositions où la vie végétale s'entretient et abonde de sa propre destruction. De la terre ferme cet humus descend vers les rives des fleuves, à leurs embouchures; il se retrouve dans la formation de ces vastes espaces alluviaux où, deux fois le jour, la marée couvre et découvre la végétation impure des palétuviers. Plus profondément, lorsque les eaux et l'action du temps ont raviné ce placage, apparaît le limon argileux, mêlé aux conglomérats de fer boursouflés de cellules, puis l'assise solide du calcaire coquillier, laissant passer ses arêtes ou ses plateaux à travers les déchirures des couches supérieures.

Fines et pulvérulentes dans les terrains secs, de consistance pâteuse et gluante sur les espaces inondés, les argiles nuancées de jaune, de gris, de brun rougeâtre, ne se séparent pas des rognons ferrugineux; en certains points, l'assemblage des deux roches, que le soleil, venant après les pluies, a consolidées, étale comme une mosaïque grossière à la surface du sol. La bonne tenue de ces argiles, une fois mêlées à l'eau et séchées, les approprie à former aux cases des noirs des parquets plans et solides; au cap Esteiras, elles servent même à la fabrication de poteries grossières.

La commodité d'extraction des blocs ferrugineux, jointe à

la dureté de la pierre, les fait employer à la construction des édifices de la colonie; ils ne paraissent pas valoir les peines que nécessiterait la réduction de la faible proportion de métal qu'ils contiennent.

La formation calcaire n'est nulle part mieux reconnaissable que sur le rivage. Là, l'effort puissant de la mer, et double dans son action mécanique et chimique, effrite et désagrège les terrains, érode les berges, y suspend des roches blanches près de crouler, et, plus tard, les détache et les roule avec ses ondes en un semis d'écueils alignés le long de la plage. Le mouvement de la marée, brassant le courant des rivières et des criques, battant leurs rives et la côte, déplace les bancs alluviaux, les lignes de sable et de vase du rivage, et change incessamment l'aspect de ses contours. Le retrait du flot découvre aussi de larges tables corrodées par le frottement, dont les vasques, chaque jour plus profondes, retiennent les eaux; d'où, par les mille rigoles creusées dans la pierre, elles s'écoulent de nouveau vers le réservoir commun.

Ce calcaire littoral, d'une teinte gris foncé, compact et en quelque sorte durci par l'imprégnation de la mer, qui l'a d'abord dépouillé de sa croûte friable, ce calcaire est moins résistant en terre ferme, plus blanc et mêlé de ces coquilles fossiles dont les habitants vécurent dans un âge de transition géologique. Vers le mont Bouët, certains espaces des flancs éboulés montrent la stratification régulière du revêtement qui enveloppe la colline. L'exploitation de ces carrières fournit de bonne chaux; mais la roche est dure, et sa cuisson lente n'exige pas moins d'une semaine à un mois de four, suivant l'ardeur du feu.

Que recouvre ce terrain superficiel? Aucune fouille n'en a donné le secret, et nous n'avons à ce sujet que de vagues indications, surprises en quelque sorte par le hasard à la nature.

Ce sont les noirs, familiarisés avec notre commerce, qui nous en apportent de loin en loin un spécimen. La recherche déçue des Portugais ne les a pas découragés; ils sont parfois en quête de mines d'or; mais n'ayons pas souci d'eux, ils n'ont jamais fièvre d'aucune sorte. Ils ne remuent pas le sol du bout du doigt, seulement ils ont vu en passant des filons à jour, des gîtes découverts par le courant d'une rivière. C'est, au voisinage du village de *Ngossa*, dans un ruisseau de la crique Mounda, un minerai blanc brillant, avec des reflets cuivrés bleuâtres. La mine est abondante; l'heureux possesseur de cette trouvaille croit tenir la poule aux œufs d'or et, après quelque résistance à abandonner l'échantillon qu'il vient d'apporter, cède à la convoitise d'un verre d'*alougou*. Ce n'était, du reste, qu'un minerai de fer sulfuré.

Dans ces mêmes parages, il existe des affleurements de houille ou d'anthracite, dont l'abondance ni la qualité n'ont paru valoir une exploitation sérieuse, fort difficile en cet endroit, vu l'oisiveté habituelle de la main-d'œuvre et la stagnation de toute ressource. Plus loin, sur le cours de la Ramboé, se rencontrent des gisements de substance métallifère, non encore déterminée, dont la texture compacte et la teinte émeraude rappellent assez bien la malachite ou l'un de ces minéraux qui renferment soit du silicate de nickel, soit de l'hydrocarbonate vert de cuivre. Et, puisque ici nous avoisinons le pays pahouin, rappelons l'abondance et la richesse du minerai de fer, à mesure qu'on avance vers l'intérieur et l'heureuse façon dont il est utilisé par ces primitifs (*).

Dans le haut pays, dit le docteur Touchard (**), « des roches granitiques se montrent à nu sur les flancs et à la base des montagnes, formées d'immenses masses sablonneuses ».

Cette observation complète notre tableau et nous permet de nous figurer cette région voisine de la mer, couverte, au-

---

(*) La roche ferrugineuse est très abondante sur tout le littoral occidental, depuis la presqu'île du cap Vert, qui en est presque entièrement constituée.
(**) *Notice sur le Gabon.* (*Revue maritime et coloniale*, 1861.)

dessous de l'humus et des alluvions, d'une immense nappe calcaire, reposant sur une base plutonienne; soulevée aux temps géologiques, cette nappe s'est ondulée et crevassée, découvrant de loin en loin la roche qui lui sert de support. Bas et déprimé, l'altitude si faible de ce terrain le mettait presque de niveau avec l'Océan; il dut longtemps reposer sous ses flots. Cet antique bassin maritime en garde des témoins : des sources salées, entretenues par des dépôts de sel gemme, des rivières saumâtres, qui se sont chargées en passant au filtre de certaines couches, — et fort loin dans l'intérieur, puisque le docteur Ballay rapporte qu'à la fin de son exploration de l'Ogooué, il vit les indigènes recueillir par évaporation le résidu d'un ruisseau qu'ils appelaient « rivière du sel ».

La mer, en perdant pied peu à peu, a maintenu son droit d'occupation sur une grande partie de ces terrains. Elle s'étend en nappe mouvante dans les estuaires, sur les plaines basses et marécageuses des deltas, pousse fort avant dans les rivières, déborde leurs berges et les crible comme à l'écumoire d'un réseau de criques dont les sinuosités s'enlacent en certains points comme des serpents. Ayant dépassé ses limites, puis se retirant, elle laisse dans les dépressions du sol une partie de ses ondes, origine de marais bientôt desséchés et devenus, grâce à l'évaporation solaire, de véritables salines naturelles. On les rencontre aussi loin que le flux se fait sentir, et, avec un peu d'industrie, les indigènes se procureraient aisément un condiment précieux dont ils sont à la fois gourmets et très privés.

Continuant à généraliser les impressions que nous cause la vue de cette région, nous nous la représenterons ensemble disputée par les eaux et par la végétation; mais la végétation paraît plus puissante que les eaux. Son rivage bas, semé de mares stagnantes, percé d'embouchures engorgées, s'exhausse peu à peu des dépôts successifs d'alluvions, est envahi par la forêt de palétuviers, se prolonge et gagne insensiblement sur l'Océan. Vers l'intérieur, nulle haute montagne, nulle vaste plaine : une étendue de paysage moutonneux, coupé de ravins peu profonds et de mornes raccourcis; et partout cette vie végétale puissante qui égalise les dépressions aux élevures et met de niveau le paysage. Succession monotone, qui n'a qu'un seul aspect, et, si grand qu'il soit, laisse à la longue l'esprit désenchanté de son uniformité.

Lorsqu'on arrive du large, on aperçoit, dressés sur la rive droite de l'estuaire, deux monticules couverts de feuillage; on les appelle monts *Bouët* et *Baudin*. Le plus élevé n'a pas 200 m. d'altitude; c'est le plus saillant relief du pays qui entoure Libreville.

La fertilité du sol gabonais est très variable, suivant les accidents du terrain plus ou moins riche en humus, dépendante surtout de l'irrigation assurée, de l'épaisseur et du maintien de la couche végétale à la surface. Ces conditions favorables sont mieux réunies dans les sillons tracés entre les ondulations des hauteurs que sur les hauteurs mêmes; il y a déchet mécanique d'un côté, apport compensateur de l'autre. Les coteaux, avec leurs roides pentes et leur revêtement grenu, mêlé d'humus et du pulvérin de la pierre ferrugineuse, de l'argile et du calcaire, fournissent aux pluies diluviennes un système rigoureux de drainage, à l'aide duquel, par mille canalicules, comme au travers d'un crible, les eaux filtrent et ravinent de torrent en torrent, entraînant dans la vallée ce qui vient d'être arraché aux hauteurs. A leur pied s'accumulent, par couches, ces détritus organiques qui ont suivi la pesanteur, et roulent ces eaux chargées de grasses dépouilles qu'on voit traîner péniblement sous la voûte de feuillage et s'arrêter quelquefois avant d'arriver au rivage. Dans ces plaines et ces vallées fécondes, nourries de fumier et d'humidité, la végétation surabonde de vie, les futaies disputent le terrain ; à mesure qu'ils gravissent les flancs des collines, les hauts arbres deviennent grêles et clairsemés, la terre pauvre ne porte plus que des taillis et des broussailles épaisses, ou de ces prairies sèches dont les herbages dépassent la taille d'un homme.

Ce pays serait bientôt desséché si le ciel n'y déversait perpétuellement ses cataractes. Les pentes stratifiées de la formation calcaire écoulent rapidement les pluies qu'elles ont reçues; aussi voit-on, à la saison d'hivernage, les marigots grossis en peu de temps par des masses considérables. Mais le contenu n'en est pas déversé en totalité à la mer. A l'embouchure déprimée en cuvette de ces mares, il rencontre la couche d'argile, qui retient, derrière une barre, la nappe inférieure au niveau de cet obstacle; et là stagne le bas-fond liquide, saturé d'éléments organiques en putréfaction incessante, livré aux ardeurs du soleil entre les ondées et devenant ainsi une des causes primordiales de l'insalubrité du littoral.

Dans ces conditions, il n'est pas surprenant que l'eau potable soit réputée au Gabon toujours suspecte (*). Dès sa source,

---

(*) Le docteur Bestion a consacré à l'importante question des « eaux potables du Gabon » un article étudié et pratique, inséré dans la *Revue maritime et coloniale* (1883).

L'eau est fournie au personnel de l'établissement par des sources diverses : 3 puits creusés dans le calcaire, — plusieurs ruisseaux, dont le principal traverse le jardin de Kerhallet, — la retenue des pluies, conduites, dans 12 caisses en tôle, le long des toitures des édifices et du ponton-hôpital, — 80 tonneaux, que la citerne flottante va chercher, tous les 25 jours, à Nengué-Nengué.

Aucune de ces provenances diverses n'offre des garanties sérieuses de pureté. En outre, les quatre mois de saison sèche, qui se prolongent quelquefois au delà de l'habitude, suffisent à réduire d'une manière très préjudiciable la quantité fournie par les sources vives et les réserves.

Comme nous, l'auteur de cet article estime qu'une eau, qui a couru à travers un terrain chargé, sous le soleil, acquière rapidement des qualités délétères. Il propose de capter la réserve du Gabon à la « source même » du ruisseau de Kerhallet et de la recevoir dans une grande citerne en maçonnerie close, établie à la tête du pont qui est proche la jetée de débarquement. L'excès d'abondance de l'hivernage s'y retrouverait aux disettes de la saison sèche. Nous ne pouvons, pour les détails techniques, que renvoyer à l'étude du docteur Bestion.

elle filtre au travers d'une terre surabondamment chargée, s'imprègne de ses éléments altérables et, après quelque parcours, s'écoule noire, grasse et chauffée par le soleil. Les bassins et les citernes les mieux entretenus sont rapidement transformés en mares délétères. L'hivernage ne les laisse jamais tarir; mais vienne la saison sèche, leur niveau baisse peu à peu jusqu'au fond vaseux, plein de larves de moustiques et d'infusoires. Encore un peu de temps, et l'eau potable se fera rare. Lourde de poussière organique, argileuse et calcaire, elle se putréfie en un jour dans les vases où on la renferme. Il faudrait pouvoir la recueillir au moment où elle sort pure de la roche, ou ne la consommer que bien filtrée et bouillie, la température de l'ébullition étant le meilleur moyen d'en détruire les germes. Mais, malheureusement, l'un ou l'autre procédé n'est pas toujours à la portée, ni aisément applicable au milieu de l'existence journalière et débattue du traitant ou du marin.

CHAPITRE III.

LE CLIMAT.

ARTICLE Ier.

PHYSIONOMIE DU CLIMAT. — LES SAISONS.

Nous sommes au Gabon sous l'équateur. Une position géographique aussi précise laisse peu d'espoir aux illusions de l'émigrant. Dans l'aspect des lieux déjà tout a changé; le « pays » est bien loin et son ciel doux au souvenir; tout est maintenant nouveau, tout l'en sépare, et, plus que le reste peut-être, ce climat qu'aucune stimulation ne vient jamais ranimer, aucune froidure rafraîchir, qui ne connaît nul hiver, à peine de contraste entre les saisons. La rigueur insidieuse d'un perpétuel été torride va soumettre son organisme mal préparé à l'impression constante d'une *étuve* presque également chauffée toute l'année; et ce mot, que les pages suivantes doivent développer, retrace assez fidèlement l'originale physionomie du climat gabonais.

Nous ne pouvons prétendre, bien entendu, que cette chaleur intense, en tout temps répandue par le soleil, pour significative qu'elle soit d'impression et d'effet, à elle seule constitue et absorbe le climat de l'équateur. Le mot « climat » est un peu synonyme de « milieu ». Il figure un ensemble complexe, fait de plusieurs éléments et non pas d'un seul; nommés un à un, ceux-ci s'appellent « température, pression atmosphérique, hygrométrie, état électrique, agitation et composition du milieu aérien ». Cependant, sous la zone qui nous occupe (il est utile d'y insister), l'intervention du premier de ces éléments est continue, tandis que l'action des autres reste interrompue, passagère, irrégulière. La radiation solaire a donc une part prépondérante, presque capitale, dans l'ensemble ainsi défini; elle détermine en quelque sorte l'entrée en scène et l'évolution des saisons. Subordonnées à cette dernière influence, les autres particularités du climat gravitent en satellites autour d'elle, sous l'impulsion et dans la direction qu'elle a imprimées.

La loi qui répand avec une abondance inégale sur la terre cet élément, « température », règle par lui la distribution classique de nos saisons européennes; l'hiver et l'été ont chacun leur signe sensible. Au Gabon, où la diffusion de la chaleur n'éprouve en aucun temps d'écarts comparables aux variations des régions tempérées, le climat ne présentera pas non plus de contrastes violents; il déroule sans divisions trop brusques l'uniformité de l'année. Ici, la radiation solaire agit à la fois et continuellement sur l'atmosphère, le sol et les eaux; elle met en jeu l'expansion de la couche d'air enveloppante, l'imprègne des vapeurs enlevées à la surface liquide, des particules invisibles soulevées de la terre; elle entretient le fourneau d'appel des vents et des nuages; elle est aussi, pour une part importante, source provocatrice de cette électricité intense qui jaillit de la collision incessante des forces de la nature. Et surtout, puisque ce sujet a pour nous un intérêt direct, elle excite puissamment la genèse organique du sol, et, dans un balancement inégal entre les conditions de l'existence et de la destruction, suivant les espèces, elle crée de toutes pièces un milieu où certains êtres ne peuvent que végéter, comme étouffés par une exubérance de vitalité qui dispute à la vie sa propre existence.

Au sein de cette terre surchauffée dès l'origine, dont le rayonnement vers l'espace est limité, puisqu'elle égalise sensiblement sa température à celle de l'atmosphère, les fermentations de la vie éteinte se continuent sans arrêt d'âge en âge. L'humus, produit de décompositions successives, y est incessamment renouvelé par la destruction des existences qu'il a portées. Sous d'autres cieux, la périodicité alternante du froid et du chaud ralentit à certaines époques, arrête ces élaborations; sous celui-ci, il n'y a, dans cet ordre de faits, qu'une saison toujours active. Travaillé sans relâche par la chaleur, le sol dégage en tout temps ses exhalaisons meurtrières et les répand dans le milieu respiré; ce sol est un immense laboratoire dont le soleil vient perpétuellement exciter les matériaux, où la nature, comme prise de fièvre elle-même, précipite ses opérations et détruit, mais pour mieux hâter les jets éblouissants de sa fécondité.

Au Gabon, nous verrons bien aussi se dessiner des saisons différentes; elles empruntent leur caractère moins à l'écart des températures qu'à l'action temporaire de ce que nous avons appelé les traits secondaires du climat : l'hygrométrie et les pluies, la tension électrique de l'atmosphère et les orages, la variation des vents, etc. En définitive, la chaleur restera élevée et permanente; seulement, suivant les saisons, elle sera *sèche* ou *humide,* disons encore plus ou moins *électrisée,* variations d'état notables, dont nous apprécierons l'influence active sur notre organisme. La moyenne des températures, dans les années les plus brûlantes, ne dépasse pas + 28°; l'oscillation centigrade, entre le moment de l'année le plus chaud (+ 32° 5) et le plus froid (+ 23° 5), accuse 9 degrés, 10° au plus d'écart. Cette comparaison, qui montre la faiblesse relative des chiffres minima et maxima, établit la constance du milieu thermique (*).

(*) Si l'on prend la moyenne des températures comparées, aux deux saisons (saison sèche, + 28°,77, — hivernage, + 27°,72), l'écart est bien autrement faible : 0°,95, — moins d'un degré.

Entre les heures d'une même journée, l'oscillation moyenne extrême varie seule-

La caractéristique de ce climat, c'est donc l'uniformité dans la chaleur; il est constant, même dans ses variations, et l'organisme transplanté, privé de toute réaction stimulante, ne doit jamais trouver à s'y retremper. L'Européen est ici beaucoup moins favorisé qu'un peu plus au nord, au Sénégal par exemple, où la longue saison fraîche est vraiment réparatrice. Le soleil équinoxial darde ses feux verticaux au-dessus de cette région assise sur l'équateur; deux fois l'an, il est au zénith du lieu (22 mars et 22 septembre); deux fois, il a passé à son point le plus éloigné (22 juin et 22 décembre); — observation positive et paraissant par suite justifier la division du climat gabonais en quatre saisons, deux hivers (ce dernier mot bien éloigné de la vérité de la chose) et deux étés, ainsi distribués :

1° *Grande saison sèche,* du 15 mai au 15 septembre;

2° *Première saison des pluies,* du 15 septembre au 15 janvier;

3° *Petite saison sèche,* du 15 janvier à la fin de février;

4° *Deuxième saison des pluies,* de la fin de février au 15 mai.

Cette subdivision de l'année météorologique en périodes alternantes répond, je viens de le dire, à un fait précis : le double passage du soleil à divers temps et divers points d'un lieu déterminé (*). Mais est-elle pour cela vraiment naturelle? Elle

---

ment de 3°,68 pendant la saison sèche, de 3°,81 pendant l'hivernage, — moins de quatre degrés de différence. (*Voir le tableau de la page* 261.)

Cachet du climat équatorial, qui règne sur toute la Guinée, cette constance remarquable du milieu thermique s'accuse par l'uniformité des chiffres qui représentent la moyenne annuelle des températures, aux diverses localités :

Sierra-Leone	+ 27°,30, d'après	Winterbottom.
Côte des Graines (Monrovia).	+ 27°,50	— Reclus.
Côte d'Ivoire	+ 27°,50	— Borlus.
Côte d'Or	+ 27°,50	— Isert.
Côte des Esclaves	+ 26°,20	— Féris.
Iles du golfe	+ 25°,25	— Divers.
Gabon	+ 26°,20	— Vincent.

Aux points extrêmes de la région occidentale, que nous parcourons, le climat diffère sensiblement, et, parallèlement, nous en voyons le reflet dans le chiffre abaissé de la température moyenne annuelle : + 23°,8, à Gorée et à Loanda.

(*) Encore faut-il remarquer que la concordance des dates n'est pas absolue entre

fait entrer de force dans son cadre non pas seulement des signes abstraits, mathématiques, mais ces nuances délicates, complexes et parfois si indécises, qui marquent l'apparition et le cours des saisons. La nature ne se prête pas toujours à nos rigoureuses définitions. L'évolution des saisons, dans notre Europe tempérée, si élastique d'une année à l'autre et dans la même année, si peu disposée à suivre pas à pas les indications du calendrier astronomique, nous en est déjà une leçon; leur marche est cependant autrement définie que sous l'équateur.

Les transitions du climat gabonais sont harmonieuses et fondues, et son observation au jour le jour ne retrouve plus, de l'alternance établie plus haut, qu'une approximation justifiée par certains traits, contredite par un plus grand nombre. Ce climat n'a qu'une saison absolument et toujours régulière, fixée par les manifestations météorologiques et morbides de son commencement, de son milieu et de sa fin; c'est la « grande saison sèche ». Les trois dernières, suivant les années, mordent l'une sur l'autre; elles sont parfois si troublées et incertaines d'évolution, que leur ensemble n'expose qu'une longue succession de jours de pluies et de sécheresse intercalés. Se présentent-elles même avec leur régularité classique, elles ne forment, à vrai dire, qu'un seul hivernage, interrompu par trente-cinq à quarante jours arides, coupés eux-mêmes d'ondées passagères. C'est ce dernier intervalle si court qu'on a appelé « petite saison sèche »; il n'a réellement pas de personnalité, et, participant des deux saisons que nous allons distinguer, il est tout à fait à sa place au milieu de l'hivernage, dont ses caractères intrinsèques et la gravité de ses maladies le rapprochent très intimement.

Pour nous, du reste, il s'agit moins ici du climat abstrait que des conditions de milieu créées par ce climat à l'homme qui

la position astronomique du soleil et l'évolution météorologique des quatre saisons équinoxiales.

doit y vivre, et cette considération biologique, qui écarte des divisions multipliées et stériles à cet objet, légitime (n'aurions-nous à faire ressortir que cet unique point de vue) la division de l'année en deux périodes :

1° La *saison sèche*, qui comprend quatre mois, de mai à septembre;

2° L'*hivernage* ou *saison des pluies*, qui achève l'année.

Chacune d'elles a ses caractères propres, bien définis, et demande une exposition spéciale (*).

§ 1. — *La saison sèche.*

Cette époque de l'année est ingénieusement appelée par les colons « l'automne » du Gabon. C'est le moment où la végétation, privée d'eau, a le moins d'essor et laisse tomber quelques feuilles desséchées; c'est aussi la saison aimée des manguiers, qu'on voit vers son décours chargés de fruits mûrs, et de ces jardins d'acclimatation où nos plantes européennes dépaysées recouvrent leur verdeur, en retrouvant un moment quelque chose de leur climat d'origine.

La « saison sèche » se dessine du 15 au 25 mai; ses signes précurseurs et terminaux sont assez réguliers chaque année pour que les oracles de l'endroit, chefs et féticheurs, puissent prédire sûrement que la fin des pluies approche, comme, un peu plus tard, ils annonceront qu'elles vont reprendre et rafraîchir les terrains préparés aux cultures indigènes. Donc, dans ce mois de mai où l'hivernage penche vers son déclin, les derniers orages éclatent au ciel, les pluies diminuent d'intensité et de durée, remplacées bientôt par des ondées courtes et fines; la brise vient plus volontiers du large et pousse devant elle des nuages blancs cotonneux; la chaleur est moins âpre, l'ho-

---

(*) Cette division climatologique de l'année gabonaise, la plus naturelle à notre sens, est également celle à laquelle s'est arrêté mon successeur au Gabon, le docteur Bestion, dans son étude, insérée dans les *Archives de médecine navale* (1881).

rizon maritime se voile, le soleil se tempère, et le soir, sur la mer, on voit son disque rouge de feu descendre au milieu d'un nuage de vapeur pourprée.

Entrée dans sa période d'état, cette saison offre les caractères que nous allons indiquer.

La *température* y paraît fraîche, relativement aux lourdes sensations de l'humide hivernage; la colonne thermométrique oscille en général entre +24° et +29°, quelques dixièmes, le premier chiffre représentant le moment qui précède le lever du soleil, et le second, le milieu de la journée. En tout temps, les matinées sont plus froides que les nuits, la terre perdant peu à peu, si insensible soit le rayonnement nocturne, une partie de la chaleur emmagasinée pendant le jour. Les noirs redoutent l'impression de ce moment et restent enfermés dans leurs cases, tant que le soleil n'est pas haut sur l'horizon; les blancs eux-mêmes, ayant quelque séjour dans le pays, reprennent alors avec plaisir les vêtements de laine légère.

A peine compte-t-on de rares journées marquées par des *pluies* courtes et fines, dans les mois de juin, juillet et août, ondées rafraîchissantes, mais qui, en réveillant la poussière organique engourdie du sol et des marigots desséchés, provoquent une recrudescence de fièvre. Souvent, à la fin de juin, on voit passer sur la baie des bancs de *brumes* et de *bruines*, poussés de la terre de Denis; leur froidure amène la descente du mercure à cette température anomale de +23°,5, la plus basse observée dans le pays. La tension de la *vapeur d'eau* est aussi au minimum dans l'atmosphère.

L'inégalité des échanges calorifiques entre la mer et le continent, suivant les heures, règle l'alternance périodique des *vents de jour* et *de nuit*, alternance singulière au point de vue de la salubrité. Ces vents sont beaucoup plus frais en cette saison que pendant l'hivernage. Vers deux ou trois heures de l'après-midi, la *brise du large* prend à souffler, du N.-O. au

S.-S.-O., direction la plus habituelle; salubre et constante, elle chasse devant elle une grosse houle, qui brise parfois à la côte en ressac assez violent; elle persiste quelque temps après le soir venu. Une période de calme, de plusieurs heures quelquefois, lui succède. Puis la *brise de terre* commence à poindre de la partie S.-E. à E., ordinairement vers une ou deux heures de la nuit; elle se renforce peu à peu jusqu'au lever du jour, pour cesser environ neuf ou dix heures du matin. Elle apporte aux habitations sous le vent les émanations malsaines qu'elle vient de recueillir sur son passage dans les terres. Cette alternance des vents réguliers ménage donc deux intervalles tranquilles : l'un nocturne et oscillant, de huit heures du soir jusque vers le milieu de la nuit; l'autre constant, compris entre dix heures du matin et deux heures de l'après-midi, période de ce calme somnolent de la mi-journée, déjà typique dans ces mois, mais autrement accusé pendant l'hivernage.

La saison sèche est sans orages, sans tornades; les *raz de marée* de faible intensité n'y sont pas rares.

L'horizon reste voilé, le ciel est rarement pur et étoilé dans cette saison. Aussi le rayonnement vers les espaces célestes, défavorisé, du reste, par la végétation, qui ne laisse nulle part la terre découverte, est-il réduit au minimum; partant, pas de rosées ou des rosées insignifiantes. Aux premiers rayons du soleil, des vapeurs s'élèvent, comme une brume légère, des gouttelettes imperceptibles que le froid de la nuit a condensées à la surface du sol, et augmentent un court instant la fraîcheur du matin.

§ 2. — *L'hivernage.*

Ici, le printemps suit l'automne; sous l'influence des pluies, la nature équatoriale, qui n'a jamais jauni, reverdit dans toute sa fougue.

Pour nous, tel que nous l'avons admis, l' « hivernage » comprend la période incluse entre la mi-septembre et la mi-mai, succession de mois pluvieux, qu'interrompent vers leur milieu quelques jours de sécheresse relative. Cette longue saison a son cachet unitaire, caractérisée comme elle est par sa température élevée, son humidité pénétrante, ses pluies diluviennes, une tension électrique telle, qu'elle éclate presque chaque soir en orages d'une violence inconnue dans notre Europe, enfin par cette malignité du milieu, exprimée par le nombre et la gravité exaltés des maladies propres à la région.

Elle commence « officiellement » le 15 septembre; mais déjà, dans les premiers jours du mois, la chute passagère des pluies et divers changements dans l'état du ciel et de l'atmosphère annoncent que le passage d'une saison à l'autre est près de se faire.

La *chaleur* augmente dans une proportion vivement ressentie par l'organisme. Pourtant le mercure a seulement monté de 2 ou 3 degrés, rarement il atteint 33° (*). Cette élévation n'est donc pas exagérée d'apparence; on la voit dépassée, sans dommage pour la santé, au fort des étés du midi de la France. Aussi explique-t-elle mal l'acuité inégale d'impressions que fait éprouver la saison sèche, comparée à l'hivernage,

---

(*) Les moyennes suivantes, relevées sur un tableau d'observations météorologiques pour l'année 1863, indiqueraient une proportion plus faible entre les températures des deux saisons; mais une moyenne ne signale pas l'écart des chiffres qu'elle résume. Elles marquent cependant bien l'échelle de la chaleur aux heures différentes de la journée.

HEURES OBSERVÉES	DE MAI A SEPTEMBRE (SAISON SÈCHE).	D'OCTOBRE A AVRIL (HIVERNAGE).
6 (matin)	25°,08	25°,87
1 (soir)	28°,76	29°,68
10 (soir)	26°,48	27°,60

l'une tolérable et presque saine, l'autre agressive, profondément débilitante, meurtrière.

C'est que l'organisme humain, surtout un organisme étiolé des pays torrides, se montre d'une sensibilité réactive autrement délicate aux impressions du milieu que le plus perfectionné de nos instruments physiques. Le thermomètre est inhabile à interpréter ce que celui-là sent, et le serait-il, il y resterait insuffisant. Il est en effet construit pour noter les variations d'un seul des éléments du climat, la température; celle-ci est beaucoup, mais n'est pas tout dans la constitution atmosphérique. La météorologie emploie d'autres indicateurs (hygromètre, électromètre, etc.) qui concourent avec le premier à une observation d'ensemble; la généralisation des résultats partiels ainsi obtenus, fût-elle parfaite, reste encore en défaut, puisqu'elle néglige une inconnue, la sensation.

Il est d'observation que l'air sec se laisse traverser rapidement par la chaleur ambiante, tandis qu'une atmosphère imprégnée de vésicules d'eau retient la chaleur qu'elle a reçue et rend difficile son rayonnement en retour, par un mécanisme en quelque sorte analogue à ce qui se passe dans le milieu intérieur d'une serre close de vitrages. Or, pendant l'hivernage, la tension de la vapeur d'eau est fort élevée et l'atmosphère tellement chargée d'humidité, qu'elle en paraît saturée (*). Les pluies, spéciales à cette saison, tombent 166 jours durant de l'année (Dr Touchard) et représentent une colonne d'eau

(*) MOYENNE HYGROMÉTRIQUE POUR L'ANNÉE 1863.

SAISONS.	TENSION DE LA VAPEUR D'EAU à 1 heure du soir.	HUMIDITÉ RELATIVE.
Saison sèche (*juin à août*)	23,5	81,0
Hivernage (*sept. à mai*)	27,1	88,9

de 2^m,51 de hauteur (*), d'après une moyenne relevée sur dix ans par le docteur Vincent (**); ces moyennes sont parfois dépassées. L'eau répandue en telle quantité est bientôt en partie reprise au sol, imbibé comme une éponge, vaporisée par le soleil et dispersée dans l'espace. Caractère distinctif des deux saisons, l'état *sec* ou *humide* du milieu influe vivement sur le bien-être et la santé de l'Européen (***). Dans une atmosphère ainsi chargée, les échanges entre la peau et le milieu extérieur sont entravés, le corps est baigné d'une sueur d'élimination pénible; la chaleur est plus pesante, la circulation du sang moins bien équilibrée; le cerveau s'alourdit et, à certaines heures, des bluettes lumineuses passent devant les yeux, comme lorsqu'on regarde le soleil.

Les *pluies* de l'hivernage ont commencé en septembre, mois encore sec, parce que les averses, au moins dans son premier tiers, sont rares, courtes et peu abondantes. Les pluies vont en augmentant jusqu'à la mi-janvier et, dans le cours de ce mois et du suivant, ont plutôt le caractère d'orages versant sur la terre leurs ondées torrentielles; au delà, de la fin de

---

(*) HAUTEURS DE PLUIE COMPARÉES
(*Moyenne annuelle*, D'APRÈS E. RECLUS) :

Cherra-Ponjie (au sud de la vallée du Brahmapoutrah)...	15^m,75
Mahabalechvar (Malabar)	6^m,18
Vera-Cruz (Mexique)	4^m,279
Freetown (Sierra-Leone)	3^m,331
Bergen (Norvège)	2^m,653
Nantes	0^m,650
Gorée (Sénégal)	0^m,533
Paris	0^m,503
Alexandrie (Égypte)	0^m,175

(**) *Bulletin de la Société météorologique de France*, 1881.

(***) 35 degrés de chaleur, par un vent sec, sont plus supportables à Dagana (rive gauche du Sénégal) que 28° à Grand-Bassam, l'atmosphère étant ici presque saturée d'humidité. (Dr Forné, *Grand-Bassam, sol, climat, maladies*. — Thèse de Montpellier, 1870.) — Il est peu de médecins de la marine qui n'aient eu l'occasion de faire ce rapprochement; il rappelle, une fois de plus, l'infidélité du thermomètre à rendre compte de l'action énervante du climat équatorial sur l'organisme.

février à l'ouverture de la grande saison sèche, les chutes d'eau, — les plus abondantes de la Guinée, avec celles qui tombent sur les îles de la chaîne de Biafra, — reprennent presque sans interruption, noyant le pays dans un déluge, grossissant à pleins bords les rivières et entraînant, avec les eaux « sauvages » qu'elles roulent à la mer, une partie des immondes réserves des marigots (*). Les maringouins s'élèvent par nuées épaisses et les premiers poissons volants apparaissent à Denis.

La tension électrique de l'atmosphère n'est pas moindre, en cette saison, que son imbibition hygrométrique. Clairsemés à son début, les *orages* se rapprochent et deviennent journaliers, affectant une prédilection pour le commencement de la soirée. A certains moments, la surcharge est telle, que l'air, ozonisé, impressionne désagréablement l'odorat; elle accroît ce malaise d'étuve et rend plus intolérables les lourdes nuits que le sommeil ne vient plus visiter.

(*) PARALLÈLE DES MOIS PLUVIEUX EN 1862 ET 1863
(D'APRÈS LE DOCTEUR DU BELLAY).

MOIS.	NOMBRE DE JOURS DE PLUIE.	
	ANNÉE 1862.	ANNÉE 1863.
Janvier............	6	12
Février............	12	10
Mars...............	12	11
Avril..............	25	20
Mai................	21	18
Juin...............	6	4
Juillet............	2	»
Août...............	7	4
Septembre.........	11	8
Octobre...........	28	27
Novembre..........	25	24
Décembre..........	22	20
Totaux........	177	158

L'apparition de ces orages formidables est d'une magnificence inouïe. Au moment où le soleil va se coucher, le ciel gris plombé s'électrise dans le N.-E. d'une lueur livide qui embrase l'horizon comme un incendie lointain. Sur le fond du ciel fauve se dessinent avec des éclats de féerie, dans un fantastique paysage, les arêtes des collines et la cime altière des hautes futaies; des zigzags étincelants percent par intervalles l'arc de nuages volcaniques qui se déroulent au-dessus de la terre. La nuit se fait; la nuée noire grandit et se développe dans le ciel enfumé, qu'elle couvre d'une draperie sombre, en mille points déchirée par des traits de feu éblouissants. Bientôt le fracas du tonnerre assourdissant résonne avec l'ensemble d'une salve d'artillerie, les coups se succèdent, se pressent, se rapprochent, et la nuée s'épanche en déluge. En un instant, les torrents gonflent à déborder. Spectacle grandiose que l'Européen admire, mais trop souvent renouvelé pour lui, car il tétanise et distend les ressorts de la vie. Parfois l'orage est d'apparence si terrible, la nue si noire, que les indigènes en ont peur et s'enferment dans leurs cases (*).

Lorsque la foudre tombe, elle atteint les navires en rade,

(*) Sans aucune hypothèse sur les rapports possibles du magnétisme terrestre avec le climat météorologique et la tension singulière des orages de cette région, on remarquera qu'il y a, précisément entre l'île San-Thomé et le cap Lopez, intersection : 1° de la ligne *isocline* o, c'est-à-dire de l'équateur magnétique, où l'inclinaison de l'aiguille aimantée est nulle; 2° de la ligne *isodynamique* la plus rapprochée de l'équateur dynamique, témoignant de la lenteur des oscillations de l'aiguille en ce point ou de la faible intensité des courants magnétiques terrestres; 3° de la ligne *isogone*, qui marque 20° de déclinaison occidentale.

Quant à l'équateur thermique, comme les deux équateurs magnétique et dynamique, il n'est pas non plus parallèle à l'équateur de rotation. Sa ligne onduleuse, pour l'Afrique, coupe le Nil à peu près à sa bifurcation à Khartoum, passe au lac Tsad et s'infléchit vers le delta du Niger.

De la ressemblance symétrique des isothermes et des lignes isodynamiques, des savants ont cependant conclu au rapport intime qui existe entre le magnétisme terrestre et la température.

(Voir E. Reclus, *la Terre*, t. II, pl. XVII et XIX.)

les mâts de pavillon des factories, les arbres au port élevé, quelquefois les habitations sur les hauteurs; telle la mission française, qui eut en 1877 une aile de ses bâtiments lézardée et fort endommagée. Si le cocotier jouit du privilège peu enviable de l'attirer, grâce à ses folioles aiguës comme des pointes de paratonnerre, un autre végétal, une liliacée, l'*ilanga*, a la réputation de détourner les coups de l'*ogoula* (du tonnerre), sans doute grâce à quelque vertu fétiche.

Les orages, comme les pluies, suivent fréquemment la variation des marées. Cette remarque n'est, du reste, pas particulière au Gabon.

Les *brises* de l'hivernage sont moins régulières, de durée plus incertaine et d'intensité moindre que celles de la saison sèche; mais leur direction habituelle ne change pas, elles viennent toujours de la terre ou du large. La *brise de terre* commence à la fin de la nuit, vers trois ou quatre heures, et cesse généralement avant neuf heures du matin. Un *calme* profond la suit, échauffé par un soleil de plomb, moment pénible qui engourdit l'Européen dans la molle langueur d'une sieste irrésistible. Ce calme se prolonge souvent fort avant dans la nuit, et la *brise du large*, qui normalement devait venir avant le coucher du soleil, est alors remplacée par des bouffées légères et inconstantes.

Il se présente au Gabon un autre vent irrégulier, propre à cette saison, la *tornade;* mais l'intensité de ces petits ouragans est bien faible, comparée à la violence de ceux qu'on rencontre plus au nord sur la côte, et leur apparence si peu définie qu'on les confondrait volontiers avec les orages. La tornade souffle du N.-E. et survient de préférence la nuit, au renversement de la marée; celle de jour est plus rare, hale le sud, est moins forte et plus lente à passer. Elle a son accompagnement habituel, la foudre et l'arc noir qui crève en pluie diluvienne; elle s'abat à l'improviste, et, le long du rivage, couche sous ses rafales subites les plus beaux arbres, le fromager surtout, dont le tronc majestueux se brise comme verre.

Une grande partie de l'année, troublé par la masse de vapeurs agglomérées en nuages ou dispersées en vésicules imperceptibles dans l'atmosphère, le « ciel gabonais » reproduit assez bien, à certains jours, l'image du « temps gris » de nos hivers doux et humides. Les beaux effets de lumière sont rares dans le paysage; on n'y rencontre guère de ces oppositions d'ombres et de clartés, de ces jeux changeants dont les contrastes se font ressortir, de ces nuances à la fois vives et adoucies, allant se fondre dans une gradation insensible. Tant qu'il pleut, le ciel enfumé roule sous le vent des pannes de nuages qui se pressent l'une l'autre. Le soleil vient-il à percer derrière les ondées dissipées, ses rayons embrasés répandent tout à coup sur les eaux, les côtes, les forêts, une lueur éblouissante, et pourtant si indécise, que les divers plans du paysage paraissent trembloter dans une vapeur. L'uniformité de ce climat s'étend même aux aspects.

Cependant certains moments de l'hivernage, surtout les journées sèches de janvier et de février, revêtent une apparence limpide inusitée, due sans doute à ce que les pluies récentes et les gouttelettes vésiculaires ont, en dissolvant les poussières organiques flottant dans l'air, éclairci la transparence du milieu. Quelques matinées de janvier sont remarquables par leur pureté. Le ciel, déblayé de ses nuages déchargés, devient d'un bleu tendre émaillé de flocons blancs; l'horizon s'élargit, les objets se dessinent nettement et paraissent plus rapprochés; le mirage mange le contour des côtes, tient les îles et les arbres du rivage suspendus au-dessus des eaux. La calme réflexion de ce ciel d'azur, la tranquillité des flots mourant au rivage, reposent la vue et l'esprit de leur douceur sereine et mélancolique. Parfois, à son coucher, le soleil trace à l'horizon une ligne brillante qui illumine comme un feu de Bengale les bois et les collines. Les nuits sont alors plus lumineuses; les clartés stellaires, trop souvent obscurcies et cachées par les nuages, scintillent d'un vif éclat dans la voûte céleste, blanchissante sous la pâle lueur de la lune.

Reste à examiner un dernier élément du climat, réservé à dessein. La *pression atmosphérique* est faible en toute saison et presque uniforme; les oscillations du niveau barométrique demeurent comprises entre 755 et 762^{mm}, atteignent rarement 764^{mm} (chiffre extrême) (*). Les mois les plus secs paraissent signalés par la pression la plus forte. Le baromètre est donc un instrument négatif, au point de vue des prévisions du temps de ce pays, et il semble singulier, aux premières observations, de voir le parcours de l'aiguille anéroïde autour du cadran limité à un champ si restreint, qu'elle semble presque immobilisée.

En même temps, le double mouvement journalier de la marée mercurielle se montre d'une fidélité et d'une amplitude particulières. — L'égalité de cet élément météorologique, qui sera justement rapprochée de la constance de la température, achève de retracer le caractère de ce climat, sa régularité remarquable, ses périodes peu accidentées, si on les compare aux vicissitudes variées de nos saisons européennes.

Nous venons d'en voir les saisons normales. Mais il arrive, par périodes dont la succession ne saurait être prévue ou n'a pas été déterminée, que ces saisons présentent quelque irrégularité dans leur cours. Les manifestations ordinaires de l'année sont troublées : les pluies commencent de bonne heure ou finissent tardivement, elles empiètent sur le début ou sur le déclin de la saison fraîche; ou bien, c'est une alternance de jours secs et

---

(*) La pesanteur de l'air équinoxial est quelquefois beaucoup moindre. Ainsi, de 1880 à 1884, d'après M. le lieutenant de vaisseau Félix, l'oscillation du mercure se serait presque constamment maintenue entre 755 et 757 millimètres.

pluvieux, imprimant à l'ensemble de l'hivernage un type mêlé qui renouvelle, pendant une longue période, le caractère des plus mauvais mois (janvier et février) ; l'insalubrité en est singulièrement aggravée et les récoltes indigènes dépérissent. Il est à noter que ces vicissitudes épargnent la saison sèche; celle-ci peut être abrégée ou plus fraîche, mais conserve invariablement le cachet personnel qu'elle doit à l'absence des pluies.

Cette observation demandera à être développée au cours de l'article suivant; nous y relaterons les particularités de l'hivernage troublé de 1876-1877.

ARTICLE II.

INFLUENCE DE CE CLIMAT SUR L'ÉTRANGER.

§. 1. — *L'anémie météorologique.*

A la première apparence, sans avoir autrement approfondi le sujet, nous pouvons prévoir que ce climat est à la fois essentiellement débilitant et agressif. Il consume et réduit rapidement tout ce qui est altérable, s'attaque aux matières organiques, au bois, aux tissus, au papier, change le vin en vinaigre, rouille le fer en un jour; il aura prise, et une prise singulièrement nocive, sur l'organisation délicate de l'homme. Accommodé par l'assuétude de sa race au milieu, le noir y paraît insensible; son corps nu, sa tête rasée, n'en craignent pas le soleil. Mais le nouveau venu de race blanche n'a pas hérité de cette lente modification par les générations, créant une habitude de race; le changement est pour lui subit, radical, il en est durement éprouvé. Un organisme étranger subira une influence double, en quelque sorte : la continuité des impressions déprimantes du milieu atmosphérique, la lente absorption d'un poison répandu dans l'air respiré, représentent sa formule complexe ; l'une, exercée par le climat météorologique proprement dit; l'autre, résultant de la dispersion des effluves éveillés dans le sol par ce climat.

La première influence est directe, la deuxième de seconde main; mais l'une et l'autre agissent le plus souvent ensemble et concourent à un effet commun, la détérioration de la santé. Elles se confondent en s'accumulant, elles sont par suite peu susceptibles d'une analyse distincte ; et l'on ne pourrait vraiment abstraire la part active qui revient à chacune d'elles dans ce résultat qui s'appelle la « maladie paludéenne », s'il n'existait, parmi la population européenne du comptoir, un petit groupe que préserve de la contamination tellurique son habitation exclusive sur les navires mouillés dans les eaux de l'estuaire. Dans ce groupe, il est un certain nombre de personnes qui, grâce à leur profession maritime sédentaire, demeurent à l'abri des émanations du sol. La fièvre paludéenne leur reste étrangère, l'anémie du climat seule les atteint; et cette anémie essentielle, entre les traits d'une épreuve à double réaction, distingue elle-même ceux qui lui sont propres.

Dégagée de toute influence palustre, cette anémie a son portrait, et ce portrait peu à peu emprunte quelque ressemblance au tempérament de l'indigène. Cet Européen, si vivant, si agissant dans son propre pays, s'est métamorphosé dans le nouveau. Accablé sous un climat énervant, ses heures de veille sont absorbées par une torpeur lassante, celles du repos livrées à l'insomnie ou bien au lourd sommeil que ne suit nulle réparation, nul bien-être; ses jours s'écouleront sans profit dans une langueur persévérante, que toute stimulation blesse, que ne satisfont ni le mouvement qui brise le corps, ni l'inaction qui l'énerve. Valétudinaire, il flotte entre la santé et la maladie; ses fonctions s'émoussent et ses sensations se faussent, parfois même ses sentiments dorment, et la pensée, qui n'a plus d'éveil soutenu, le corps, plus d'activité suivie, ne rendent qu'un travail utile très diminué. Une telle modification réduit le blanc dans sa supériorité sur le noir; une existence, ainsi conduite à travers les torpides vicissitudes du milieu équatorial, paraît devenue l'image d'un rêve traversé d'éclairs, où passagèrement l'énergie somnolente se ranime, mais pour retomber bientôt dans sa langueur assoupie.

Acquise plus ou moins tôt, suivant l'âge et la vigueur de la constitution, souvent au bout de quelques mois, l'ANÉMIE SIMPLE forme le fond de santé chancelante de celui qu'on appelle, au Gabon, « un acclimaté ». Sorte d'état stable dans la débilité, celle-ci n'a pas de souffrances aiguës et ne désespère pas, car elle est sans lésion d'organes autre que la pauvreté du sang; aussi n'est-elle pas sans ressource, et l'usure qu'elle a produite sera lentement, mais presque toujours sûrement, réparée par le changement de climat, en supposant que l'on n'ait pas trop longtemps attendu.

Nous venons de distinguer, en les dédoublant, l'une des deux influences dominantes du climat équatorial sur l'étranger. Continuant à suivre son évolution, nous avions été tenté d'abord d'intituler ce paragraphe : *L'anémie de la chaleur humide*; mais il nous eût été certainement difficile d'en justifier le titre trop exclusif. La température élevée, continue, fût-elle même imbibée d'humidité, n'est pas tout ici pour provoquer l'action morbide, ne saurait à elle seule en rendre compte; son rôle est simplement prépondérant et sa marque caractéristique. La portée modificatrice des autres éléments de la météorologie, bien que plus variable et inégale, intervient encore activement et concourt à l'agression d'ensemble du climat.

La chaleur, nous l'avons vu, est non seulement soutenue, mais fort aggravée neuf mois de l'année par la saturation humide du milieu. Cette chaleur, qu'immobilise la faiblesse des oscillations thermiques dans la même journée, dans la même saison, d'une saison à l'autre, est, sans rémission, dépressive; elle n'a jamais de réactions stimulantes, et partant réparatrices. L'organisme humain s'y trouve dans un bain d'étuve, toujours chaud, parfois tiède, mais jamais frais; il s'y étiole, comme la plante transportée sans transition en serre chaude, et d'autant plus rapidement qu'il est plus délicat, tels celui de l'enfant, de la femme. S'il résiste mieux, le cercle des saisons une fois parcouru, il a conquis non pas l'assuétude, — le mot serait forcé, — mais une sorte d'accoutumance maladive, qui se prête difficilement ensuite aux variations qu'impose un climat différent. On voit alors ces acclimatés d'une année frissonnant par des températures de + 23° et + 24°, couvrant sous le manteau leurs mains bleuies au froid relatif du matin.

Une même impression perpétuellement énervante alanguit toutes les fonctions; la nutrition est atteinte dans son essence, la réparation intime des tissus, déviée. L'air, dilaté par la chaleur expansive du milieu, apporte, à volume égal, aux poumons et aux hématies sanguines une quantité moindre de son principe vivifiant, l'oxygène; pour compenser cette perte, l'organisme aura plus de travail à fournir et moins de profit. Les combustions intimes, dont l'accord normal assure le jeu harmonieux et l'entretien des rouages organiques, deviennent incertaines, sont mal dirigées; les déchets de la vie, les matériaux inutiles ou en excès, qui devraient être rejetés par la voie des excrétions, incomplètement comburés, s'accumulent; les pigments imprègnent la peau, teintent le visage d'une nuance terreuse, signe de l'impression climatérique; d'autres éléments des plus essentiels, entraînés par une usure progressive, ne sont renouvelés ni suffisamment ni fructueusement; certaines sécrétions (biliaire, sudorale, etc.,) s'exagèrent et, par la dépense mal restituée qu'elles occasionnent, contribuent à l'épuisement général. Le sang reste en définitive insuffisamment restauré; l'organisme est délabré; le système nerveux, mal nourri, semble avoir perdu son rôle dirigeant sur l'équilibre des fonctions; son action est devenue incertaine et torpide, sauf aux rares moments où il est galvanisé par une influence extérieure.

La tension électrique du milieu ambiant représente peut-être une des plus irritantes de ces influences; mais, étant variable, elle ne cause qu'un préjudice passager. Son acuité est cependant telle que certains observateurs la considèrent comme ayant une portée considérable dans l'action du climat équatorial et dominante sur sa constitution médicale. Il n'est pas de jour, pendant l'hivernage, où elle n'excite la somnolence de l'organisme amolli, faisant vibrer le système nerveux de ses décharges douloureuses, pour le laisser ensuite épuisé d'un excès d'action.

Puis encore à la constance de la chaleur humide, électrisée par périodes, vient se joindre l'uniformité de la pression atmosphérique. Il semble impossible de séparer dans leur effet ces deux influences parallèles; elles ont agi lentement et comme associées, transformé, pour ainsi dire, le tempérament européen en le mettant à l'unisson de leur égalité d'humeur. C'est là, pour celui-ci, l'origine d'une accoutumance pathologique à un milieu, de telle ténacité qu'il reste désormais, et pour longtemps, rebelle à l'action différente de tout autre milieu, même de celui où il est né et jusqu'alors a passé sa vie. Accommodé à l'invariabilité des mêmes impressions, l'habitude contractée l'aura rendu d'une susceptibilité extrême à tout changement; ayant toujours eu chaud, toujours été soumis à la même pression atmosphérique, il ne saura plus réagir ni contre les transitions vives entre le chaud et le froid, ni contre l'inégale pesanteur des vents variables de nos régions. Vibrant à toute influence nouvelle, sa résistance est trop rapidement dominée pour qu'il puisse recouvrer le ressort perdu.

Cherchant un peu plus avant, peut-être trouverons-nous à nous rendre meilleur compte de la raison d'un réacclimatement si laborieux. Le système cutané et muqueux, dont le fonctionnement normal a tant d'importance pour l'harmonie de la santé, est le premier éprouvé, étant plus directement exposé au milieu extérieur. Il est parcouru par un sang aqueux et peu stimulant, la tonicité de son lacis capillaire est affaiblie, son réseau nerveux superficiel ne transmet plus aux centres que des impressions incertaines, retournées en incitations mal coordonnées; la marée sanguine circule dans ses canaux au hasard de réflexes déraillés, au hasard des actions extérieures; passant d'un système de vaisseaux à un autre, dans un flux et un reflux inertes, elle stagne dans les organes intérieurs. L'influence du froid et des vents à haute pression de l'hiver, contre lesquels la tonicité du système cutané ne sait plus réagir, est très appréciable; elle a pour caractère un engorgement passager des viscères (*), tels le foie, la rate, le cerveau, etc., justiciable, dans la saison, des fluctuations du temps et disparaissant au retour de l'été.

Les suites d'un équilibre ainsi rompu sont aisées à pressentir; cette atonie souffrante presse, longtemps après le rapatriement, l'ancien habitué de la côte africaine. Le temps seul a raison d'une habitude si rapidement acquise et la lui laisse oublier.

§ 2. — *L'anémie tellurique.* — *La fièvre.*

L'exposé précédent, où sans doute se sont glissés quelques-uns des traits propres au nouvel état que nous allons décrire,

---

(*) Bien que l'influence signalée plus haut ne puisse être méconnue, c'est surtout l'infection miasmatique du sang qui agit pour provoquer ces congestions d'organes, aux périodes régulières où la fièvre doit reparaître, et singulièrement les aggraver. Le foie m'a semblé, dans beaucoup de cas, plus impressionnable que la rate aux afflux sanguins périodiques, sans qu'il en résulte cependant d'inflammation du tissu de la glande, comme on l'observe dans le pays avoisinant, au Kalabar, par exemple.

serait insuffisant à retracer l'atteinte du climat gabonais sur une santé européenne; il n'en présente qu'une des faces, et la plus bénigne; l'action du sol entrant sérieusement en scène, le tableau va devenir bien autrement chargé. Avec cette dernière, le faisceau des influences partielles du climat est achevé; la chaleur était « saine » tout à l'heure, elle est maintenant devenue « toxique ». Ce n'est plus alors seulement l'anémie simple et guérissable, c'est l'anémie doublée d'un empoisonnement, l'INFECTION TELLURIQUE OU PALUDÉENNE; double influence à réactions multiples, aiguisées dans un assaut commun contre l'organisme, d'un dommage parfois si prompt qu'il se révèle en quelques jours par cette usure, intime et profonde, appelée l'*anémie paludéenne d'emblée*. L'état valétudinaire de tout à l'heure est grandement dépassé; l'absorption du miasme palustre a créé de toutes pièces la maladie, maladie-protée, multiple dans ses aspects et sans cesse exposée aux causes de son retour.

La fièvre, qui survient, est le premier signal d'alarme de cet empoisonnement émané du sol. La *fièvre*, accident passager auquel on prend à peine garde en Europe, mot terrible dans sa simplicité sur les rivages de l'Afrique torride; il réveille l'idée du plus redoutable arrêt que va rencontrer l'explorateur; il représente une menace toujours suspendue, des récidives irrémédiables, la détresse d'un organisme, miné par une lente persécution, qui va se répéter à travers les années.

La durée de cette exposition de l'organisme à la cause morbifique, nécessaire pour que celle-ci agisse, le temps écoulé entre le moment où le poison pénètre et celui où il manifeste ses effets, son « incubation », en un mot, ne peut être précisée, puisque la *malaria* est instante en tout temps (*). L'Euro-

---

(*) Cette incubation de la fièvre intermittente compterait ses périodes par septénaires, — 6 à 20 jours, ou 15 jours en moyenne, d'après plusieurs auteurs. La rapidité de l'effet produit par l'introduction de l'agent morbigène dans l'organisme, comme son intensité et ses suites plus ou moins redoutables, est naturellement variable selon

péen quelquefois paie le premier tribut peu après qu'il a mis le pied sur le sol. Mais, que la fièvre se déclare prochaine ou tardive, il n'est pas téméraire d'avancer qu'elle n'épargnera aucun de ceux qui font un séjour à terre de quelque durée.

Les chiffres ont ici leur éloquence. En compulsant des tableaux statistiques soigneusement recueillis pendant une année de mon séjour au Gabon, de juin 1876 au mois correspondant de l'année 1877, j'obtiens le résultat suivant : 108 blancs (chiffre de la population maritime à cette époque, non compris les officiers) sont entrés 317 fois à l'hôpital de la station, comme atteints de fièvre paludéenne, soit (nombre rond) 3 fois chacun dans l'année pour cette seule affection (*). Et cependant ces hommes, grâce à une vigilance disciplinaire précautionneuse, étaient dispensés de tout travail pénible aux heures chaudes du jour; ils ne faisaient pas de service de nuit, et habitèrent le bord onze mois sur douze. Le résultat eût été autrement significatif, s'il m'avait été possible d'établir la même statistique sur le petit nombre d'Européens qui vivent à terre et dans l'intérieur des rivières (**).

En poursuivant notre comparaison, nous trouvons que la

---

la prédisposition individuelle, la qualité de la graine et l'état plus ou moins favorable du terrain humain sur lequel elle va germer. — Nous ne pensons pas qu'on puisse en préciser les termes d'une manière absolue.

(*) Exactement 2,94 fois.

Ce chiffre élevé répond à un hivernage irrégulier et au séjour que fit à terre, pendant un mois, l'équipage de la *Cordelière*, à la suite de l'échouage de ce stationnaire. Ces mauvaises conditions en ont probablement grossi la proportion. Celle que donne le docteur Bastion pour la période suivante (1878) est moitié moindre, soit 217 cas de fièvre paludéenne observés, en 18 mois, sur un équipage de 100 hommes, ou 1,44 entrées annuelles à l'hôpital par homme. Pendant cette dernière période, l'équipage avait vécu constamment à bord, ne s'en écartant que pour les travaux de la journée; condition éminemment favorable, comme nous l'apprécierons plus loin, à la stabilité hygiénique dans cette contrée.

(**) « Sur 45 Européens « résidant constamment à terre », la proportion des fièvres intermittentes *simples* a été de 144,44 pour 100, à ne considérer que les entrées à l'hôpital.

« Mais, d'après les notes du docteur Cauvin, ils n'y étaient admis que lorsqu'ils pré-

proportion d'immunité aux atteintes de la fièvre, entre blancs et noirs, est fort inégale. Pendant la période susmentionnée, 93 noirs ne sont entrés, porteurs de cette affection, que 14 fois à l'hôpital colonial ; ces gens, il faut le remarquer, sont des enrôlés du Sénégal et de la côte de Krou, venus par conséquent d'un milieu étranger et devant, en quelque mesure, s'accommoder au nouveau. C'est dire qu'aucune race transplantée n'échappe à l'influence de la région gabonaise. Et, en les citant dans l'ordre décroissant de leur impressionnabilité, les blancs tiennent hors de pair le premier degré de l'échelle ; les hommes de couleur, moins prédisposés qu'eux, sont encore très souvent atteints ; les noirs du Sénégal offrent moins de résistance que les Kroumen, leur origine étant plus éloignée de l'équateur ; enfin, les indigènes, rebelles au poison ordinaire, ne gagnent la fièvre qu'accidentellement, dans les moments de crise, ou lorsque, ayant quitté le pays et revenus s'y établir, ils ont perdu l'assuétude antérieure. Il est notoire encore que cette « susceptibilité tellurique » ne s'arrête pas aux races humaines ; elle est commune aux espèces domestiques importées (chiens, ruminants, chevaux).

La fièvre paludéenne *simple* présente les trois stades habituels à ce type morbide ; son frisson est court, peu intense, couvert par deux périodes de chaleur et de sueur très accen-

---

sentaient des symptômes gastriques assez prononcés, à cause de l'exiguïté de l'hôpital et de la facilité de les traiter à la chambre. En supposant qu'un cinquième ait reçu des soins hors de l'hôpital (et c'est le minimum), la proportion serait de 180 pour 100.

« La proportion des fièvres *bilieuses* a été de 42,2 pour 100.

« Celle des fièvres *pernicieuses* de 2,22 pour 100 (2 décès). »

Cette statistique a été établie pour une année comprise entre novembre 1862 et la fin d'octobre 1863. Dans cette même période, l'ensemble des maladies paludéennes « observées à bord des navires », en résidence fixe au Gabon, ne fournit qu'une proportion de 122 entrées pour 100 hommes.

(*Rapport médical sur le service de l'hôpital flottant, la* Caravane, *mouillé en rade du Gabon*, par le docteur Griffon du Bellay, — Archives de médecine navale, 1864).

tuées ; elle s'accompagne souvent de vomissements bilieux et d'engorgement passager des viscères, du foie plus que de la rate. Sa première atteinte, dite « d'acclimatement », et ainsi dénommée probablement par antithèse, est plus sévère que celles qui suivront et se juge par quatre accès journaliers successifs, ou deux accès seulement, intercalés chacun d'un jour de demi-santé.

La fièvre simple n'est pas grave en elle-même et cède sans trop de peine à l'administration méthodique du sulfate de quinine ; elle l'est par la ténacité de ses récidives, qui sont presque fatales. Son cachet propre, qui l'a fait appeler *intermittente*, c'est la périodicité, ou réapparition à date fixe, d'accès séparés par un nombre intercalaire égal de jours indemnes. Le « septénaire » est le type le plus constant qu'elle présente : la fièvre reparaît tous les sept jours, après six jours de repos, ou, si elle a une tendance marquée à s'éloigner, la période de repos intermédiaire à chaque accès s'allonge ; mais la succession des accès est encore représentée, à un ou deux jours près, par un multiple du nombre 7, comme 14, 21, 28... A cet état, elle n'est plus aussi régulière dans ses symptômes, on la voit affecter souvent une forme *fruste* ou *larvée*, traduction mal déguisée du paludisme, que révèlent, par exemple, des névralgies extrêmement douloureuses, ordinairement crâniennes, et fort communes, puisque les habitants de la côte occidentale les appellent eux-mêmes « névralgies africaines ».

Plus tard, en Europe, les accès, aiguisés par le changement de climat, surtout pendant les froids de l'hiver, reparaîtront de deux jours l'un (type *tierce*), ou, suivant une succession très commune, à intervalles égaux, le jour qui précède et qui suit une période de deux jours de repos (type *quarte*) ; la fièvre est alors rebelle et use par sa répétition, elle marque aussi un réacclimatement très laborieux. Et je dois noter en passant que sa persistance, après le rapatriement, pendant un espace de temps qui se chiffre par années, me paraît exclure l'idée, qu'on pourrait s'en figurer, d'une succession de crises salutaires, éliminant graduellement le poison absorbé; ce réveil des accès, qui est de si longue haleine, semble signaler plutôt une habitude invétérée de l'organisme, en rupture d'équilibre avec son ancien milieu.

Les atteintes de la fièvre simple, suivant leur répétition et leur violence, mènent à la *cachexie,* c'est-à-dire à l'usure ultime, celui qui, par devoir ou par intérêt, s'obstine à séjourner dans le foyer paludéen au delà de sa force de résistance à l'action morbide, variable suivant les organisations, mais qui n'est jamais dépassée sans danger. La perniciosité, lorsqu'elle ne terrasse pas du premier coup, y conduit plus sûrement encore.

La fièvre *pernicieuse* suppose, en général, un établissement de quelque durée dans le pays, une série d'accès antérieurs ou une impaludation graduelle passée inaperçue. Son terrain doit être préparé dans une certaine mesure; rarement elle s'attaque d'emblée aux nouveaux venus. Si le fait se produit, il révèle trop tard une constitution affaiblie par l'âge ou par des maladies antérieures, exposée sans transition à l'absorption d'une dose massive du toxique paludéen et à l'action intense du soleil et de l'orage aux mauvaises heures; l'accès est, dans ce cas, irrémédiable.

La fièvre pernicieuse est inopinée et frappe brusquement, d'un coup de foudre; parfois elle tue de même en quelques heures : c'est l'*hématurique,* qui décime les Anglais de la côte, caractérisée par des urines rouges de sang, assez commune au Gabon, fréquente en récidives, mais non habituellement mortelle; — l'*ataxique,* avec son délire de folie furieuse, plus rare, mais particulièrement grave; — la *comateuse,* la plus nombreuse de toutes, qui ne pardonne presque jamais au fort de l'hivernage.

La subite invasion de son accès, son court période, retracent un des actes les plus émouvants dans ce drame que déroule l'organisme en lutte avec un climat étranger. Son masque de marbre a déjà l'aspect solennel du dernier sommeil, le regard garde une fixité muette, les traits sont inflexibles, les forces de la vie sont résolues ; toute relation est interrompue entre le mourant et le monde extérieur, les fonctions végétatives seules persistent à prolonger quelques heures une existence arrêtée sans préparation au milieu de sa pleine activité. Le passage de cet assoupissement profond à l'ultime repos s'opère sans violence et dans une insensibilité apparente.

La fièvre comateuse, type de la perniciosité au Gabon, est fréquente à terre ; je ne me rappelle pas en avoir observé un seul cas contracté à bord. L'hivernage est naturellement l'époque privilégiée de son apparition. Les maladies paludéennes, du reste, sévissent toute l'année sans acception de saisons, mais à gravité très inégale, le caractère différentiel de la constitution médicale, aux deux saisons, résidant dans le degré plus que dans le nombre des maladies. La saison sèche, — surtout pendant les mois de juin, juillet et août, — est remarquable par sa bénignité à l'égard de l'Européen ; les fièvres y sont à peu près aussi fréquentes, mais atténuées, et la fièvre pernicieuse, d'apparition tout à fait fortuite, y prend une allure favorable. Nous apprécierons plus loin la recrudescence qui signale le passage des saisons.

Un mot des suites de la fièvre, ou de la CACHEXIE PALUDÉENNE.

La cachexie, dernier terme d'une anémie invincible, période de cette débilitation ultime qui, du sang réduit à son minimum d'hématies intègres, s'est progressivement étendue à tous les organes qu'il nourrit, où l'organisme, atteint de toutes parts dans son intimité, conduit de déchet en déchet, a encore la force de se soutenir, mais, pour ainsi dire, plus celle de réagir, — cette cachexie s'accuse par la pauvreté générale

de l'« hydrémie », l'infiltration aqueuse des tissus. Les œdèmes, d'abord localisés aux membres inférieurs, gagnent progressivement jusqu'au visage; la moindre épine, telle une piqûre de moustique, les provoque. Les dermatoses (eczémas, furoncles, etc.) passent à la chronicité. Les plaies accidentelles suppurent à l'infini, sans aucune tendance à la guérison; de vastes collections, déterminées par une sorte de « diathèse purulente » acquise, se forment sous la peau. Les organes intérieurs s'engorgent à demeure, les fonctions se délabrent, la nutrition devient insuffisante à l'entretien. Les affections latentes trouvent alors, dans cette misère de l'organisme dégradé, un terrain favorable à leur propagation; et, si la « phtisie pulmonaire » est en germe, elle évolue avec une soudaineté et une rapidité qui laissent à peine à l'infortuné le temps de rentrer mourir dans ses foyers.

Cet état est bien digne d'intérêt, et une tristesse sérieuse saisit le médecin qui assiste à ce spectacle de la force et de la santé ainsi réduites par un ennemi contre lequel il peut si peu. La verdeur de la jeunesse a dépassé son âge et avoisine la sénilité; son entrain s'éteint, l'esprit sommeille lourdement et n'a plus que des lueurs passagères, l'énergie morale a fait place à un sombre abattement que rien n'éveille, que rien ne distrait. L'usure de la vie a comme distancé le temps.

Heureusement, parmi les plus éprouvés, tous ne vont pas là, ils revoient la France assez tôt. La cachexie, à ce degré, a demandé des années, des fatigues démesurées, un tempérament d'une susceptibilité particulière à l'influence palustre.

La « constitution médicale » du Gabon n'a, pour ainsi dire, qu'une marque et l'imprime à toutes les maladies de l'Européen; l'ANÉMIE DOUBLÉE D'INFECTION PALUSTRE est son véritable cachet. L'action du climat a modifié l'organisme de l'étranger au point de lui faire une nouvelle « santé », qui a d'autres besoins, d'autres causes de déviation, un mode différent d'expression. Les affections des pays tempérés n'ont plus que rarement prise sur lui. La fièvre typhoïde « classique », si je me fie aux souvenirs d'une pratique de dix-huit mois, est sans exemple; l'impression paludéenne a dénaturé son type ordinaire; celui-ci s'est croisé. Les maladies aiguës de l'appareil respiratoire, si fréquentes chez l'indigène pendant son hiver (saison sèche), sont exceptionnelles chez l'Européen, comme si la fonction du foie et de la peau activée établissait une suppléance ou une dérivation.

3. — *Source de l'effluve palustre.* — *Mécanisme de sa dissémination.* — *Passage des saisons.* — *Saisons troublées.* — *Influence des vents et des orages.* — *Résumé.*

L'action du climat équatorial sur un organisme transplanté a donc pour caractères de retentir, et par sa constitution météorologique propre, et par l'accès dans l'atmosphère ambiante d'un élément étranger à sa composition normale. La présence de cet élément nouveau a modifié la qualité de l'air respiré, elle a rendu le milieu impur; et, à part de rares circonstances fort délicates à distinguer et à déterminer, — celle, par exemple, où, comme nous le montrions plus haut, l'Européen a pu éviter le contact effluvique, grâce à l'isolement rigoureux qu'il s'est imposé, — les deux influences atmosphérique et tellurique, presque toujours réunies, associent leur action, — en nous rappelant encore et en insistant sur cette donnée, que la présence de l'infectieux a singulièrement aggravé l'impression du climat.

Il serait assurément intéressant de suivre les pérégrinations de l'EFFLUVE, depuis sa genèse dans le foyer tellurique et sa dissémination dans l'atmosphère, jusqu'à cette contamination de l'organisme qui en marque la troisième phase, de pénétrer, en un mot, le mécanisme essentiel de cette sorte d'empoisonnement. Mais il s'agit d'une interprétation impraticable; car nous touchons à une cause intime, et ici, comme en toute recherche des phénomènes naturels, et même de points beaucoup plus simples, nous devons nous en tenir à comprendre le résultat, c'est-à-dire à ne pas voir au delà de la surface des choses. La malaria n'est pas douteuse; nous sommes en présence d'un fait matériel, brutal à force d'évidence : l'organisme humain est contaminé. Mais par quel agent inconnu? Qu'est-ce donc que cet effluve à réaction si meurtrière? Il nous est révélé seulement par son effet; il inonde l'air sans pouvoir être saisi, il s'y épand invisible, sans cesse renouvelé par une source qui ne tarit pas.

Le sol est le laboratoire où se forme l'effluve paludique; suspendu dans la vapeur d'eau, il s'élève avec elle sous les feux de la radiation solaire; l'atmosphère le recueille et le transmet aux êtres vivants. Tels sont les termes de cette pérégrination occulte qui aboutit à l'infection paludéenne.

La terre vierge de l'équateur recèle une réserve inépuisable de germes morbides; ils y sont préparés dans cette couche d'humus nouvellement imprégnée de débris organiques, d'origine en grande partie végétale, soumis eux-mêmes à une altération continuellement réveillée par une météorologie incisive. L'effluve est un des produits ultimes de cette réduction, à l'issue de laquelle a suffi le contact de la terre grasse et humide, de l'air et de la chaleur; il couve au sein de cet humus sourdement travaillé, disposé à éclore dès qu'une circonstance accidentelle viendra favoriser sa dispersion.

Ces circonstances sont nombreuses; l'homme les provoque souvent pour ses besoins. Tout travail de remuement, qui met à nu la couche souterraine de cette terre végétale trop féconde, sera l'occasion d'une poussée imprimée à la putréfaction, de la dispersion des effluves latents et, conséquence naturelle, d'une recrudescence de fièvres dans une localité circonscrite : tels, le défrichement d'une plantation, l'établissement d'un ouvrage de défense, la création d'un cimetière, etc. L'action mécanique des pluies violentes n'est pas davantage discutable. Pour s'en convaincre, qu'on passe, après un de ces déluges habituels à l'hivernage, à la lisière de la plage ou de la forêt : le sol est déchaussé et raviné, d'innombrables filets, mille petits torrents drainés par le sable roulent des eaux mêlées des détritus entraînés sur leur passage. Les espaces découverts de la brousse dégagent à ces moments une senteur forte, résumée à la fois de l'âcreté balsamique qu'exhale en tout temps la végétation, de l'odeur d'ozone répandue par l'orage, de l'émanation fétide soulevée par l'ondée des matières impures de l'humus.

Ici l'influence malarienne est intermittente et passagère comme les causes qui l'ont éveillée; elle rencontre ailleurs la condition de sa permanence.

La genèse des effluves paludéens, puisqu'elle est la conséquence probable de la réduction définitive des substances ayant eu vie, doit être d'autant plus complète que la destruction des organismes inférieurs et leur décomposition ultérieure seront mieux assurées et plus rapides. Ces conditions génératrices se trouvent réunies, à un haut degré dans cette étendue de terres noyées qui couvre le littoral et les rivages des fleuves; elle représente un immense marais pestilentiel, alimenté par la mer et les pluies, dont les ramifications se prolongent assez loin dans l'intérieur par les criques et les marigots. Là certains êtres, les plus petits et les plus nombreux, destinés par leur espèce à ne s'accommoder que de l'eau douce ou de l'eau salée, ne peuvent survivre au mélange des eaux différentes, à l'inégalité d'un milieu périodiquement remué et déplacé par les mouvements de la marée, découvert à l'air libre et à la chaleur dans l'intervalle du flux et du reflux. Nous voyons, dès le rivage, ce marais obstrué par la puissante végétation des mangliers; un dédale de colonnes retient la vase putride, peu à peu accumulée ; au-dessus du marais, le feuillage, se rejoignant d'une berge à l'autre de cent canaux, étend un dôme qui couvre une atmosphère épaisse, difficilement renouvelée et dont se charge la brise qui passe ; à son déversement, des embouchures multipliées, des diverticules nombreux, à demi fermés par une barre, où, sur un fond de limon argileux, stagne la partie la plus lourde et la plus pernicieuse des eaux. S'il arrive qu'on débonde l'un de ces marigots pour aider à son écoulement, l'odorat peut à peine soutenir l'exhalation pénétrante du torrent noir et fétide comme le suc d'un sol trop fumé.

Dans ce terrain de marécage se rencontrent les conditions les plus favorables à l'élaboration paludique ; l'effluve est là constamment en puissance et la fièvre imminente à toute époque de l'année. La marée devient ainsi l'un des agents actifs de l'insalubrité méphitique des estuaires africains. Elle détruit un monde d'existences primitives, en mélangeant ses eaux à celles des rivières ; se retirant, elle aide à la destruction commencée, en laissant à découvert des espaces étendus de limon pénétré d'eau et de chaleur, à la surface desquels le soleil à pleins rayons hâte l'œuvre de la putréfaction. Elle agit encore par le mouvement mécanique de son flux et de son reflux, brassant les vases alluviales des rivages et en dispersant les effluves.

Plus loin, au delà de cette limite jusqu'à laquelle se fait sentir la montée du flot, l'influence malarienne échappe à l'une des causes primordiales de son intensité. L'énergie de la source tellurique étant atténuée, il n'est pas téméraire d'espérer que le climat de l'intérieur se montrera plus clément à la race européenne que celui du littoral, bien qu'éloigné des brises rafraîchissantes de l'Océan, il soit plus constamment échauffé.

Les Européens établis au Gabon s'accordent à reconnaître

que le passage d'une saison à l'autre est l'époque de l'année la plus fertile en fièvres. J'eus également l'occasion de vérifier l'exactitude de cette remarque, dont la seconde moitié du mois de mai, — série de jours indécis qui, chaque année, rappelle à la fois l'hivernage sur son déclin et la saison sèche qui s'accuse, — m'a paru plus particulièrement justiciable. En mai 1876, les fièvres furent plus nombreuses qu'en aucun autre temps. Cinq officiers sur six habitant la terre, auxquels succéda bientôt le sixième, furent atteints à peu de jours d'intervalle; c'est dire que le service de la colonie, toujours de pénible labeur, éprouva un sursis momentané. Mais ces fièvres étaient en même temps bénignes; elles appartenaient par leur nature à la bonne saison; aucune d'elles ne revêtit le caractère pernicieux.

L'observation, confirmée par de nombreux exemples, trouve son explication naturelle dans le développement des incidents météorologiques qui signalent ces époques de transition. Elle rappelle aussi ce que nous voyons en Europe, aux périodes climatologiques mal définies de l'année (fin d'automne, commencement du printemps), une sorte d'instabilité de la santé qui cherche sa voie; sous l'équateur, cette instabilité s'exprime par une constitution médicale aux types peu variés, qui n'a, pour ainsi dire, qu'un seul décor, et pour fond le perpétuel paludisme.

Le passage des saisons (mi-mai et mi-septembre) est marqué par des pluies courtes, tombant à rares intervalles, assez abondantes pour imbiber l'humus, insuffisantes à remplir les marécages et les laissant, entre les ondées, livrés aux ardeurs du soleil; dans tous les cas, l'étendue liquide est superficielle et ne garantit pas le dépôt limoneux sous-jacent de la radiation solaire. Les abats intermittents ont alors pour effet de remuer mécaniquement l'humus du sol et la vase des marigots, et, en laissant au soleil, entre les éclaircies, le temps de pomper l'humidité de la terre, fournissent l'élément d'une vaporisation active, laquelle emporte, dissoute au sein de ses molécules ténues, et disperse dans l'espace comme la fleur des effluves. La succession des ondées de pluie et de chaleur à la surface de ces terrains à demi desséchés paraît donc stimuler la dissémination des éléments producteurs de la fièvre. La saison une fois établie, — ou bien l'eau fait défaut et l'effluve palustre repose inactif, manquant du véhicule qui favorise son efflorescence (saison sèche), — ou bien l'eau abonde, le marais s'éclaircit grâce aux torrents qui entraînent l'écume fangeuse de son lit, en même temps que sa profondeur défend le limon fébrigène de l'action directe du milieu extérieur (période des grandes pluies).

Cependant, de ce que les pluies abondantes lavent, une partie de l'année, sur une vaste surface, les criques et les marigots, il serait fort peu rigoureux d'exagérer leur bienfait et de conclure que ce rôle purificateur doit compenser les sévices de la météorologie pernicieuse qui l'accompagne; ce serait forcer une interprétation démentie par les faits. L'action efficace des torrents n'est, du reste, que passagère, et l'abondance des eaux versées à la surface de la terre a toujours un résultat néfaste : l'augmentation de l'humidité du sol et, par l'évaporation qui la suit, celle de la couche d'air enveloppante. L'hivernage, si régulier qu'on l'observe, reste la pire époque de l'année, de même que la saison sèche en est la plus saine. Les phases de passage entre l'une et l'autre sont plus insalubres que cette dernière, mais beaucoup moins nocives que l'hivernage; elles empruntent un caractère mitigé aux manifestations décroissantes des saisons sur lesquelles elles empiètent et se révèlent par une fréquence accrue, mais aussi par une gravité très amoindrie des maladies.

Ce qui ressort de plus clair de cette observation, c'est que la stabilité météorologique d'une saison est le plus sûr garant de sa salubrité relative, quelle qu'elle doive être. L'abondance et la continuité des pluies sont l'*habitude* de l'hivernage, de même que la sécheresse ininterrompue l'est de la période qui suit; l'un ou l'autre caractère est le signe de leur régularité réciproque. Que celle-ci soit brisée par une série de manifestations dont l'incertitude rappelle les moments de passage, — et l'on n'en peut prévoir sous l'équateur de plus marquante que l'alternance de la sécheresse et de l'humidité, — nous verrons la constitution médicale se modifier dans le pays en même temps que sa constitution atmosphérique, et toujours au détriment de l'Européen.

Nous avons déjà remarqué, au fort des mauvais mois, une courte série de quatre à cinq semaines présentant ces phases d'aridité et de pluies intercalées; en même temps le climat sévit avec sa pire intensité. Toutes causes se réunissent alors pour développer la quantité et la qualité de l'effluve, favoriser la promptitude de son action et préparer, dans son sens, le terrain humain sur lequel il va fructifier. La saison est à son période aigu, signalé non plus seulement par le nombre, mais à la fois par le nombre et la gravité accrus des maladies observées.

Ce que nous avons appelé une *saison troublée* reproduit assez bien ce caractère d'instabilité. Mais, au lieu qu'elle soit limitée à quelques semaines, l'irrégularité de la météorologie embrasse tout le cours de la division climatologique; cette irrégularité porte non pas sur le temps de la sécheresse, dont le type n'a que des fluctuations insensibles pendant les plus mauvaises années, mais exclusivement sur l'hivernage. Aussi voyons-nous une saison troublée résumer les dangers de ce dernier, avec, en plus, les inconvénients des moments de passage; c'est une époque incertaine dans son climat, aggravée quant à la fréquence et à l'intensité de ses manifestations morbides.

Telle fut la physionomie de l'hivernage fin 1876 à 1877. La sécheresse de la saison précédente se prolongea plus que de coutume, puis alterna, surtout de novembre à mars, avec des pluies se succédant à courts intervalles jusqu'à la saison fraîche suivante. L'imprégnation paludéenne, impressionnée par cette météorologie insolite, eut une signification peu ordinaire (*) : les fièvres furent à la fois nombreuses et graves ; la pernicieuse comateuse et la bilieuse hématurique sévirent avec rigueur sur les habitants de la terre, les négociants et le personnel des missions.

Les ruisseaux, les réserves des citernes tarirent et firent craindre que celles-ci ne pussent être remplies de nouveau avant le temps où les pluies cessent de tomber. La terre, même dans ce pays où le fourré de la végétation entretient une humidité perpétuelle, a soif de l'eau du ciel pour produire. Les bananiers et les maniocs séchaient sur pied ; les indigènes, abandonnés de leurs dieux, vinrent nous demander quelques vivres jusqu'aux pluies prochaines.

Détail singulier, dans ces saisons désorientées la sécheresse se localise parfois à une circonscription restreinte ; il a cours, du reste dans la région que les ondées ne viennent sur l'estuaire gabonais que lorsqu'il pleut dans le haut des rivières. Les traitants arrivant de l'intérieur, des îles Korisko et Elobey, de Mounda, nous apprenaient que les pluies étaient abondantes en ces lieux, alors qu'il ne tombait pas une goutte d'eau au comptoir. Nous voyions, chassés par les brises du large, entraînés par les courants aériens, les nuages et les orages suivre le contour de l'estuaire et crever à Denis, à la pointe Owendo, au mont Bouët, pendant que la baie restait sèche et que les noirs de Glass et de Pyrra faisaient fétiche pour appeler l'eau fécondante sur leurs cultures.

(*) Voir la note de la page 276.

Cet hivernage répéta ce que j'entendis raconter de celui de 1874. L'ordre de succession des « saisons troublées », les causes qui les provoquent, n'ont pas été déterminés ; elles viennent sans qu'on les attende, — tous les sept ans, assurent quelquefois les habitants du pays ; mais cette périodicité septennale des incidents météorologiques est sans doute sujette à variations nombreuses. Ces anomalies ne sont pas spéciales à la région gabonaise ; on les observe en d'autres points de la côte occidentale avoisinant l'équateur, où la sécheresse est quelquefois très persistante à la saison où les pluies devraient tomber, au Congo, par exemple, région souvent éprouvée par la disette d'eau et les famines, et au delta du Niger. Ces saisons troublées sont toujours accompagnées d'une recrudescence épidémique de fièvres pernicieuses.

Il y a lieu, un moment, de s'arrêter sur la part d'influence des *vents* et des *orages*, au nombre des causes productrices de la fièvre.

Les premiers ont un rôle purement mécanique, subordonné à la nature des surfaces qu'ils balayent, à la rencontre et à l'abondance des émanations telluriques dont ils se chargent en passant ; agents de dissémination à travers l'espace des effluves et des miasmes, les courants aériens portent ces germes morbides aux endroits habités placés sur leur parcours. Au voisinage du littoral de l'estuaire, en toute saison, nous l'avons vu, le renversement des brises deux fois le jour, — alternance à peu près invariable, — est régi par l'appel inégal du foyer de chaleur terrestre ou maritime. Soumise à la radiation solaire, progressivement échauffée depuis le lever du jour, la terre aspire vers le milieu de l'après-midi la brise fraîche du large ; à la nuit, le courant reflue dans une direction inverse, il se précipite de la côte vers l'Océan. Vent *de jour* ou *du large*, vent *de nuit* ou *de terre*, chacun de ces termes a sa signification parallèle, synonyme naturel de l'influence salubre ou pernicieuse.

Il n'est douteux pour personne dans le pays que l'intervalle entre le coucher du soleil et son lever ne soit des plus dangereux. A ce moment, la masse des vapeurs élevées sous les feux du soleil se condense avec la froidure de la nuit et, plus lourde, retombe sur le sol. L'eau à l'état vésiculaire, propre à retenir en suspension les particules des matières végétales et animales désorganisées, est un véhicule certain des miasmes et des effluves. A mesure que la nuit avance, la brise du large tourne et bientôt vient en plein de la terre; elle balaye la surface des marécages et chasse devant elle leurs vapeurs chargées d'émanations, infectant de proche en proche les régions habitées qu'elle rencontre sur son trajet. Or la position des établissements de Libreville et des factories éparses de la colonie européenne est telle, que ces habitations reçoivent directement les vents venant du fond des terres. Ces vents ont passé au-dessus d'innombrables marigots échelonnés, pour ne citer que ceux qu'on côtoie journellement, le long de la route de Louis à Glass; ils n'embellissent pas l'unique voie d'affaires et d'agrément de la colonie, et les émanations qui s'en exhalent sont parfois de nature si pestilentielle, qu'elles sont reconnaissables à leur senteur nauséeuse prononcée.

Agents de transport intermédiaires entre le foyer tellurique et l'organisme humain, les vents sont donc des auxiliaires puissants de l'infection miasmatique; leur rôle est fort important entre les incitants complexes qui concourent à assurer l'imprégnation paludéenne.

L'action agressive des *orages*, pour inconnu soit le mode par lequel s'exerce cet ordre d'influence, n'est également pas discutable. Stimulant de la fièvre, l'effluve électrique s'attaque directement à l'organisme, à son système nerveux, le mettant dans un état d'excitation qui est une préparation suffisante à l'orgasme fébrile, si cette excitation n'est déjà une des prémices de la fièvre elle-même. Peut-être l'électricité, à l'état de tension intense et permanente pendant la mauvaise saison, agit-elle dans l'intimité du sol et de l'atmosphère pour activer la genèse et aiguiser la virulence des effluves paludiques. On voit des hommes frappés d'accès pernicieux pour une exposition de quelques heures au rayonnement de ces ciels noirs qui cachent le soleil, en même temps que sur eux erre la flamme fauve de la foudre. Il faut avoir subi, pendant les longs mois de l'hivernage, l'impression de cette terrible surcharge électrique de l'atmosphère pour apprécier vraiment la souffrance qu'elle fait endurer. Presque chaque soir, elle éveille dans la nature une secousse qui a son retentissement sur la santé. Ce sont alors des accès à réaction violente, des névralgies cruelles, qui font passer devant les yeux leurs éblouissements fulgurants; sans oublier ces saignées répétées de l'influx nerveux, qui épuisent d'autant plus que la perte ainsi causée est ensuite difficilement restituée. L'expérience en est suffisamment faite de Sierra-Leone au Congo.

Et, à ce sujet, une digression semble naturelle, qui a peut-être quelque raison à paraître un rapprochement. Une fois en puissance dans l'organisme, dans cet organisme devenu, par le climat, d'une irritabilité exquise, la fièvre s'éveille au moindre choc, tout excitant l'allume : un bain froid, un coup de soleil ardent, un excès, quel qu'il soit, la différence d'impression d'un changement de localité. On sait sa ténacité longtemps après le rapatriement et comment les accès frappent à coups redoublés, reparaissant aux saisons nouvelles, à chaque variation atmosphérique, avec une périodicité réfractaire aux médications, qui ne laisse plus de prise, ni d'autre espoir que le temps. L'organisme s'émeut désormais de tout ébranlement qui le sort un moment de son inactivité acquise. L'effluve a pénétré le sang, et, au cours de sa circulation, ce sang altéré à porté son action, d'une manière plus intime et plus profonde, sur les centres nerveux. Les tempéraments reconnaissables à la marque prédominante de ce trait physiologique sont atteints avec plus de rigueur, souffrent les premiers du mal et gardent longtemps après les autres la trace de ses récidives; comme si l'impressionnabilité excessive de leur système nerveux au contact du poison paludéen les mettait davantage en révolte contre ses agressions.

Si maintenant nous tentions de scruter plus avant ce sujet, cherchant à nous rendre compte de la nature propre de cette malaria invisible, à comprendre son mode d'action essentiel sur l'organisme, — pourquoi, entre autres actes singuliers d'une physiologie troublée, qui suivent sa pénétration intime, elle se traduit par une intermittence si constante et si rebelle, nous serions ramené à ce que nous disions au commencement de ce paragraphe, nous n'avons plus pour éclaircissement que des hypothèses.

Le fait en lui-même, le rapport de l'apparition de la fièvre à la cause qui la provoque, ne demande pas (nous venons de le voir) une pénétration bien rigoureuse pour être contrôlé; les noirs eux-mêmes, qui ne recherchent aucun pourquoi, rapprochent naturellement l'effet de la cause, ils savent parfaitement qu'il faut, à certaines heures, à certaine saison, se garder de l'exposition à des localités que l'expérience leur a démontrées plus particulièrement pernicieuses. Cette généralisation est faite sans effort d'esprit par les plus ignorants des habitants dans tout pays à marécages. La fièvre paludéenne est le résultat de l'influence maremmatique sur l'homme; elle est le premier signal d'insalubrité de ce climat équatorial que nous apprécions, où, vis-à-vis de l'étranger, la grande ENDÉMIE PALUDÉENNE absorbe tout le reste.

Mais la fièvre qu'il provoque n'est pas ordinaire; elle a un mode d'expression qui lui appartient en propre ; elle reparaît à des dates régulières, par crises que séparent des espaces où le repos est complet ; sa périodicité fatale survit à l'éloignement du foyer d'infection. La fièvre semble ainsi, dans l'organisme impressionné, devenue un accident de la santé passagèrement troublée, ou comme une habitude persistante, reflet morbide de ces autres habitudes normales qui caractérisent le jeu intermittent des fonctions de la vie. Les périodes alternatives d'acuité et de sédation, qui se succèdent dans l'organisme en possession de la fièvre d'accès, semblent, a-t-on pu dire, répéter, avec la différence des intervalles plus larges de leurs périodes intercalaires, les phases successives d'activité et de repos qui marquent la série des actes physiologiques de l'animalité.

Cette explication, si elle en est une, n'est assurément qu'un rapprochement plus ou moins légitime, plus ou moins justifié. Je ne saurais, sans dépasser le cadre de l'exposé descriptif que je me suis proposé, entrer dans le détail des théories variées qui ont eu pour objet de résoudre les points d'interrogation que suscite l'examen de la malaria ; l'incertitude de la plupart des théories n'a pas résisté à l'épreuve du progrès scientifique. De notre temps, les voies de l'expérimentation se sont ouvertes plus larges ; les faits sont mieux connus, exactement pesés, reliés les uns aux autres par un enchaînement logique qui éclaircit leur relation naturelle. L'hypothèse, déduite de l'observation rigoureuse, se dégage de la fantaisie ; elle n'affirme rien, ne promet pas la certitude, mais satisfait l'esprit en lui offrant toutes les garanties d'une probabilité qui, par de nouvelles investigations, peut encore s'élargir.

Résumons un moment ce qui précède.

Il est reconnu aujourd'hui et généralement admis que l'accès paludéen est le signe d'une intoxication, laquelle a pour principe une émanation spéciale ; le sol est la source de cette dernière ; l'eau, l'air humide surtout, deviennent les intermédiaires entre le foyer maremmatique et l'organisme. Absorbé principalement, peut-être exclusivement, par la surface respiratoire, introduit dans le sang, le poison tellurique, devenu aérien, altère dans ses principes fondamentaux le liquide vivifiant, circule avec lui, est porté dans l'intimité des tissus et exerce une action nocive sur les organes essentiels, sur les centres nerveux surtout, points de départ de l'essor des fonctions, aboutissants de toute impression. Cette intoxication se révèle par une manifestation éclatante, « l'accès », accompagné des troubles fonctionnels qui le caractérisent. Sa ténacité, agissante, sourde, profonde, a pour résultat la dénutrition ultime de la cachexie.

Ce toxique subtil, né, sous un climat spécial, de l'humus et du marécage, *effluve* ou *miasme*, — peut-être l'un et l'autre, puisque là s'élabore la désorganisation de détritus à la fois végétaux et animaux, — ce poison consiste très probablement en une multitude de spores, de germes, d'organites disséminés et invisibles, qui, absorbés, prospèrent au sein de la matière vivante, y trouvant les conditions de leur développement et de leur multiplication. Ces infiniment petits y évoluent-ils à la manière des ferments animés, — le phénomène si singulier de la périodicité devient moins inexplicable : la réapparition intermittente des accès a pour corollaire des poussées alternantes d'effluves paludéens, excités, par périodes successives et régulières, dans leur fécondité prolifère ; le stade de rémission ou de repos entre les accès coïncide à l'inactivité latente de ces mêmes effluves, qui attend, pour se réveiller, le retour normal de leur époque de manifestation turbulente ou le stimulant de quelque cause occasionnelle. « La théorie du zymotisme palustre (*), dit incidemment Fonssagrives dans

---

(*) Ζυμωτικὸς, de ζύμη, *ferment*, — c'est-à-dire, dans la question qui nous occupe, « un corps organisé et vivant, végétal ou animal, qui, introduit dans le corps

un ouvrage d'un haut intérêt pratique, voit dans les types de périodicité et dans la durée de l'incubation des évolutions humain, s'y multiplie, s'y reproduit, et, par son évolution, fait la maladie ». (H. Bernheim, art. *Contagion*, du *Dictionnaire encyclopédique des sciences médicales*, 1877.)

Qu'est cet infiniment petit nuisible, de l'innombrable famille de ces « grands boueurs du monde vivant », comme les appelle Buckland, — microbe, bactérie, bacille, ou autre? La théorie n'est pas nouvelle. Déjà Varro et Columella, dans leur traité *de Re rusticâ*, attribuent certaines fièvres palustres à la pénétration d'animalcules invisibles; et, près de dix-huit siècles plus tard, un auteur fantaisiste ridiculisait et discréditait la fameuse théorie, reprise et autorisée maintenant, du *contagium vivum seu animatum*, en proposant, par temps d'épidémie, de pourchasser, au son des fanfares bruyantes et du canon, les insaisissables essaims d'animalcules infectieux volant par légions à travers les airs.

Les opinions qu'a fait naître le désir de scruter la nature intime du principe nuisible « des marais et des bois », — et nulle connaissance ne serait plus profitable aux méthodes de prophylaxie et de traitement, — ces opinions se ramènent aux suivantes :

1° Pallas et Eisenmann supposaient un état électrique spécial de l'atmosphère paludéenne se communiquant à l'organisme humain. — Nous avons exprimé et développé plus haut notre pensée à cet égard. Cet état électrique, même sous l'équateur où il se présente d'une manière si intense, n'est par lui-même qu'un incident du climat, un excitant suraigu de la fièvre latente, un provocateur, mais non un producteur.

2° La théorie chimique, qui rapporte la fièvre intermittente à l'influence d'émanations gazeuses toxiques, telluriques ou marécageuses. Le miasme tellurique, dit en substance le docteur Léon Colin, est certainement de nature matérielle, pondérable; de tous, il semble devoir être le plus saisissable; son expansion à la surface du sol, sa dispersion dans l'air et la rosée, en sont des indices. Il offre ce caractère remarquable de s'épuiser dans l'organisme même sur lequel il a exercé son action : il n'est donc pas contagieux. L'auteur « rapporterait plus volontiers la fièvre intermittente à des émanations gazeuses, encore mal déterminées, qu'à l'influence de particules solides, vivantes ou non, suspendues dans l'atmosphère ». (Art. *Miasmes*, du *Dictionnaire encyclopédique des sciences médicales*, 1873.)

3° Cette théorie des germes reproducteurs, ou plutôt « des fermentations », est pourtant celle aujourd'hui qui réunit le plus de probabilités, à laquelle on se rallie plus volontiers; elle suit le magnifique courant dont Pasteur, avec une clairvoyance de génie qui devance les secrets de la nature, a tracé la voie féconde.

Les agents microscopiques de la fièvre intermittente, poussières telluriques en suspension dans l'air, seraient vivants ou inanimés : les uns, ferments figurés, organites et germes d'organites végétaux ou animaux, microphytes ou microzoaires (μικρὸς, *petit*, et φυτὸν, *végétal*, — ζῶον, *animal*), — les autres, ferments non figurés, solubles, le plus souvent produits de sécrétion d'animalcules infinitésimes et se comportant, suivant certains auteurs, à la manière d'un venin. Tous agissent, par eux-

de germes exigeant, pour éclore dans le milieu organique, et suivant leur espèce, un nombre d'heures et de jours différents (*). »

Nous nous en tiendrons nous aussi à cette hypothèse, qui laisse entrevoir la probabilité à défaut de la certitude, l'esprit non absolument satisfait, mais moins en peine de ce *quid ignotum,* dont le voile s'est un peu soulevé.

mêmes ou par leur produit, sur le « milieu fermentescible », c'est-à-dire sur la substance de l'économie humaine, pour provoquer l'infection et la fièvre.

Les ferments figurés, agents de l'infection tellurique et de la fièvre intermittente, nés d'abord d'une première fermentation du sol, dispersés ensuite dans l'atmosphère, s'introduisent dans l'organisme, s'y développent et y fructifient. Peut-être (mais c'est une grave hypothèse) leur variété est-elle multiple et différente, suivant l'effet produit, c'est-à-dire suivant les modes divers, les formes et l'intensité de la fièvre. Puis « ils semblent détruits par l'exacerbation thermique qu'ils ont produite, laissant derrière eux des spores plus résistantes, qui peuvent de nouveau se développer, reproduire les formes adultes, et périssent à leur tour pendant l'accès suivant ». (J. Schmitt, art. *Zymotiques (maladies)* et *Microbes,* du *Nouveau Dictionnaire de médecine et de chirurgie pratiques,* 1886.) Leur multiplication peut et doit être infinie.

Les bacilles ou éléments figurés de la malaria ne sont pas encore déterminés ; deux noms principaux résument les recherches les plus précises à ce sujet.

Salisbury, médecin américain, il y a plusieurs années, avait reconnu, suspendues dans l'atmosphère maremmatique de certains terrains de l'Ohio et s'élevant la nuit, toujours à une petite hauteur, la présence des sporules celluleuses, oblongues, d'une algue microscopique de la famille des *Gemiasma,* la « palmelle », qu'il aurait ensuite retrouvée dans l'expectoration et les urines des fébricitants. Cette découverte, qui eut à son époque un certain retentissement, est actuellement délaissée par la critique médicale, d'autres expérimentateurs ayant démontré la nature inoffensive des microphytes de l'Ohio.

Depuis, le docteur Laveran a signalé l'existence dans le sang des paludéens et décrit de petits organismes élémentaires, qu'il suppose être les parasites fébrifères. Ils sont fusiformes et en croissant, — ou sphériques et régulièrement granulés, quelques-uns munis de filaments ténus, animés de mouvements, — d'autres à cellules irrégulières et irrégulièrement granulées. On n'est pas assuré encore que ce soient bien là les agents de la fièvre malarienne.

Nous voudrions nous étendre davantage ; mais nous ne pouvons donner plus de développement à cette note.

(*) *Traité de thérapeutique appliquée,* t. II, 1878.

ARTICLE III.

DE L'ACCLIMATEMENT PRÉTENDU ET DU RÉGIME HYGIÉNIQUE DE L'EUROPÉEN AU GABON.

§ 1er. — *Mesure de sa résistance au climat.*

Dans les contrées du globe soumises à de telles conditions de climat, si l'on n'entrevoit pas l'acclimatation de la race blanche possible, l'acclimatement individuel lui-même a paru mériter cette condamnation de n'aboutir qu'à « une longue méditation sur la mort » (*). Sans prendre cependant au pied de la lettre ni généraliser une image expressive et trop funèbre, il ressort naturellement de l'exposition précédente que l'existence de l'Européen sous l'équateur, absorbée dans une lutte sans trêve contre les agressions de l'endémie tellurique toujours présente, est semée d'incidents, de heurts, de souffrances physiologiques; que cet Européen y végète, plutôt qu'il n'y vit, une courte période, encore en s'entourant d'un luxe de précautions; s'il s'y établit, réduit peu à peu dans les forces vives de sa constitution, il n'atteindra jamais à la longévité sur laquelle cette même constitution, ménagée par son propre climat, lui eût permis de compter.

Ici je ne pressens pas un avenir qui ne peut être entrevu; je ne veux pas préjuger les moissons d'hommes usées à la peine qui auront préparé la voie à d'autres générations, ni les sacrifices d'or comme de vies, le temps ni la rigueur des procédés à employer pour l'assainissement de la terre, par les procédés de l'agriculture, les assolements ou cette adaptation réglée du sol aux cultures, qui semble épuiser sa fertilité en miasmes et en effluves, par les canaux, le drainage étendu, favorisant la circulation des eaux, etc. A ce prix, une partie des

(*) Mot du général Duvivier, cité par M. O. Reclus.

dangers s'éloigne, l'acclimatement individuel au moins, et peut-être, devient possible; bien qu'à première vue, la préparation hygiénique d'une pareille contrée, vaste marais là où il y a de l'eau, foyer sourd de dissémination miasmatique là où il y a de l'humus, — et partout il y a de l'un ou de l'autre, — perpétuellement en butte à un soleil vertical dont on ne détournera pas les rayons, semble une entreprise colossale, propre à décourager et le temps et les hommes.

Pour le présent, du reste, l'Européen n'entrevoit pas la réalisation d'une semblable espérance. Il vient au Gabon de passage, plante sa tente, mais ne se fixe pas. Au nombre de cette petite population mobile, les uns sont appelés par le service militaire ou la foi religieuse, d'autres attirés par la nécessité de gagner leur pain et l'appât d'un lucre facile; pour tous, l'immunité du séjour s'arrête à un nombre très court d'années, naturellement variable en plus ou en moins suivant la validité antérieure, la vigueur physique ou morale, une sorte d'épreuve réfractaire bien rare au poison paludéen de quelques organismes privilégiés.

Cette limite de résistance ne saurait être dépassée sans danger, l'expérience du pays le prouve assez. Et si certaines immunités, d'apparence contradictoires, devaient faire estimer l'appréciation trop rigoureuse, il est bon de remarquer que ces faits isolés sont en relief grâce au contraste, et que c'est précisément leur singularité qui frappe l'esprit et les fait valoir. On voit sur la côte, par exception, des commerçants y maintenir indéfiniment leur résidence, au risque de la vie quelquefois, ou tout au moins d'une santé si altérée, qu'ils restent à la merci de tout incident anomal des saisons. Ils y vieillissent, dans une demi-santé, non pas d'âge, mais de tempérament; minés par une fièvre lente et une anémie insidieuse, agités d'un tremblement sénile à la moindre fatigue, ils traînent souvent une existence décolorée. Les religieux des missions, placés par leur genre de vie dans des conditions spéciales dont nous apprécierons l'avantage dans la suite de ce récit, sont cités pour leur résistance au climat au delà de ce que peuvent supporter les marins et les traitants ; beaucoup prolongent assez loin leur séjour, quelques-uns même atteignent la vieillesse. Mais, en y regardant de près, combien en cite-t-on, — tout le Gabon en parle, — et qu'est d'ordinaire cette longévité qui n'a pas fléchi sous les intempéries de l'équateur ?

A ma connaissance, deux missionnaires, aujourd'hui survivants, ont assisté à la prise de possession de 1843 ; en 1876, on pouvait en compter quatre. Ces rares témoins d'un temps si proche du nôtre n'essaient pas de dévoiler les misères du pays qu'ils ont entrepris de régénérer ; ils ne disent pas la succession de leurs frères qu'ils ont vu rapatrier à bout de forces ou succomber à la peine, et comment même pour eux, des favorisés, les années ont compté double (*).

(*) Voici, du reste, ce que raconte la statistique faite par eux-mêmes. — En septembre 1843, sept missionnaires partent pour la côte occidentale, à destination du cap des Palmes, de Grand-Bassam, d'Assini et du Gabon. Quelques mois plus tard, cinq avaient été fauchés par le climat et un sixième rapatrié à bout de forces. — Dans l'intervalle de onze années, sur 75 missionnaires, 42 ont succombé.

Déjà, il y a plus d'un siècle, le P. Labat écrivait que M. Brüe, pendant les six premières années de son gouvernement au Sénégal, « avait perdu 157 hommes blancs sur un nombre d'environ 180, qui étoient au service de la compagnie ».

Et si cette excessive mortalité paraissait extraordinaire, voici d'autres chiffres dont l'authenticité médicale est significative :

Quinze Européens du Fort-Dabou fournissent, en un an, 103 entrées à l'infirmerie pour fièvres paludéennes (Dr Borius), soit, 6,87 entrées par homme, — beaucoup plus qu'au Gabon. (Voir l'état sanitaire de l'établissement, p. 276 et suiv.) — Sur neuf hommes débarqués à Dabou (octobre 1853), au moment de sa fondation, un seul survivait au bout d'une année. (Dr Bérenger-Féraud.) — A Grand-Bassam et Assini, la fréquence des fièvres varie, suivant les mois, de 38 à 87 pour 100 des hommes de la garnison. (Dr Forné.) — « D'avril 1822 au même mois de 1825, 111 individus débarquèrent à la Côte d'Or anglaise, savoir : 77 officiers militaires, 21 marchands, 8 femmes, 5 enfants ; 55 périrent, 4 furent tués, 1 se suicida, 26 quittèrent le pays, 15 survécurent. Parmi les morts, on comptait 33 militaires, 17 particuliers, 3 femmes, 2 enfants. » (Dr Borius, art. *Guinée*, du *Dictionnaire encyclopédique des sciecnes médicales*, 1886.)

On pourrait allonger les exemples de cet acclimatement nécrologique, que nos

Parvenu à un certain degré d'usure, et quel qu'en doive être le terme, l'organisme s'est accommodé au climat suffisamment pour qu'il en tolère l'action vaille que vaille, et cette influence s'impose à lui avec une tyrannie telle que, susceptible maintenant à l'excès, il n'acceptera plus la brusque rupture d'équilibre qu'entraînerait un changement de milieu, le passage sous un ciel différent. Il est désormais pour l'Européen trop tard de songer au rapatriement; il est rivé au sol par l'habitude, mais il n'est pas « acclimaté », dans le sens vrai du mot. L'acclimatement suppose un accord raisonnable entre ces deux termes, l'organisme et le milieu, une modification graduellement poursuivie de l'un par l'autre qui implique, en faveur de l'étranger soumis à des impressions si différentes des conditions de son climat originel, un mode d'être secondaire de la santé modelée à ces impressions, non cette « endurance » tout artificielle et cette débilité dépendante de tout à l'heure, qui à peine réagit, mais une pleine intégrité dans le jeu des organes et des fonctions, et cette souplesse physiologique qui se plie sans effort et sans souffrance.

S'il est à la rigueur admissible de supposer que l'Européen à la longue s'adaptera au milieu météorologique, est-il aussi légitime d'espérer pour lui l'assuétude au milieu miasmatique ? La chaleur élevée est débilitante, mais encore saine lorsqu'elle agit seule; elle devient délétère si son influence se complique de la présence du poison des marais. Le « mithridatisme palustre » (*), mot heureux qui figure une suscep-

---

réflexions, à mesure que nous visitions les établissements européens de la Guinée, ont laissé pressentir. Il faut encore remarquer, pour apprécier les chiffres à leur valeur, que la gravité des cas morbides, dans ces régions, partout domine le nombre, pourtant respectable. Seulement, relativement à la statistique de la Côte d'Or anglaise, nous faisons, avec le docteur Borius, la réserve d'apparition possible de poussées épidémiques de fièvre jaune qui seraient venues accroître les dangers de l'endémicité.

(*) J.-B. Fonssagrives, *Traité d'hygiène navale*, 2º édit., 1877.

tibilité émoussée par l'habitude, une tolérance de l'organisme au toxique, grâce à son absorption continue et graduée, — idée vraie et justifiée par l'expérience de quelques pays à fièvre, vraie surtout pour la race à travers le temps, puisque certaines, sans parler de la noire, rompues par une accoutumance plusieurs fois séculaire, y sont devenues réfractaires, — cette manière de voir doit-elle être généralisée sans discussion à l'endémie gabonaise, à son action présente sur l'Européen? Nous n'y pressentons guère jusqu'ici d'exemples qui témoignent de cette immunité acquise, de cette usure progressive de l'influence paludéenne; nous remarquons plutôt que l'étranger y devient de plus en plus sensible à mesure qu'il prolonge son séjour et y reste davantage exposé.

Qu'en sera-t-il à travers la race des immigrants? Cette question ne pourrait nous occuper que par analogie avec ce qui se passe en d'autres lieux (*). Présentement chaque individualité semble avoir, en Guinée, une charge suffisante d'elle-même, et nous n'y voyons pas la petite population blanche (jusqu'à présent, du reste, presque tout entière composée de célibataires) essayer de s'y perpétuer. Autrement audacieux, les Anglo-Saxons tentent plus volontiers cette expérience des ménages équatoriaux; il faut reconnaître que l'épreuve est généralement funeste. L'anémie profonde qui atteint à un si haut degré les femmes blanches, l'occurrence des accidents paludéens, les disposent peu à la bonne fin de la fécondité et

---

(*) Dans l'Inde anglaise, par exemple, la santé des enfants est gravement compromise par le climat. Les essais tentés à grands frais, et dans les meilleures conditions possibles, pour élever un certain nombre d'enfants de militaires, ont donné des résultats peu satisfaisants. Le fait était affirmé par sir Joseph Fayrer au récent *Congrès international* des médecins des colonies, à Amsterdam. Le docteur Le Roy de Méricourt, en rappelant les paroles du médecin anglais, ajoute : « La doctrine du cosmopolitisme de l'homme et de la possibilité de l'adaptation de l'Européen aux conditions climatériques des zones tropicales n'a trouvé dans l'assemblée aucun défenseur. » (*Archives de médecine navale*, 1883.)

imposent au médecin de conseiller le rapatriement avant la naissance de l'enfant.

Il semble encore que le mélange des sangs doive être, sous ce ciel, la première épreuve favorable parmi les conditions diverses de l'acclimatation d'une race étrangère; mais on n'en peut juger. Les mulâtres sont peu nombreux au Gabon, et parce que la perversité des négresses les délivre avant terme des produits conçus dans leurs relations exotiques, et aussi parce que les petits sang-mêlés issus de ces unions ont hérité de la délicatesse de leur ascendant blanc au climat tropical; s'il en est de parvenus à l'âge d'homme, il n'est pas mention qu'ils fassent souche. Ces anomalies (car nous ne pouvons trop préjuger l'avenir) tiennent sans doute à la date récente de l'occupation européenne.

Il est bon d'ajouter que la naturalisation de la plupart des espèces domestiques importées rencontre en ce pays des traverses difficiles.

§ 2. — *De l'avantage de la résidence maritime sur l'habitat de la terre ferme.* — *Des sanitaria et du rapatriement.*

En dehors de l'acclimatement, dont nous croyons présentement téméraire de tenter l'essai, il est une conduite hygiénique, faite, il est vrai, de précautions austères, qui doit écarter de l'Européen les plus graves dangers, permettre à celui qui a des obligations à remplir dans la colonie d'y durer le nécessaire et aux plus heureux d'y prolonger leur séjour un temps restreint.

Au premier rang de ce régime se pose une question dont la solution ne paraît pas douteuse : y a-t-il avantage à habiter le bord de préférence à la terre?

L'épreuve en est faite depuis longtemps. Les médecins des *hulks* de Bonny, du Vieux-Kalabar, — bien que ces pontons soient mouillés dans des rivières encaissées et que leur situation soit par suite peu favorisée, — n'hésitent pas à reconnaître cet habitat d'une salubrité très supérieure à l'établissement en terre ferme. L'expérience comparée de l'un et de l'autre, que les Anglais ont eu fréquemment l'occasion de renouveler, a guidé leur conduite pendant la dernière campagne aux Achanti; ils n'imaginèrent pas de meilleur hôpital qu'un ponton bien aménagé, mouillé devant Cape-Coast-Castle, sur lequel ils évacuaient les invalides du corps expéditionnaire. Le *Victor-Emmanuel* a signalé par des résultats assez significatifs les avantages de cette manière de faire. Ils eurent également un bâtiment de refuge à Kitta. Même immunité à Fernando-Po, témoignée par les Espagnols de la caserne flottante. La longue durée du blocus de Whydah (1877), pendant lequel les équipages, ne communiquant pas avec la terre, n'eurent à redouter que l'anémie du soleil, donna peu de malades graves aux divisions française et anglaise, au rapport des bâtiments des deux nations que j'eus occasion de voir passer à Libreville. Je ne pense pas que mes collègues de la marine, si compétents pour élucider les questions de cet ordre, soient moins affirmatifs au sujet de celle-ci; elle est de grande importance pour l'établissement temporaire des Européens sur la zone torride du littoral, au Gabon spécialement, où les précédents ont justifié la manière de voir que je défends, et d'où j'ai rapporté une conviction personnelle très assurée.

Le stationnaire de l'estuaire est mouillé à 1,000 ou 1,200 mètres de terre; il serait plus au large que sa salubrité n'en serait que mieux garantie (*). Grâce à cet éloignement, il ne reçoit, des divers points de l'horizon, le vent d'aucune brise qui n'ait, avant d'arriver à lui, balayé la surface d'une vaste nappe

---

(*) A un ou deux milles, par exemple, limite habituelle du mouillage des grands bâtiments.

d'eau, où elle s'est rafraîchie et comme purifiée de ses miasmes ; au moins le courant aérien s'est-il en partie débarrassé des émanations nuisibles, retenues et dissoutes dans l'humidité de l'atmosphère sus-marine.

Si l'explication théorique peut souffrir discussion, le résultat, suite de l'observation des faits, est précis. A l'époque où des établissements de quelque importance existaient à terre, la statistique comparative, dressée par des médecins de même provenance et de pareille valeur scientifique, présentait une inégalité hors de proportion entre le nombre des maladies paludéennes contractées par les habitants du stationnaire ou par ceux du littoral. Nous avons vu (*) combien les missionnaires et les négociants, les marins même détachés en service sur la côte, sont éprouvés relativement au personnel résidant sur l'eau. Si quelque circonstance malheureuse, ainsi que cela arriva de mon temps, oblige à évacuer le ponton près de couler, une véritable influence épidémique s'abat sur l'équipage caserné au Plateau ; et, fait significatif, je n'ai jamais reçu à l'hôpital colonial d'hommes arrivant du large, et par suite indemnes jusque-là de fièvre, des blessés, par exemple, qu'ils n'y aient contracté des accès franchement paludéens.

Les bâtiments que nous envoyons au Gabon pour servir d'habitations flottantes sont en bois, doublés de cuivre au-dessous de la ligne de flottaison ; serait-il préférable, au point de vue de l'intérêt sanitaire, que leur coque fût de fer ? La pourriture du bois marche assez vite sous ce climat et présenterait à la longue de graves inconvénients d'insalubrité ; les tarets, il est vrai, qui s'insinuent sous les feuilles de cuivre déchaussées, ne laissent pas ces habitations durer assez pour qu'elles aient le temps de devenir réellement malsaines. Les

---

(*) Notes des pages 270 et 300.

navires en fer, inattaquables aux causes de destruction, sont plus économiques, ils exigent peu de réparations et vivent davantage; préservés, par leur étanchéité, de l'imbibition salée, les logements restent secs, la conservation des marchandises et des subsistances est mieux assurée. Ils offriraient ainsi de sérieuses garanties hygiéniques, si leur masse métallique, trop bonne conductrice des échanges rapides de température et d'électricité, ne soumettait le milieu contenu à un va-et-vient d'impressions dont l'inégalité n'est pas innocente. Nous l'apprécions à bord des packets anglais qui font le service de la côte occidentale. Mais encore pourrait-on y remédier à l'aide d'un épais revêtement en bois, d'une sorte de double coque intérieure.

C'est là, du reste, une question incidente qui ne motiverait pas de grands débats. Le point capital pour nous, c'était de discuter une thèse jugée à l'avance par la pratique, ou d'établir un parallèle hygiénique entre l'habitat du bord et celui de la terre. Le ponton mouillé au large est sans contestation un milieu préservateur; il a son climat propre, presque salubre, grâce à son isolement des effluves malariens, en face du climat désastreux qui sévit à quelque cent mètres de là. Soumis à la seule anémie de la chaleur humide, l'organisme échappe à celle bien plus irréparable qui naît de la lente et progressive pénétration du toxique paludéen. Il semble que, séparé de cette dernière influence, à l'abri du soleil, l'Européen pourrait éviter, sinon absolument la fièvre, au moins la perniciosité et la dégradation cachectique.

La question des SANITARIA (*) est en quelque sorte connexe à cette dernière; c'est aussi un changement de milieu, et, envisagé à ce point de vue, ce nouvel agent biologique a des liens

---

(*) *Sanitarium,* de l'étymologie *sanitas*, santé, — terme qui représente bien le but général qu'on se propose, de conserver autant que de guérir.

de parenté fort étroits avec un autre modificateur, celui-ci tout à fait radical, qu'on appelle le *rapatriement*.

Créer un sanitarium, c'est faire choix, sous un climat brûlant et insalubre, d'une localité qui offre à proximité les avantages d'un climat tempéré et habitable. Cette préoccupation, très naturelle à des gens qui souffrent, connaissant la cause de leurs maux, espérant surtout l'éviter, passionne les Européens dépaysés dans les contrées torrides, et nous avons vu nombre d'ébauches de ces lieux de convalescence le long de la Guinée.

La différence des altitudes doit procurer l'avantage d'un climat modifié, si l'éminence visée pour la fondation d'un établissement de ce genre satisfait, grâce à son élévation au-dessus du niveau de la plaine, aux conditions suivantes : abaissement de la température, suffisant à rafraîchir le milieu, à enrayer la trop grande activité des décompositions telluriques et l'éclosion de la fièvre; situation telle que l'atmosphère maremmatique ne puisse s'élever jusqu'au sanitarium, les particules effluviques étant retenues par leur densité relative au-dessous d'une certaine altitude ou emportées par les vents régnants dans une direction opposée. Le nouveau site qu'on se propose réalisera surtout ce bénéfice, si l'on a fait choix d'un terrain aréneux, offrant à l'écoulement des eaux un drainage naturel et permanent, dépourvu de cette couche d'humus fébrigène qui, par les temps de pluies que suit l'ardente chaleur, valent les pires marécages. Le sanitarium sera loin des défrichements, et l'on aura soin d'éclaircir tout à l'entour cette épaisseur des bois qu'imprègnent les humides vapeurs de l'espace, milieu funeste aux organismes en possession de la malaria.

Puis ce n'est pas tout d'avoir trouvé cette position enviable, il faut passer de la théorie à la pratique; alors on consulte ses moyens, les ressources du pays, et l'on décide si l'importance de la colonie est au niveau des grands frais que nécessiteront et la création de l'établissement et les routes tracées dans un pays inculte pour le va-et-vient des transports de malades et des convois de ravitaillement. Il est regrettable d'être réduit à convenir que jusqu'ici, dans l'Afrique occidentale, le sort habituel de ces conceptions est de demeurer à l'état de projet ou d'espérance.

Supposons un moment réalisé l'idéal que je viens de décrire. L'Européen revoit sous l'équateur, comme dans les hautes altitudes des Kameroun, son climat d'origine; il passe sans transition de l'un à l'autre. Sa santé va-t-elle accepter sans révolte une transplantation aussi radicale?

Nous ne pouvons trouver de meilleure réponse à cette interrogation que de montrer l'accueil qui attend les vieux habitués du pays africain à leur rentrée dans les pays tempérés. Pour eux, c'est toujours l'occasion d'une secousse plus ou moins violente. Le changement de milieu trouble en premier l'accord des actions physiologiques et excite l'aiguillon morbide; c'est un réveil subit de la fièvre, parfois redoutable par son intensité et sa répétition, un retour de cachexie. L'organisme, ému d'être soumis à une impression si différente, témoigne par l'incohérence de son expression du trouble qu'il éprouve. Sans que deux situations, diverses dans leur point de départ et leurs effets, soient justement comparées l'une à l'autre, un parallèle lointain peut être figuré entre la rupture d'équilibre à laquelle l'organisme est soumis, par un rapatriement rapide, et le vertige fonctionnel momentané qu'éprouve l'explorateur transporté en peu de temps au sommet d'une montagne : l'un et l'autre état sont amenés par la brusque inégalité de la transition; l'un a pour cause l'altitude, l'autre, l'hiver. Ceux qui font une campagne de « tour du monde », en doublant les caps, exposés à la succession brève de plusieurs étés et hivers alternants, à la variété de leurs impressions, en ressentent l'atteinte, atténuée cependant par la rapidité du passage. Le changement seul de localité, dérangeant une habitude acquise, est lui-même un tel modificateur que, non loin du point qu'ils viennent de quitter, sous un climat qui n'a pas encore varié, les rapatriés du Gabon ont une recrudescence de fièvre et des accès souvent fort graves pendant la traversée de retour, ceux-là encore qui jusqu'alors avaient été presque réfractaires à son atteinte.

Ces faits sont notoires et connus. Ils laissent seulement pressentir qu'un organisme devenu aussi délicat, par trop sensible à la variété des impressions, ne souffre plus aucune brusquerie. Équilibré à la constance du milieu torride, il garde longtemps la trace d'une accoutumance qui vibre, mais ne plie qu'à regret; il redoute surtout l'hiver, et non pas un seul, mais une série de plusieurs années. Et l'on a, sans l'expliquer, remarqué que la deuxième saison froide qui suit le retour au foyer est, plus que la première, une époque critique, où la fièvre, qui a comme dormi l'été précédent, reparaît avec un redoublement de périodes, de force et de ténacité.

Plus que d'autres malades, le fébricitant conserve inaltérable la foi des illusions et espère la fin subite de son mal intermittent en quittant le lieu qui le lui a donné; il change de place sans mieux être, il tourne et retourne sur l'oreiller sans le trouver moins dur. Un peu plus tard, il sera convaincu par l'expérience, — une expérience longue et patiente, — que l'effet salutaire du changement de climat est tardif, que le sanitarium, pas plus que le rapatriement, ne le retrempera aussi vite que son désir.

Le sanitarium est un séjour de repos et d'attente; il offre des conditions meilleures dans la colonie même où vous retiennent vos obligations; il épargne la dépense d'un lointain déplacement. C'est une station de transition où les débiles s'habitueront progressivement à l'inégalité des deux milieux, qu'ils ont déjà échangés une fois, qu'ils vont échanger de nouveau en retrouvant leur climat originel. Nous supposons, bien entendu, un sanitarium établi à une altitude suffisante pour que le « milieu » n'y soit ni trop chaud ni soumis à l'influence tellurique, mais non telle que la différence d'impressions soit trop radicale. Pour les mêmes raisons, il serait de grande ressource pour la santé qu'on pût graduer, si je puis ainsi dire, le rapatriement; ménager le passage des climats, en usant des relais progressifs échelonnés le long de la route : séjourner, par exemple, un hiver aux Canaries, à Madère, si plaisante aux yeux, aux Açores, — îles charmantes, dont le climat tiède et salubre est mitoyen entre la zone torride et la zone tempérée, — et faire coïncider son retour en Europe avec le commencement de l'été. Mais je conviens de bonne grâce qu'un rapatriement aussi perfectionné est loin d'être pratique, au service et dans les affaires.

Ces considérations, du reste, qui supposent pour recevoir exécution une longue prospérité coloniale, ne peuvent être que théoriques, surtout au Gabon. Ce n'est ici ni l'Inde, ni l'Algérie, ni même la Réunion ou les Antilles; notre comptoir en est encore à la période d'enfance d'un établissement qui se fonde. Le pays est pauvre et désert; il est couvert de sa nature vierge, rebelle à l'homme, réfractaire aux moyens de la civilisation. On n'y voit même pas, dans la région bien connue, de lieu de refuge qu'il serait avantageux de choisir. Ce n'est en effet ni l'une des collines Bouët ou Baudin, enveloppées toutes deux de bois et de marécages, et si peu préservées par leur faible altitude, qu'elles reçoivent franchement les brises échauffées et chargées de la plaine; ni l'île Koniké, placée sur le passage des courants fangeux des criques de l'estuaire et de la rivière Kohit. Les monts de Cristal, qui atteignent cette altitude de 1,000 à 1,500 mètres considérée comme, à peu près autant qu'il faut, à l'abri de la trop grande chaleur et des courants aériens imprégnés d'effluves, — et encore à cette hauteur même ne serait-il pas sage de trop remuer le sol, — doivent-ils attirer plus sérieusement l'attention (*) ? Nous les voyons, malgré la courte distance, si éloignés, par la sauvagerie, du centre européen, qu'on compte le petit nombre des explorateurs qui ont pénétré jusqu'à eux.

Pour le moment, je ne sais au Gabon qu'un sanitarium pratique, l'habitat du ponton mouillé sur l'estuaire, et son complément efficace, le rapatriement à bref délai, sitôt que la santé est sérieusement menacée (**). Dans ce pays, il n'est

(*) On suppose, d'une façon un peu arbitraire peut-être, que la température de l'atmosphère s'abaisse de 1 degré par 174 mètres d'altitude, — soit, dans ces régions où la mesure ne saurait être trop large, de 1° par 200 mètres.

A ce compte, un sanitarium d'une altitude de 1,800 mètres sur le littoral de la Guinée, où la température moyenne annuelle est de + 27° (chiffre intermédiaire), procurerait un abaissement de 9°, ou un milieu thermique de 18 degrés centigrades, devant modifier avantageusement, mais non absolument, les divers éléments météorologique et tellurique du climat.

Dans ces conditions favorables même, l'observation journalière témoigne que le premier effet du déplacement s'accuserait par un retour passager de la fièvre couvant dans l'organisme; le changement de lieu ne donnerait ce qu'on en attend qu'après un acclimatement préparatoire.

(**) Ces pages étaient à l'impression au moment où j'ai reçu communication du rapport de fin de campagne du docteur Jeaugeon, qui vient de parcourir la côte occidentale d'Afrique à bord du croiseur l'*Infernet*. (*Manuscrit déposé à la bibliothèque de l'École de médecine navale de Brest.*)

Le docteur Ortal, chef du service de santé au Gabon, s'étant prononcé négativement sur la convenance de l'établissement d'un sanitarium dans les environs de Libreville, le docteur Jeaugeon, qui se rendait à San-Thomé (voir la description que nous en avons donnée, p. 211 et suiv.) fut amené à en rechercher la possibilité dans les altitudes de cette île.

Au-dessus de la ville principale, située dans une région de marais, à une hauteur de 800 à 1,000 mètres, sont établies de jolies *quintas*, appartenant aux principaux planteurs de San-Thomé. Une route praticable y conduit. Dans ce site privilégié prospèrent les fleurs, fruits et potagers d'Europe, en même temps que ceux des tropiques; la température, aux diverses saisons, y est modérée (écart des extrêmes : maximum + 24°, — minimum + 14°); les pluies sont moins abondantes, et il n'y a pas de moustiques, avantage très appréciable. Enfin, aux deux tiers du chemin (à 555 mètres d'altitude), il existe une source minérale, alcaline et gazeuse, exploitée par les Portugais.

L'endroit, grâce à sa situation au-dessus de l'atmosphère maremmatique du littoral, est réputé pour sa salubrité; les ressources en ravitaillement (bœufs de labour, lait de chèvre, poules, œufs, légumes et fruits, etc.) y abondent en variété et en

jamais prudent de se fier aveuglément à son immunité relative; celle-ci finit toujours par faire défaut. Il n'y a pas de cuirasse qui ne laisse petit à petit pénétrer l'ennemi invisible.

§ 3. — *Quelques remarques hygiéniques sur les précautions individuelles nécessaires.* — *Résumé.*

L'Européen vient s'établir au Gabon. S'il en a eu la liberté, il a préféré le moment physiologique de son arrivée. Ce moment est la saison des moindres fièvres et de la fraîcheur, la « saison sèche », qui coïncide à notre été; elle le préparera à l'acclimatement artificiel qu'il lui faudra subir.

Nous allons d'abord lui choisir une « maison », et, puisque tous ne peuvent jouir de cet idéal relatif (au seul point de vue sanitaire, bien entendu), qu'on appelle l'habitat maritime, rappeler les conditions de séjour à terre pouvant le mieux réaliser la sauvegarde du grand intérêt incessamment tenu en éveil et en défiance.

De solides maisons, bâties en pierre ou, à défaut, en briques, aisées à façonner sur les lieux mêmes, offrent de bonnes garanties hygiéniques; leurs épaisses murailles, ne se laissant pas traverser par la chaleur, entretiennent à l'intérieur de l'édifice un milieu à l'abri des variations atmosphériques rigoureuses. Mais, à part quelques établissements officiels, on ne retrouve ici rien d'analogue aux magistrales constructions se-

---

quantité, et à meilleur prix qu'en ville. Déjà les Européens de l'île viennent rétablir, sur les hauteurs, leur santé délabrée par un climat dévorant; et, si l'administration portugaise prenait l'initiative d'un établissement de convalescence, le docteur Jeaugeon est d'avis qu'on pourrait y faire hospitaliser, à titre d'essai, les valétudinaires du Gabon.

C'est, du reste, — et sans préjuger la faible altitude, qui ne me paraît pas à l'abri du reproche de fermentation palustre, sans préjuger non plus la brusquerie de la transplantation, sur laquelle nous nous exprimions plus haut, — une question toute à étudier. Nous ajouterons seulement que la petite distance qui sépare San-Thomé de Libreville (165 à 170 milles, ou 300 kil. environ) ne rendrait le déplacement ni trop dispendieux ni fatigant.

mées aux siècles passés par les Danois et les Hollandais sur la Côte de l'Or. L'économie, mauvaise épargne de la santé, prime toute considération sur cette terre brûlée où l'on vient pour s'enrichir; les cases de bambous ou de planches que nous voyons, légères au climat, durent autant que le passage précipité du commerçant, aiguillonné par la hâte de s'en retourner et n'entendant nullement se fixer à vie. Parmi ces habitations provisoires, les mieux aménagées sont établies sur pilotis, ce qui a plusieurs avantages : une certaine élévation du corps de logis au-dessus de la terre humide et de la couche d'air chargée qui stagne au niveau du sol, un accès moins facile aux serpents... quand toutefois une clôture hermétique, transformant les pilotis en magasins, ne vient pas rétablir malencontreusement la continuité entre l'habitation suspendue et le sol. Plus elles sont élevées, mieux elles sont ouvertes à la brise et salubres. Leurs pièces occupées doivent être vastes, communiquer entre elles, et avec la galerie à jour libre qui fait le tour de la factorie, par de larges ouvertures, sur deux façades; dans ces conditions, la brise qui pénètre les appartements remplit l'office d'un excellent aérateur et balaye le mauvais air et l'humidité. Il n'y a pas sujet de prôner sous ce climat l'utilité de ces terrasses de lazarone, que les Romains appelaient *solaria;* la maison ne sera que trop ensoleillée. Les vérandas couvertes d'un auvent suffisent à la fraîcheur; elles sont à l'abri du soleil vertical, mais laissent pénétrer à flots la lumière. Ceux qui transforment leurs maisons en tombeaux font, même au Gabon, une opération ruineuse; en lui fermant leur porte, ils ouvrent, dit un proverbe italien, celle de la maladie. La lumière naturelle est non seulement un stimulant fonctionnel de premier ordre, mais un bon agent réducteur des miasmes que contiennent les atmosphères confinées; elle a en outre le privilège d'écarter ces milliers d'hôtes incommodes, tourment de l'Européen dans les pays chauds, qu'on voit de préférence rechercher les recoins obscurs. Le feu, ventilateur spontané et destructeur des miasmes, est aussi un excellent moyen purificateur, et une cheminée, toujours oubliée dans ces logis, à l'occasion, n'y serait pas inutile.

S'il est plus que difficile d'éviter que son habitation soit placée sous le vent de quelque marigot, dans une région où, pendant la longue durée de la saison des pluies, tout ravin à sa partie déclive, toute dépression de terrain retient une nappe croupissante, au moins faut-il s'en éloigner autant qu'on peut et favoriser le dégorgement permanent de ceux d'alentour. Il est bon, à l'exclusion de ces lits d'argile ferrugineuse, réceptacles assurés des eaux stagnantes, de faire choix pour bâtir d'un terrain sablonneux, dont le drainage naturel maintienne la sécheresse des fondations. Il n'est pas de meilleure situation qu'une de ces pointes avancées sur la mer, mieux à l'abri des vents malariens par leur exposition à l'atmosphère pélasgienne.

La question du « déboisement » autour des habitations est fort controversée. On voit, suivant la destinée variable d'avis contradictoires, faire alternativement le désert des arbres ou replanter en grand aux environs du plateau de Libreville; dans l'un et l'autre cas, chacun reste convaincu de l'excellence de sa méthode. A mon avis, la question est toute entre les plantes grandes et petites; autant les premières sont innocentes, et même protectrices en une certaine mesure, autant la végétation des herbes passagères a besoin d'être surveillée et rognée. A certaine distance, les rideaux de hauts arbres, remplissant l'office de clôtures, n'arrêtent certainement pas la fièvre au passage, mais tamisent l'impureté des vents qui la portent; leurs racines épuisent l'humus trop riche, le dessèchent grâce à l'évaporation qui s'échappe par les feuilles; ils donnent ombre et fraîcheur; par leur contraste avec la nudité rissolée des terrains dépouillés, ils égaient le paysage, reposent la vue éblouie. Les herbages, par contre, ne sont pas seulement le refuge habituel des serpents et de cette gent malfaisante à l'homme, qui pullule à l'infini, leur courte existence les livre promptement à la fermentation, cause permanente d'insalubrité. Il m'est arrivé d'observer une influence paludéenne sévissant sur un groupe d'habitations autour desquelles l'herbe coupée, s'étant fanée à la première sécheresse, fut de nouveau mouillée par quelques pluies. Hygiéniste empirique, le Gabonais laisse les arbres debout près de son village, mais sarcle soigneusement les mauvaises herbes et veille à ce que la terre d'alentour soit toujours nue. Si on lui en demande le pourquoi, il ne sait répondre que: « Ça meilleur. » La sagesse est aussi brève en discours, elle est bonne à imiter.

Et s'il s'agissait d'une ville, on ne saurait trop conseiller le pavage méthodique des voies de communication, qui donne, au point de vue de la salubrité, de si bons résultats à Madère, à Praia, dans les colonies portugaises en général. La dissémination des poussières chargées d'effluves est moindre, le drainage du terrain mieux assuré.

L'hygiène personnelle sous l'équateur réside dans une attention incessante contre le climat et contre ses propres entraînements, si l'on veut durer. Braver devient un non-sens et tourne contre vous. Pour résumer d'un mot la longue série des précautions qu'impose une existence si attaquée, il faudrait réduire ses dépenses au strict nécessaire, se garder de toute impression qui surprend et ébranle : débauche du palais, du cerveau ou du sentiment, veilles et travail intellectuel prolongés, égarement des sens, nostalgie de l'absence, — que n'en citerait-on pas de tout ordre, en ce genre, physique et moral ? Ici, plus que jamais, la raison du juste milieu est à l'ordre du jour et sage; l'excès en tout devient plus qu'une faute, c'est une ruine. Les dieux antiques, qui idéalisaient les passions de l'homme pour les rendre aimables, pourraient être évoqués un à un et conjurés tour à tour, et, au-dessus d'eux, le cynique Bacchus, la meurtrière et trop facile Vénus noire.

Le « régime alimentaire » sera sobre, mais réparateur; la grande chaleur n'émousse pas l'appétit autant qu'on serait disposé à le croire, et, sans rester gros mangeur, on est encore, au moins jusqu'à l'anémie, bon convive à Libreville. Ce régime aime la variété, les viandes succulentes, bien parcimonieuses en ce pays, le poisson, les légumes, les fruits frais et mûrs, qui reposent la nutrition lassée de la monotonie des conserves; il recherche les stimulants d'une généreuse tempérance, tels le café et le vin, si propres à relever l'affadissement physiologique, mais il repousse l'ardeur corrosive du piment rouge, qui brûle l'estomac, des alcools, qui montent au cerveau dans un nuage bouillant, faux stimulants faits pour laisser ensuite plus déprimé. La table prolongée a le grave inconvénient de la congestion qui suit son excès. Les boissons abondantes, ingérées dans l'intervalle des repas, sont débilitantes; filtrant rapidement au travers des tissus, elles les appauvrissent des particules organiques dissociées par ce lavage intime, puis éliminées avec les sueurs. Elles seront prises fraîches et non pas froides, plutôt à la température naturelle de l'eau, — celle-ci est à + 24° ou + 25° (*); les alcarazas l'abaissent de quelques degrés. Au-dessous, à + 15°, par exemple (température que nous donnait habituellement l'appareil réfrigérant), l'eau frappée, lourde, privée d'air, paraît glaciale; la soudaineté de cette impression fraîche si goûtée n'est pas innocente, elle fatigue rapidement le ressort digestif. Quant aux eaux suspectes, — et il n'y a pas intérêt à se

---

(*) Vers le fond littoral de la mer de Guinée, la température moyenne des eaux, à la surface, atteint elle-même + 26 degrés centigrades.

montrer trop scrupuleux dans cette appréciation, — nous avons dit qu'elles doivent être consommées après qu'on les a fait bouillir, puisqu'il n'est pas prouvé que la muqueuse gastro-intestinale ne soit une des voies d'introduction du toxique paludéen. L'usage du thé, comme boisson courante, repondrait bien à cette nécessité.

Il semble à première vue paradoxal d'avancer qu'il faille, en un pareil endroit, sinon se garder du « froid », au moins des brusques transitions du chaud à la fraîcheur. Cette dernière susceptibilité, acquise par l'accoutumance à une température égale, devient bientôt excessive; elle s'accuse, à l'exposition imprévue d'un courant d'air, par des coliques nerveuses extrêmement douloureuses, une diarrhée catarrhale bilieuse, dont l'épuisement mène au galop l'anémie. Aussi, après avoir dit tout à l'heure que l'habitation doit être ouverte au soleil et à la brise du jour, nous ajouterons que pendant la nuit, inégale de température, imprégnée d'humidité et d'effluves fébrifères, la chambre qui protège votre sommeil restera prudemment close.

L'impressionnabilité aux variations, très à redouter pendant la saison sèche, après un séjour de quelque durée dans le pays, a pour point de départ et pour intermédiaire l'enveloppe tégumentaire, et il est presque superflu d'ajouter que l'intégrité fonctionnelle de ce système, régulateur en quelque sorte de la santé sous l'équateur, est très à ménager. L'hygiène repousse une désinvolture qui laisse le corps à demi nu; elle conseille de quitter les étoffes blanches matin et soir, et chaque fois qu'on est mouillé de sueur ou exposé à une de ces averses dont l'évaporation à la surface du corps, activée par la chaleur, augmente encore la froidure; elle insiste surtout sur l'usage ininterrompu de la flanelle, portée directement sur la peau, ou d'un tissu de cotonnade, moins acerbe à l'aiguillon des bourbouilles; elle offre un excellent moyen d'endurcissement dans la pratique journalière de l'hydrothérapie, qui a le double profit d'émousser la sensibilité de l'enveloppe cutanée aux variations et de stimuler son inertie.

L'Européen doit porter, contre le « soleil », le parasol et ce casque en liège ou en moelle d'aloès, qu'un courant d'air ventile intérieurement de la bordure au fond percé de la cuve. Il n'oubliera pas non plus que le Gabon est une des contrées du globe où la pluie tombe le plus abondamment, et prendra ses précautions en conséquence. Ses vêtements seront en laine légère, de tissus amples et souples. Quant à leur couleur, la question me semble avoir peu d'importance; elle est moins indifférente s'il s'agit de l'enduit extérieur des habitations ou des casernes flottantes, qui seront de préférence peintes en blanc ou en gris clair, ce revêtement renvoyant plus de chaleur qu'il n'en absorbe, ou badigeonnées à la chaux mêlée d'ocre, de manière à ménager la vue. On a pu dire plaisamment que le noir est la couleur physiologique sous le tropique africain, puisque telle est celle de l'indigène, qui souffre évidemment moins que nous de l'excès de la température; la raison, avec quelque fondement, n'a pas paru suffisante pour militer en faveur de l'adoption des tissus de teinte trop sombre.

L'emploi de la journée, l'équilibre des périodes « d'activité et de repos », mérite une attention sérieuse. Je crois avoir déjà dit que les circonstances spéciales de l'existence exotique, à laquelle l'étranger s'est soumis, réduisaient forcément la première au minimum; le travail, non pas utile, mais seulement dépensé, n'a pas à sa disposition dans la journée plus de sept ou huit heures effectives. Les veilles du soir doivent être modérées; elles n'augmenteront pas inutilement la fatigue de l'insomnie ou de l'assoupissement peu réparateur qui accompagne les longues nuits, baignées de sueur, de l'hivernage. Le sommeil est un des premiers besoins sous ce climat; il faut, même le jour, aux heures les plus chaudes, lui ménager une certaine part. La satisfaction de cette sensation devient parfois tellement impérieuse, après une de ces nuits improductives qui brisent le corps et l'esprit, qu'on abandonne tout pour dormir, sous l'empire d'une pression supérieure à la volonté. Celui qui résiste d'abord est bientôt obligé de céder, il n'a tiré de sa lutte d'autre fruit qu'un accablement plus lourd, plus appesanti. La sieste modérée est la meilleure épargne de l'activité, elle laisse après elle plus dégagé, plus dispos à un nouvel effort. Elle aura lieu à couvert, et plutôt dans une habitation ; car je ne sais rien d'aussi dangéreux que la somnolence venant à s'emparer de vous sous le soleil, comme cela arrive quelquefois au cours des longs trajets en embarcation ou en pirogue, dans les criques encaissées.

Un intervalle suffisant étant donné à ce repos nécessaire, déplaisant à celui qui aime agir, il faut ne pas tomber dans l'excès contraire, mais secouer sa torpeur; l'organisme moral et physique s'éteint, se dissout bientôt dans l'atonie, il a besoin de réveils ménagés, d'impressions un peu surexcitantes. Livingstone, d'illustre mémoire, avait observé sur lui-même, avant l'état d'épuisement de sa dernière carrière, qu'une période d'inaction prolongée était plus nuisible à sa santé que le mouvement d'une course laborieuse. Les missionnaires font journellement la même remarque ; elle mérite certainement examen. Ne semble-t-il pas qu'il y ait, dans cet état de stimulation générale que procure l'excitant de la marche ou du travail physique, pendant lesquels des actions physiologiques complexes, musculaires et fonctionnelles, entrent en jeu à tour de rôle, une salutaire dépense de matériaux d'usure nécessaire, que l'orgasme fébrile, toujours à l'état de tension sous le climat paludéen, se chargerait de consommer; au repos un meilleur emploi aussi des forces vives de l'organisme et de l'aliment de ces forces? Toujours est-il qu'on ne peut longtemps soutenir sans bouger la chaleur directe du soleil ; le déplacement d'air que produit la marche, l'évaporation cutanée, activée par le mouvement, la laissent mieux supporter (*).

Une sage mesure, sous peine de dépasser le but, présidera à l'emploi des exercices physiologiques. Les meilleurs sont l'usage du cheval (si toutefois le cheval voulait s'acclimater), les excursions de petite étendue, — non pas la chasse exténuante du gros gibier, mais la recherche des merveilles naturelles de ce pays, qui est une récréation pour l'esprit en même temps que pour le corps. La natation serait excellente, réunissant le double avantage du mouvement musculaire dans la fraîcheur, si requins et caïmans ne la défendaient, et si l'on n'avait trop à se prémunir contre le danger de la radiation insolant le corps nu et l'inconvénient de l'impression d'un bain froid intempestif, occasion de la fièvre. J'abandonne le travail de la terre; il est mortel au colon européen. Je laisse de côté, comme indiscutable, l'expérience acquise à Libreville : la discipline protège les matelots blancs contre leur insouciance; ils vivent à l'abri de la toiture de leur caserne flottante, ils ne sont pas occupés au grand soleil, ne nagent jamais dans les embarcations, couvertes d'une tente; des Kroumen sont engagés pour leur suppléer.

Dans cet ordre de faits encore, il faut savoir choisir ses moments et son terrain. Le terrain nous est connu; quant aux moments, la sagesse hygiénique se résume en un aphorisme qui a cours au Gabon : « Ne vous exposez pas au soleil de la mi-journée, ne couchez jamais à terre, si vous le pouvez. » Les deux termes de cette proposition demandent quelque explication.

Personne ne quitte volontiers l'ombre à l'heure de midi. Sans l'avoir éprouvé, on a conscience du danger au seul as-

---

(*) Le hamac, moyen de transport en usage sur la côte de Guinée, n'est pas employé au Gabon. Personnellement, même à l'occasion de courses assez longues, je ne l'ai pas regretté.

pect de cette atmosphère qui miroite comme une moire; celui qui à ce moment a suivi la plage de sable, un espace découvert, se rappelle qu'il a été à la fois suffoqué et ébloui, surpris entre deux feux, l'un dardé d'en haut, l'autre rayonné par ce sol de la surface duquel irradient des effluves de fournaise. Cette impression saisissante commande d'elle-même la prudence, il est presque superflu de la conseiller.

Mais le ciel n'a pas toujours cet éclat qui témoigne contre lui-même. Dans les pires moments de l'hivernage, il se couvre d'une chape de nuages si sombre, si épaisse, que le soleil a disparu. L'aspect tranquille de la nature n'invite pas à la défiance. L'air est pourtant de plomb; sous ce voile innocent, la chaleur et l'électricité s'accumulent, se concentrent; la perniciosité frappe sournoisement, traîtreusement, elle n'a pas mis en garde contre ses coups, et la sagesse quelquefois a parlé trop tard. Au Gabon, toujours, le soleil qui se montre est bien moins dangereux que le soleil qui se cache.

La nuit, nous l'avons vu, est l'heure du passage des vents qui portent la fièvre dans leurs plis, de la tombée sur la terre refroidie des vapeurs chargées; c'est le moment imminent de l'inhalation paludique, et l'expérience est si généralement consentie, que tous ceux qui le peuvent rentrent coucher à bord. S'il s'agit cependant d'une longue course à faire, je préférerais la pleine nuit au plein soleil; je suis peut-être plus immédiatement menacé d'un accès intermittent, je le suis moins de la perniciosité.

Nous l'avons vu encore, les noirs, qui eux-mêmes prennent la fièvre par occasion, ne sortent pas de leurs cases au petit jour. La matinée est froide; sous l'influence des premiers feux émanés du soleil levant, les vapeurs pénétrées d'effluves commencent à s'élever de la terre. Mais celle-ci se réchauffe peu à peu, la chaleur augmentant dissipe le brouillard, aspiré par le vide de l'espace supérieur; le danger n'existe plus dès que le soleil est un peu haut sur l'horizon.

Quelles sont, en définitive, les heures opportunes laissées aux occupations à l'air libre? Elles suivent, à peu de distance, le lever du jour (7 à 10 heures du matin) et précèdent son coucher (2 1/2 à 6 heures); en tout, sept heures innocentes. La débilité de l'Européen dépense en repos un tiers de cette courte journée équatoriale, qui n'a que douze heures de soleil (*).

Un dernier mot pour clore ce sujet.

Il est telles circonstances où l'on ne peut s'abstenir; il faut aller quand même, à quelque heure, par quelque temps, au milieu des marais et sur les criques pestilentielles. C'est parfois l'obligation du traitant qu'appellent ses affaires, du marin en service commandé, du médecin ou du missionnaire, qui ne retardera pas son secours. Il ne reste plus, au départ de la course périlleuse, qu'à se prémunir contre l'ardeur du soleil et à faire usage d'un préservatif, dont la vertu héroïque n'est guère discutée sur la terre africaine.

La *quinine* sauve bien des existences à la côte occidentale; elle est la providence du climat paludéen. Ce beau médicament, assurément, n'est pas infaillible; mais il agit si souvent, avec une vigueur tellement sûre, que le médecin qui en fait l'épreuve, le malade surtout qui s'y confie, ont bientôt en lui une foi illimitée et se croiraient presque désar-

---

(*) En résumé, les termes qui nous semblent le plus convenables de l'emploi d'une journée sous l'équateur sont les suivants :

Lever, à 6 heures et demie; repas léger de café ou de thé. — Occupations jusqu'à 10 heures du matin;

Déjeuner, à 10 heures et demie; ce repas sera le plus copieux de la journée. — Repos et sieste, travail modéré et à couvert, jusqu'à 2 heures et demie;

Occupations reprises, exercice, promenade, de 2 heures et demie à 6 heures. — Repas léger, à 6 heures et demie ou 7 heures;

Emploi de la soirée par l'étude facile, la distraction, etc.; jamais de fatigue excessive, jamais de veilles prolongées.

més le jour où cette substance précieuse viendrait à leur manquer. La quinine guérit et préserve. Je m'abstiens d'envisager son action curative, la maladie une fois déclarée; je ne m'occupe que de son rôle préservateur et tout hygiénique, en ce sens qu'il précède l'occurrence de la fièvre. Que la quinine absorbée s'attaque au processus morbide pour le modérer, ou au germe palustre pour le neutraliser, qu'ingéré avant toute pénétration des effluves dans l'organisme, et grâce à ses propriétés toxiques reconnues à l'égard des parasites inférieurs, le sel prévoyant prépare à ceux-ci un terrain impropre à leur évolution, — qu'il soit, en un mot, antipériodique ou antizymotique, les faits, sans hypothèse, parlent pour euxmêmes; ils affirment l'immunité que procure l'administration du médicament, à petite dose et préventivement à toute menace paludéenne.

L'assentiment des médecins de la marine sur cette question est universel, on peut le dire; il est éprouvé par leur expérience des régions paludéennes du globe. Les Anglais et les Américains qui habitent le littoral ne sont pas à faire l'essai de cette pratique. On sait les bons résultats qu'elle a donnés pendant la campagne aux Achanti. On citait de mon temps, à Libreville, l'exemple du lieutenant Cameron, revenant d'effectuer sa traversée célèbre du continent sans avoir connu la fièvre, immunité remarquable dont il rendait l'honneur au sulfate de quinine qu'il eut la précaution de prendre journellement en petite quantité. La coutume est courante dans notre établissement colonial; l'exemple et la lutte personnelle ont converti chacun à l'empirisme. L'antidote devient un condiment et trouve place sur la table commune, à côté des épices et du sel; chacun y puise à volonté, sans qu'il en soit jamais résulté rien de préjudiciable. Tout au plus, l'usage continué de la quinine amène-t-il un peu de surdité, passagère du reste, puisque celle-ci cède aussitôt qu'on s'abstient. Personnellement, je dus mainte fois à l'emploi que j'en fis d'éviter quelque danger, et, soucieux d'en assurer le bénéfice à nos matelots, je ne les laissais jamais partir en corvée au soleil sans leur avoir fait prendre au préalable 20 à 30 centigrammes du fébrifuge, dont, à défaut de café, un peu de tafia, bon dissolvant très apprécié de mes clients, faisait passer l'amertume. Avant une course vraiment périlleuse, la dose peut être élevée à 50 centigr., en se rappelant que la solution est de plus sûr et plus rapide effet que la poudre.

Il est, sans doute, utile de s'en tenir à ce juste milieu qui n'abuse de rien. Pour être efficace, la méthode préventive demande à être ménagée; l'usage n'en doit pas être absolument continu, mais réservé aux incidents particuliers de la vie extérieure, à cet état de malaise intime qui parfois vous avertit à l'avance de l'imminence morbide. Elle échappe au sérieux grief qu'on pourrait arguer contre elle d'émousser, par l'assuétude d'une absorption presque journalière, l'effet utile du médicament à l'occurrence de l'accès, dans un de ces moments pressants où la perniciosité marche plus vite que le remède. Car nous ne voyons pas les colons africains moins impressionnables à l'action du sulfate de quinine, pour l'emploi souvent immodéré qu'ils en font, et il est toujours loisible, en forçant la dose suivant le besoin, de rendre au médicament son activité thérapeutique (*).

(*) Ici, cependant, une restriction est nécessaire.

Il est certain que le sel quinique n'enraye pas indéfiniment les récidives de la fièvre; soit qu'il y ait, au bout d'un temps variable, assuétude de l'organisme au médicament; soit, en rappelant la théorie microbienne, une sorte d'acclimatation des infiniment petits au milieu toxique qu'on leur a fait : son activité s'est donc émoussée au très long usage. Il est encore plus certain qu'après une lente exposition au climat paludéen, des agressions et des récidives répétées, l'établissement d'une impaludation invétérée, mené à un certain degré de cachexie, l'organisme humain n'est plus seulement en possession de l'infection paludique, mais dégradé; et c'est au support malade, altéré dans sa substance, dont la résistance fait désormais défaut, plus qu'à

Nous pouvons maintenant mieux nous figurer ce que nous avons appelé au commencement de ce chapitre « la physionomie du CLIMAT GABONAIS », et il nous est facile de résumer en quelques lignes les traits saillants qui accusent son originalité.

Nous avons été frappés d'abord de l'égalité désespérante du milieu : la radiation solaire y entretient une atmosphère de chaleur constante, qui ne présente que de faibles écarts aux diverses saisons; huit mois de pluies l'imbibent d'humidité, quatre mois de sécheresse reprennent en vapeurs les chutes abondantes tombées du ciel et dispersées pendant la période précédente; la pression barométrique est presque uniforme; la tension électrique dominante, une grande partie de l'année; les vents eux-mêmes, soumis à l'appel périodique des échanges calorifiques entre la terre et l'Océan, ont une direction et des heures réglées par la révolution du jour et de la nuit; nulle émotion ne trouble le climat, que le fracas passager des orages de la mauvaise saison. Nous avons vu la chaleur dominer les autres éléments de la météorologie, les subordonner en quelque sorte à son action. Elle est remarquable par sa continuité, bien plus que par son acuité réelle; elle crée un climat moins brûlant qu'étiolant, mais persévérant dans sa marche, uniforme d'impressions; elle enveloppe l'organisme étranger d'une atmosphère si molle, qu'il ne sait bientôt plus réagir et se voit mené, de chute en chute, à une sorte de lan-

---

l'invasion microbienne, contre laquelle l'antidote avait d'abord lutté avec avantage, que la médication devra s'adresser.

Cette indication est surtout formelle lorsque l'éloignement du foyer paludéen, le rapatriement, a été effectué. La médication s'attachera alors à restaurer la nutrition, le sang et les forces, à réacclimater cet organisme déshabitué; l'alcaloïde fait place à la plante mère d'où il est tiré, le quinquina et ses succédanés, d'une valeur antimycétique secondaire, les toniques amers, les arsenicaux, les eaux thermales sulfureuses; il cède surtout le pas au « régime », dans son acception la plus large, — le milieu, choisi pour sa salubrité, sa température et son altitude favorables, l'hydrothérapie, la gymnastique, physique et morale, — devant accommoder, d'échelon en échelon, l'organisme à recouvrer le premier état dont il est déchu.

gueur ou de consomption vitale. A l'influence précédente vient s'ajouter celle qui est propre au sol, l'émanation impure, incessamment soulevée du conflit de la couche humide et grasse de l'humus et d'une météorologie si active, ensuite versée dans le milieu atmosphérique. La chaleur est encore là l'excitant principal de la fermentation cachée qui aboutit à la réduction délétère des effluves et des miasmes; et nous pourrions supposer telle région tempérée, aujourd'hui salubre, qui, soumise quelque temps à l'intensité du soleil équatorial, reproduirait bientôt le tableau de son climat et de ses misères.

A travers la race, ce climat a fait du noir, — au moins cette influence, poursuivie de génération en génération, a-t-elle pesé d'un poids immense, — ce qu'il est encore : un être morne, atone, sans entraînement dans la voie du progrès. Le blanc, qui passe par ces épreuves, est sérieusement modifié, il s'est amoindri, *gabonisé,* si je puis ainsi dire, à l'impression de ce soleil pestilentiel, au contact de cet étrange milieu humain, dont il subit malgré lui le genre de vie, la désolante société. Combien il se montre différent après quelques années de ce qu'il était au moment où il aborda pour la première fois le rivage! reconnaîtrait-on sa fière santé européenne à ce tempérament nouvellement doublé de débilité et d'éréthisme maladif?

Examinons-le au point de vue physique. Un bain de chaleur perpétuel l'amollit; la fièvre insidieuse ou éclatante, sans trêve pour lui, le mine dans son intimité physiologique. Nous savons l'adynamie torpide, ou susceptible au moindre éveil, de cet organisme accommodé à des impressions uniformes, sa résistance vitale défaillante. Matrice nourricière des tissus et des propriétés fonctionnelles, la liqueur qui circule dans les vaisseaux manque d'entretenir suffisamment les réparations de la vie; le sang s'est appauvri lentement, à la fois mal stimulé par un air diminué de son oxygène vivifiant et altéré dans sa qualité par les émanations toxiques qu'il respire, mal restauré aussi par une nutrition languissante qui n'utilise plus bien les aliments absorbés. Dans une chaîne sans fin, qui part du milieu extérieur pour aboutir aux actions physiologiques, à leur déviation morbide, les désordres et les maux se tiennent, s'influencent et activent par mille voies la détérioration organique.

Pour ce qui est de la santé morale de cet « acclimaté », nous en retrouvons le reflet dans la portée incoordonnée du système nerveux, privé de son stimulant habituel, le sang physiologique, affolé par une telle anémie. L'impulsion, l'harmonieuse direction du grand régulateur manque à la traduction des actes psychiques autant qu'à l'accord du fonctionnement physique. L'esprit, mal servi par l'intermédiaire qui lui donne un corps, en subit les vicissitudes; son moyen de relation avec le monde extérieur est faussé, ils souffrent tous deux, et l'esprit ne vaut plus ce qu'il était. La pensée est plus lente, inconstante, ou brille par éclairs fugitifs dans ses meilleurs moments; les élaborations cérébrales se pressent indécises dans un bourdonnement confus. Aiguisée par ces misères, la personnalité s'émeut d'elle-même plus que de raison. Elle se lasse de spectacles qui ne varient pas, d'une existence qui roule dans le même cercle monotone, et pourtant toute nouveauté la fatigue. La nostalgie, une indifférence qui n'aspire plus à bouger de place, envahit les uns; d'autres, de moral plus résistant, se cuirassent d'une sombre énergie, luttent encore et sont plus longtemps soutenus. Mais chez ceux qui le peuvent, à un moment où toute volonté est dépassée, la soif de quitter ce milieu hostile à la race blanche devient impérieuse, fît-on preuve même d'une opiniâtreté qui va jusqu'au bout des forces.

Telle est la forte empreinte du climat équinoxial, la terne image de sa lente et insidieuse influence sur l'organisme humain, comme je l'ai vu à l'épreuve. L'aurais-je assombri pour l'avoir regardé de trop près? Je laisse ici la réponse à ceux qui ont vécu sous le terrible soleil de ce climat et observé. « Ces régions (littoral de la Guinée), témoigne un critique impartial, sont les plus meurtrières de tout le globe terrestre pour les colons européens (*). » La terre noire dévore les blancs, eût dit l'antique poésie.

(*) Dr Lombard (de Genève), *Traité de climatologie médicale*, t. III, p. 651.

CHAPITRE IV.

LA FLORE.

ARTICLE Ier.

ASPECT DE LA FORÊT.

La FORÊT ÉQUATORIALE,.... je ne sais vraiment qui pourrait la peindre comme elle est et traduire son impression saisissante. L'excès du grand est comme l'abîme, il fascine; et la pensée, perdue dans cette immensité qui semble n'avoir pas de fin, qui a le seul inconnu pour limite, n'entrevoit que sa petitesse devant la nature écrasante et oublie un moment que, plus puissante qu'elle, elle doit un jour plier cette nature à ses desseins.

La forêt s'étend vaste et profonde comme l'Océan qui bat à ses pieds, et plus inaccessible; l'Océan se laisse traverser, la forêt est fermée dès qu'elle commence, elle n'est ouverte qu'au feu. Silencieusement, sans passion, sans violence, elle dévore le sol vers une limite inconnue, elle s'élance au ciel, elle envahit tout, jusqu'au domaine de l'eau sans cesse gagné par ses rejetons, qui fixent, puis renouvellent de leur destruction, l'humus apporté au rivage. Elle n'a qu'une parure, mais admirable dans son développement échevelé, riche de cette teinte unique et sobre qu'étend sur une surface immense le tapis de verdure éternelle. Dans son désordre même, quel ensemble, quelle harmonie, quelles grandes lignes! Sa masse colossale paraît coulée dans un bloc d'une seule pièce, figée dans l'immobilité, inerte comme le sol qui la porte; elle semble fermée à la vie. Est-il inanimé pourtant ce rayonnant concert qui bruit dans le silence d'une confusion inexprimable, au sein de la plus petite plante comme du plus haut végétal, dans le jeu impossible à dénombrer des myriades de feuilles qui respirent, le tournoiement inénarrable des molécules organiques que la vie prend ou abandonne sans cesse dans chacune d'elles? N'est-elle pas une émanation de sa vitalité cette senteur qu'elle exhale, portée avec la tiède haleine des vents, résumé de mille parfums, si pénétrant qu'il monte enivrant au cerveau? Splendide dans son épanouissement vierge, la forêt poursuit sa multiplication avec l'imposante lenteur d'une force latente, aveugle, pourtant sûre d'elle-même; au milieu de son travail géant, recueillie dans sa propre puissance, elle repose à travers le temps, toujours en progrès, toujours grandissante.

Le fourré est si épais, l'ombre si profonde, que partout le regard est arrêté à la lisière; des hauteurs seulement, la perspective élargie s'élève au-dessus des cimes, s'ouvre dans les percées que font les creuses vallées comblées d'arbres. Sur l'étendue verte plane le silence de la solitude; ce grand aspect est celui d'une nature muette, immuable, rigide comme le destin. Son immobilité rompue par la brise, l'ample mouvement du dôme feuillu, qui moutonne comme un flot, berce la pensée, l'endort de la molle fluctuation d'ondulations égales aux vagues de l'Océan. La rafale bat le premier plan de ce rempart serré de végétaux de toute grandeur, la tornade rugit, se jette à corps perdu contre lui; l'orage passe, à peine l'a-t-il ébranlé. Dans le silence qui précède la chute du jour, le murmure sourd et cadencé du vent commence par un soupir, gémit, telle une longue plainte accordée au roulement lointain de la bande de houle écumante le long de la plage, au bruissement sec des folioles de cocotier froissées, des hautes cimes des graciles bambous et des roseaux *okongolia*, heurtés par le souffle qui passe. Hors cette plainte perpétuelle, aucune voix animée que la note mélancolique de l'oiseau solitaire préludant au repos du soir, nul signe vivant; l'obscurité qui tombe sur le fourré y fait bientôt la nuit et le laisse plus épais, plus impénétrable. Au retour de l'ombre des bois, c'est presque avec soulagement qu'on revoit le soleil, qu'on entend de nouveau le chant des oiseaux, le mouvement de la vie animée.

Splendeur des tableaux de la nature, âme du paysage et joie des yeux, la lumière solaire donne à la vie végétale, en même temps que son éclat, l'excitant de sa verdeur. Une impression nous retient ici. Enveloppée de clarté, la forêt arrête au passage le soleil et fait, en mille points de sa masse touffue, de ces profondeurs que le jour effleure sans les atteindre. Sous l'ombre qu'elle étend, les plantes ont soif du stimulant trop épargné; elles montent aussi haut qu'elles peuvent, leurs jets s'élancent follement vers leur aimant. Les faibles, comme étouffés par le feuillage des puissants, attachent leurs frondes aux troncs, traînent à terre leurs tiges alanguies, glissent dans les interstices, s'inclinent vers les issues, en quête de la clarté extérieure. Quelque rayon plus direct vient-il à percer la voûte qui les couvre, dans l'épanouissement de lumière qui se joue sur les troncs moussus, les lianes, les herbes, le monde abaissé des petits rayonne, se redresse et se tend avidement vers le soleil, source de son activité.

A l'ombre de cette lumière filtrée, de cette lueur diffuse, tamisée par mille feuilles, qui seule pénètre les coins reculés des taillis, il semble que la végétation devrait souffrir. Nous savons combien la privation de lumière directe est préjudiciable aux plantes de nos climats tempérés; dans une demi-obscurité, nous les voyons troublées dans leur fonction respiratoire, languissantes et bientôt gorgées de sucs blancs, dépérir dans leurs individualités étiolées et leurs espèces. Sous le couvert de l'épaisse ramée de l'équateur, la plus petite herbe n'a rien perdu de sa ferme verdeur; son tissu revêt cette coloration verte intense, riche en chromule, indice de sa vigueur intègre; la fleur reste brillante, son fruit fécond; narguant le soleil, elle se contente de son régime mesuré, germe dans le jour obscur et s'y développe avec une exubérance merveilleuse.

C'est qu'ici la végétation rencontre, dans le milieu qui la baigne, d'autres influences compensatrices singulièrement actives. La lumière n'est pas son unique excitant; la chaleur et l'humidité, dont la plante n'est jamais privée, assurent, pour une part au moins aussi importante, plus fondamentale peut-être, le bon exercice de ses propriétés. Nous avons précédemment apprécié le climat agissant sur la nature végétale et animale pour entretenir, de l'abondance des matériaux, le luxuriant balancement de la mort et de la vie. La chaleur continue, l'humidité en mouvement constant d'évaporation, la stimulation germinative d'un air ozonisé, l'irrigation des pluies tièdes, la richesse féconde d'un humus renouvelé à mesure qu'il s'épuise, des matières organiques triturées et sourdement travaillées par une influence lente, ininterrompue, séculaire, — cet ensemble constant d'éléments divers, que nous savons pernicieux aux races étrangères, étiolant même pour l'indigène, par un contraste frappant, fait la puissance du monde végétal, devient l'excitant composé de ce roulement sans fin de perpétuelle décomposition et perpétuelle renaissance, qui s'entretiennent l'une l'autre; terrain préparé à la vie par la destruction, où les espèces nouvelles lèvent et croissent de la chute et sur les ruines d'autres espèces.

Le soleil équatorial n'est pas changeant comme notre débile soleil européen; il enveloppe la végétation d'une atmosphère égale, il imprègne le fumier, qui alimente les plantes en protégeant leurs racines, d'une température favorable à l'action par sa permanence. L'évaporation énergique que celle-ci provoque contre-balance l'effet dissolvant de l'humidité surabondante, si nuisible aux plantes des pays froids. C'est que les unes « vivent » réellement, l'année durant, tandis que les autres « hibernent » (*), la mauvaise saison venue. Sous l'équateur, la chaleur jointe à l'humidité, grâce à l'activité du mouvement d'absorption et d'exhalation insensible qu'elle excite dans la trame des tissus, même sous l'ombre de la forêt, devient un stimulant général de vitalité. L'humus nourricier auquel tient la plante, si riche que la vie éclate à profusion de ses plus petits recoins, renferme pour elle une abondante provision d'aliments. La plante emploie sans doute une part de l'azote, emprunté à l'air, que réserve le sol; mais elle y puise surtout largement le carbone, les sels, l'eau, l'hydrogène, éléments simples ou associés qui coulent avec la séve, dont les uns, tel le carbone, sont fixés dans sa texture, pendant que d'autres assurent la formation des fécules et des sucres, la sécrétion des cires, des huiles, des essences.

Les végétaux sont « des êtres tissés d'air par la lumière », a dit quelque part un éminent physiologiste; les feuilles, respirant à la clarté du jour, tamisent à la fois l'air et la lumière, et, dans cette rencontre, le carbone, réduit de l'acide carbonique, est retenu par leur trame cellulaire, tandis que l'oxygène rentre dans l'atmosphère générale. La plante est ainsi la grande dispensatrice du gaz nécessaire à l'existence des animaux.

S'il fallait cependant prendre à la lettre la poétique image de Moleschott, comment se rendre raison de la splendeur de cette végétation, qui se continue exubérante, abondante en cellulose, même alors qu'elle est à demi privée du stimulant lumineux, dans le demi-jour que fait l'épaisseur de la forêt?

(*) Sous nos climats, les végétaux sont des « êtres hibernants », suivant un mot heureux du docteur Bertillon (art. *Mésologie*, du *Dictionnaire encyclopédique des sciences médicales*, 1873).

Mais, nous le savons, la plante ne vit pas que d'air et de lumière. Sous ce climat, la chaleur excitante supplée à ce qui manque du soleil, elle corrige l'humidité en excès par l'activité qu'elle imprime au jeu innombrable des tissus vivants; et la feuille a aussi pour aide la racine, allant puiser dans un humus généreux les éléments d'une croissance et d'une prospérité sans limite (*).

Au milieu de ce chaos végétal, fait pour lasser l'admiration à force de grandiose, nous devons nous borner à choisir, entre cent, quelques aperçus plus saillants, qui puissent donner une idée de l'immobile variété du panorama gabonais.

C'est d'abord le paysage enchevêtré des mangliers, « la forêt des eaux ». Du point où les fleuves, les rivières, les criques impures se déversent à la mer, jusqu'à la limite où s'arrête le flot de la marée montante, le PALÉTUVIER OU MANGLIER (*Rizophora mangle, Itanda* des indigènes), qui aime le mélange des eaux douces et salées, étend sur les plaines de vase, deux fois le jour inondées et découvertes, ses rameaux-racines, semblables à de gigantesques araignées. Son tronc gris-blanc, qui pousse droit, cherchant la lumière, jette au soleil un feuillage glauque et grêle, comme anémié par une sève trop aqueuse. Le rapprochement serré des tiges aux écor-

---

(*) En dehors du rôle capital de l'acide carbonique, les autres gaz qui entrent dans la composition de l'air atmosphérique, d'après des recherches récentes, ne seraient pas sans influence sur la vie nutritive des plantes.

Ainsi « Sachs dit que le plasma végétal renferme un principe possédant la constitution du vert de feuille, n'attendant plus qu'une dernière impulsion pour devenir chlorophylle, et que cette impulsion est donnée moins par la lumière que par *l'oxygène actif* ou *devenu actif sous l'influence de la lumière.* »

Cet oxygène stimulant pourrait donc, de seconde main, suppléer à l'insuffisance du rayon lumineux direct et nous rendrait raison de la santé végétale se perpétuant sous l'ombre de la forêt.

Pour ce qui est de l'azote, certaines légumineuses fourragères « paraissent jouir du pouvoir de fabriquer une partie de leur substance azotée avec l'azote de l'air ». (Dr Bertillon, *loco cit.*)

ces bistrées élève sur chaque berge des cours d'eau une muraille rayée de cannelures verticales alternativement claires et sombres. Le manglier, suivant une comparaison souvent appliquée au baobab, peut-être à beaucoup de curiosités naturelles, qui furent singulières surtout la première fois qu'on s'en étonna, — ce végétal monstrueux a l'apparence d'un arbre renversé, tant la disproportion est grande entre ses rameaux feuillus et ses rameaux-racines. Ces derniers, sous forme de mille branches divergeant du tronc, qui prennent pied dans la vase, se mêlent en un réseau inextricable de bois nus enlacés; d'autres, qui n'ont pas encore rejoint le fond, suspendent, aux deux bords du canal où le courant passe, des stalactites végétales hérissées d'huîtres et de mollusques, laissant tomber goutte à goutte le dernier flot souillé de la marée descendante. Avec le temps, gagnant toujours, ces rejetons se rejoindront d'une rive à l'autre. Et quand les eaux se sont retirées, elles laissent à découvert les sillons tracés dans le limon, les nappes de vase et les flaques stagnantes, les grottes ruisselantes, soutenues par l'entrelacement de mille arceaux. Le monde animal qui habite ce milieu troublé et putride s'agite à la lumière, les crabes noirs, les salamandres à queue agile, les jeunes alligators, tous en ont revêtu la robe immonde. Parfois d'un abri végétal débouche une pirogue de noir. La brusque entrée en scène de ce témoin inattendu, l'étrange aspect de sa silhouette nue, détachée par le soleil sur le paysage informe, donnent un moment l'illusion qu'elle fait corps avec lui et que le même creuset les a moulés tous deux.

Le vent qui passe sur ces marécages en apporte à mer basse les effluves empestés. Le palétuvier porte la signature de la fièvre; sa multiplication annonce la destinée de ces vastes espaces chargés de ruines végétales et animales, où des espèces variées ont rencontré, dans le mélange des eaux douces et salées, un milieu impropre à leur conservation; nécropoles des infiniments petits, au sein desquelles la mort innombrable repose et se réduit. Nul terrain n'est pire foyer de léthalité. Et ici la curiosité ne peut être plus avant satisfaite, lorsque, dans des conditions climatologiques et telluriques peu différentes en apparence de celles de l'Afrique occidentale, on voit, bien loin de là, — que cette immunité tienne, ou non, au sous-sol de corail, — les vases à palétuviers de Calédonie dénuées de danger, à côté des Nouvelles-Hébrides voisines, réputées très insalubres.

A certaine saison, les plages se couvrent de semences à enveloppe brune, résistante, percée d'un rejeton vert; le flot les roule sur le sable par rubans ondulés comme de petites vagues. L'inépuisable fécondité des mangliers abandonne aux courants des fleuves des fruits déjà germés, disposés à prendre racine et à tenir partout où ils trouveront un peu de limon; et, à considérer la marche envahissante de cette végétation inouïe, qui étend ses tentacules jusque sur la mer, il semble que la nature l'ait destinée à fixer les alluvions déposées par les eaux, comme assise de terres nouvelles peu à peu conquises sur l'Océan. Ainsi font, dans le règne animal, les madrépores du Pacifique qui, couche par couche, gagnent sur l'étendue des flots des continents et des îles, ailleurs les dépôts de foraminifères. Grâce à la semence des êtres, à la lente poussée des petits, est assurée la continuité du progrès commencé à l'origine des choses.

Devant cette première barrière presque sans issue, dressée jusqu'à la limite des voies navigables, que prolonge vers l'intérieur la forêt terrestre aussi inabordable, il est encore permis de s'arrêter un moment étonné. On comprend mieux pourquoi l'accès du continent est si longtemps resté fermé à l'Européen; comment, maître de la côte, enserrant l'Afrique d'un réseau poussé fort avant dans les fleuves, s'il tente d'en franchir la bordure, il est arrêté dès le premier pas. Le Gabon n'est qu'un point de cette immense ligne végétale qui défend la terre inconnue du Centre-Afrique.

Ainsi les rapides des fleuves, les broussailles du sol, la sauvagerie stationnaire, qui connaît peu de passages ou ne livre que ce qu'elle veut livrer, la nature, plus que les fauves des fourrés, et, avant tout, l'insaisissable des effluves émanés de la terre et du soleil, conspirant ensemble à user à petits traits la vie étrangère, — voilà ce qui attend l'explorateur, brise la force des persévérants et les empêche trop souvent de poursuivre, par découragement et par impuissance.

Baigné dans une atmosphère d'un lumineux vacillant, faite de l'épanouissement des rayons tombant d'aplomb sur la surface liquide miroitante, renvoyés par elle au ciel avec des jeux de lumière nébuleuse impossibles à décrire, ce premier dessin du paysage n'est ni la terre ni l'eau, il porte la couleur de tous les deux. La première surprise qu'il éveille retient, captive même; mais cet attrait d'une chose étrange n'a qu'un moment. La curiosité satisfaite se lasse de la répétition à perte de vue d'un unique aspect et retourne sans regret, du paysage mouvant et incolore, à la végétation robuste et toujours sévère, mais variée et parfois riante de la terre ferme.

Déjà, à cette bordure où s'arrêtent les flots tranquilles, — tant la forêt dispute pied à pied le terrain, — l'inondation végétale commence. De grands liserons rampent sur le sable fin ou la terre limoneuse, y fixent leurs griffes, étalent avec profusion leurs feuilles charnues. L'immense tapis d'un vert velours, qui couvre la plage, est semé de fleurs rouges, fuyant de proche en proche à mesure que vous avancez; nous y reconnaîtrons tantôt les crabes *Agombo*.

Un nouveau monde se déploie, premier rideau de la forêt noyée dans une brousse d'arbustes, de lianes, de feuilles, dans un lacis de branchilles mêlées, embrouillées comme une abondante chevelure qui jamais n'a connu l'apprêt; de cette mer sombre, qu'arrête la lisière de la mer bleue fondue à l'horizon dans le ciel, émergent des bouquets de bois élevés, de gigantesques isolés.

Un bombax, le fromager, est, avec son port superbe, le roi de la futaie. Son tronc, qui appuie sur le sol par des arcs-boutants solides, divergeant en lames tranchantes de manière à en étendre la base, est revêtu d'une écorce lisse et blanche, plus claire que celle du hêtre, hérissée d'épines; nu de branches comme le mât d'un vaisseau, il élance droit son fût élégant et sévère, si haut parfois que son bouquet de feuilles reste perdu dans la nue. On voit sur la hauteur sa cime altière, couronnée d'orages, se profilant sur le fauve éclat du ciel; on le voit finissant, après une longue durée, jeté, fétu de paille, par quelque tourmente à terre. Les noirs en ont fait un fétiche, et certains ont leur légende. Le fromager garde les villages et les existences, comme ce chêne des traditions armoricaines, qui supportait les antiques assises de la ville d'Is.

Le figuier *Ovoounchoua* a aussi l'apparence d'un géant, mais d'un géant ridé et crevassé par l'âge; qui perd peu à peu sa chevelure. Mille nervures en saillie s'entre-croisent sous l'écorce rugueuse de son tronc massif, que surmonte assez haut un lacis de branches grêles, décorées de bouquets d'un feuillage clair-semé. Tout est disproportion dans ce puissant végétal; mais cette disproportion tourmentée n'est pas sans ampleur. Deux figuiers plusieurs fois séculaires, dont les rameaux se rejoignent à l'entrée du village de Louis, lui font une arcade imposante fermée par la forêt d'alentour.

Des sommets de ces arbres, des lianes descendent, câbles gigantesques, à travers l'espace.

Les essences nombreuses se pressent dans la forêt sous des aspects variés, dans un groupement laissé au hasard, plein de contrastes et d'harmonies. Le cocotier, qui aime les terrains sablonneux, dresse et jette vers le ciel le stipe grave qui porte ses palmes verdoyantes ou jaunies; l'humble chamérops, le palmier nain, le palmier à huile, entouré d'un voile de fougères, se hérissent de folioles aiguës; les pandanus, les parasols, étendent de larges feuilles veloutées. A côté de la massive stature du baobab, de la végétation rigide, minérale, pour ainsi dire, de certaines plantes grasses, — la souplesse du bananier, d'un vert si tendre qu'il paraît lavé à l'aquarelle, d'une structure si délicate qu'on craint pour lui qu'il ne plie comme un herbage sous l'effort de la brise, ou bien encore, ce profil aérien que dessinent, sur le fond noir du feuillage, des légumineuses variées comme les étoiles du firmament, ou l'ombre légère, portée sur le sol, des folioles finement découpées des mimosas. Associations merveilleuses, que rendent plus étroites les entrelacements sans fin des lianes folles. Les *ogoli* grimpantes, les fougères en dentelle, les pommes-cannelles au fruit jaune entouré d'une enveloppe diaphane, courent d'un tronc à l'autre, descendent vers la terre pour remonter aux cimes, balancent leurs franges et leurs clochettes, jettent au vent leurs frondes, leurs fusées et leur fougue échevelée. Ce désordre élève ici des candélabres, des arceaux gothiques, ferme la forêt au soleil ou le laisse passer, dans un clair-obscur, par les colonnades de ses portiques, tend plus loin de longs voiles ondoyants, des toiles transparentes, tissés par des myriades de fils. L'art n'est pas cherché; le grand subsiste, et la grâce infinie.

Il y a aussi les prairies sèches des terrains arides, où de simples herbes s'élèvent, à la saison des pluies, plus hautes qu'un homme, les clairières parsemées d'élégantes bruyères et de graminées. La charmante *Ngoué-shimba*, la sensitive, affectionne les espaces exposés à la fois et imbibés de rosée, que le plein jour inonde. Fille du soleil, cette plante impressionnable ne supporte le froid ni la sécheresse; elle aime la chaleur, la lumière et l'humidité, excitants naturels de sa sensibilité. Elle a sous l'équateur sa vraie patrie, elle y croît avec une abondance, un éclat et une vivacité sans égales. Dès que l'obscurité tombe, ses mouvements s'affaiblissent, puis s'éteignent, prompts à se réveiller au lever du jour. La nuit, on la voit s'affaisser sur elle-même, privée de mouvement ; aux heures chaudes et lumineuses, elle est presque animée. Viennent alors une goutte de pluie, un léger attouchement, le plus faible choc, telle la vibration d'un pas sur le sol, elle réagit et s'ébranle. Ses touffes, semées à leur printemps de petites fleurs roses, sont si serrées, qu'en se repliant les tiges se heurtent les unes les autres ; de proche en proche, comme mus par un choc électrique, les rameaux se penchent sur les tiges, les folioles se ferment, les feuilles retombent, et, sur la savane où s'épanouissait au soleil l'élégant feuillage, le désert s'est fait, il ne reste qu'un entrelacement de bois nus, inertes, couchés à terre. C'est, pour justifier son étymologie, un véritable coup de théâtre (*), et comme une impression ressentie et réagie, trace d'un passage incertain entre les propriétés de l'animal et du végétal.

Au grand aspect de monotonie correcte et sombre que déroule la forêt, il ne manquerait que la variété des nuances. La nature ne les a pas ménagées ; mais elles sont comme absorbées par l'éloignement dans la teinte unique de velours émeraude étendue sur l'immense feuillage. A sa saison, l'éclat de la végétation, qui va renaître dans ses rejetons, étincelle en une moisson de fleurs, si abondante sur certains arbres qu'elle a semblé remplacer les feuilles. La robe de verdure perpétuelle et toujours jeune est alors diaprée de tons vifs, parsemée de parures diverses. L'or y abonde, comme le vert aux feuilles ; le jaune et le vert, avec leurs tons nuancés, sont devenus les couleurs fondamentales du paysage. Le grand nom-

---

(*) *Mimosa pudica* (*mimus*, mime).

bre de ces fleurs semble tissé aux rayons de l'aurore ou du couchant. C'est l'opulente moisson pourpre ou orangée, qui couvre de flammèches de feu un *liriodendrum* flamboyant, le *Ntchiogo*, tulipier, qu'on dirait de loin plaqué de sang ou dévoré par l'incendie. D'autres arbres revêtent un manteau jaune d'or ou blanc de neige ; des grappes aux mille fleurs, des guirlandes qui s'enlacent, chatoient sur le dôme vert. Tout est mêlé, les jasmins embaumés, les riches orchidées, les légumineuses prêtes à voler de leurs corolles ailées comme des papillons, les ombellifères charmantes, les aroïdées rouges et jaunes, les mimosées, dont les gousses mûres éclatent à l'ardente chaleur et laissent, en s'entr'ouvrant, tomber sur le tapis du gazon un semis rouge vif de toute forme.

Et quand les pluies de l'hivernage ont abondamment lavé tout ce feuillage et toutes ces fleurs, la forêt prend un aspect plus frais et comme rajeuni. L'éclaircie, qui perce sous les nuages, s'épanouit sur sa masse imposante, éclaire ses profondeurs, y joue dans mille reflets ; des traits de feu brillent au travers des larmes claires comme des diamants qui perlent aux pousses et aux fleurs. La nature est à ces moments plus éblouissante. Quiconque l'a surprise au premier soleil du matin, avec sa moite tiédeur, lorsqu'une buée légère s'élève des espaces découverts de fougères, de sensitives et d'herbages, à ce moment où les vapeurs à peine dissipées voilent encore les lointains adoucis dans une atmosphère pleine de lumière et de rosée, — ne saurait oublier sa mélancolie rayonnante ; il revoit ce merveilleux tableau, que Victor Hugo a tracé en deux lignes : « Le paysage, ineffablement assoupi, avait cette moire magnifique que font sur les prairies et sur les rivières les déplacements de l'ombre et de la clarté ; les fumées montaient vers les nuages, comme des rêveries vers des visions. »

Telle est la FORÊT, ou ce qu'on appelle au Gabon l'*Iga*, la

BROUSSE. Les traits en sont larges. Dans le lointain, nivelé par la distance, son tableau fait de mille objets, de mille teintes, ne déroule qu'uniformité... l'uniformité imposante d'un modèle aux proportions inconnues. Vu de plus près, la variété des aspects s'y montre riche, profuse, admirable dans les humbles détails autant que dans les grandes lignes. Nous y comprenons le plan de la Création, parant à la fois son œuvre et la fortifiant, le beau qu'elle a cherché et réalisé autant que l'utile. Concentrée dans sa force génératrice, sous un climat qui lui réserve uniquement ses vivifiantes caresses, la forêt s'agrandit sans obstacle. Elle commence là où la mer la borne, elle déploie sa splendeur dans le silence et la solitude, elle finit, — qui pourrait le prévoir, à mesurer l'insondable isolement du continent? Elle est vierge du travail de l'homme, l'habitant du sol n'y laisse d'autre marque de son passage que la sente étroite foulée par son pied nu; les fleuves seuls s'y sont tracé une voie. Parfois l'incendie la dévore, le feu allumé pour ses plantations par l'indigène, ou tombé du ciel, découvre de vastes éclaircies embarrassées de troncs charbonnés. Mais les pluies viennent et raniment ce que le feu avait consumé; les semences réservées dans l'humus germent à nouveau sous les cendres; les feuilles revivent aux tiges noircies; la ruine reverdit, et bientôt la fécondité de la nature a effacé toute trace d'une destruction éphémère.

ARTICLE II.

LES PRODUITS DU SOL. — SES RESSOURCES.

Le compte rendu qui va suivre, en parcourant à traits rapides le côté utile de la flore gabonaise, ne pourra, on le comprend, qu'effleurer la matière d'un si vaste sujet. Facilité par les relations antérieures éparses dans divers recueils, il aura pour objet de mentionner : les fruits alimentaires abondants que procurent les espèces nées sur le sol, ou d'origine étrangère acclimatées ; les produits profitables au commerce et les riches essences forestières, que la construction et l'ébénisterie exploiteraient avec avantage ; enfin quelques plantes médicinales et vénéneuses, dont le petit nombre indique pauvrement ce que la flore de ce pays pourra, mieux connue, fournir à la matière médicale.

§ 1ᵉʳ. — *Végétaux à fruits féculents et farineux* (*).

MANIOC, *Ogouma* (*Jatropha manihot, M. utilissima,* Euphorbiacées). — Le manioc forme le fonds de la table gabonaise, la base des ressources alimentaires indigènes, avec la grosse banane bouillie et le poisson sec ou fumé, venant de Lopez et de Mounda.

La nature, se mettant au service du peu d'attrait que montre le noir au travail, se charge presque seule des frais de la culture. Pendant la saison sèche, le feu est mis à la brousse, les troncs dépouillés par la flamme sont coupés ; la terre est grattée, l'humus remué avec les cendres, puis le tout abandonné au brassage des ondées, qui achèvent de préparer la couche végétale. Les premières pluies de l'hivernage font tenir les boutures ou tronçons de tige espacés à quelque distance les uns des autres ; au cours de la deuxième année, la plantation, de belle venue, élève à deux ou trois mètres ses arbrisseaux couronnés d'un parasol de jolies feuilles dentelées. Ces

---

(*) Aucun de ces fruits n'est exclusivement féculent, gras, sucré, aromatique, etc.; ces divers principes sont le plus souvent associés dans chacun d'eux, mais en proportion inégale suivant les espèces. Leur nomenclature par groupes fait seulement valoir cette proportion, en rapprochant ceux dans la composition desquels tel ou tel principe est prédominant.

Cette division des fruits de la terre, suivant le principe fondamental qui les constitue, s'autorise, du reste, de l'excellent ouvrage de Fonssagrives, *Hygiène alimentaire des malades, des convalescents et des valétudinaires*, 3ᵉ édit., 1881.

cultures régulièrement alignées, avec leur faux air de forêt en miniature, ornementent les abords des villages; il n'est pas de case isolée qui n'ait la sienne. Les bourgades de quelque importance, auxquelles elles ne sauraient suffire, y adjoignent un défrichement plus étendu dans l'intérieur, commis à la garde de l'enfant perdu de la brousse, le captif.

La racine tubéreuse du manioc est volumineuse et riche en fécule amylacée, contenue à l'intérieur de cellules assez résistantes. Elle est nutritive; mais, aliment incomplet, puisqu'elle n'enferme guère de principe azoté, elle ne suffirait pas seule à entretenir la vie. Les Gabonais, exclusifs par nécessité en fait de régime, ne brillent pas par la vigueur.

Fraîche, la racine d'ogouma est mangée bouillie; elle subit habituellement un apprêt plus compliqué, cher aux indigènes. Une fois venue à maturité convenable, elle est tirée du sol, raclée, lavée et mise à macérer dans un marigot; puis elle est exprimée par écrasement, soigneusement séparée de ses fibres et tassée en bâtons de 30 à 40 centimètres de longueur. Ces bâtons, enveloppés de feuilles aromatiques serrées par des lianes, sont mis à cuire à l'étuvée dans des chaudrons de cuivre d'importation, à tout usage, appelés « neptunes » dans le pays. La pâte, une fois refroidie et coupée par tranches, en est blanche, bien liée, d'un aigrelet douceâtre. C'est là le pain des noirs, si goûté par eux qu'ils le préfèrent à notre pain de froment et à notre biscuit, les plus sauvages se défiant surtout de l'inconnu du poison, dans leurs mœurs toujours pendant.

Il existe au Gabon deux variétés de manioc : l'une inoffensive, l'autre amère et vénéneuse. Les missionnaires français se gardent de propager cette dernière variété, laquelle, à leur avis, ne serait pas indigène. Si les noirs en font usage, il est probable que les divers temps de la préparation (macération, expression et cuisson) suffisent à purifier la racine de son suc toxique et sidérant.

La fécule d'ogouma donne un tapioca très blanc, savoureux; la racine écrasée est un émollient employé dans la médecine indigène et un sédatif, que doit rendre fort inconstant la volatilité de l'acide cyanhydrique que recèle la substance amidonnée. Vers 1857, M. Payen proposait de tirer de l'alcool de cette fécule, saccharifiée par la diastase ou l'acide sulfurique.

Le manioc n'a pas de pires ennemis que la fourmi rouge et le cochon domestique.

BANANE, *Ikondo* (*Musa sapientium*, ou figuier d'Adam, *M. paradisiaca*, Musacées). — Une légende orientale fait remonter le bananier aux premiers temps et voit en lui le représentant de « l'arbre de la science du bien et du mal ». Les paysages tropicaux, abondants en végétaux élégants et singuliers, ne nous offrent peut-être rien de plus gracieux que cette tige tendre comme un herbage, qui s'épanouit en éventail déployant ses feuilles délicates, que le vent détaille en longues barbes pennées frissonnant au plus léger souffle; elle monte à quelques mètres, chargée de régimes pressés, pliant sous leur poids. Les Européens aiment par passe-temps son fruit doux et parfumé; les indigènes y ont un intérêt plus grave, c'est d'assurer leur subsistance précaire. Aussi, dans une expédition de guerre, le plus sérieux châtiment n'est-il pas de brûler un village, lequel sera reconstruit le lendemain, mais de couper à leur pied les bananeries, qui de longtemps ne donneront plus de récolte.

La multiplication du bananier se fait par les drageons vivaces qui surgissent de la souche et qu'on transplante dans un lieu approprié; sa venue est lente. Il a besoin de bonne terre; la couche d'humus étant souvent légère et disputée par le sous-sol rocailleux aux environs de Libreville, les noirs doivent débroussailler soigneusement autour des plants et y laisser à fumer les herbes parasites sarclées, seul engrais qu'avec l'aide du temps leur industrie se procure.

Certains récits que j'ai lus parlent d'une vingtaine d'espèces de bananiers prospérant au Gabon ; raisonnablement, ce nombre doit être réduit à quelques variétés, presque toutes d'importation récente et fruits de jardin, au nombre desquels l'*Itoto* ou figue-banane de Fernando-Po, gonflée, sous sa fine pelure jaune d'or, d'une pulpe onctueuse, parfumée de sucre et de crème, est à retenir parmi les meilleures. Les noirs font peu de cas de ce mets de dessert; recherchant (avec quelque raison, vu leurs pauvres ressources) l'abondance plus que la qualité, ils se donnent seulement la peine d'entretenir autour de leurs cases le plant qui porte ces monstrueux régimes, pressés de gros et longs fruits riches en fécule alimentaire, la charge d'un homme ; l'ikondo, irrévérencieusement appelée « banane-cochon », est l'espèce commune et naturelle au sol. Les indigènes la cueillent avant maturité, c'est-à-dire au moment où le fruit est plus riche en amidon qu'en sucre, et plus nutritif, et la mangent grillée ou bouillie. Ainsi préparée, sa saveur est d'un farineux douceâtre, et le régal médiocre. La grande banane n'a, du reste, pas chez eux-mêmes le crédit du bâton de manioc.

PAIN DE JAQUIER (*Artocarpus incisa, A. integrifolia*). — L'arbre à pain, qui fait la fortune des insulaires du Pacifique, serait non moins à propos au Gabon. Il s'y acclimate facilement ; mais on ne le voit que disséminé à titre de curiosité dans les jardins de la colonie, et l'on regrette, en songeant à l'abondante provision d'aliment sain qu'il porte sans peine, que sa culture n'ait pas mieux assuré l'avenir de misérables populations dévorées dans leur propagation par une famine lente.

Son port est peu gracieux, rehaussé cependant par l'originalité d'un feuillage aux larges dentelures et des boules rondes, de la grosseur d'une tête d'enfant, qui pendent aux branches. Chacune d'elles représente un fruit, d'écorce verte et rugueuse, jaunissante à maturité; la trame substantielle en est pulpeuse et amylacée. Le pain de jaquier s'emploie bouilli ou apprêté sous forme de gâteaux de fécule assez agréables; néanmoins il garde une saveur térébenthinée persistante et quelque peu nauséabonde.

Le *mayoré* océanien n'a pas de désignation particulière en Afrique.

IGNAME (*Dioscorea alata*), PATATE DOUCE (*Convolvulus batatas*), TARO (*Arum esculentum*). — L'igname, plante herbacée indigène, à tige traînante, donne des rhizomes tuberculeux, charnus et bien garnis d'œils ou bourgeons propagateurs du végétal. Son tubercule féculent est consommé bouilli comme la pomme de terre, mais ne la vaut pas.

La patate douce, plante de jardin, demande une certaine culture, une couche de bon terreau de quelque élévation, sur laquelle sa jolie tige, qui pousse à profusion d'élégantes feuilles découpées en cœur, puisse s'étendre à l'abri des inondations. Les tubercules allongés, chargés d'amidon sucré, ont une saveur douce qui affadit le sens du goût et rend ce fruit plus propre à préparer des beignets qu'à servir d'aliment usuel.

L'igname et la patate douce, dans la langue indigène, portent le nom commun de *Mongo*.

La culture du taro (*Nkoua*) est peu répandue; la chair féculente de sa racine tuberculeuse, mise à cuire dans l'eau, a l'aspect blanc violacé de la châtaigne bouillie et le goût du tubercule de l'igname. On la dit vénéneuse quand elle est crue. Cette plante aime les rives humides des ruisseaux; elle est probablement, comme le jaquier, originaire des sporades océaniennes, où elle prospère admirablement et où l'on voit, au moins en Calédonie, les soins que les naturels apportent à son entretien, au moyen de canaux et de bassins d'irrigation toujours alimentés, pour préserver leurs taro de la sécheresse.

Riz, Maïs, Millet (Graminées). — Si le blé, poursuivant une croissance trop rapide sous l'influence d'une chaleur constante et humide, monte de près d'un centimètre par jour et n'arrive à donner que de beaux herbages sans fruits, en revanche l'importation a doté la colonie de deux graminées précieuses qui s'accommodent à merveille du climat et du terroir.

La culture du riz, qui nourrit une partie de la terre et pourvoit en Orient à l'alimentation de millions d'hommes, prospère bien aussi dans l'Afrique tropicale; elle est devenue la principale ressource des indigènes de la côte de Krou. Cette graminée recherche les plaines arrosées, condition ordinaire au débouché des vallées à marigots qu'on rencontre sur le littoral de l'estuaire. On sème aux premières pluies, et, comme la moisson est hâtive, on peut semer de nouveau et récolter avant la sécheresse.

Le premier essai tenté à Libreville avait pleinement réussi; les tirailleurs sénégalais entretinrent longtemps des champs de riz prospères autour de leur village. Mais déjà, en 1876, la mission seule cultivait le riz pour sa consommation. Quant aux indigènes, ils ont, selon leur habitude, laissé venir le bien et l'ont laissé passer; à peine s'ils se rappellent qu'ils l'avaient appelé *Oresi* (*). Les dernières nouvelles de la colonie rapportent cependant que cette culture reprend de mode. Les noirs assurément s'en trouveraient bien, et l'établissement de rizières ne pourrait accroître beaucoup l'insalubrité de la zone découverte et marécageuse qui avoisine les factories européennes.

(*) Altération probable du nom botanique de la plante, *Oryza sativa*, qu'ils entendirent prononcer par quelque lettré.

L'importation du *Zea mays* (*mba,* en idiome mpongoué) a mieux résisté au temps, mais sa culture n'a pas progressé; il s'en trouve cependant autour de quelques habitations. Cette graminée donne deux bonnes récoltes annuelles.

Le docteur Lartigue (*), pendant une tournée d'exploration, a remarqué une belle plantation de millet, l'*Holcus sorghum* de la Sénégambie et du Soudan, au village d'Agagadso. Sans doute, bien que les conditions de sol et de climat, aux deux régions, ne soient pas absolument analogues, le millet, très répandu au Sénégal, prospérerait également sous l'équateur.

La famille des Amomées fournit encore quelques racines féculentes d'un usage peu commun ; celle des Polygonées reproduit un grain analogue au sarrasin ou blé noir de Bretagne. Rencontres fortuites, sans résultat présent, bonnes cependant à retenir.

§ 2. — *Fruits gras et oléagineux.*

Palmier a huile, *Oïla* (*Elæis guineensis*). — Le palmier à huile, par sa grande importance industrielle, tient la tête de la classe nombreuse des végétaux producteurs de substance grasse.

Son stipe est court et solide; des couronnes de pétioles en ruine s'étagent autour du tronc, marquant les différents âges de sa croissance; aux saillies de l'écorce verruqueuse s'attachent de délicates fougères, ondoyant comme des gazes au gré de la brise. Au moment de la maturité, d'énormes régimes pendent à l'aisselle des feuilles, lourds d'un millier de fruits ovoïdes, couleur rouge-brun, tirant sur l'orange, plus gros qu'une amande, pressés les uns contre les autres. Je ne

---

(*) *La lagune de Fernan-Vaz et le delta de l'Ogo-Wé.* (*Archives de médecine navale,* 1870.)

saurais mieux comparer leur aspect qu'à celui d'une grappe de dattier fraîchement cueillie (*).

L' « huile de palme » (*agali mi mbila*) s'extrait à la fois de la pulpe charnue entre-croisée de fibres, qui enveloppe le noyau du fruit, et de l'amande que contient ce noyau; l'une moins pure, par simple expression du brou, aidée de l'ébullition; la seconde, blanche et de qualité supérieure, à l'aide de la presse mécanique. Déjà concrète à une température élevée, l'huile se fige à mesure qu'on approche des régions tempérées; sa couleur ordinaire est jaune ambré, tirant sur le brun, et sa saveur forte, au contact de l'air, peu après l'extraction; elle est riche en oléine et en palmitine. Mise en « ponchons », elle suit les routes de Liverpool et de Marseille et trouve son emploi dans la savonnerie fine, la fabrication des bougies stéariques et la composition des graisses de machines. C'est là un des débouchés considérables de la côte occidentale; le temps et la culture ne peuvent qu'en accroître l'importance.

Ce tracé commercial est, sans doute, bien trop ambitieux pour l'elæis du Gabon, qui n'a encore rien donné ou si peu. Sa croissance est pourtant spontanée; il se reproduit de lui-même, ses graines tombant où elles peuvent, portées aussi par les perroquets friands de sa pulpe grasse. Il mûrit deux fois l'an. On le rencontre dans les vallées humides, sur le bord des fleuves, principalement vers l'Ogooué. Une propagation si facile mériterait d'être aidée; l'abondance du fruit deviendrait une source de bénéfices certains. Jusqu'à ces derniers temps, la mission seule en cultivait une petite plantation; depuis, on cite une exploitation sérieuse entre les villages de Louis et de Kringer. Quant aux noirs, leur prévoyance à peine devance le moment présent. Lorsque la faim les presse,

---

(*) Les indigènes connaissent un dattier sauvage qu'ils nomment *Ndigo*, le *Phœnix silvestris*.

ils vont dans la brousse cueillir le régime destiné à assaisonner leurs aliments, et, à ce titre, ils ménagent le palmier à huile, ce dont leurs descendants leur sauront gré.

Cocotier, *Owangatanga* (*Cocos nucifera*, Palmiers). — Ce palmier, arbre d'ornement et de subsistance, a été importé dans la colonie et y prospère merveilleusement. Il pousse dans les sables du rivage, sur les terrains aréneux des coteaux, où ses alignements droits et sévères sont d'un effet très pittoresque; mais il donne peu d'ombre aux sentiers et, ne tenant au sol que par un faible chevelu, il offre peu de résistance aux coups des orages et des tornades. Sa multiplication est sans frais, puisque l'arbre ne coûte au début que le prix de la graine et peut être ensuite abandonné à lui-même; seulement il faut quelque patience, la noix germée demandant des années pour produire elle-même des fruits. Dans son plein développement, chaque pied rapporte annuellement de 5 à 6 francs. Les noix sont recueillies, concassées et expédiées en Europe; ou bien, sur les lieux mêmes, on extrait de l'amande une huile limpide, solidifiable entre + 16° et + 19°. A Libreville, le cocotier n'est qu'un arbre de plaisance.

La « noix de coco » passe par plusieurs phases avant l'âge de cette amande consistante qui procure l'huile la meilleure et la plus abondante. Sa coque dure est d'abord pleine d'un lait acidule, légèrement sucré, boisson fraîche qui étanche agréablement la soif; une simple lamelle de bourre, facile à détacher, obture deux petits orifices, percés naturellement à la grosse extrémité de l'ovoïde, et permet de se procurer sans peine le liquide qu'il contient. Plus tard, s'étend à la face intérieure de l'enveloppe ligneuse une crème molle et douce, premier dépôt de la noix qui se forme; les couches d'albumen se superposent et se concrètent, en même temps que le lait diminue, jusqu'à devenir cette amande épaisse et solide, qui est le dernier terme de la maturité du fruit.

L'amande grasse, au goût de noisette aromatisée, est nutritive et succulente; les indigènes la prisent au point que non seulement ils mangent les noix qu'on leur confie pour multiplier, mais vont-ils même déterrer les semences germées. Aussi, pour les sauver d'eux-mêmes, doit-on cacher le bien qu'on leur veut faire, en rendant secrets les semis ou en ne leur livrant que des plants déjà levés. La bourre extérieure, dont on sait en d'autres pays tirer des fils résistants, est rejetée par eux comme de nul emploi; la coque seule, sciée par moitié, leur sert à l'usage de gobelet.

Il est mélancolique de redire presque à chaque page comment, insouciants et prodigues, les noirs prennent à tâche d'aller contre les efforts tentés de tous côtés pour améliorer leur pauvre condition; ainsi des plantations, ainsi du reste. Le palmier porte à son extrémité terminale un bourgeon de jeunes feuilles lamées, emboîtées les unes dans les autres, d'une blancheur d'ivoire et d'une tendreté savoureuse; cette qualité lui vaut de procurer un manger très recherché, sous le nom de « chou-palmiste ». Les natifs l'aiment comme nous; le seul dommage, c'est qu'un arbre aussi précieux se voit arrêté dans sa venue ou meurt après qu'on l'a mutilé. Qu'importe? L'homme qui vend sa fille à tout venant n'a pas davantage de scrupules à l'endroit du cocotier, et bon nombre de bourgeons terminaux n'échappent pas au couteau des Gabonais,... hors l'œil de la loi, qui, à diverses reprises, s'essaie à les protéger.

ARACHIDE, *Mbenda* (*Arachis hypogæa*, Légumineuses papilionacées). — Cette plante rampante est, au Sénégal et sur la Côte des Graines, l'objet d'un commerce très important. Son fruit est connu des traitants sous le nom de « pistache »; il contient, enchâssées à l'intérieur d'une enveloppe membraneuse, deux petites amandes, dont l'expression fournit une huile blanche, succédané de l'huile d'olive.

L'arachide recherche les terrains sablonneux et croît spontanément dans certaines localités; elle se propage d'elle-même, la semence mûre germant sur place. Les indigènes en consomment le fruit sans apprêt ou passé sur la braise; à défaut d'amandes grillées, les tables européennes voient paraître la pistache sous forme de nougats. Ce mince profit est tout local; l'arachide ne compte pas sérieusement parmi les produits d'exportation de la région.

ARBRE A BEURRE OU AVOCATIER (*Laurus persea*). — L'avocatier (*) est un arbre d'importation, cultivé seulement dans les jardins. Son port gracieux, sans être élevé, atteint d'élégantes

---

(*) L'avocatier ne se laisse pas confondre avec un végétal sénégambien qui fournit le « beurre de Galam », mieux nommé « beurre de Karité ». Ce produit d'un arbre à sexes séparés, dit-on (*Bassia Parkii*, de la famille des Sapotacées), a quelque ressemblance avec le chêne de nos pays; il est commun sur le haut Sénégal, de Bafoulabé à Kita, et, d'après le commandant Galliéni, couvre en forêts immenses les rives du Niger. Le beurre est extrait, par ébullition, de la semence oléagineuse d'un fruit gros comme la prune. On en fait grand usage dans le pays, à titre de substance alimentaire; mais son exploitation est mal conduite, et l'on n'en tire pas tout le profit qu'on pourrait. Suivant quelques observateurs, cette substance fournirait un aliment d'excellente qualité; d'autres estiment que, riche en stéarine et en graisses, elle aurait son emploi naturel dans la fabrication des bougies et des savons. Tous s'accordent à reconnaître que l'exportation du beurre de Karité est destinée à un avenir considérable, que facilitera la baisse progressive du prix d'achat aux marchés d'origine. Les dernières mercuriales annoncent qu'il est récemment descendu de 2 fr. à 70 cent. le kilogr. (Voir l'article que M. Baucher, pharmacien de la marine, a consacré à ce sujet dans les *Archives de médecine navale*, 1883).

Le P. Labat, historien de la côte occidentale au dix-huitième siècle, qui a le mérite, au milieu de certaines fadeurs, d'élaguer les récits exubérants de ses contemporains et d'être souvent coloré et attrayant, le P. Labat donnait sur cette question, alors toute nouvelle, des détails qui ne seraient pas désavoués aujourd'hui. Il raconte, dans le tome III de sa *Nouvelle Relation de l'Afrique occidentale* (1728), que les « marchands marabous ne manquèrent pas de faire des présens au sieur Brüe des curiosités de leur pays, et de celles qu'ils avoient apportées des pays

proportions. De la couleur verte de leur premier âge, les fruits prennent à la maturité une belle teinte violette; à ce moment leur forme est ovoïde ou presque sphérique, et, suivant les variétés, leur grosseur d'une belle orange arrive au volume d'une tête d'enfant.

La pulpe de l'avocat mûr a, sous sa pelure, la consistance d'un beurre onctueux; elle laisse sur le couteau la trace d'un corps gras. Sa couleur jaune et sa saveur douce typique motivent assez bien le nom de « beurre végétal », sous lequel elle est connue. C'est un des fruits les plus appréciés de la zone tropicale; mais en fait de réputation il ne faut pas disputer, et la sienne est un peu celle de l'huître, qui rencontre des

éloignez où ils vont trafiquer. Ils luy donnerent entre autres chofes plufieurs calebaffes remplies d'une certaine graiffe un peu moins blanche que le fulf de mouton, et à peu près de la même confiftence. Ils l'appellent *Bataule* dans le pays. Les Negres du bas de la Rivière la nomment *Bamboüc-Toulou*, c'eft-à-dire beure de Bamboüc, parce qu'il leur en vient de cette province. Ce Bamboüc-Toulou eft excellent; on prétend cependant que celuy qui vient de la province de Guiaora à 320 lieues à l'Eft de Galam, et sur le Niger, eft encore meilleur.

« L'arbre qui porte le fruit dont on tire cette graiffe eft affez grand; fes feuilles font petites, rudes et en quantité; quand on les froiffe dans les mains elles rendent une liqueur onctueufe, le tronc de l'arbre étant infifé en rend auffi, mais en petite quantité; je n'en fçaurois dire davantage, parce que ces marabous font plus curieux d'apporter le beure, que de faire la defcription de l'arbre qui le produit.

« Le fruit eft rond, de la groffeur d'une noix verte entiere. Il eft couvert d'une pelicule grife affez mince, feche, caffante, peu adherante à la chair qu'elle couvre. Lorfqu'on l'en a dépoüillée, on trouve une chair blanche tirant tant foit peu fur le rouge, auffi ferme que celle d'un maron d'Inde, onctueufe et d'une odeur du verd aromatique, qui renferme un noyau de la groffeur d'une noix mufcade, dont la coque eft fort dure et pleine d'une fubftance blanche et d'un goût de noifette. Les Negres rompent ce noyau fous la dent, et en trouvent l'amande excellente.

« Quant à la chair qui eft entre le noyau et l'écorce, après qu'elle eft concaffée ou pilée groffierement, on la met dans de l'eau chaude, et on recueille la graiffe qui vient au deffus.

« Les Negres fe fervent de cette graiffe comme nous nous fervons de beure et de faindoux en France; ils la mettent dans leurs pois, et fouvent ils la mangent toute feule. Les Blancs qui en ont mangé fur du pain, ou qui en ont fait des fauffes, n'y trouvent de différence avec le faindoux, qu'une legere pointe de verd qui n'eft point defagréable, et à laquelle on eft bien-tôt accoutumé. Il eft même très probable que l'ufage de cette graiffe feroit fort fain. »

enthousiastes et des détracteurs également convaincus. Certains palais ne peuvent s'accommoder du goût insipide et légèrement écœurant d'un mets uniquement constitué par des matières grasses sans arome ; l'avocat est parfois de digestibilité pénible, et tous les estomacs ne l'acceptent pas sans révolte. Il est toujours prudent de lui associer du sel, du poivre, quelque épice, ou de relever sa fadeur en le battant en crème avec du jus de citron, du rhum et du sucre, association qui procure un mets de dessert agréable.

Au centre de la masse pulpeuse du fruit se trouve un noyau astringent, chargé d'acide gallique, qui imprime des taches mordantes sur le linge ; cette semence, pourvue de cotylédons charnus, lorsqu'elle est mise à germer dans l'eau, pousse de jolis plants décoratifs. L'avocatier se propage par semis, mais a besoin d'être greffé avec de bonnes espèces pour valoir toutes ses qualités.

CACAO et DIKA (*Irvingia Barteri*). — Je cite seulement pour mémoire le cacao, cette fève si chère aux races latines qu'elle fut par elles qualifiée d' « aliment des dieux. » (*). Quelques essais timides, heureusement tentés dans les jardins de la mission, font espérer la naturalisation facile du cacaoyer au Gabon, à l'exemple de l'île voisine de San-Thomé.

La flore indigène fournit un produit qui a sa place marquée à côté du cacao, grâce au rapprochement singulier de propriétés analogues.

Ce produit a nom *Dika* ou *Odika* ; on le vend sur le marché sous forme de pains arrondis, brunâtres, du poids de plusieurs kilogrammes, dont la masse compacte, mêlée d'îlots foncés, rappelle assez bien l'aspect d'un gâteau de julienne. L'arome est un peu celui de l'amande de cacao. Sa pâte

(*) *Theobroma cacao* (Byttnérlacées), de θεός, dieu, et βρῶμα, aliment.

contient, associée à divers principes, une quantité notable de substance grasse; elle donne en brûlant une flamme claire, et sa forte proportion de stéarine permettrait de l'employer à la fabrication des bougies.

Les pains de dika proviennent de l'agglomérat des amandes écrasées d'un manguier à fleurs blanches, commun dans la forêt, qu'il ne faut pas confondre avec l'essence de même espèce modifiée par la culture. Les indigènes nomment *Oba* le manguier sauvage.

OLÉAGINEUX DIVERS. — Il reste une série de fruits abondants en matières grasses, dont on ne sait que le nom et la propriété sommaire; leur ensevelissement au fond des bois les range plutôt dans la liste des curiosités naturelles, qu'ils ne peuvent compter au nombre des productions utiles. Nous excepterons pourtant le suivant.

Les noirs appellent *Nkoula,* noix, une semence à coque brune, résistante, aplatie sur ses faces et contenant une amande sillonnée ou divisée; la chair en est onctueuse, elle forme dans la bouche une émulsion douce par son mélange avec la salive. Sa saveur, à la fois astringente et parfumée, émousse la sensibilité des papilles gustatives aux choses amères et lui vaut la réputation méritée d'atténuer le goût saumâtre de l'eau et aussi celle de stimuler l'esprit et les sens. La nkoula du Gabon, qui appartient à la famille des sterculiacées et n'est peut-être qu'une variété de cette « noix de kola », objet d'un si grand commerce dans le Soudan, a été reconnue riche en tannin, en caféine et en théobromine, riche aussi en graisses. Passetemps des femmes et des enfants, ce fruit est l'aphrodisiaque préféré des hommes.

Ce sont encore « deux arbres de la famille des sapotacées, le *Djavé* et le *Noungou*, qui fournissent, d'après le docteur du Bellay, le premier une huile à demi concrète; l'autre une graisse très ferme et d'une parfaite blancheur »; — une légumineuse arborescente, l'*Owala* (*Pentaclethra macrophylla*), qui porte une gousse énorme, dont les graines comestibles sont projetées à la maturité, comme celles du sablier; l'huile en est de bonne qualité, analogue à l'olive; — un arbre de haute stature, le *Mpoga*, dont les semences, enfermées dans une coque dure, laissent exprimer une huile excellente, au goût de noisette; — la matière oléagineuse de l'*Ouïssa* arborescent; — la graisse alimentaire de l'*Ouaré*, que le renom compare à la graisse d'oie; — les faînes de l'*Oréré*, d'où les naturels extraient une substance graisseuse, l'*agali mi ndyaüe*; — l'*Odjengé*, riche en stéarine; — l'*Ochoco* (*Dryabalanops sp.*), donnant 61 pour 100 d'une graisse fusible à 70° (*); — les graines abondantes en oléagineux, alimentaires ou industriels, des *Niohué* et *Kombo*. De ce dernier végétal, qui appartient, d'après Barbedor (**), à la famille des myristicacées ou des apocynées, on tire un astringent fixatif des couleurs, le *Kino*.

§ 3. — *Fruits sucrés et acidules. — Sucs fermentés.*

Dans la plupart des fruits doux de la flore tropicale, un principe spécial, plus ou moins pénétrant, s'unit au sucre qui entre dans leur composition; suivant son essence et sa force, ce principe donne aux uns leur agréable parfum, chez d'autres est si prononcé, qu'il les rend offensifs au goût et à l'odorat. Le suc insipide de la canne paraît être une des rares exceptions à cette alliance commune du sucre et de l'arome dans les fruits (***).

(*) Compte rendu de la *Revue maritime et coloniale*, 1879.
(**) *Note sur la faune et la flore du Gabon.* (*Bulletin de la Société de géographie*, Paris, 1869.)
(***) Il croît dans la région de l'Ogooué un végétal, appelé *Liane à eau*, « dont il suffit de couper un tronçon pour avoir aussitôt un litre d'eau fraîche et limpide ». (J. de Montaignac, *l'Ogooué*, — *Revue des Deux Mondes*, 1884.)

Les qualités des aromes et des sucs propres à chaque type acquièrent une force inconnue au milieu de ce bain de chaleur et de lumière qui stimule en tout temps la végétation. Nous savons qu'une senteur pénétrante, association de mille odeurs, se dégage de l'atmosphère générale de la forêt, portée par les vents sur la campagne. Chaque plante a son principe spécial, localisé dans la trame des feuilles, dans la pulpe celluleuse des fruits; à l'orange, ce principe procure son acide odorant, à la banane son parfum, il aromatise les graines, les fruits, les écorces, etc. Il est à remarquer que l'essence térébenthinée, prononcée dans le corossol et le mango non greffé, se retrouve plus ou moins développée, mais pour ainsi dire avec un caractère de généralité, tant sa présence est commune, dans un grand nombre de fruits des pays chauds. Il y a toute une gamme d'impressions sensorielles excitées par la nature propre et la concentration de ces aromes stimulants, jusqu'à l'âcre chaleur que procurent la saveur et l'odeur fortes du gingembre, à l'âpreté brûlante du piment rouge. Il n'est pas de tempérament sous l'équateur. La nature végétale s'exalte sous l'influence expansive de ce soleil infusé dans sa sève; elle en a sans partage les qualités excessives et la verdeur.

Passons d'abord en revue les fruits à parfums plus doux, amendés par la présence de la glycose, qui sont l'objet de ce paragraphe.

ANANAS, *Igouou* (*Bromelia ananas*). — L'ananas pousse au Gabon comme l'herbe des champs; mais il n'acquiert vraiment sa chair tendre et son parfum sucré que lorsqu'un peu de sarclage a débarrassé, autour de la plante, le sol des végétaux parasites qui en épuisent les sucs. Au prix d'une culture si modeste, le soleil et l'humus se chargent seuls ensuite de faire sortir du panache de feuilles en sagaies le magnifique cône semé d'écailles que la maturation revêtira d'une cuirasse d'or fauve.

Ce fruit savoureux, un des plus beaux que produisent les régions tropicales, est, en dépit de son attrait, parfois incriminé comme fauteur de certaines maladies, la dysenterie par exemple. Cette réputation fâcheuse n'est justiciable que de l'abus inconsidéré et ne me paraît nullement à propos au Gabon. Toutefois un certain apprêt n'en gâte pas le mérite, et l'adjonction de madère et de sucre aux tranches d'ananas stimule agréablement ses qualités rafraîchissantes et adoucit sa crudité.

OBA CULTIVÉ OU MANGUIER (*Mangifera gabonensis*, Térébinthacées anacardiées). — Si l'ananas a près de quelques-uns la renommée douteuse que je viens de dire, l'usage du fruit du manguier serait non seulement innocent, mais, assure-t-on, en quelque mesure préservateur de la fièvre. Ce bénéfice précieux n'est malheureusement pas inhérent au manguier; seulement, sa récolte coïncide avec la saison meilleure, pendant laquelle la malaria se montre moins irritable.

Les manguiers sont en pleine floraison à la fin du mois de juin. Leur aspect est alors des plus gracieux; le feuillage globuleux de ce bel arbre moutonne pareil à une toison d'un riche vert sombre, estompé par places des teintes blanchâtres et orangées de sa moisson de fleurs. L'automne semble venu, et, pour l'exilé qui vit de ressouvenirs, il semble aussi commencer à jaunir les feuilles vieillies des arbres. Les manguiers se chargent bientôt de fruits à ployer. Mais l'automne a passé sans paraître, et, peu après la dernière cueille, le printemps de la nature équatoriale, avec ses pluies torrentielles, donne une poussée nouvelle et comme un coup de pinceau plus éclatant à ce paysage verdoyant, qui jamais n'a vraiment vieilli.

La récolte des manguiers est une période de grande liesse pour les noirs ; son abondance permet de satisfaire à tous les goûts. On les voit alors accourir des alentours, recueillant à terre la moisson déjà tombée ou, perchés sur les branches, la saccager avec une prodigalité qui n'a pas conscience du lendemain. Deux mois durant (septembre et octobre), leurs cases en seront abondamment pourvues ; puis l'arbre généreux reprend à nouveau son vêtement velouté durable, jusqu'à la saison sèche prochaine.

Le fruit du manguier s'appelle *mangue* ou *mango*, selon que le végétal a été greffé ou abandonné à sa nature. La mangue proprement dite n'est pas connue au Gabon, et je ne sais si l'on s'est occupé d'améliorer l'oba sauvage ; mais les arbres à mangos qu'on y voit sont certainement de bonnes espèces importées, qui se sont bien accommodées du terroir, du chaud soleil et de quelques soins qu'on a pris pour elles. La forme du fruit est d'une poire allongée, à fine pellicule orangée ; facile à détacher ; la trame réticulée de son péricarpe est peu résistante, adhérente seulement à la zone du noyau ; la chair, non filamenteuse à l'excès, est fondante, pleine de suc et d'une saveur sucrée, à laquelle un arome légèrement térébenthiné donne un montant sauvage, nullement désagréable. Sans être parfait, le mango gabonais est un fruit sain et rafraîchissant ; les Européens, pas plus que les noirs, ne s'en lassent, et regrettent toujours d'en voir la saison finir.

Cet arbre a d'autres avantages très appréciés sous un ciel pareil. De facile acclimatement, de croissance rapide, aux hautes proportions, il tient solidement en terre et, de son feuillage nourri, étend une ombre protectrice sur les sentiers et les allées des jardins. Aidé un peu de tout le monde à cause de ses mérites reconnus, même des indigènes, il s'est propagé à loisir. On reconnaît derrière Libreville la trace de l'ancienne route qui menait à travers bois au village de Pyrra, à l'alignement régulier des cimes moutonneuses de ses deux rangées de manguiers perdus dans la brousse.

PAPAYER, *Ololo* (*Carica papaya*). — Le papayer est un arbuste de moyenne taille, répandu dans les jardins et les villages, et connu de fort longtemps, ainsi que le fait prévoir sa désignation indigène. De la tige verte s'écoule un suc blanc amer, par les incisions qu'on y pratique; à la maturité, cette tige présente l'aspect original de ses grappes de fruits jaune-aurore attachés, comme autant de protubérances, près de la cime, sous le parasol de larges feuilles indentées.

La papaye est de la grosseur d'un petit melon. Sa chair orange en a la consistance, mais non le parfum; elle est de goût sucré et de pauvre arome, lourde, froide, d'une indigestibilité prononcée. L'accusation portée contre elle de provoquer la fièvre est méritée à ce titre, toute cause devenant prétexte à celle-ci (*).

GOYAVE ROUGE (*Psidium pomiferum*, Myrtées), SAPOTILLE (*Achras sapota*), BARBADINE (*Passiflora quadrangularis*), COROSSOL ou CŒUR-DE-BŒUF (*Anona muricata*), POMME CANNELLE (*Anona squamosa*). — La goyave rouge, d'importation récente, est la seule variété existante des diverses goyaves. Sa chair veloutée, saignante, de goût sucré légèrement acidule, n'acquière son parfum, tour à tour comparé à celui de la fraise ou de la

---

(*) Les semences drastiques du fruit du papayer sont employées couramment par les indigènes du Sénégal, à l'usage de vermifuge contre le ténia.
Récemment, la pharmacopée européenne s'est enrichie d'un nouveau digestif, analogue au ferment pancréatique, extrait du suc ou lait de papayer, la « pepsine végétale » ou *caricine*, dont l'action sur la viande, pour la ramollir, la dissoudre et la transformer en peptone assimilable, serait plus énergique que celle de la « pepsine animale ». (J.-B. FONSSAGRIVES, *Traité de matière médicale*, 1885.)

framboise, que dans un mélange de vin et de sucre. Ainsi relevé, le fruit est rafraîchissant et n'a aucun des inconvénients dont il est incriminé.

Le sapotilier se charge de fruits innombrables, comme les nêfles à l'arbre des pays tempérés. La sapotille est alors sans saveur et laisse écouler, lorsqu'on la détache de sa branche, un suc blanc laiteux; mais abandonnée quelques jours à blettir, sa pulpe amollie devient exquise et son parfum des plus suaves.

La barbadine suspend aux treilles des fruits au suc aromatisé et filant, ayant besoin d'être relevé avec un vin sec.

Un corossolier croît solitaire aux environs de Libreville, et le dommage n'est pas regrettable, vu la forme peu appétissante de son fruit et la saveur nauséabonde de la crème blafarde qui en découle.

Ces arbres fruitiers n'existent à présent qu'à l'état d'échantillons rares, ayant défié les injures du temps et le peu de soin qu'on a pris d'eux. Il en est de même des essences à pommes-cannelle, pommes-rose et pommes-acajou, égarées dans des jardins devenus incultes.

Si l'on suit la route de Glass, au bord du rivage, on voit courir sur les broussailles les pampres d'une jolie plante, aux baies voilées d'un nuage de dentelle; à sa maturité, le soleil déchire la membrane légère, la coque s'ouvre et déploie ses ailes diaphanes autour de petites cerises jaunes, d'une douceur aigrelette au goûter. L'élégance de cette plante sauvage en est tout l'agrément.

Citron et Orange, *Iloshi* et *Ilasha* (*Citrus aurantium, C. medica,* Aurantiacées). — Le citronnier et l'oranger nous font retourner aux contrées méridionales de l'Europe. Ces arbres se sont trouvés bien de l'atmosphère tiède et naturalisés sans effort. Le milieu équatorial plaît surtout au citronnier; on le rencontre assez loin dans les villages. Il donne une récolte abondante de fruits très petits, pleins d'un suc acide aromatisé, lequel, mélangé au sucre et à l'eau, procure une boisson saine, à condition qu'on n'en abuse pas.

L'orange est moins répandue. Son zeste d'un jaune verdâtre, même à maturité, est adhérent à la pulpe; la chair serrée, filamenteuse, n'exprime qu'un suc clair, pauvre en sucre et en parfum. Ce fruit, qui, par ses qualités négatives, ménage une sorte de transition entre le citron et l'orange succulente d'Espagne et du Brésil, est, il est vrai, le produit de l'oranger venu à tous crins. La greffe et la culture l'améliorent beaucoup; mais l'écorce encore adhérente témoigne d'une qualité inférieure.

On voit dans les jardins de la mission française des orangers vieux de trente ans. Ces arbres bien soignés portent des fruits savoureux, supérieurs à ceux qu'on se procure dans les diverses relâches à la côte occidentale, sauf cependant à Porto-Praia des îles du Cap-Vert, où l'orange dorée, fondante, est incomparable. Cette ressource précieuse vaudrait d'être encouragée. Il n'est pas de médecin de la marine qui n'ait été témoin du bénéfice que procurent à la santé des équipages de libérales distributions de ces fruits généreux, à la suite d'une longue traversée.

La mandarine, propagée dans la même culture, a réussi au delà de toute espérance; elle conserve au Gabon le parfum de la pomme d'or maltaise.

CANNE A SUCRE, *Ikoko* (*Saccharum officinarum*, Graminées), VIGNE (*Vitis vinifera*, Ampélidées). — L'immense retentissement qu'ont dans le monde la canne et la vigne, et qui leur fait une place égale à côté l'une de l'autre, n'eut jamais qu'un faible écho au Gabon; il est bon de noter cependant que ces végétaux précieux y croissent spontanément.

On récolte dans la brousse le fruit d'une vigne vivace et vierge, aux pampres dévorés par d'autres plantes. Son raisin violet, de grains petits et pressés, garde une saveur aigrelette et un bouquet sauvage, qui se laissent toutefois supporter. Ce que cette vigne améliorée pourrait donner, il n'est pas facile de le présumer; le sol humide et le soleil trop ardent ont rendu jusqu'ici impossible la naturalisation des ceps du midi de l'Europe. La treille elle-même, bien dépaysée, apparaît dans un ou deux jardins à l'état de curiosité; grêle et sèche, sa croissance est pénible et ses grappes peu abondantes; greffée sur des pieds sauvages, reprendrait-elle une vigueur nouvelle? Sans doute, il faudrait trouver à la vigne étrangère l'exposition et le terrain qui lui conviennent; et, sans aller trop loin, peut-être l'importation aurait-elle avantage à recourir aux cépages de Madère ou des Canaries, comme ayant tâté de plus près le soleil tropical.

La graminée à tige noueuse qui, longtemps monopolisant la production du sucre, a tenu un rang si haut de l'échelle des végétaux utiles et fait encore l'aisance de quelques colonies, a été retrouvée par les explorateurs assez loin dans l'intérieur. La canne à sucre demande une terre forte et de l'humidité, conditions habituelles des vallées grasses que les eaux parcourent. Mais les natifs, friands du « miel de roseau », ignorent la manière de l'utiliser. La canne, n'étant pas exploitée, n'est pas pour eux une ressource; c'est seulement un bonbon sec et fibreux, qu'ils donnent à sucer à leurs petits enfants et, enfants eux-mêmes, qu'ils leur disputent parfois.

Vin de Palme, *Itoutou*. — La canne ne fournit ni sucre ni rhum, la vigne ne produit pas de vin; les indigènes, fous jusqu'au délire de boissons enivrantes, n'ont pas, comme d'autres peuplades, appris à rendre serviteurs de leurs goûts ces nombreux végétaux fabricateurs de sucs doux, prompts à se transformer en liqueur capiteuse sous le climat tropical (*). Avant l'arrivée des Européens, le suc du palmier et le lait aigre du coco, laissés à fermenter quelques jours, étaient les seules ressources alcooliques qu'ils eussent à leur disposition.

La sève descendante d'un palmier, le *Raphia vinifera*, est recueillie au moment de sa grande abondance, celui où l'arbre va fleurir; c'est un fût naturel que chaque saison pourvoit à mesure de vin nouveau. Le Mpongoué, au voisinage du bouquet de palmes terminales, a foré dans le tronc, sur le passage des canaux séveux, un certain nombre de trous prolongés en rigoles par des feuilles résistantes; le suc y coule goutte à goutte et glisse dans une calebasse laissée à demeure, une bouteille, si quelque ami blanc a eu la gracieuseté d'en faire présent. Lorsque le propriétaire du palmier suppose son ustensile rempli, il va le chercher et le remplace par un autre vide. C'est pour lui un jeu de monter jusqu'au sommet du stipe élancé; il y emploie une agilité remarquable, cramponnant ses pieds nus aux aspérités, s'aidant d'une sangle d'écorce, qui embrasse obliquement l'arbre et ses reins et glisse en s'élevant à la suite des bras, ou parfois d'une liane, du bouquet de palmes retombant à terre. Ce grimper cadencé, par haussements successifs, rappelle de loin la progression de certains invertébrés.

Le suc du raphia fermente peu après qu'il a été tiré, et, venu à point, donne un liquide épais, louche de couleur, d'odeur légèrement sulfureuse et de goût fade, que la métaphore est bien hardie d'avoir appelé du vin. Même au début de la fermentation alcoolique, la saveur de cette sève, plutôt aigrelette qu'aromatique, n'est pas bien engageante, et nous pouvons sans regret l'abandonner aux noirs, qui ne s'en contentent du reste que faute de pouvoir s'offrir meilleur breuvage.

(*) Le jus fermenté de l'orange procure une liqueur spiritueuse aux naturels du Pacifique. — On essaie, je crois, de faire une eau-de-vie de mangue à Libreville.

Les Pahouins récoltent dans les bois une écorce amère, nommée par eux *orvalé,* laquelle, laissée quelque temps à infuser dans le vin de palme, lui communique un montant très enivrant.

L'itoutou était jadis l'excitant factice des tam-tam et presque inoffensif, si on le compare à ces flacons incendiaires de gin ou d'eau-de-vie de traite, qui maintenant trônent à sa place; comme si notre civilisation n'avait d'attrait pour ces tristes ignorants que son côté factice et destructif.

§ 4. — *Fruits aromatiques et condiments.*

Réservant un moment l'énumération, trop vague à notre gré, des aromates reconnus dans la forêt, notre intérêt se porte sur deux végétaux précieux, le cafier et le vanillier, qui, d'abord importés et s'étant bien acclimatés, ont depuis quelques années été trouvés à l'état sauvage dans le cercle de la colonie.

La Vanille (*Epidendrum vanilla*) fut recueillie par les indigènes sur les indications des missionnaires; mais la végétation absorbante, au milieu de laquelle l'orchidée parasite cramponne ses vrilles et ses sarments, en épuise le parfum, ses longues capsules grêles et moins pulpeuses n'exhalent pas autant l'arome fragrant dont une bonne culture développe les qualités exquises. Les essais poursuivis à Sainte-Marie donnent de bons résultats, et il n'est pas douteux que la vanille, amendée sous un climat qui lui est si favorable, ne devienne la rivale des variétés cultivées dans les autres contrées chaudes du globe.

C'est aussi à la mission française qu'ont été menées les premières tentatives de naturalisation du Cafier (*Coffea arabica*). L'essai a spécialement visé les essences à gros grains de Liberia, dont les fruits sont portés par un arbre de plusieurs mètres de hauteur, et les variétés plus petites de l'archipel de Biafra (San-Thomé, île du Prince), ces diverses sortes étant, comme celle du Rio-Nuñez, déjà à demi acclimatées grâce à leur provenance occidentale.

Sur ces terrains, la culture de la précieuse rubiacée exige des soins et quelque labeur. La couche arable des collines est maigre, épuisée par les pluies et les plantes parasites; elle demande à être préparée d'avance. A cet effet, le terrain est refait à l'aide de fosses longues et profondes, débarrassées de l'argile ferrugineuse, puis remplies d'humus et de fumier. Le sol étant approprié à sa destination, on y transporte les jeunes plants de cafiers; longtemps, ils ont à craindre les chocs des orages et de la tornade, aussi doit-on les abriter derrière des rideaux de hauts bananiers. Quand, aux premières pluies de septembre, la plantation s'est couverte de ses petites fleurs blanches étoilées, il n'est rien qui égale l'aspect gracieux de ces rangées de bananiers, aux feuilles souples, presque diaphanes à la transparence du jour, alternant avec les allées de la forêt d'arbustes, qui marie le vert luisant et vif de son feuillage à la neige odorante de la floraison. Dans la demi-ombre que porte la large ramure des végétaux protecteurs, traversée par le soleil à chaque mouvement que fait sous l'effort de la brise leur tige ondoyante, des colibris innombrables volent de fleur en fleur ou passent en traits de feu, chaque fois qu'ils se retournent et qu'un rayon éclaire leur gorge d'émeraude. Ce paysage, au soleil couchant, a des effets de féerie.

Le cafier met quatre à six ans avant de parvenir à sa croissance productive; à ce moment il atteint presque deux fois la hauteur d'un homme. Il porte des baies-cerises rouges, qui passent à la teinte violette au moment de la cueille et contiennent chacune deux grains adossés face à face. Son fruit doit être formé avant les averses de l'hivernage, sous peine de dommage pour la récolte. Le parfum du café gabonais n'est pas inférieur à celui que produisent les îles voisines.

A ces renseignements nous pouvons en ajouter de nouveaux.

Une lettre d'un de mes anciens camarades de la *Cordelière*, M. le lieutenant de vaisseau Fourest, passant à Libreville, m'apprenait récemment qu'un botaniste étranger avait eu la bonne fortune de reconnaître des pieds de caflers sauvages dans la forêt de Mounda. Encouragée par cette découverte, une maison allemande demandait la concession d'un vaste terrain destiné à une plantation mixte d'essences indigènes et originaires de Monrovia; elle en tentait immédiatement l'exploitation et y faisait travailler de nombreux Kroumen. Il est probable que la fécondité de la terre ne lui fera pas défaut, car jusqu'ici l'agriculteur seul a manqué à la terre (*).

Cette initiative de grandes plantations, dont la mission française eut le premier mérite, est une espérance sérieuse et déjà un progrès. Le café, qui a survécu à la spirituelle contradiction de Mme de Sévigné, aux sombres prédictions des médecins du temps qui le qualifiaient de poison lent, après avoir traversé de si nombreuses vicissitudes avant de s'implanter dans les usages européens, le café y a pris une importance de premier rang. Demeuré l'une des sources de la fortune coloniale, il peut le devenir aussi pour les planteurs de cette colonie reculée, dont chacun cherche la voie de développement et suit avec intérêt les tâtonnements vers le progrès.

Nous retombons maintenant dans les banalités peu productives des rencontres de hasard avec les gousses aromatiques du *Yangué-bère* et de l'*Ogana*, la brûlante racine du gingembre doré (*Amomum zingiber*), les fruits de l'odorant muscadier sauvage (*Myristica aromatica*) et les chaudes essences de mille va-

---

(*) Le domaine dont il est ici question est à plusieurs kilomètres dans le nord de Libreville. La plantation de Sibangué, qui appartient à la maison Woërmann (de Hambourg), emploie 70 travailleurs noirs, sous l'intelligente direction de M. Schulze; sa superficie est considérable, et déjà 50 hectares sont défrichés ou plantés, surtout en caflers (pieds de Liberia), en riz et en maïs.

riétés de labiées, dont le parfum est excité par la température et la vivacité de la lumière. La curiosité arrache dè-ci de-là à l'indolence native quelque chose qu'elle oublierait sûrement de dire. On a cru un moment être sur la trace d'un thé indigène. La trouvaille eût été inestimable, puisque nous sommes convenus que l'usage habituel d'une boisson ayant passé par l'épreuve de l'ébullition, c'est-à-dire débarrassée des éléments telluriques nocifs que contient l'eau naturelle, offrant en outre l'avantage de ses qualités stimulantes et digestives, répondrait à un des premiers intérêts hygiéniques de ce pays. Malheureusement, l'*Inoundouwèlè*, simple graminée aux longues feuilles lancéolées, veinées de blanc, donne seulement une infusion agréable, qui ne pourrait aucunement servir de breuvage usuel.

L'indigène ne va pas à la recherche des plantes qui n'ont pour elles que le parfum. Il faut croire que le goût de ces aromes d'une suavité incomparable, dont le café et la vanille sont une si haute expression, est le produit d'une civilisation qui raffine les appétits physiques en même temps que ceux de tout ordre, exalte la délicatesse des sens et ne les laisse flattés qu'à moitié si le cerveau n'y participe pas. Affadi par la monotonie de son régime, déprimé par son climat, pauvre aussi de moyens, le noir inculte n'a d'attrait que vers la sensation brutale que procure à son palais atone le condiment de haut goût; il paraît éprouver comme un besoin instinctif de ces impressions brûlantes, plus que stimulantes, propres à réveiller brusquement ses sens et ses appétits engourdis. Nous le verrons en toutes circonstances.

Au point de vue de son alimentation journalière, le *Ntogolo* ou PIMENT (de la famille des Solanacées), par le mouvement qu'il imprime à la circulation et la sorte d'ébriété qu'il produit, par l'aiguillon dont il excite les organes du goût et de la digestion, répond bien à cet entraînement très recherché. Les variétés en sont communes, depuis le poivron aux longs fruits et le piment rond, jusqu'au *Capsicum minimum,* dit raisonnablement « piment enragé ». La plante est jolie, sa baie rouge ne manque pas d'appas ; le suc en est si âcre, qu'il fait venir des ampoules aux lèvres. Jeunes et vieux, enfants et vierges, en usent sans modération aucune ; l'Européen lui-même, qu'un long séjour a mis au diapason de la fadeur organique générale, se laisse surprendre par l'attrait. Mais ayant suffisamment ce qui manque au noir, la variété du régime, il aura la sagesse de lui abandonner un régal à ce point incendiaire.

Le condiment alimentaire par excellence fait défaut aux tribus primitives de l'intérieur ; le sel, l'*Ejanga,* est un article importé, dont profitent seules les peuplades qui font commerce avec nous. Même au bord de la mer, les riverains n'ont pas appris à établir des salines artificielles ; ils laissent inutilisés et cet immense réservoir qui roule à leurs pieds des eaux si riches en chlorures, et cette force du soleil qui, pendant la saison sèche, vaporise en quelques jours les lagunes stagnantes et revêt leur fond découvert d'une couche efflorescente (*).

Loin des ressources que procure, par la facilité des échanges, le voisinage de l'Océan, les explorateurs nous racontent à l'aide de quelles ingénieuses ébauches certaines tribus essaient de suppléer à la privation du condiment le plus indispensable aux besoins de l'organisme. M. Marche, qui fut quelque temps notre commensal de l'*Eurydice,* revenant de l'Ogooué, relate, dans le récit de son exploration, que les Adziana, village perdu de l'intérieur, brûlent la pelure des bananes mûres et préparent leurs aliments avec l'eau chargée de sels qui a lavé les cendres. Aux environs de Doumé, les

---

(*) Cependant M. de Brazza rapporte que les indigènes voisins des sources de l'Ogooué se procurent cette substance en soumettant à l'évaporation l'eau de petits ruisseaux qui descendent de collines imprégnées de sel.

Adouma cultivent, au même objet, une plante aquatique originale. « C'était, dit le voyageur (*), dans un fort joli vallon où coulait une eau calcaire; chaque noir y établit un barrage qui détermine sa portion. La plante, dont la racine s'allonge au fond de l'eau, s'épanouit à la surface; ses feuilles d'un vert sale, sa fleur à l'apparence flasque et visqueuse, lui donnent un aspect peu engageant. Les Adouma la récoltent au moment de la floraison; ils ne prennent que les têtes, qu'ils étalent dans le village pour les faire sécher, puis ils les brûlent, recueillent les cendres, les font bouillir jusqu'à complète évaporation et se procurent ainsi un sel que je crois très purgatif. »

Point n'est besoin d'envier aux Adouma leur ébauche d'industrie; mieux vaut surtout glisser maintenant sur un ignoble procédé en honneur chez les Pahouins. Il est curieux seulement de mettre en regard les traces d'usages similaires pratiqués par des peuplades très distantes les unes des autres. Au Centre-Afrique, non loin des sources du Nil, raconte le docteur Peney (**), les noirs mélangent à leurs aliments, pour en relever l'insipide ordinaire, les cendres de certains végétaux, spécialement celles de l'*Holcus sorgho* ou *Doura*. Ces rapprochements, qu'il est déjà facile de multiplier, et qui deviennent plus frappants à mesure que ces races éparses sont mieux connues, font penser à une communauté ancienne de rapports entre des peuplades que des émigrations lointaines auraient dissociées, — à moins que l'homme primitif, aux prises avec les difficultés de l'existence terre à terre, ne tourne fatalement dans le même cercle de procédés sommaires, se copiant l'un l'autre sans s'être jamais connus, dans la mesure bornée d'une ingéniosité étouffée par la sauvagerie.

(*) *Voyage au Gabon et sur le fleuve Ogooué.* (*Tour du monde*, 1878.)
(**) *Bulletin de la Société de géographie;* Paris, 1859.

§ 5. — *Jardins d'acclimatation.*

Au moment dont je parle, vers 1876 et 1877, la brousse exubérante disputait les jardins de la colonie au personnel chargé de les entretenir. Ce personnel, à vrai dire, se composait d'un certain nombre de captifs, d'otages, de prisonniers faits dans les tumultes indigènes, sous la haute direction d'un surveillant noir, tous gens dégoûtés par situation, par habitude et ayant de race peu de souci de faire prospérer le bien des blancs. Le plus vaste de ces jardins, décoré d'une terrasse célébrée jadis par les banquets offerts aux chefs du pays, gardait un certain aspect avec ses frais ombrages d'orangers, de citronniers, d'avocatiers; il contenait un grand nombre d'essences tropicales et de plantes européennes acclimatées pour une saison. Les navires de passage sur la rade emportaient d'ordinaire bon souvenir des primeurs venues du jardin de Kerhallet. Près de là, un grand taillis percé d'arbres fruitiers, mis de temps à autre à découvert par le feu, avait eu son jour de splendeur entre les mains du service local. Restait encore la propriété des officiers, acquise au temps de la corvette la *Thisbé*, gracieux bosquet de hauts bambous et de bananiers; au travers, un ruisseau murmure sous la feuillée et coule en cascade dans une piscine fréquentée pour ses bains et ses douches agréables, mais prompte à devenir marécage.

Pour l'entretien de ces cultures, l'industrie maritime, qui partout sait s'ingénier, supplée autant que possible aux divers empêchements qu'elle rencontre. C'est à la fois l'outillage défectueux, l'éloignement des ressources de la métropole, le caractère bien connu des serviteurs noirs, et, avant tout, la nature du sol et du climat, l'un étant maigre ou riche à l'excès, l'autre trop ardent pour la délicatesse des plantes « exotiques » importées. Autant vaut dire que tout est à improviser et le succès jamais certain.

L'effet produit par ces plantations est des plus singuliers aux yeux de qui les visite pour la première fois. Les carrés défrichés, pareils à des tertres tumulaires, s'élèvent de 40 à 50 centimètres au-dessus du sol, par rangées régulières, laissant entre elles des canaux d'écoulement aux eaux; sans cette précaution, au commencement et à la fin de la saison sèche, le déluge entraînerait toute végétation naissante des plates-bandes ravinées.

Les jeunes plantes sont repiquées sur les tertres, peu après qu'elles ont levé des graines semées un peu de temps auparavant, sur une couche spéciale; elles sont, jusqu'au moment où ayant grandi elles pourront mieux résister, préservées de l'ardent soleil au moyen d'une toiture en paille de palmier. Encore, à l'abri des torrents de pluie et de chaleur, n'ont-elles pas évité tout danger; il y a les herbages exubérants, croissant à les étouffer, si on ne sarcle au jour le jour, et mille ennemis avides de leur chair tendre, les fourmis innombrables et les crabes-tourlourous.

Le but supérieur de la création et de l'entretien de ces jardins, c'est de faire venir à bien les plantes maraîchères européennes. Il pourra sembler puéril, à qui n'a pas vécu de la vie gabonaise, de voir s'étendre avec complaisance sur un sujet aussi modeste. Est-ce trop dire que l'Européen dépaysé se rattache avec une sorte de culte à son passé récent par tous les liens qui le rappellent? Dans son lointain exil, il ne peut refaire la mère patrie avec son ciel, son sol, ses usages; mais il revit dans leur souvenir, il poétise le moindre objet qui vient d'elle. Forcé de sacrifier pour un temps ses habitudes, il se refait une vie qui ne puisse l'en désaccoutumer, il garde fidèlement ses coutumes civilisées au milieu de la sauvagerie, afin de se retrouver entier le jour où il la quitte. Ainsi tente-t-il pour ses habitations, ses vêtements, ses relations, ses occupations journalières, et même pour sa table. Nous ramenant à notre sujet, elle nous montre le dépaysé regrettant ses habitudes au milieu de l'abondance de sa nouvelle résidence. La curiosité nouvelle des primeurs étrangères, leur première saveur s'épuise, l'attrait fait place bientôt à la lassitude; on ne saurait croire alors à quel point une simple pomme venue d'Europe leur serait préférée, et les fruits de ses jardins, entrevus dans le souvenir comme en un rêve d'automne. Puis, à côté de cet adoucissement spéculatif, pour ainsi dire, se place un intérêt plus prosaïque, mais au moins aussi sérieux, c'est d'assurer à une population trop souvent convalescente ou malade l'introduction dans son régime des végétaux frais, auxquels la nutrition de l'Européen est accommodée.

Parmi ces fruits, les plus vulgaires sont les mieux appréciés; la récolte en est surveillée d'un œil jaloux, escomptée à l'avance. Ce sont tout simplement les choux blancs et violets, qui pomment et ont des feuilles assez tendres; les variétés de salades, connues sous le nom de laitue blanche, romaine et chicorée frisée; le céleri, la betterave rouge, le persil, excellents produits; les tomates, concombres, courges et aubergines, de récolte peu abondante; les carottes et navets, grêles et secs de racines. Les haricots ont parfois leurs gousses assez pleines; les fruits du giraumon et du melon ne dépassent pas la grosseur d'une orange, et les pommes de terre, dont la taille menue répond à cette épithète de « nouvelles », qui caractérise nos fruits de première saison, sont avantageusement suppléées par les arrivages des paquebots anglais qui touchent à Madère. Les bulbes des oignons restent petits; mais leurs feuilles, chargées de suc volatil, ont un montant pénétrant, propre à stimuler l'appétit.

A côté des choux, des salades, des radis, qui réussissent au mieux, le cresson est également de bonne venue; mais il exige un apprêt particulier. Les soins qu'on prend pour l'installation de la cressonnière montrent le cas qui est fait de ce hors-d'œuvre précieux. Un filet d'eau est détourné pour elle seule, et sa pente ménagée de manière à éviter que le torrent rapide ne bouleverse la plantation et n'entraîne les semis; une toiture en paillotte protège du desséchement les jeunes pousses vite grandissantes et, sans trop de mésaventure, donnant en peu de temps une moisson assez fournie, d'une saveur printanière, que le palais de l'Européen préfère à toute autre.

Le *Niébé*, haricot du Sénégal, et l'oseille de Guinée, déjà naturalisés par leur origine, trouveraient utilement leur place à côté de ces primeurs européennes.

Malheureusement, les jardins potagers ne sont vraiment productifs qu'un court moment de l'année, et leur aspect provisoire ne s'éveille qu'à la saison sèche. Les semis se font au commencement de cette saison, vers la fin de mai; leur végétation hâtive est en plein rapport à la mi-juin. Jusqu'au mois d'octobre la population blanche, qui est peu nombreuse, en est suffisamment fournie; mais vienne avec ses pluies le renouvellement de l'hivernage, époque où l'Européen a le plus grand besoin d'être restauré et où l'abondance de légumes frais lui serait très salutaire, ceux-ci perpétuellement noyés lèvent difficilement et, huit mois durant, ne progressent qu'avec parcimonie. Il semble cependant qu'en n'épargnant pas sa peine on pourra mieux obtenir. Au commencement de l'hivernage 1877, un jardin nouveau, défriché dans un marigot desséché et trouvant à proximité le fumier du parc à bestiaux de Glass, promettait de belles espérances, qui se seraient réalisées depuis.

Pour les végétaux transplantés, comme pour les races animales dépaysées, l'existence personnelle assurée des individus, leur belle venue même, n'est pas le signe qu'ils ont conquis l'acclimatement sous un ciel étranger; il faudrait surtout que l'assuétude se continuât dans l'espèce par la propagation régulière des ascendants. A ce titre, aucune des plantes précédentes ne s'est jusqu'à présent naturalisée; frappées de stérilité, même celles qui ont donné de succulents produits, elles voient une saison, portent des fleurs sans fruits et périssent. L'activité d'un milieu aux qualités duquel ils ne sont pas faits hâte la croissance des individus aux dépens de la vie de l'espèce. Absorbés par leur propre personnalité, ces végétaux éphémères semblent, suivant une gracieuse image du docteur Bertillon, « avoir oublié leurs amours ». Chaque année, entre les deux saisons, il faut songer à assurer leur production momentanée; on fait venir de France des variétés de graines fraîches, préservées, dans des boîtes métalliques soudées, du dommage de l'air gabonais et des insectes.

Moins encore que les petites espèces, les arbres fruitiers de nos pays s'accommodent du brusque changement de milieu. La vigne européenne y végète en étrangère; les tentatives d'acclimatement de l'olivier et du grenadier sont demeurées infructueuses, les conditions d'habitat paraissant trop différentes entre les régions sèches où prospèrent ces essences et la grande humidité du climat équatorial. Quant aux espèces tropicales introduites, nous avons vu celles qui réussissaient le mieux, et pourquoi elles sont dans de bonnes conditions pour y réussir. Toutefois le sol ne paraît pas également favorable à toutes; ainsi, des cannelliers (*Laurus cinnamomum*), qui viennent fort bien sur une terre très voisine, importés, par exemple, de l'île du Prince, n'ont donné à Libreville qu'un pauvre parfum. Dans un autre genre, l'eucalyptus australien, originaire d'une contrée en tout différente, supporte bien le changement de milieu; seulement il a besoin de l'abri d'un bois, le jeune arbre ployant à se rompre sous la tornade. L'eucalyptus mériterait d'être propagé, n'eût-il même pas toutes les vertus préservatrices dont on l'a glorifié à l'égard du miasme des marais.

L'éclat des plantes d'ornement est passager; on les voit

disparaître avec leurs fleurs. Il en est une cependant plus tolérante, qui a conquis l'acclimatement. Vivaces et couverts en toute saison de fleurs, inépuisables en provins reproducteurs, les rosiers égaient les parterres et les clôtures; leur charmant aspect rappelle les tapis de roses des rivages de la Provence.

Il est aussi une graminée, importée de l'Inde par Sierra-Leone, si bien acclimatée qu'on la dirait née sur le sol; le bambou asiatique laisse loin derrière lui l'*Ote*, ou bambou indigène. Ses jets magnifiques s'élancent à la hauteur de grands arbres, d'une corbeille aux panaches retombant en longues pennes, dont les barbes soyeuses frissonnent, bercées par la brise. Leur ombre chatoyante, percée de soleil, couvre la grande allée du jardin de Kerhallet et les pelouses de Baraka.

Dès maintenant, il serait utile de préparer l'avenir de la colonie en encourageant les essais de naturalisation de plantes nouvelles, essais jusqu'ici trop timides, et, il faut en convenir, presque exclusivement tentés et réussis dans la belle culture de la mission française. Entre cette dernière, Paris et les colonies, les échanges s'opèrent au moyen de petites serres portatives, qui rendent possible le transport en bon état des échantillons, d'un point à un autre; la plupart des végétaux de la zone intertropicale acclimatés ont été introduits par cette voie. Il serait non moins intéressant d'étudier de plus près ce qui est actuellement connu de la flore indigène; et j'entends dire que, dans ce but, un jardin d'essai a sa place marquée dans un ravin bien arrosé situé derrière le Plateau, sans que je sache si cette idée fructueuse est restée à l'état de projet, comme beaucoup d'autres, que le rapide passage dans la colonie de ceux qui en eurent l'initiative empêche d'être poursuivis.

§ 6. — *Produits commerciaux d'origine végétale* (*).

Le caoutchouc, la cire végétale, divers produits d'un usage peu répandu, quelques bois de menuiserie et de teinture (**), trouvent place dans ce paragraphe, qui ferme en quelque sorte la série des productions utiles de la forêt, actuellement déterminés.

Caoutchouc, *Ndambo*. — D'objet de curiosité, cette substance élastique a pris, ces dernières années, une place importante parmi les profits du commerce de la région gabonaise. Elle est exportée sous forme de masses rondes, d'un blond brunâtre, et vient de fort avant dans l'intérieur, des régions habitées par les Pahouins, les Boulou de Mounda et les naturels de la rivière Danger. Ce produit est le suc épaissi et concrété de plusieurs grandes lianes (*Olambo*, Apocynées), dont l'une porte des fleurs jaunes. Certains ficus, appelés *Mponde*, une urticée et une euphorbiacée, le *Jatropha elastica*, sont riches aussi en caoutchouc; mais je crois que les lianes seules sont exploitées et bien connues.

L'extraction du caoutchouc est primitive et peu ménagère. Elle se fait au moyen d'incisions pratiquées à la tige de la plante; le suc qui s'en écoule est recueilli dans des calebasses ou des feuilles résistantes. Fidèles à leur penchant de jouir plus tôt, avec le moins de peine, les noirs usent de ce bien

---

(*) Voir, tome. II, chap. VIII et IX, les renseignements statistiques que comporte cette question.

(**) Et, à ce propos, les noirs, négligents en tout, ne paraissent guère s'être occupés des riches substances tinctoriales que leur fourniraient les végétaux de leurs propres bois; les Européens n'en connaissent que par ouï-dire les couleurs variées, et ce n'est pas les indigènes qui les renseigneront sur ce sujet. On ne sait, par exemple, si les diverses légumineuses abondantes en Guinée, qui produisent l'*indigo*, existent à l'état sauvage dans la région gabonaise; sans doute elles s'y naturaliseraient bien. Même incertitude à l'égard d'un lichen, l'*Orseille*, qu'on dit s'étendre par voiles innombrables sur les forêts du Congo.

avec une prodigalité imprévoyante ; non contents de saigner les lianes à merci, ils imaginent, pour aller plus vite, de les couper par tronçons. Une exploitation ainsi comprise est naturellement facilitée, mais destructive ; nul ne songe à renouveler les lianes mutilées, et l'on conçoit que le temps est peut-être proche où cette ressource de date récente sera, comme l'ivoire, tarie dans sa source, pour avoir été gaspillée.

CIRE VÉGÉTALE, *Eponga*. — Les pains de cire, d'une couleur blanc-jaune, et peu homogènes à cause du mélange de la cire avec une forte proportion de gomme ou « résine-élémi », tirée du bois de l'Okoumé, sont apportés des rives de l'Ogooué et des villages de l'île Lopez.

Je n'ai pas de renseignements sur la provenance naturelle de ce produit. Sans doute, il est recueilli sur certains palmiers, dits vulgairement Ciriers, qui sécrètent en plus grande abondance, à l'aide de leurs feuilles, de leurs fruits, de leur liber, la substance dont quelques végétaux de nos pays, tel le prunier, nous présentent des échantillons. Les myrica doivent également contribuer à la constitution de ces pains, et il n'y a nulle raison de douter que le *Myrica cerifera* des régions chaudes, remarquable par l'enveloppe onctueuse de son fruit, dont l'habitat ordinaire est la rive basse et humide des cours d'eau, ne se trouve sur le bord des fleuves de la zone équatoriale.

Je citerai encore deux produits, si peu répandus qu'ils n'ont pas de valeur commerciale ; l'un d'eux est pourtant parmi les plus magnifiques présents faits à l'homme par la nature.

La GOMME COPAL (*Resina copal*; *Aka*, en langue indigène) est un suc probablement extrait de quelques *Rhus* ou de variétés des légumineuses cæsalpiniées. C'est une matière résineuse, transparente et cassante, blanche, quand elle est pure. Stanley raconte, dans ses voyages, que les indigènes de la région du

Congo en découvrent des gisements importants sous la forêt et que cétte substance précieuse, qui peut servir à la composition des meilleurs vernis, est simplement employée par eux à l'usage d'éclairer leurs cases.

Le COTONNIER (*Gossypium herbaceum*), qu'on dit importé, pousse à l'état de prospérité sur le territoire arrosé par le Komo, et les explorateurs de l'Ogooué l'ont rencontré en grande abondance sur le fleuve. Il en existe de rares échantillons près de Libreville; les noirs ont baptisé du nom d'*okondo* le beau duvet floconneux qu'entr'ouvrent les fruits capsuleux. Je ne doute pas que l'acclimatement facile de cette riche malvacée, au Gabon comme au Vieux-Kalabar, ne permette d'en étendre la culture, bien qu'elle craigne l'extrême humidité du climat et dépérisse dans les mauvais hivernages.

ESSENCES FORESTIÈRES. — Les bois de construction sont nombreux, on pourrait dire innombrables, dans la forêt, sans parler de l'immense futaie des palétuviers, dont beaucoup atteignent la grandeur de hauts arbres. Il y a là une ressource puissante, si elle était appliquée aux besoins de l'industrie humaine, mais peu appréciée ou mal utilisée. Les installations les plus élémentaires manquent à l'exploitation; les bois arrivent tout débités d'Europe... au pays des forêts. La mission française seule emploie, à son propre usage, le moyen primitif de la scierie à bras d'homme, appareil encore très perfectionné, mis en regard de l'outillage indigène. Il semble cependant qu'à défaut de chutes d'eau importantes dans le voisinage, on pourrait sans trop de peine se servir, au moins à la saison pluvieuse, de la force motrice du courant des ruisseaux, et éviter d'emprunter si loin ce qu'on a sous la main en abondance.

Les essences propres à l'ébénisterie sont non moins riches en variétés. Les missionnaires, ayant eu l'obligeance de me réunir une petite collection de dix-sept échantillons différents, recueillis aux environs, ajoutaient qu'avec un peu plus de temps ils eussent pu m'en procurer davantage et qu'il en était d'autres que les noirs promettaient; sans doute de nouvelles recherches permettraient d'en découvrir beaucoup dans l'intérieur. Parmi ces essences, il en est seulement deux qui aient actuellement une valeur marchande assez établie pour tenter le travail indigène. L'ébène et le santal rouge, coupés et équarris sur place, sont apportés aux factories par les traitants des rivières et de là dirigés sur les marchés d'Europe.

L'*Evila* indigène, ÉBÉNIER OU PLAQUEMINIER (*Diospyros*, famille des Ébénacées), au tronc élevé et nu, que couronne un joli feuillage, donne un bois inestimable. Sur les lieux mêmes, le prix en est élevé à cause de la peine que coûte sa préparation, les courtiers exigeant qu'il leur soit livré par billes débarrassées des premières couches de l'aubier. Or, pour mener à bien un si gros ouvrage, l'indigène n'a que sa hache et des coins à fendre la bûche. Ce bois royal résume les qualités les plus recherchées dans l'art de l'ébéniste. Sa texture dense participe à la fois des deux règnes minéral et végétal. Lourd et dur comme la pierre, son grain uni, serré, est en même temps si fin, qu'il prend facilement le poli du marbre et se prête admirablement à l'ouvrage du sculpteur. Sa belle couleur noire, sans mélange, est homogène, et l'on ne remarque dans les couches ligneuses ni inégalité ni faiblesse de teinte. L'ébène est maintenant moins abondant et plus cher que vingt ans avant.

L'*Oïngo*, SANTAL OU BOIS ROUGE (*Pterocarpus angolensis, Baphia hæmatoxylon*), est moins précieux que le précédent, mais encore un joli bois, léger, amarante, avec des reflets éclatants et moirés après vernissage. Il donne d'excellente teinture; plus haut sur la côte, le *camwood*, que je vis embarquer à bord du paquebot anglais, me parut plus foncé et chargé davantage en couleur. Le santal est si commun dans les régions avoisinant le cours des fleuves, qu'il est employé, à défaut de charbon, au chauffage des petits bâtiments à vapeur de la station. C'est un peu une prodigalité; je crois toutefois qu'il y a, dans beaucoup de cas, confusion de couleur avec d'autres essences, et que le manglier rouge, très abondant, est particulièrement d'un usage commun comme combustible.

En dehors de ces deux essences précieuses, les échantillons que je citais tout à l'heure sont connus seulement par leurs noms indigènes; il en est de fort beaux, qui plus tard trouveront place parmi les produits du commerce d'exportation (*).

Il resterait à parler de quelques matériaux employés par l'industrie locale, des végétaux qui servent à la construction des cases, des textiles, etc.; un autre chapitre nous en offrira

---

(*) Il est à noter que ces bois se font remarquer par deux propriétés séparées : d'être serrés de grain et très lourds, ou d'une trame plus ou moins lâche et très légers. Leur couleur, de même que leur consistance, peut être ramenée à deux types principaux : le rouge et le jaune, avec des nuances intermédiaires, qui parcourent toute une gamme dérivée des teintes fondamentales. C'est :

Le *Mbimo*, rouge-brun, lourd et compact;

L'*Ombono-mbono*, rouge-hépatique ou sanguine, très lourd et très compact;

Un échantillon de nom inconnu, léger, de teinte rouge-brun, veiné de petites stries noires;

Une monocotylédone, le *Mbilingé*, aux reflets moirés, d'un jaune-rouge, présentant une tranche pointillée et striée comme le stipe d'un palmier, dont il a la légèreté;

L'*Oshambi*, lourd et serré de fibres, d'un brun-rougeâtre;

Le *Ngonsho*, sorte de bois de fer, compact et très lourd, jaune-brun, veiné de noir;

Deux bois lourds, veinés, de couleur brune tirant sur le jaune, l'*Oshoko*; l'autre de nom inconnu;

Deux bois légers (le *Nongo*, l'autre de nom inconnu), dont la tranche, pointillée comme celle des palmiers, a des reflets satinés, d'un jaune-safran; imbibés de substance colorante, ils donneraient certainement une bonne teinture;

L'*Osheshende*, léger et de nuance moirée, jaune-vert;

Enfin, cinq bois clairs, jaune-pâle, dont un seul très lourd, l'*Elondo*, ferment cette petite classification. Ils portent l'étiquette de *Mpanja*, *Mshoumbo*, *Osholi*. Le dernier n'a pas d'appellation connue.

l'occasion. Un mot seulement de l'*Okoumé* ou « bois à chandelle », dont les torches brûlent en répandant une âcre odeur d'encens.

Les riverains emploient de préférence pour la construction de leurs pirogues deux beaux arbres, le *Pondja* et l'*Okoumé*. L'Okoumé, qui a quelque rapport avec l'acajou femelle et, comme lui, fait de jolis meubles, est abondant sur l'Ogooué. L'extrême légèreté de ce bois résineux, sa faible pesanteur spécifique, son port élevé, le rendent très propre à l'évidage de ces grandes pirogues creusées dans un seul tronc, aux proportions vraiment magistrales, appelées *kongongo* à Lopez. Sa fibre tendre est de travail facile, et c'est sans doute la raison pour laquelle les indigènes n'y répugnent pas trop, d'autant qu'ils ont pour l'achever l'aide du feu.

§ 7. — *Plantes médicinales et poisons.* — *Résumé.*

Parler des plantes médicinales indigènes se réduit à peu de chose; de propriétés modestes, elles ont moins attiré l'attention que certains poisons à grand éclat, célèbres de leur tragique renommée. Les notions vagues que nous avons des premières se confondent, du reste, avec les procédés de cet empirisme sans logique, qu'on appelle la « médecine fétiche », dont nous nous occupons plus loin, au milieu desquels on a peine à retrouver quelque pratique éprouvée par les faits et le temps. Supposé même que les simples naturels, certaines recettes indigènes soient profitables à distinguer, comme ce n'est pas à la vertu même de la substance ou du moyen que le noir rapporte l'effet bienfaisant dont il bénéficie, mais à la sorte d'incantation mystérieuse qui en accompagne l'emploi, il se gardera bien d'en livrer le secret, celui-ci devant, dans son idée, perdre à tout jamais son efficacité le jour où le blanc y serait initié. Pour ce qui est surtout de la révélation de ces poisons redoutables qui apparaissent dans une sorte de « jugement de Dieu » ou servent à accomplir une série d'actes épouvantables, la prudence cauteleuse du Mpongoué est en éveil et sa propre sécurité l'invite à les dissimuler. Aussi, sur cette question, comme sur toutes celles qui touchent à l'intimité de la vie native, sommes-nous mal renseignés, et le peu que nous en savons, glané en passant, gagnerait à être observé de plus près.

Au nombre des plantes qui pourraient être utilisées en médecine, je citerai la résine d'un dragonnier, voisin du *Dracæna terminalis*, l'*Ogouma*, une autre gomme-résine analogue à la gomme-gutte, produit de plusieurs guttiers. Celle du Gabon est tirée d'un grand et bel arbre, que les indigènes nomment *Ogina-gina*, et obtenue par incisions; elle est d'une couleur jaune brillant et a les propriétés d'un purgatif drastique. Les fruits d'un palmier, l'*Areca catechu*, fournissent aussi une substance astringente analogue au cachou, et quelques expérimentateurs ont pu considérer comme succédané éloigné du quinquina l'écorce astringente d'une myristicée, le *Kombo*, qui porte des fruits huileux. Avec ce végétal nous revenons aux huiles grasses, que nous avons remarquées si abondantes au milieu de la flore indigène, et nous retrouvons sur les rives de l'Ogooué une euphorbiacée, le ricin (*Ricinus communis*), qui, selon le docteur Lartigue, aurait pour les Kama la seule vertu de détourner la foudre, ce pourquoi ils en ont planté devant leurs cases.

Les solanées sont communes dans les bois; on y rencontre le *Datura stramonium*. Les plants de *Nicotiana tabacum*, originaires du Congo, ont été vus dans les villages aussi loin qu'on est allé, mais ils paraissent n'être appréciés que comme ornements et pour leurs fleurs; les noirs ne savent les préparer et n'en tirent aucun parti. L'échange leur apporte d'Europe des têtes de tabac grossier, tout apprêté. A défaut du *tako-*

ayogo, le tabac cultivé, ils fument les feuilles enivrantes d'un chanvre, le *tako-liamba,* commun dans l'Ogooué, qui leur procure une somnolence abêtie ; c'était probablement le seul ingrédient qu'ils connussent avant la fréquentation des Européens.

Comme le noir a la passion de l'alcool, des épices, des voluptés, en un mot, de tout ce qui donne à ses sens un coup de fouet passager, il a naturellement recherché et poursuivi l'art d'aiguiser ses appétits. Il paraît connaître beaucoup d'excitants généraux et de très puissants. Les uns, par une stimulation analogue à celle du café, mais plus active, tiennent éveillés les guerriers aux embuscades de nuit, les chasseurs aux affûts, les piroguiers dans leurs courses, ménagent, dans les efforts soutenus, la vigueur du travailleur… quand il travaille ; certains, analogues à ce qu'on appelle, en pharmacologie, « des aliments d'épargne organique », la *Kola,* par exemple, laissent supporter la faim, sans diminuer les forces ; d'autres entretiennent l'énergie factice des voluptueux au milieu du délire de ces fêtes lubriques qui durent une nuit entière. Telle est une apocynée, l'*Iboga,* dont ils mâchent de petits fragments, à titre d'aphrodisiaque et de stimulant ; à haute dose et consommée fraîche, la racine de cette plante devient toxique.

Comme l'iboga, le *Mboundou* n'est pas mortel à très faibles doses ; il est seulement diurétique et enivrant (Heckel). De substance vénéneuse qu'elle était, la racine fraîche du manioc aura les qualités d'un aliment sain et réparateur après avoir passé à l'eau et au feu. Un autre fruit toxique, que j'ai eu un moment entre les mains, est réputé comestible, une fois soumis à la cuisson. Sa forme est celle d'une semence aplatie, un peu oblongue, au périsperme noir et coriace ; sa largeur, d'une pièce de cinq francs.

Cette gradation dans les effets, cette action variable des substances vénéneuses, suivant l'état et la dose, est un indice du bon emploi auquel l'art médical pourra les faire servir, lorsque la connaissance bien définie de leurs propriétés permettra d'en régulariser les effets. La toxicité n'est, pour beaucoup d'entre elles, qu'une question de degré, une exaltation des propriétés par accumulation ou concentration des principes; il faudra savoir les graduer. L'intervention intelligente de l'homme doit transformer des poisons violents en substances innocentes, même bienfaisantes, et éclaircir une fois de plus ce contraste apparent du bon qui partout côtoie le mauvais dans l'ordre général de l'univers, qu'il peut par son industrie souvent faire dériver l'un de l'autre et ramener à ses besoins.

Il arrive fréquemment que les bœufs et les cabris meurent empoisonnés dans les pâturages; on ne peut conserver vivants les lapins qu'en triant soigneusement les herbages coupés, afin d'en séparer les lianes toxiques mêlées avec eux. La domesticité a privé les animaux importés du souci de se garder eux-mêmes, de cet instinct merveilleux, acquis par une sorte d'accommodation des générations au « milieu », qui préserve du même accident l'antilope et le buffle sauvage. On a même remarqué que le bétail sait distinguer les herbes bonnes des mauvaises lorsqu'elles sont sur pied, mais qu'à l'étable il mange indistinctement les unes et les autres. — La recherche scientifique de ces lianes et herbages vénéneux a été jusqu'ici négligée.

Les noirs utilisent l'action toxique sur les poissons de certaines plantes, pour se livrer à une pêche facile et fructueuse. Sur les eaux d'une flaque, circonscrite par une enceinte naturelle ou par le barrage d'une rivière, ils expriment le suc de la liane *Onòno* ou d'une belle légumineuse à fleurs jaunes, l'*Igongo*. Bientôt, rapporte le docteur du Bellay, le poisson surnage mort ou engourdi, sans que sa chair soit devenue aucunement nuisible.

J'en viens maintenant aux poisons proprement dits ; le *Mpembarogé*, le *Mboundou* et l'*Iné* feront les frais de cet article. Les deux derniers sont bien étudiés en Europe. J'aurais pu moi-même être mieux renseigné. J'avais recueilli avec une certaine patience des échantillons très rares, sinon tout à fait inconnus, de graines, de lianes, d'écorces et de bois vénéneux, avec des tubercules de mpembarogé, des semences d'iné et un plant entier de mboundou dans sa croissance. Un de ces accidents trop fréquents dans les longs voyages m'a fait perdre ce que j'avais ainsi récolté.

Un mot encore d'une « combrétacée à fleurs jaunes, dont les fruits, d'un brun-rouge orangé, contiennent des graines que les indigènes, rapporte le docteur Lartigue, regardent comme très vénéneuses », et d'une découverte plus importante du docteur Méry (*). Visitant les tribus du haut Komo, cet observateur remarqua que chaque indigène gardait en sa possession une ou deux de ces fèves *eséré* qui jusqu'alors n'avaient été rencontrées qu'au Vieux-Kalabar ; les Pahouins les nommaient *dgirou* et les disaient abondantes vers les montagnes de Cristal. Passant rapidement dans le pays, le docteur Méry ne put poursuivre sa recherche, et je ne sache pas qu'elle ait été reprise depuis. L'intérêt que présente le fruit du *Physostigma venenosum*, à cause de ses applications importantes en médecine, de ses usages précieux en oculistique, motiverait sans doute qu'on demandât quelques éclaircissements à nos voisins, maintenant plus traitables (**).

(*) Note sur la fève du Kalabar et les poisons végétaux de la côte occidentale d'Afrique. (*Archives de médecine navale*, 1866.)

(**) La route du pays est, à l'entour des cases, bordée de haies bien fournies d'un arbrisseau cultivé depuis les îles du Cap-Vert pour l'huile riche en stéarine qu'on extrait de ses semences mûres. Celles-ci sont contenues, adossées trois par trois, à l'intérieur d'une coque brune résistante ; elles ont la forme appétissante de pignons au goût de noisette, qui tente quelquefois les passants. Ingérées, même en petit nombre, je les ai vues produire des accidents cholériformes très graves. L'arbrisseau

Le Mpembarogé. — Les tubercules de mpembarogé, peu connus dans leurs effets, même au Gabon, ont la forme, la couleur et la grosseur d'une truffe. Pour les garder en bon état de conservation, il est utile de les tremper dans un lait de chaux; car, à l'approche de la saison humide, ils commencent à germer avec une vitalité extrême, même dans l'obscurité, donnant des rejetons d'un vert tendre qui vont d'eux-mêmes chercher la lumière aux fissures. Ces rejetons deviennent, dit-on, une liane vénéneuse. Le tubercule est surtout un poison violent, et les cabris auxquels on en fait manger gonflent et crèvent en peu de temps.

Cette courte donnée sur le mpembarogé m'amène à faire, à son propos, le récit d'un drame émouvant qui s'acheva à l'hôpital de Libreville. Je venais de recevoir d'une factorie allemande d'Elobey un certain nombre de Kroumen gravement atteints. Le tableau des symptômes qui se développaient sous mes yeux était très régulier et, chez tous les malades, à peu de chose près identique. C'était, parmi les plus significatifs : une faiblesse extrême, avec angoisse précordiale et grand accablement moral; l'infiltration aqueuse des tissus, prédominante aux extrémités et accompagnée d'épanchement abdominal modéré; des troubles de la sensibilité et de la motilité exprimés par la défaillance paralytique des membres inférieurs, par un sentiment de fourmillement mobile et des douleurs spontanées, plus ou moins généralisées, avec localisation spéciale aux jambes, par la constriction pénible de la ceinture thoracique, quelquefois de la gorge; l'absence de fièvre, la marche lente de l'affection, etc. Les entrées se multiplièrent; j'en accueillis successivement 20, sur lesquels 7 moururent, et 2, qui me forcèrent la main pour s'en retourner dans leur

---

qui porte ces fruits vénéneux est voisin du médicinier cathartique ou *Jatropha curcas*, de la famille des Euphorbiacées. La semence s'appelle vulgairement « pourghère, *purgeira* ».

village, furent rapatriés mourants (*). J'appris ensuite qu'il en était mort 13 : à Elobey soit, en tout, 22 décès, chiffre énorme, mis en regard de la petite population noire de cette factorie (65 habitants).

J'étais bien convaincu que cette affection nouvelle ne pouvait se rapporter qu'à une maladie exotique appelée *Beriberi* (**). Les conditions hygiéniques défectueuses, auxquelles on rattache habituellement son point de départ, s'y trouvaient aussi : habitat déplorable, alimentation composée principalement de riz, insuffisante pour des travailleurs, etc.; de plus, la saison sèche, en juillet, fut brumeuse, plus fraîche que d'ordinaire, et ce froid relatif est fatal aux Kroumen, qui sont nus et travaillent dans l'eau une grande partie de la journée. Toutefois, il me paraissait singulier que l'influence épidémique se fût localisée dans une seule habitation, alors que les conditions hygiéniques n'étaient pas meilleures pour les gens attachés aux factories voisines, qui restaient à l'abri de tout mal.

Les Européens de la colonie étaient fort troublés, et l'opinion se montrait unanime à repousser mon interprétation. Pareil fait, disait-on, s'était déjà produit quelques années auparavant, et, dans le cas présent comme dans l'ancien, chacun restait convaincu qu'on avait eu affaire à quelque pratique d'empoisonneur. Le propriétaire de la factorie éprouvée était surtout affirmatif et disposé à incriminer un féticheur engagé avec ses gens. Parmi les Kroumen, l'épouvante était à son comble; ceux du bord n'osaient plus approcher de l'hôpital. Mais ces gens se taisent, crainte de se compromettre, et le sentiment secret des malades se traduisait seulement par des scènes de désespoir chaque fois que le paquebot mouillait en rade et repartait, sans les emmener chez eux.

(*) Les onze autres Kroumen guérirent.
(**) Sous ses diverses formes, *hydropique, paralytique,* et surtout *mixte.*

L'esprit public au Gabon (disons-le en passant) n'hésite jamais en présence des accidents inexplicables : c'est presque toujours le poison qui en est cause. On rappelle alors le peu de souci qu'a le noir de la vie de ses semblables, s'il se croit assuré de l'impunité; comment sa passion contenue s'assouvit sans scrupule au moment favorable, et sa vengeance frappe les serviteurs pour atteindre le maître et causer sa ruine. On rappelle encore l'égarement du fétichisme et de ses pratiques, qui joignent un odieux invraisemblable à l'absurde, et, faisant usage du poison caché plus que du couteau, demandent parfois, pour être satisfaites, non pas seulement une victime, mais le sacrifice en masse d'un village.

Le nouveau débarqué, avec ses illusions toutes fraîches, ayant une tendance fort naturelle à appliquer aux faits qu'il observe la morale de ses habitudes européennes, n'accepte pas d'abord sans révolte l'entraînement de cette opinion commune, si généralement admise qu'elle souffre à peine la discussion. Plus tard, il ne la subit pas sans réflexion ; mais une meilleure connaissance de ce milieu étrange l'a rendu circonspect. Il sent qu'il aurait mauvaise grâce à écarter systématiquement, pour extraordinaires qu'ils paraissent, des faits généralement consentis, à substituer son propre sentiment à l'expérience de personnes anciennement fixées dans le pays, au courant de ses usages et en garde contre eux. La réserve d'appréciation, qui attend pour conclure, lui semble alors très à propos, et justifiée surtout dans une conjoncture aussi peu claire que celle qui vient d'être citée. L'ignorance où nous sommes de la série variée des poisons indigènes prête à toute supposition; il n'est pas improbable qu'il s'en trouve parmi eux quelqu'un dont l'action sur l'organisme reproduirait, à l'occasion, des symptômes analogues à ceux du beriberi, et j'eusse aimé être à même de tenter sur les animaux, avec les tubercules de mpembarogé, une expérimentation contradictoire.

L'affaire d'Elobey, après une courte émotion qui amena en masse les Kroumen au prétoire du commandant, en resta là, faute d'instruction, l'île étant un territoire étranger sur lequel notre juridiction n'avait rien à prétendre. Aucun incident nouveau ne s'offrit qui pût m'autoriser à modifier ou à affirmer davantage l'opinion que je m'étais formée d'abord sur la nature de cette petite épidémie. Mes successeurs, servis par leurs recherches, que ce point de départ peut éclairer, seront peut-être plus favorisés.

L'IKAJA OU MBOUNDOU (*Strychnos sp.*, Loganiacées). — Les coutumes mpongoué nous montrent une cérémonie analogue à cette épreuve de l'eau et du feu par laquelle on a si longtemps décidé au moyen âge de la conscience des criminels. Seulement l'agent en usage est en rapport avec le milieu et les gens : ici, le poison sera juge. Les natifs du Kalabar ont la fève du *Physostigma*, ceux de Krou, le *Sassy-Wood*; les naturels du Gabon emploient une racine qui ne leur cède pas en puissance meurtrière. Sur les rives du Komo, on la nomme *Ikaja*, et *Mboundou*, au cap Lopez. Cette dernière appellation, qui a prévalu, se rapproche sensiblement de celle que porte au Loango, d'après Batel (*), un autre poison d'épreuve, le *Bonda*. Ce sont là de véritables poisons nationaux, qui tiennent un rang très honorable dans les institutions de ces peuples (**).

Le mboundou est un arbuste qui peut atteindre deux

(*) Cité par le docteur Corre (*la Mère et l'enfant dans les races humaines*, 1882).
(**) Les indigènes du Congo emploieraient, à titre d'épreuve, la râpure d'écorce d'une plante vénéneuse, le *Kaska*, dont les effets rappelleraient, en les grossissant, d'après M. Jardin, ceux de l'ipécacuana. On sait encore l'usage malfaisant du *Teli* ou *Tali* judiciaire des noirs du *Rio-Nuñez*, légumineuse agissant à la manière de la cicutine ou de l'aconitine (Dr Borius), et, sur l'autre versant de l'Afrique, l'épreuve du *Tanghin*, de Madagascar. — L'atroce formule de la défiance sauvage a, sans doute, un peu partout des comparses.

mètres de hauteur; il est commun à Denis. Sa tige droite et rameuse plonge en terre par une longue racine conique, pivotante; l'écorce rougeâtre qui enveloppe cette racine sert de support au principe toxique (*). L'eau suffit à entraîner par macération ce dernier et donne, au bout de peu de temps, une teinture colorée amère, très active.

Le poison agit à la manière des strychnées. D'après les expériences poursuivies à Montpellier par MM. Pécholier et Saint-Pierre (**), l'absorption de la substance vénéneuse amènerait « une exagération de la sensibilité, puis des convulsions tétaniques; enfin l'insensibilité, la paralysie et la mort ». Le système nerveux sensitif serait premièrement et gravement atteint, le système nerveux moteur impressionné secondairement; les muscles et le cœur conserveraient leur propriété contractile.

Nous savons qu'à faible dose le mboundou, simplement enivrant et diurétique, n'entraîne pas la mort. Les *aganga* (féticheurs) du cap Lopez, qui ont de ses propriétés une connaissance assez approfondie pour en graduer l'effet, s'y soumettent en présence du village, raconte M. du Chaillu, afin d'acquérir, par l'éclatante manifestation de leur immunité au poison, le don et le renom de divination. Laissons ici parler l'explorateur, à l'occasion d'une de ces expérimentations publiques dont il fut témoin (***).

« Le poison fut préparé, non pas devant Olanga, — il n'avait pas le droit d'y assister, — mais devant deux amis chargés par lui de veiller à ce que tout se passât dans les règles. Quand ce fut prêt, on l'appela; il prit la tasse et la vida tout

---

(*) MM. Gallois et Hardy ont appelé *icajine* le principe actif du mboundou.

(**) Citées par le docteur Gobley, art. *Boundou*, du *Dictionnaire encyclopédique des sciences médicales*, 1869.

(***) Extrait de l'édition française des « *Explorations and adventures in equatorial Africa* », 1863.

d'un trait. Au bout de cinq minutes, l'effet se produisait déjà. Olanga commença à chanceler, ses yeux s'injectèrent de sang et ses membres se contractèrent convulsivement. Il se manifesta en même temps un symptôme qui fit pressentir que le poison ne serait pas mortel; ce symptôme est une abondante évacuation liquide, sans laquelle il n'y a rien de bon à augurer. Tous les mouvements d'Olanga étaient ceux d'un homme ivre; il tint les propos les plus désordonnés, si bien qu'on s'imagina que l'inspiration lui venait, puis il tomba dans une ivresse complète.

« Ce vieux docteur pouvait, disait-on, prendre du poison à des doses considérables, sans en ressentir d'autres effets que cette pesante ivresse, privilège qui l'a mis naturellement en grande réputation. »

Voici à peu près les conditions de l'épreuve, telle que l'ont rapportée les témoins oculaires qui pouvaient encore y assister, il y a quelques années. Un chef meurt, le meurtre inconnu de quelque personnage de marque a été perpétré : il faut une victime expiatoire; le féticheur, qui préside à l'instruction, la désigne à l'épreuve après quelque incantation. L'invocation de l'Esprit révélateur du criminel s'est faite avec un certain appareil théâtral, la nuit, à la lueur des torches d'okoumé, au bruit furibond des voix humaines et du tam-tam. Le malheureux est souvent un captif ou quelque ennemi personnel du chef ou du féticheur; coupable ou non, il est infailliblement voué à la mort. La victime désignée boit d'un trait devant l'assistance un breuvage préparé avec la râpure de l'écorce rouge de racine, laissée à macérer dans l'eau; elle doit bientôt franchir un espace de terrain dont la limite est marquée par une poutre ou une raie tracée sur le sol. Si elle tombe pantelante en deçà, elle est déclarée coupable; au delà, son innocence est reconnue. Mais dans l'un ou l'autre cas le poison est sans pitié. Qu'importe? c'est un captif.

Il pardonne pourtant quelquefois. Le prévenu est un homme libre, désigné par la clameur populaire et trop grièvement soupçonné pour qu'il puisse se soustraire à la vindicte; il tient cependant à la vie et a souci de toucher, avant l'épreuve, par quelque grosse libéralité le cœur du féticheur. Au jour dit, la valeur du présent offert a singulièrement affaibli la dose du poison dans le breuvage; le justicier l'a dilué dans une grande quantité d'eau, ou, au préalable, a fait prendre au patient une bonne portion d'huile de palme, dont l'effet est d'atténuer l'action immédiate du toxique, en l'englobant, puis de provoquer avec le vomissement une crise salutaire.

Ces meurtres judiciaires étaient fréquents à l'époque qui précéda l'occupation française. La Thémis noire aujourd'hui cache soigneusement au fond des bois ses vengeances et ses représailles, auxquelles notre intervention, intempestive à son gré, est venue s'opposer. Le jugement-fétiche est tellement entouré de mystère, qu'il n'est plus qu'une légende, un simple acte d'empoisonneur sans aucune poésie, et puni comme tel par nos lois, lorsqu'elles viennent à le rencontrer.

L'ONAÏ ou INÉ (*Strophantus hispidus*, Apocynées). — L'onaï est le poison classique des Pahouins, comme le mboundou, celui des Mpongoué; mais il n'a pas le caractère judiciaire du précédent, il est seulement utilisé par ces sauvages comme moyen d'attaque et de défense.

Le principe toxique est contenu dans la substance de graines légères, renfermées en grand nombre à l'intérieur d'une coque ou follicule allongé en fuseau et très semblable à une feuille de maïs roulée; ces semences, plates et oblongues, de couleur brunâtre, sont grosses deux fois comme une lentille et munies à une de leurs extrémités d'une petite aigrette barbelée, qui favorise leur dispersion par les vents et leur propagation. Il n'est pas très difficile de s'en procurer; mais il est bon de ne pas accepter leur follicule sans examen, car, soit stérilité naturelle de certains, soit procédé astucieux de sauvage, on trouve souvent les follicules vides. Quant à la plante qui porte ces fruits, — une liane à fleurs blanches, tachetées de sang, — je n'ai pu la voir; je sais seulement qu'elle existe à Denis, dont le chef Félix, m'envoyant un jour en présent des graines d'iné, m'adressait en même temps des recommandations écrites de sa main en fort bon français.

Félix affirmait qu'on pouvait manger de ces graines sans courir aucun risque, mais qu'il faudrait bien se garder d'en user ainsi si l'on portait quelque écorchure à la langue ou aux lèvres. Je ne sais s'il serait parfaitement sage d'exposer le vernis épithélial à semblable épreuve, tant est redoutable la violence du poison lorsqu'une érosion, si légère fût-elle, lui a ouvert la porte. Les Pahouins, pour l'employer, en imprègnent de petites flèches barbelées, de la grosseur d'une plume, fabriquées avec un bois léger et empennées, à l'une des extrémités, d'un débris de feuille ou d'écorce. Avec ces traits insignifiants, d'apparence, lancés à l'aide d'une arbalète, ils font la chasse aux oiseaux, aux singes, aux grands animaux, sans doute à l'homme : la blessure est sans rémission.

« Les Pahouins, raconte le docteur Méry (*), n'ont jamais que quelques flèches empoisonnées; ils les préparent au fur et à mesure de leurs besoins, sans doute par motif de prudence. Du reste, la préparation du poison, à laquelle j'ai assisté, est aussi simple que rapide. On prend deux pierres polies, puis entre ces deux pierres on écrase la graine, de façon à obtenir une sorte de pâte à laquelle on ajoute un peu de salive, peut-être de graisse. Quand la pâte est prête, elle a une odeur particulière que je ne puis définir; il suffit alors d'en imprégner la flèche. Ces flèches sont faites avec des côtes de palmier, elles

(*) Mémoire cité.

ont environ 20 centimètres de long, sont très résistantes et en même temps flexibles. Le Pahouin prend sa flèche et, avec l'extrémité pointue, il recueille une petite quantité de pâte. Pour en imprégner cette extrémité, il colle sur sa cuisse une feuille verte, puis, par un mouvement de rotation, très lent d'abord, il étale la pâte sur la feuille; saisissant ensuite la flèche entre la paume des deux mains, il lui imprime un mouvement rotatoire de plus en plus rapide, de façon qu'elle s'imprègne du poison dans une étendue de quelques centimètres. Ce dernier moment de l'opération est effrayant, car la moindre piqûre, je crois, ne laisserait aucun espoir de guérison. Un oiseau de la grosseur d'un pigeon, piqué légèrement avec une de ces flèches préparées devant moi, est tombé en quelque sorte foudroyé. »

Les Pahouins ont coutume, quand l'ennemi approche, de planter, le long des sentiers qui mènent à leur village et à l'entrée des cases, des éclisses de bois dur, pointues, empoisonnées avec le suc extrait des semences d'iné; terrible moyen de défense, si l'on considère que les noirs vont nu-pieds en toute circonstance.

Le docteur Bayol, qui depuis s'est fait connaître par ses explorations dans la région sénégambienne, au retour d'une expédition entreprise sur le haut Komo, par les compagnies de débarquement de la frégate-amiral, pour châtier des villages pillards, me ramena, au nombre de ses blessés, un laptot tombé au feu dans des conditions singulières. Ce Sénégalais, qui s'était déchaussé comme d'habitude, afin d'être plus à l'aise, avait été pris subitement d'accidents nerveux violents. Il ne portait cependant d'autre blessure que des plaies légères à la plante du pied, d'où furent extraites trois petites esquilles de bambou; un gonflement notable des parties lésées et du visage suivit immédiatement l'accident.

Au moment où je le reçus, le blessé était dans un état de

grande prostration physique et morale. La dyspnée assez forte s'accompagnait d'un point douloureux à la région voisine du foie, avec injection jaune-paille de la peau. L'appareil fébrile était modéré et confondu dans l'exaspération nerveuse de l'organisme. Au bout de quelques jours, cet état s'apaisa; les fonctions digestives seules restèrent languissantes, et la guérison mit un mois à s'achever.

Je tiens à faire remarquer la concordance des traits précédents avec les symptômes accessoires décrits par MM. Polaillon et Carville dans la relation des expériences qu'ils pratiquèrent sur les animaux, au moyen d'une solution d'extrait alcoolique préparé avec les graines d'iné (*); quelques milligrammes de cet extrait suffisent à provoquer des phénomènes effrayants. Dans l'observation que je viens de citer, la lésion ne fut pas suivie de mort; mais il est certain que la dose du poison absorbé avait été minime, les esquilles ayant été immédiatement enlevées et l'enduit vénéneux s'étant probablement altéré grâce à leur séjour précédent dans la terre humide.

Il résulte des expériences intéressantes auxquelles je fais allusion que l'iné est un poison musculaire d'une extrême énergie; qu'il a le sang pour intermédiaire et véhicule, ce qui fait comprendre sa diffusion rapide; qu'il abolit, porté par le courant circulatoire, la contractilité des fibres lisses et striées, et, parmi elles, des plus agissantes et des plus vitales, celles du cœur. L'organe central de la circulation est le premier muscle impressionné, et le plus directement, comme aboutissant des masses sanguines imprégnées du poison, qu'il répartit graduellement dans le système musculaire général, tandis que, les retenant plus longtemps dans ses cavités, il en supportera l'effort accumulé. Ainsi s'explique l'action foudroyante du poison pahouin: la vie s'interrompt avec la suspension rapide du

---

(*) *Archives de physiologie*, 1871-1872.

rythme normal des mouvements du cœur et sa paralysie définitive.

*
* *

En terminant cet exposé succinct de la FLORE GABONAISE et de ses ressources, quelques réflexions restent indiquées par le sujet.

Nous n'avons fait qu'entrevoir les richesses du sol. Comme si la nature ne cédait qu'à la violence, elle dispute pas à pas ses secrets; elle se laisse conquérir, mais ne se donne pas; elle promet, mais veut être gagnée. Pleine de mystère et d'espérances, elle stimule la curiosité du chercheur, encourage et lasse tour à tour ses âpres efforts.

Faut-il s'étonner qu'ils soient pauvrement récompensés? Pressé par le climat, en butte à des difficultés que le temps patient seul aplanit, l'étranger passe, il ne peut poursuivre. Dans l'étude de la flore, comme tout à l'heure dans celle de la faune indigène, quelques naturalistes ont exploré le pays en courant; ils ont déterminé des types épars au milieu d'innombrables; ils ont glané, ils ont peu récolté. Ceux qui viennent après eux se heurtent aux mêmes obstacles, et, s'ils s'adressent à l'indigène, « il ne sait pas », — sa routine bornée n'est un guide que pour lui-même. Il a si peu cherché, le pauvre noir, qu'il serait bien en peine d'éclairer le terrain d'autrui; et, s'il a trouvé sans chercher, il gaspille ce qui lui est tombé sous la main, sans prévision de ce lendemain où la nature, féconde mais non inépuisable, demandera son aide pour continuer à le nourrir.

« La plus belle mine que je sçache, dit dans une vieille chronique un sage appelé Lescarbot, c'ét du blé et du vin, avec la nourriture du bestail. Qui a de ceci, il a de l'argent. Et de mines, nous n'en vivons point quant à leur substance. Et tel bien souvent a belle mine qui n'a pas bon jeu. » La mine au Gabon est de celles que prône Lescarbot. Elle n'est d'or ni d'argent, mais elle est meilleure, car le métal, à force d'être tiré, s'épuise; la nature animée seule renaît, jaillit à nouveau du sol entr'ouvert, avec une force d'expansion si large, qu'elle demande plutôt à être contenue pour donner ce qu'on veut lui faire produire.

Qui est capable de cet effort, qui sait en profiter? Est-ce ce peuple enfant, que nous voyons au-dessous de l'enfant, car celui-ci, curieux au moins, cherche et questionne? Entre les mains du noir, l'agriculture, cette première mamelle d'un pays, est restée comme lui bégayante; l'industrie de la terre n'a pas trouvé d'artisan. Est-ce à dire que l'Européen doit être cet artisan, lui si peu nombreux, dévoré par le climat, qu'il labourera le sol afin que l'indigène le moissonne? Nullement; son rôle est autre, il peut être plus utile. C'est de guider à ses premiers pas un humble esprit, si peu personnel qu'il attend tout de la supériorité du blanc, qu'il lui faut non seulement l'exemple une fois donné, mais l'exemple toujours présent et la direction qui domine; c'est, après avoir forcé son effort jamais volontaire, de continuer patiemment à aider sa marche chancelante, toujours prête à se dérober; lui apprendre, en un mot, suivant une admirable image orientale, à « rendre la vie à la terre morte », en appropriant au sol les cultures que ce sol peut le mieux faire prospérer, en ménageant ses ressources pour les faire durer et s'accroître, à l'assainir en l'enrichissant. Si la race usée des rives de l'estuaire n'y peut suffire, les émigrants de l'intérieur, les Pahouins, sans doute y pourvoiront.

FIN DU PREMIER VOLUME.

TABLE DES MATIÈRES

DU TOME PREMIER.

	Pages.
Avant-propos	1

PREMIÈRE PARTIE.
Sénégambie et Guinée.

CHAPITRE Ier. — Du cap Vert à Sierra-Leone.
- I. — La route du Gabon. — Le cap Vert, — Gorée, — Dakar 3
- II. — La mer de Sénégambie. — Matakong 27

CHAPITRE II. — La Côte de Sierra-Leone (des îles de Los au cap de Monte).
- La presqu'île de Sierra-Leone. — Freetown 41

CHAPITRE III. — La Côte des Graines (du cap de Monte au cap des Palmes).
- I. — La république de Liberia. — Monrovia et Grand-Bassa 59
- II. — La terre de Krou. — Grand-Sestre et Garroway 66

CHAPITRE IV. — La Côte d'Ivoire (du cap des Palmes au cap des Trois-Pointes).
- I. — Aspect de cette côte. — Le cap des Palmes 73
- II. — La terre de Krou. — Kavally, — Tafou, — Drouin, — Trepow. — Les Jak-Jak 77
- III. — Grand-Bassam et Assini 83

CHAPITRE V. — La Côte d'Or anglaise (de la rivière d'Assini à la lagune de Kitta).
- I. — Considérations sur cette côte 95
- II. — Les établissements jusqu'à Elmina 104
- III. — Cape-Coast-Castle et les comptoirs jusqu'à la ville d'Akra .. 111
- IV. — D'Akra au comptoir d'Adda 116
- V. — Adda 119
- VI. — Jellakoffu, — Kitta, — Addafi 125

CHAPITRE VI. — La Côte des Esclaves (du cap Saint-Paul au cap Formose).
- I. — La barre et les lagunes. — Les saisons 129
- II. — La traite 140
- III. — Porto-Seguro. — Les Popo, — Agoué 154
- IV. — Le Dahomey. — Whydah 159
- V. — Lagos et Abékouta 174

CHAPITRE VII. — Le Golfe de Biafra (du cap Formose au cap Lopez).
- I. — Les fleuves et les îles du golfe de Biafra 183
- II. — La rivière Bonny 187
- III. — Le fleuve Vieux-Kalabar 194
- IV. — L'île Fernando-Po 202
- V. — Les îles portugaises. — L'Ile-du-Prince et San-Thomé 209

DEUXIÈME PARTIE.

La région gabonaise.

Pages.

Chapitre Iᵉʳ. — La prise de possession. — Sa chronique.................... 217
Chapitre II. — Le sol et les eaux.
  Article I. — Configuration du pays. — L'estuaire. — Les cours d'eau et les îles.
    § 1. — Vue de côte... 225
    § 2. — Le Komo et son estuaire... 227
    § 3. — Les sentiers de la Ramboé et le fleuve Ogooué. — La route de ce fleuve au Congo.. 231
    § 4. — L'estuaire Mounda et les îles espagnoles...................... 240
  Article II. — Constitution et reliefs du sol. — Régime des eaux........... 244
Chapitre III. — Le Climat.
  Article I. — Physionomie du climat. — Les saisons..................... 253
    § 1. — La saison sèche.. 258
    § 2. — L'hivernage 260
  Article II. — Influence de ce climat sur l'étranger.
    § 1. — L'anémie météorologique 269
    § 2. — L'anémie tellurique. — La fièvre............................. 274
    § 3. — Source de l'effluve palustre. — Mécanisme de sa dissémination. — Passage des saisons. — Saisons troublées. — Influence des vents et des orages. — Résumé... 282
  Article III. — De l'acclimatement prétendu et du régime hygiénique de l'Européen au Gabon.
    § 1. — Mesure de sa résistance au climat............................ 298
    § 2. — De l'avantage de la résidence maritime sur l'habitat de la terre ferme. — Des sanitaria et du rapatriement......................... 303
    § 3. — Quelques remarques hygiéniques sur les précautions individuelles nécessaires. — Résumé.. 312
Chapitre IV. — La Flore.
  Article I. — Aspect de la forêt... 329
  Article II. — Les produits du sol. — Ses ressources..................... 342
    § 1. — Végétaux à fruits féculents et farineux....................... 343
    § 2. — Fruits gras et oléagineux..................................... 349
    § 3. — Fruits sucrés et acidules. — Sucs fermentés................. 357
    § 4. — Fruits aromatiques et condiments............................ 366
    § 5. — Jardins d'acclimatation...................................... 372
    § 6. — Produits commerciaux d'origine végétale..................... 378
    § 7. — Plantes médicinales et poisons. — Résumé................... 383

ERRATA.

TOME I.

Page 63, *lignes* 9 et 10, *lisez :* Monrovia... long. O. 13° 9' 19".

Page 65, *lignes* 1 à 3 : Une grosse rivière... s'écoule dans le cirque de la baie, enchanteresse qui nourrit des caïmans et des fièvres.

Page 154, note, *lignes* 4 à 7 : ... Porto-Seguro et Petit-Popo ont été cédés à l'Allemagne, en échange de ses prétentions très discutables sur la côte de Kerry, aux environs de Konakry et sur la Mellakoré.

Page 233, note, *lignes* 2 à 4 : ... Une marche effective de 9 heures et demie sur 12 heures du soleil mène en trois jours, par la traverse en pirogue du lac Azingo, aux factories de Lambaréné.

Page 319, *lignes* 24 à 32 : ... Ne semble-t-il pas qu'il y ait, dans cet état de stimulation générale que procure l'excitant de la marche ou du travail physique... une salutaire dépense de matériaux d'usure nécessaire, que l'orgasme fébrile, toujours à l'état de tension sous le climat paludéen, se chargerait de consommer, au repos, — un meilleur emploi aussi des forces vives de l'organisme et de l'aliment de ces forces ?...

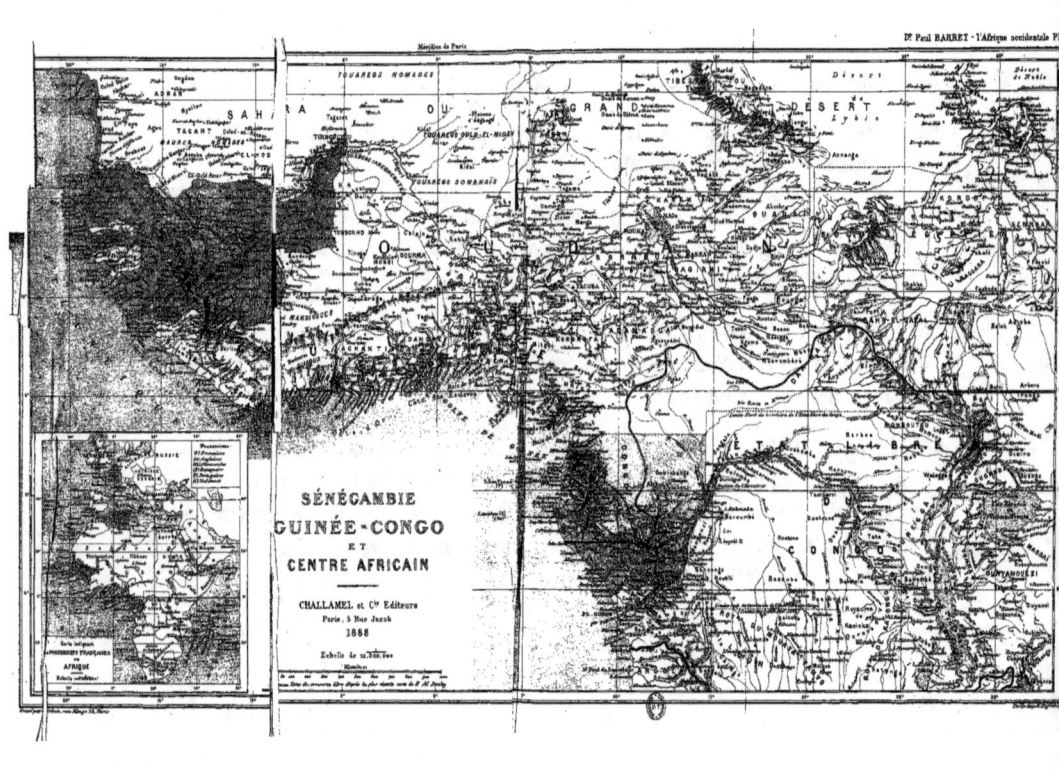

www.ingramcontent.com/pod-product-compliance
Lightning Source LLC
Chambersburg PA
CBHW052130230426
43671CB00009B/1193